ATRIUM

MATTIAS
BERG

DER CARRIER

ER TRÄGT
DAS SCHICKSAL
DER WELT

THRILLER

Aus dem Englischen
von Steffen Jacobs

Atrium Verlag · Zürich

Deutsche Erstausgabe
1. Auflage 2020

Die Originalausgabe erschien 2016 unter dem Titel
Dödens triumf bei Natur & Kultur, Stockholm

Aus dem Englischen von Steffen Jacobs
Die Übersetzungsgrundlage erschien 2020 unter
dem Titel *The Carrier* bei Quercus Publishing Ltd,
London, im Imprint MacLehose Press
Lektorat: Heiko Arntz, Wedel
Umschlaggestaltung: Design © Picture Production Company //
Images © shutterstock
Satz: Greiner & Reichel
Druck und Bindung: GGP Media GmbH, Pößneck
Printed in Germany
ISBN 978-3-85535-039-1

www.atrium-verlag.com

FÜR LINDA, VERA UND GRETA

Der Zweck des Krieges ist der Friede;
aber auf die Frage »Und was ist der Zweck
des Friedens?« gibt es keine Antwort.
Friede ist etwas Absolutes.

HANNAH ARENDT, *Macht und Gewalt*

APRIL 2013

In einem bislang beispiellosen Vorgang entzieht der Kommandant der U. S. Air Force siebzehn Offizieren die Befugnis, Atomraketen zu kontrollieren und zu starten.
Die in Minot, North Dakota, stationierten Offiziere hatten bei einer Inspektion schlecht abgeschnitten. Ihnen wird befohlen, sich einer intensiven Nachschulung zu unterziehen.

AUGUST 2013

Ein Raketenverband am Luftwaffenstützpunkt Malmstrom fällt bei einer Sicherheitsinspektion durch, weil er »taktische Fehler begangen« habe, »die nicht mit der Kontrolle von Nuklearwaffen in Zusammenhang stehen«, gibt die Air Force bekannt.
Das 341. Raketengeschwader steuert nach offiziellen Angaben ungefähr 150 der 450 ballistischen Interkontinentalraketen des Typs Minuteman III, die mit Atomsprengköpfen bestückt sind.

OKTOBER 2013

Ein hochrangiger Offizier, der für das Atomwaffenarsenal der Vereinigten Staaten Verantwortung trug, verliert seine Stellung.
Er wird offiziell von seinen Dienstpflichten als

stellvertretender Leiter des strategischen Kommandos der Vereinigten Staaten befreit. Ein Armeesprecher teilt mit, seine Degradierung stehe im Zusammenhang mit der Anschuldigung, dass er in einem Spielkasino gefälschte Jetons verwendet habe.

OKTOBER 2013

Nur wenige Tage später wird nach offiziellen Angaben ein US-General, der mit der Überwachung von Nuklearwaffen betraut war, seines Amtes enthoben, weil er während eines offiziellen Besuchs in Russland durch übermäßigen Alkoholkonsum, Umgang mit Prostituierten und Respektlosigkeit gegenüber seinen Gastgebern aufgefallen war.
Der General führte die 20. US-Luftflotte an, die für drei atomare Geschwader verantwortlich ist.
Einem Bericht des Generalinspekteurs der Air Force zufolge prahlte er während einer Zwischenlandung in der Schweiz mit seiner Stellung als Kommandant einer Nuklearstreitmacht und behauptete, er »bewahre die Welt jeden Tag vor einem Krieg«.

Am Stützpunkt Montana werden 34 mit der Wartung von Atomraketen betraute Luftwaffenoffiziere beschuldigt, während einer Kompetenzprüfung getäuscht oder Täuschungen zugelassen zu haben.

»Chronik des Atomwaffenskandals«,
CNN, JANUAR 2014

KANSAS CITY, MISSOURI. – Eine großflächige Fabrikanlage in einem ehemaligen Sojabohnenfeld produziert das technische Innenleben der atomaren Sprengköpfe Amerikas. Die im vergangenen Monat eröffnete Anlage ist größer als das Pentagon und mit neuester Hightech ausgestattet. Tausende von Arbeitern modernisieren hier die in die Jahre gekommenen Waffen, welche die Vereinigten Staaten mittels Raketen und von Bombenflugzeugen und U-Booten aus abfeuern können.

Sie ist Teil einer landesweiten Welle der atomaren Revitalisierung, zu der auch Pläne für eine neue Generation von Waffenträgern zählen. Eine kürzlich veröffentlichte offizielle Studie beziffert die Kosten für die nächsten drei Jahrzehnte auf bis zu eine Billion Dollar.

Diese Erweiterung findet unter einem Präsidenten statt, der im Wahlkampf für »eine atomwaffenfreie Welt« warb und Abrüstung zu einem Hauptziel der amerikanischen Verteidigungspolitik erklärt hat.

NEW YORK TIMES,
SEPTEMBER 2014

1
SNAP

SEPTEMBER 2013
STOCKHOLM

1.01

Ich war dem Präsidenten ganz nahe gewesen. Während offizieller Termine niemals mehr als wenige Meter von ihm entfernt, immer mit meinem einsatzbereiten Koffer. Sogar als er den Friedensnobelpreis entgegennahm. Als er diese verdammte Rede über eine Welt ohne Atomwaffen hielt.

Sie müssen das verstehen. Aber Sie werden es wohl nicht verstehen.

Wie wir wieder einmal vom Feuer verzehrt, gebannt, verleitet worden waren. Weniger durch unsere Schuld als durch unsere Unschuld. Meine eigene teuflische Unschuld.

Wir redeten vom »Football«, als ob es um ein Spiel ginge. Wir redeten vom »roten Knopf«, aber es gab weder einen Knopf noch jemanden, der ihn hätte drücken können. Für mich ähnelte der Vorgang eher einer okkulten Zeremonie, einem magisch-technischen Verwandlungstrick. Einem Nacheinander von Handlungen in der richtigen Reihenfolge, mithilfe der Codes, um ausgerechnet das eine zu entsichern, das in unserer gesamten Zivilisation das Sicherste sein sollte.

Der Inhalt des Koffers war als so hochvertraulich

eingestuft worden, dass nur wenige außer uns ihn kannten. Von Anfang an befanden sich nur vier einfache Gegenstände darin: das Schwarzbuch mit allen operativen Möglichkeiten im Fall eines Gegenschlags oder Angriffs; ein Hefter mit einer Liste der unterirdischen Stützpunkte, in die der Präsident bei höchster Alarmstufe gebracht werden konnte; ein Blatt Papier, auf dem die Struktur unseres Atomwaffensystems zusammenfassend dargestellt wurde. Und dann noch die Plastikkarte mit den Codes, mit denen sich der Präsident gegenüber Centcom auswies. Wir nannten sie den »Keks«.

Während des Kalten Kriegs war das alles mehr oder weniger nachvollziehbar gewesen. Sobald man den Koffer öffnete, wurde ein Signal an Centcom gesendet. Nachdem der Präsident sich mit den Codes ausgewiesen hatte, standen ihm und dem Träger des Koffers eine Reihe von Möglichkeiten gemäß dem jeweiligen Kriegsplan zur Verfügung. Im letzten Schritt befolgte Centcom den Befehl des Präsidenten und führte den eigentlichen Abschuss aus.

Doch dank der immer ausgereifteren Zaubereien der Digitaltechnik und zahlreicher Änderungen an unserem Kriegsplan war alles immer komplizierter geworden. Zwar hatte man uns versichert, dass die Maxime nach wie vor »immer niemals« laute. Die Atomwaffen sollten *immer* für einen Abschuss binnen einer halben Stunde bereit sein, aber *niemals* irrtümlich abgefeuert werden können.

Doch während des letzten Jahrzehnts waren die Grenzen mit jedem neuen technologischen Fortschritt ausgeweitet worden. Schließlich waren sowohl die Schaltkreise als auch die Mikroprozessoren klein genug, um

Teile des Explosionsmechanismus in den Koffer selbst einzubauen. Centcom schien nun fast überflüssig. Alles verschmolz zu einem einzigen Ganzen. Der Unterschied zwischen »immer« und »niemals« begann sich aufzulösen. Schließlich konnte selbst ich nicht mehr zwischen den Sicherheitsmaßnahmen und dem Abschussvorgang unterscheiden.

An diesem Punkt kam mir der Gedanke an Flucht.

1.02

Unsere gewaltige Luftflotte hob ab in den klaren blauen Morgenhimmel wie Hummeln, die träge der Schwerkraft trotzen. Wie gewohnt war unser erstes Etappenziel der Luftwaffenstützpunkt Andrews – und von dort aus flogen wir weiter über den Atlantik. Wir waren mehr als siebenhundert Männer und Frauen, ein Gefolge, wie es drei Jahrhunderte zuvor eines Sonnenkönigs würdig gewesen wäre: Air Force One, die Maschine des Präsidenten, fünf mehr oder weniger identische Boeings, neunundzwanzig Frachtflugzeuge, vierzig Autos, zweihundertfünfzig Sicherheitskräfte, dreihundert Referenten und Mitglieder vom Pressekorps des Weißen Hauses, zwei weitere Cadillacs.

Und die Krankenschwester saß ganz nah bei mir. Beobachtete jede meiner Bewegungen.

Sie war mir seit dem Beginn der Reise nicht mehr von der Seite gewichen, seit ich in den Gängen unter dem Luftwaffenstützpunkt kollabiert war, während die Maschinen aufgetankt wurden. Was mir die einzig mögliche Umsetzung der letzten Nachricht von Alpha zu sein schien: MEHR ZEIT VERSCHAFFEN. DEN KRANKEN SPIELEN. Es war naiv anzunehmen, dass mein kleiner

Schwächeanfall irgendeine Auswirkung auf unseren riesigen Konvoi haben würde. Dass er die riesige Maschinerie eines Staatsbesuchs aufhalten könnte.

Doch dort, an Ort und Stelle, glaubte ich in meinem erhitzten Zustand daran. Und so ließ ich mich in dem Betontunnel, der zum Hubschrauberlandeplatz hinausführte, der Länge nach hinfallen. Hielt die Augen fest geschlossen, während mehrere Sanitäter mich in den Untersuchungsraum trugen.

Wie leicht bildet man sich ein, unersetzlich zu sein. Wer wäre unersetzlicher als ich, der Träger des Koffers, der Mann mit der wichtigsten Aufgabe der Welt? Vor meinem kleinen Zusammenbruch hatte ich keine Ahnung von unserem Notplan gehabt. Doch als der Arzt mit unseren Logistikern sprach, wurde mir klar, dass selbst ich gegen einen Ersatzmann ausgetauscht werden würde.

Äußerlich soll niemand unterscheiden können, ob es sich bei dem Hubschrauber tatsächlich um Marine One, die Maschine mit dem Präsidenten und mir selbst an Bord, handelt oder irgendeinen anderen von unseren sämtlich identisch aussehenden Hubschraubern. Ob das Flugzeug tatsächlich die Air Force One in unserer Luftarmada ist. Auf jedem Flughafen, den wir ansteuern, werden wir hinter getönten Glasscheiben von Cadillac One transportiert, wegen seines gepanzerten, zehn Zentimeter dicken Bodens auch »die Bestie« genannt. Während eine andere, äußerlich identische Limousine direkt vor oder hinter uns herfährt.

Aber in Zeiten von radikalen Gesichtsoperationen, von Doppelgängern und falschen Identitäten ist niemand unersetzlich.

Und weil mir plötzlich klar wurde, dass ein anderer aus dem Team meinen Platz einnehmen würde, musste ich für meinen Schwächeanfall ein flüchtiges Fieber vorschützen. Sobald sich herausstellte, dass die vorläufigen Untersuchungsergebnisse völlig in Ordnung waren, bekam ich grünes Licht für die Weiterreise mit dem Team. Es gab in meiner Akte nichts, das dagegengesprochen hätte, in all den Jahren hatten sich keine Verdachtsmomente ergeben. Aber ich war gezwungen, die Krankenschwester als Begleitung zu akzeptieren. Aus Sicherheitsgründen, wie es hieß.

Als sie sich im Hubschrauber neben mich setzte, in die Reihe hinter dem Präsidenten und der First Lady, hatte ich unwillkürlich das Gefühl, dass es genau so sein sollte. Dass die Krankenschwester, auf die eine oder andere Weise, ein Teil des Plans sei.

Der Staatsbesuch in Stockholm war rätselhaft und erst im letzten Augenblick in den Terminkalender des Präsidenten aufgenommen worden. Im Grunde konnte man ihn höchstens als »offiziellen Besuch« bezeichnen, da keine Einladung des schwedischen Staatsoberhaupts vorlag. Der einzige plausible Grund für eine Reise ausgerechnet in diesen Teil der Erde bestand darin, dass unsere Regierung ein politisches Signal an Russland senden wollte, das Land, das wir eigentlich besucht hätten. Wenn man nicht gerade Edward Snowden dort Asyl gewährt hätte.

Unsere Sicherheitsleute waren mit diesen Änderungen in letzter Minute nicht besonders glücklich gewesen. In Stockholm würde die äußere Sicherheit im Vordergrund stehen und trotz der kurzfristigen Bekanntgabe nichts zu wünschen übrig lassen. Das Vorauskommando war losgeschickt worden, sobald der Termin festgestanden hatte. Aber das, was man »innere Sicherheit« nennt, war eine ganz andere, viel komplexere Angelegenheit.

In den Wochen vor unserer Abreise waren wir zu erhöhter Wachsamkeit ermahnt worden. Es kursierten Gerüchte, wonach Spione sich eingeschlichen hätten. Innerhalb des Teams behielten wir einander ständig im Auge, beobachteten jede unserer Bewegungen. Und dieses Mal waren uns die letzten Anweisungen erst an Bord der Air Force One erteilt worden – und selbst das erst kurz vor dem Start, als wir mit niemandem mehr Kontakt aufnehmen konnten, der nicht autorisiert war.

Unser Team bestand aus vier Special Agents für die Sicherheit, Edelweiss nicht mitgezählt. Er war unser Einsatzleiter und derjenige, von dem wir unsere täglichen Instruktionen erhielten. Er war es, dem wir folgten, den wir bewunderten, respektierten – vor allem aber fürchteten. Sein Körper war gewaltig. Wie ein komplett fremder Planet mit all seinen Furchen und Senken, Kratern und tiefen Geheimnissen. Er strich sich über das Kinn, wenn er über eine unserer Fragen nachdachte. Antwortete dann mit seiner überraschend leisen, klaren Stimme. Oft sagte er etwas, was keiner von uns zu sagen oder nur zu denken gewagt hätte.

Man hatte uns gesagt, dass es Edelweiss gewesen sei, der jeden von uns aufgrund seiner besonderen fachlichen Fähigkeiten ausgewählt habe, damals, in jenen verzweifelten Tagen nach dem 11. September, als alle anderen Strukturen versagten.

Soviel wir wussten, hatte man ihm freie Hand gelassen. Oft erfordert es solch einen Filter – eine Membran, die die Entscheidungsträger abschirmt und ihnen zugleich Handlungsspielraum verschafft, sie von der Verantwortung für ihre Entscheidungen befreit. Manchmal umgeben sie zahlreiche solcher unsichtbarer Schutzschichten – wie ein Blätterteigkuchen, bei dem die untere Schicht immer die obere schützt. Ein komplexes Zusammenspiel von Wissen und Nichtwissen.

In unserem Fall war Tarnung das A und O. Man bezeichnete sie als »militärische Methodik für vorbeugende Sicherheitsmaßnahmen«. Nach unserer Ausbildung in einem abgeriegelten Trakt in West Point – sie fand parallel zu unserer Universitätsausbildung statt und ermöglichte es, dass wir unsere Fähigkeiten im Täuschen und Führen von Doppelleben übten – begannen wir damit, unsere neu erworbenen Fähigkeiten einzusetzen. Ich wurde meistens zu kurzen Einzeleinsätzen eingeteilt, die immer brenzliger wurden. Zuerst kleine, dann größere Sabotageakte, die ebensolche Aktionen zum Schaden unseres Land unterbinden sollten und durch die fast unsichtbare Konflikte in Ländern beseitigt oder bewirkt wurden, von denen viele Menschen noch nie etwas gehört hatten, und die anderswo in der Welt innere politische Unruhen auslösten.

In meinem anderen Leben beendete ich derweil meine Dissertation in Moralphilosophie. Endlose Sitzungen mit meiner hypnotisch-attraktiven Doktormutter füllten die späten Achtziger und die gesamten Neunzigerjahre, parallel zu meinen Sonderdiensten in der Welt der Sicherheit. Im September 2001 wurde ich promoviert, fünf Tage vor den Anschlägen auf das World Trade Center.

Einige Wochen später, am 4. November, brachte man uns in einem fensterlosen Hörsaal zwei Stockwerke unter der Erde zusammen. Wie Silhouetten, Schatten, Geister aus früheren Zeiten – einige von uns hatten vielleicht sogar dasselbe Spezialkräftetraining in West Point durchlaufen. Aber wir alle hatten seitdem mindestens eine kosmetische Operation hinter uns bringen müssen. Ich erkannte niemanden in dieser auserlesenen Gruppe.

Und keiner wusste, warum man uns zusammengebracht hatte. Wir hatten auf eine verschlüsselte Order reagiert, der wir lediglich entnehmen konnten, dass der Aufbau des Teams den Anfang unseres neuen und das Ende unseres alten Lebens bedeuten würde. Eine Einladung, der wir unmöglich widerstehen konnten.

Es waren mehr von uns da, als ich bei einem derart speziellen Auftrag erwartet hatte. Das bedeutete, dass der harte Kern kleiner sein würde – und alles ringsumher viel größer. Das Team selbst würde vielleicht aus gerade mal acht bis zehn Leuten bestehen, und der Rest würde unterstützende Aufgaben übernehmen.

Es zeichnete sich bald ab, dass das Team – Edelweiss nannte uns »Nukleus«, wie einen Zell- oder Atomkern – aus sechs Auserwählten bestehen würde, darunter er selbst und ein Unbekannter, der »Alpha« genannt wurde.

Und nachdem man uns mehr als einen Tag ohne Essen und Trinken hatte warten lassen – zweifellos, um uns gleich zu Beginn gefügig zu machen –, hatte Edelweiss seinen großen Auftritt. Diese mysteriöse Gestalt mit ihren gewaltigen Konturen. Fließend und formlos, wie ein Gespenst in dem schlecht beleuchteten Raum. Er, der in West Point mein Hauptlehrer gewesen war – und vielleicht auch der der anderen – und der nun über unser Leben bestimmen würde.

Edelweiss fing mit der offiziellen Version an. In etwas vagen Worten umriss er die Aufgabe des Teams in unserem neuen, durch die Stoßwellen des 11. September veränderten Kriegsplan: »Eine kleine mobile Einheit, die in Friedenszeiten als eigenständiger Schutztrupp dient und Seite an Seite mit dem Führungsstab des Präsidenten zusammenarbeitet und im Fall eines Notstandes oder Krieges in vollständiger Eigenverantwortung handeln kann.«

Dann folgte die inoffizielle Version. Man hatte Edelweiss freie Hand gelassen, um etwas ganz Neues zu schaffen. Einen Phönix aus der Asche des World Trade Center, aus den Ruinen unseres alten Sicherheitssystems, aus dem, was in jeder Hinsicht ein »Ground Zero« war. Jetzt, da all unsere bestehenden Strukturen – die Geheimdienste, die Überwachungssysteme, unsere Versuche der Terrorabwehr – sich als unzureichend erwiesen hatten.

Seine Idee war, dass unser Team die Spinne im Netz sein sollte. Besser gesagt: sowohl das Netz als auch die Spinne. Eine amorphe Struktur, die alle existierenden Institutionen miteinander verbinden würde: die CIA, das FBI, die NSA, den Secret Service ... die aber auch in den Lücken zwischen ihnen operieren konnte.

Edelweiss sagte, er wisse nicht, wer ihm diese Aufgabe zugeteilt habe. Er wisse bloß, dass jemand mit dem Pseudonym »Alpha« ihm glaubwürdige E-Mails geschrieben habe, deren effiziente Verschlüsselung ihn davon überzeugte, dass die Befehle von ganz oben kämen. Zweifellos befand sich zwischen Alpha und dem Präsidenten eine weitere Schicht, ein weiterer Filter, aber vielleicht nicht mehr als das. Und denjenigen, die diese

Schicht bildeten, musste der Präsident wiederum freie Hand gegeben haben.

Unser Ziel schien einfach zu sein. Die Befehle, die Edelweiss erhielt, waren nur grob umrissen, und die Person, die sie ihm erteilt hatte, zeigte sich an den Einzelheiten ihrer Ausführung nicht interessiert. Alles hatte eine klare Zielrichtung: Sorgt dafür, dass so etwas nicht noch einmal vorkommt, dass kein feindliches Flugzeug am hellichten Tag in ein Gebäude wie das World Trade Center fliegt. Unsere Aufgabe bestand darin, alle notwendigen Präventivmaßnahmen zu ergreifen, die außerhalb der herkömmlichen Geheimdienstbefugnisse lagen. Der Zweck heiligte die Mittel.

Was er in den folgenden drei oder vier Stunden beschrieb – bei Edelweiss nahm die Zeit immer eigene Dimensionen an –, war auf den ersten Blick eine Verteidigungsmission. Unser Team sollte sich bei Staatsbesuchen und anderen offiziellen Einsätzen in der Nähe des Präsidenten und seiner eigenen Leibgarde aufhalten. Wir sollten zu einer Art gleitender Sicherheitsschicht werden, flexibel und anpassungsfähig, auf *jede erdenkliche Situation* vorbereitet.

Kurzum, es ging um das, was man heute »hybride Kriegsführung« nennt. Unser Kampf galt versteckter Sabotage, digitalen Angriffen, moderner psychologischer Kriegsführung, politischer Destabilisierung, den immer ausgeklügelteren Angriffen auf unsere Infrastruktur. Und wir sollten Gleiches mit Gleichem vergelten können.

Im Fall einer echten Notlage sollte der Spieß umgedreht werden können. Das Team sollte dann in eine harte Kampftruppe umgewandelt werden, die sich auf die

Schwachstellen des Gegners konzentrierte – mit Methoden, die mindestens ebenso überraschend waren wie dessen eigene. Edelweiss verglich uns mit einem Amphibienfahrzeug, das mal zu Lande, mal zu Wasser eingesetzt wird.

Wenn die globale Sicherheitskrise ihre höchste Stufe erreichte – Alarmstufe Violett, die einzig und allein dem Fall eines unmittelbar bevorstehenden weltweiten Atomkriegs vorbehalten war –, sollte der Präsident persönlich unter unseren Schutz gestellt werden. Bis zur Ausschaltung der Bedrohung würde das Team das verdeckte Kommando über den gesamten Militärapparat übernehmen. Das nukleare Waffensystem inbegriffen.

»Sie müssen für jeden denkbaren Angriff auf die nationale Sicherheit vorbereitet sein. Und mehr als das – für jeden undenkbaren auch«, sagte Edelweiss.

»Vor allen Dingen benötigen wir dafür eine größere Vorstellungskraft als unsere Feinde. Daran werden wir arbeiten: an unserer Kreativität, unserer emotionalen Intelligenz. Jeder von Ihnen ist bereits ein hervorragender Agent. Aber wenn Sie diese Zusatzausbildung hinter sich haben, sollten Sie sich eher als Künstler begreifen.«

Er strich sich mit der Hand über das Kinn.

»Unser Auftrag unterscheidet sich von anderen dadurch, dass er mit Atomwaffen zu tun hat. Waffen, die mit nichts in der Militärgeschichte vergleichbar sind, weil sie ihrem Wesen nach fernab jeder Erfahrung liegen. Der einzig wichtige Unterschied zwischen Atomwaffen und anderen Fantastereien wie, sagen wir, den Laserschwertern in *Krieg der Sterne* oder Supermans Röntgenblick, besteht darin, dass Atomwaffen Realität geworden sind.«

Es folgte eine Kunstpause, während Edelweiss im Halbdunkel seinen Blick schweifen ließ.

»Noch nie hat es einen Krieg gegeben, in dem nukleare Gefechtswaffen in großem Maßstab auf Schlachtfeldern eingesetzt wurden. Niemand weiß, welche Auswirkungen das haben würde, wie wir uns in einer solchen Situation verhalten würden. Auch das werden wir – Sie und ich – erkunden, unter mehr oder weniger kontrollierten Bedingungen.«

Das Ausmaß unserer Befugnisse in einem solchen Fall erschien selbst mir erstaunlich. Der Koffer war natürlich das Kronjuwel des Ganzen. Unser innerstes und äußerstes Geheimnis, unser letzter Ausweg, unsere Bestie in Ketten. Erst das Objekt, dessen Schutz unser wichtigster Auftrag war, dann unsere ultimative Angriffswaffe.

»Der wichtigste Gegenstand der Welt«, so nannte Edelweiss ihn, ehe er ihn mir am Ende jenes ersten Treffens aushändigte. Eine kleine Geste, mit der er mich zum Retter und Zerstörer in Personalunion machte. Zum Mittelpunkt nicht nur des Teams, seines Nukleus, sondern des Universums.

Von da an nannte er mich nur den »Träger«.

Um mich herum standen die wenigen anderen: in respektvollem Abstand, aber neugierig. Zafirah, die mich immer von den Vorzügen der sogenannten »Ultra-Gewalt« zu überzeugen versuchte. Ihr Interesse an allem, was »maximale Durchschlagskraft« hatte, wie sie es ausdrückte, hatte etwas Krankhaftes. Ihren eigenen Angaben zufolge hatte ihre Obsession mit Schwergewichtsboxen angefangen, den endlosen Wettkämpfen mit ihrem Vater in Bahrain, Nacht für Nacht, und war dann immer schlimmer geworden. Kampfsport, Mixed Martial Arts, militärischer Nahkampf. Sie war es, die von Edelweiss während der Manöver immer ins dichteste Gewühl geschickt wurde. Oft allein und unbewaffnet gegen eine Überzahl von Gegnern.

Wenn man Zafirah aus der Ferne sah, diese kleine, gedrungene Frau mit ihren schimmernden Kopftüchern, hätte man niemals vermutet, wozu sie imstande war. Was sie und ich zusammen in Afghanistan und im Irak, tief im Feindesland, den Taliban angetan hatten. So ist das mit echtem Talent. Man trägt es nicht offen zur Schau – erst wenn es keine andere Möglichkeit mehr gibt, kommt es zum Vorschein.

Außer uns beiden bestand der operative Kern des Teams nur aus zwei identisch aussehenden Sicherheitsleuten, die wir abwechselnd Kurt und John nannten. Sie kümmerten sich um alles, was mit Personenschutz zu tun hatte, in der Theorie wie in der Praxis, sowie um den Großteil unserer technischen Ausrüstung. Natürlich waren sie dauernd um mich herum, schirmten den »Träger« mit ihren mächtigen Körpern ab und strahlten unterschwellig Gewalt aus. Entschlossen, jederzeit ihr Leben für mich zu opfern. Besser gesagt: für den Koffer.

Doch der Apparat hinter den Kulissen war größer. Da gab es all jene, die wir nie oder selten zu Gesicht bekamen: Strategen, Beobachter, Techniker, Psychologen, medizinisches Personal und weitere Helfer. Dazu noch Doppelgänger, Lockvögel und Ersatzleute. All die seltsamen Menschen, die vereint die Komparserie der Sicherheitswelt bilden.

Kontakt zu anderen aus dem äußeren Stab des Nukleus war uns nicht erlaubt. Stattdessen wurden wir ermuntert, unsere zivile Identität zu perfektionieren, ein Doppelleben mit allem Drum und Dran zu führen, bevorzugt mit Familie. Edelweiss behauptete, dass ihn kein Geringerer als Kim Philby inspiriert habe. Er sagte, wir würden durch die ständige Manipulation unserer Umgebung unser operatives Potenzial verbessern, immer auf Zack sein, allzeit bereit. Außerdem würde dadurch, dass wir nicht zusammen stationiert waren, die Gefahr eines einzigen vernichtenden Schlages gegen uns verringert.

Und so wusste ich nach beinahe zwölf Jahren immer noch nichts über das Zivilleben der anderen, hatte keine Kenntnis von ihren »echten« oder »alternativen« Existenzen, keine Ahnung, wer sie waren, diese Tarnmenschen, die so sorgfältig für unsere Tarneinsätze ausgewählt worden waren. Wusste weder etwas über Edelweiss noch über Zafirah noch über John oder Kurt.

Und am wenigsten über Alpha.

Keiner von uns wusste, wer oder was *es* war, ob Mensch oder Maschine, oder gar eine digitale Funktion. Edelweiss behauptete, dass er selbst nach Jahren noch im Dunkeln tappe. Dass er seine Befehle in Form doppelt verschlüsselter Nachrichten auf seinem Bildschirm erhalte: Schutzeinsätze, Überstellungen, die Weisungen für unser nächstes Übungsmanöver. Nichts habe ihn bislang davon überzeugen können, dass Alpha tatsächlich ein lebendiges Wesen sei. Viele unserer Übungseinsätze wirkten ohnehin so willkürlich – hinsichtlich ihres Ziels wie ihrer Bedeutung –, dass sie genauso gut ein Zufallsgenerator hätte auswählen können.

Zu Beginn unserer Zusammenarbeit stand die Teilnahme an zwei regulären Militärinvasionen. Afghanistan war die erste – 13. November 2001, neun Tage, nachdem wir in dem fensterlosen, unterirdischen Hauptquartier zusammengekommen waren – und dann, am 20. März 2003, Irak. Doch es waren unsere Übungseinsätze, bei denen man uns mit den extremsten Situationen konfrontieren konnte, die unser Team auf die Probe stellten und abhärteten, die uns in der Hitze des Gefechts zusammenschweißten und uns zu wahren »Künstlern« machten. Jene Herausforderungen, für die wir geschaffen worden waren.

Nicht zu vergessen die Simulation einer atomaren Großoffensive auf Grundlage unseres Strategieplans »Globaler Angriff und Abschreckung«. Der größten Bedrohung für das Überleben nicht nur unserer Nation, sondern der ganzen Welt, der gesamten Menschheit: Götterdämmerung, Ragnarök. Jener Art von historischem Augenblick, den nur ein Paläontologe wirklich begreifen kann.

Und so saßen wir jetzt an dem Tisch aus Walnussholz im Konferenzraum der Air Force One und gingen die Abläufe des Staatsbesuchs in Stockholm am 4. und 5. September 2013 durch. Selbst nach all den Jahren im Team waren die Herausforderungen, vor die wir bei unseren Einsätzen gestellt wurden, ein Paradox. Immer galt die höchste Alarmstufe, bestand die Notwendigkeit, jederzeit auf alles vorbereitet zu sein, immer wurde uns äußerste Präzision abverlangt und gefordert, dass wir den eingeübten Abläufen ohne Abweichung folgten. Noch der kleinste Anlass konnte der Auftakt zum Weltuntergang sein.

Edelweiss hatte seine eigene Art, mit diesen Situationen umzugehen. Er schaffte es immer wieder, dass wir ihm unsere volle Aufmerksamkeit schenkten und kerzengerade auf unseren Stühlen saßen. Die Art, wie er die Lagebesprechungen mit einem »Guten Morgen, meine Lämmchen« eröffnete, drang uns durch Mark und Bein. Nach seinen ersten Vorträgen in dem abgeriegelten Trakt in West Point hatte ich wochenlang Albträume gehabt. Und als er seinen Blick jetzt auf die Projektionswand des Konferenzraums heftete, taten wir es ihm wie gebannt gleich.

Der grundlegende Unterschied zwischen diesem und früheren Staatsbesuchen lag darin, dass diesmal tatsächlich etwas geschehen würde. Ein Zwischenfall, der mindestens so gravierend war wie jene, mit denen wir während unserer wichtigsten Manöver konfrontiert gewesen waren. Mehr noch: Diesmal wäre er Realität. Unserer Einweisung kam eine viel größere Bedeutung zu als allen früheren Besprechungen.

Und außer mir wusste das keiner.

Wie üblich setzte die dreidimensionale Animation mit dem Fluchtweg ein, den wir bei höchster Gefahr benutzen sollten: Alarmstufe Violett, wenn der Präsident unserem Schutz unterstellt wurde und unser Team das Kommando über den gesamten Militärapparat übernahm. Die Animation zeigte den Präsidenten und die First Lady im Eilschritt, von unserem Geleitschutz umgeben, wobei unser Team sich unter die handverlesene Präsidentengarde mischte. Ich war nie mehr als fünf Meter von ihm entfernt, den Koffer ständig in Bereitschaft haltend.

Jetzt sah ich all die streng geheimen Informationen, zu denen ich während meiner Recherche keinen Zugang gehabt hatte: alle Details des Wegs, den wir einschlagen sollten. Der Fluchtweg würde in einem solchen Fall von unserem Quartier im Grand Hôtel zu dem Sammelpunkt am Hubschrauberlandeplatz auf Gamla Stan in Stockholm führen. Als geheimer Notausgang fungierte diesmal, wie sich herausstellte, eine enge, kleine Falltür links auf dem letzten Treppenabsatz, die zum Lieferanteneingang des Hotels an der Stallgatan 4 hinabführte.

Von da an war der Fluchtweg weniger beengt und führte durch ein Tunnelsystem, das sich tief im Felsgrund unterhalb des gesamten Stadtzentrums und seiner Außenränder erstreckte.

Diese Tunnel waren laut Edelweiss der Öffentlichkeit unbekannt. Ich versuchte, die beste Stelle zu finden, um mich vom Team zu trennen – doch die Anzahl der Möglichkeiten schien endlos. Auf den Plänen sah das System wie ein großer weißer Fleck auf der Landkarte aus, auf der unser Fluchtweg rot markiert war – der Rest war ein Dickicht aus gepunkteten Linien und schraffierten Flächen. Die Beobachter in unserer Vorausabteilung sagten, wir wären dort unten auf Stirnlampen angewiesen, da keiner der Tunnel über eine Lichtquelle verfüge.

Der Fluchtweg verlief anfangs in nördlicher Richtung, durch Gänge, die unter der Halbinsel Blasieholmen lagen. Sobald wir auf gleicher Höhe mit den Bahnsteigen der Tunnelbana-Station Kungsträdgården wären, würden wir uns erst scharf nach Westen und dann gleich nach Süden wenden, durch einen Tunnel unter dem Wasser. Dann würden wir uns weiter südwärts bewegen, tief unter dem Parlament, dem Königspalast und dem ältesten Teil der Stadt, bis wir beim Hubschrauberlandeplatz am Ufer des Riddarfjärden wieder an die Oberfläche kämen. Dort würden die Luftlandetruppen übernehmen und den Präsidenten und die First Lady in Sicherheit bringen, nun eskortiert von einem anderen, nicht zum Nukleus gehörenden Kofferträger, während unser Team sich zu einem Gegenangriff sammeln würde.

Edelweiss stoppte die Animation bei einem stark von Grünspan überzogenen Kupfertor. Es stamme, sagte er, aus den Ruinen des im siebzehnten Jahrhundert erbauten Schlosses Makalös, seinen Angaben zufolge eines der schönsten und berühmtesten Gebäude jener Zeit, und sei als Teil der allgemeinen künstlerischen Ausgestaltung der Stockholmer U-Bahnstationen hier in die Wand eingelassen worden. Er bemerkte, dass das Tor nicht geöffnet worden sei, seit man es im Jahr 1983 dort eingebaut habe, und dass es sich wahrscheinlich selbst mit größter Mühe heute nicht mehr öffnen lasse.

Den Beobachtern unseres Voraustrupps war selbst bei diesem geringfügigen Risiko unwohl gewesen: die Vorstellung, dass jemand sich aus den Gängen der blauen Tunnelbana-Linie seinen Weg in das direkt darüber liegende Quartier des Präsidenten bahnen könnte. Der U-Bahnhof Kungsträdgården war deshalb schon vor unserer Ankunft komplett abgeriegelt worden.

Jedes Mal, wenn Edelweiss die Animation wieder von vorn abspielte, damit wir uns den Fluchtweg einprägen konnten, wurde mein erster Eindruck klarer. Neben dem Kupfertor sah man etwas, das in die Felswand eingelassen war und gleichmäßiger als die unebene Steinoberfläche wirkte: ein helleres, kleines Quadrat. Die Ähnlichkeit mit den Bedienfeldern vor unserer eigenen abgesicherten Anlage – sie erinnerten an gewöhnliche, harmlose Anschlusskästen – konnte kein Zufall sein.

Und so, ohne die geringste Ahnung zu haben, ob ich meinen verrückten Traum in die Tat umsetzen könnte, entschied ich, dass das Kupfertor von Schloss Makalös der unsichtbare Riss in der Wand sein würde.

Der Ausgangspunkt für meine und Alphas unmögliche Flucht aus dem Team. »Wir zwei gegen die Welt.«

1.03

Eine natürliche Wolke kann fünfhundert Tonnen wiegen. Ein Atompilz sehr viel mehr.

Ehe mir meine Aufgabe zugewiesen wurde, hatte ich mich immer gefragt, wie eine solche Last sich auf einen einzelnen Menschen auswirkt. Wie es sich anfühlt, die Kontrolle und die Macht über das Atomwaffensystem zu haben, der Finger auf dem Knopf zu sein, der den Weltuntergang auslöst. Der Mann mit dem Koffer. Der Träger.

Als ich im November 2001 Teil des Teams wurde, hatte ich bereits seit einiger Zeit Zweifel gehegt. Meine Doktorarbeit war im Grunde eine einzige Infragestellung der Berechtigung von Atomwaffen. Ich lotete die Grenzen aus, hinterfragte die Gründe, arbeitete mich an den Problemen ab. Zuerst hatte ich sie »Das Atom – Ein moralisches Dilemma« nennen wollen, aber meine Doktormutter überzeugte mich davon, den Titel in »Das Geheimnis der Lise Meitner« abzuändern.

Ich führte ein Privatleben in einer Familie, die nichts von meiner zweiten Existenz wusste. Ich spielte die Rolle des Wissenschaftlers und Familienvaters – mit einer gebildeten Frau, zwei Mädchen und einem Jungen im

Alter von elf, neun und sieben Jahren, mit einem Haus in der Vorstadt, mit dem üblichen freitäglichen Umtrunk mit unseren ganz gewöhnlichen Nachbarn. Ich spielte sie auf die gleiche gewissenhafte Weise wie die Rolle des »Mannes mit dem Koffer«. Alles war zugleich verlogen und wahr.

Und nichts deutet darauf hin, dass Gefühle schwächer werden, wenn man ein Doppelleben führt. Ganz im Gegenteil: Diese brennende Intensität, all die komplizierten Wechselspiele innerhalb eines Lebens, das ständig *manipuliert* werden muss, verstärken die Gefühle noch. Auch wenn ich an allen Fronten schauspielerte, gelang es mir doch viele Jahre lang, überall sowohl leidenschaftlich als auch professionell zu sein. Bis das symbolische Gewicht des Koffers, die absurde Bürde meiner Aufgabe zu viel für mich wurde.

Trotzdem machte ich noch ein paar Jahre weiter, auch wenn die Zweifel und Bedenken zunahmen. Ich war wie ein Hamlet des Atomwaffensystems. Dann, aus heiterem Himmel, setzte sich Alpha mit mir in Verbindung. Mir wurde klar, dass ich einen ungewöhnlichen Verbündeten hatte.

Und jetzt war die Zeit gekommen. Angespannt wartete ich auf das Zeichen, auch wenn ich immer noch keine Ahnung hatte, wie es aussehen würde. Ich spähte durch die getönten Scheiben, während wir über menschenleere Straßen in die Innenstadt von Stockholm rasten.

Mit den Jahren hatten wir uns daran gewöhnt, dass wir Innenstädte immer nur auf diese Weise zu sehen bekamen. Auf der ganzen Welt das Gleiche, wo wir auch hinkamen.

Die pulsierendsten Metropolen, die weitläufigsten Innenstädte: leer und abgeriegelt, ohne jegliches Leben. Die Gebäude intakt, die Menschen verschwunden. Wie nach dem großen Knall, der Explosion einer Neutronenbombe.

Der Koffer stand zwischen meinen Beinen auf dem Boden. Das schwarze Sicherheitsarmband war den Transportvorschriften gemäß um mein linkes Handgelenk gebunden. Der Präsident und die First Lady sprachen auf den Rücksitzen des Wagens im Flüsterton miteinander, sodass wir nicht verstehen konnten, was sie sagten.

Ich entspannte meine zur Faust geballte rechte Hand, warf einen verstohlenen Blick auf das Blatt mit dem Zeitplan und sagte im Flüsterton die zugeteilten Schlafenszeiten auf. Zafirah 00:00 – 02:13, Edelweiss 02:13 – 04:55, ich 04:55 – 06:00. Kurt und John schliefen während unserer kürzeren Staatsbesuche nachts niemals, sie holten sich ihren Schlaf, während wir den Atlantik überquerten, wobei sie jeweils abwechselnd wachten.

Wieder einmal hatte Zafirah das große Los gezogen. Edelweiss versicherte uns immer, dass die Ruhezeiten nach dem Zufallsprinzip zugewiesen würden – aber schon wieder hatte ich den letzten und kürzesten Zeitraum erwischt. Sie misstrauten mir wohl schon seit längerer Zeit.

Jetzt blieben mir nur fünfundsechzig Minuten bei geringfügig reduzierter interner Überwachung, ehe Kurt oder John mich weckten. Und die Krankenschwester, obwohl sie nirgendwo im Dienstplan stand, würde mir zweifellos bis ins Schlafzimmer folgen – bereit, bei der geringsten unnatürlichen Bewegung Alarm zu schlagen.

Sie schlief neben mir im Wagen, allem Anschein nach tief und friedlich, obwohl wir das Hotel schon fast erreicht hatten. Ich betrachtete ihr Gesicht, die dicke Schicht Schminke, das blond gefärbte Haar, die kleine, kompakte Figur. Versuchte ein Gefühl dafür zu entwickeln, wer sie war. Zu verstehen, warum ausgerechnet dieser Person erlaubt worden war, mich hierhin zu begleiten, warum man ihr diesen Auftrag erteilt hatte.

Dann verging, wie in Zeitlupe, ein langweiliger Tag. Der spärliche Reiseplan zeigte, dass dieser Staatsbesuch eilig zusammengestückelt worden war. Unser Empfang an der Kungliga Tekniska Högskolan war eine einzige Enttäuschung. Es teilte sich nicht das geringste Zeitkolorit mit, es gab keinen Versuchsreaktor R1, nicht einmal einen flüchtigen Blick auf die Räumlichkeiten, in denen Lise Meitner gearbeitet hatte. Nichts als langweilige Ausstellungssäle und sterile Schaukästen mit verschiedenen »Umweltinnovationen«.

Das Präsidentenpaar hatte seine übliche Rolle gespielt, sie hatten genickt, dies und das gesagt und die richtigen Fragen gestellt. Es blieb ihnen sogar noch ein wenig Zeit, um vor dem Abendessen auszuruhen, während wir uns in dem provisorischen Überwachungsraum trafen, einem pompösen, zwei Stockwerke hohen Eckzimmer auf den beiden oberen Etagen des Hotels, mit Wandlampen und einem dicken, blauen, mit Goldkrönchen gemusterten Teppichboden.

Von dieser hohen Warte aus konnten wir alle Hoteleingänge und große Teile der Umgebung im Blick behalten. Auf der anderen Seite der Wand, hinter einer Verbindungstür, befand sich die verschwenderisch eingerichtete, sieben Zimmer umfassende Suite des Präsidentenpaars. Sie erstreckte sich über vier Stockwerke, einschließlich des luxuriösen kleinen Schlafzimmers direkt unter einer Kuppel, die das Gebäude krönte. Aber da der Hotelbetreiber sich von unserem Voraustrupp nicht dazu hatte überreden lassen, die Panoramafenster des Zimmers mit kugelsicherem Glas auszustatten, durfte es jetzt nur als Ruheraum für die Leibwächter genutzt werden.

Wie üblich hätte es mich nur wenige Sekunden gekostet, im Fall eines Alarms an der Seite des Präsidenten zu sein. In diesem besonderen Fall würde ich mich allerdings von ihm entfernen.

Die Festhalle im Wintergarten war ebenfalls nur wenige Türen von unserem Bereich entfernt. Dort fand das Abendessen statt, das in ungefähr einer Stunde beginnen und bis kurz vor Mitternacht andauern würde. Offizielle Anlässe enden immer kurz vor Mitternacht. Das Protokoll schrieb vor, dass die Leibgarde des Präsidenten für dessen persönliche Sicherheit verantwortlich war, aber Kurt und John stellten schon unsere eigenen tragbaren Monitore an der Längswand des Eckzimmers auf. Ich machte es mir derweil in der Fensternische aus massivem Marmor bequem, von wo aus ich den besten Überblick hatte.

Die Aussicht wirkte fast künstlich. Ein Stück Theaterkulisse, eine Ansichtskarte, die so unaufgeregt idyllisch war wie das ganze kleine, neutrale Land. Ich sah hinaus, sah den Himmel, die von der Abendsonne erleuchtete Welt, die ich bald verlassen musste. Sobald Alpha den Startschuss gäbe, würde für uns beide eine neue Existenz beginnen. Immer auf der Flucht, wie ein Wild, ein Beutetier, wie Ratten unter der Erde. Trotzdem hatte ich keine Ahnung, worauf ich eigentlich wartete. Auf welche Art von Signal.

Ich ließ meinen Blick weiterschweifen, über die Menschenmenge vor dem Hotel, die hoffte, einen Blick auf den Präsidenten werfen zu können. Und nicht nur das: Sie warteten auf einen Zwischenfall, womöglich einen terroristischen Angriff. Menschen sind Haie, Blut zieht sie an. Das Licht der untergehenden Sonne schien durch die Fenster der Häuser, die die Skeppsbron auf dem gegenüberliegenden Ufer säumten. Die Szenerie verdunkelte sich, die barocken Fassaden verloren ihr erdiges Ocker und Umbra, und die Sonne verschwand wie ein riesiger roter Ballon hinter den stattlichen, aber unbelebten Gebäuden.

Meine Uhr zeigte 19:31. Noch zehn Minuten bis zum offiziellen Sonnenuntergang. Häufig war dies der verabredete Zeitpunkt für einen Angriff mit unserer überlegenen Nachtkampftechnologie gewesen. Operation Desert Storm, Operation Iraqi Freedom oder Gefechtsübungen für einen nuklearen Großangriff. Oft sollten wir genau dann losschlagen, wenn die Sonne wie ein rätselhafter kosmischer Felsbrocken in den Sand stürzte und von einem Moment auf den anderen die Wüstennacht einbrach.

Während der letzten Tageslichtminute sah ich genauso oft auf meine Armbanduhr wie aus dem Fenster und zählte einen unhörbaren Countdown. Um 19:41 Uhr, exakt zu der kalendarisch bestimmten Zeit, verschwand der obere Rand des Feuerballs hinter dem Horizont: Als hätte das gewaltige Tunnelsystem unter dem U-Bahnhof Kungsträdgården die Sonne verschluckt.

Aber es gab immer noch kein Zeichen von Alpha.

Kein Signal von der einzigen Person, die mir jetzt helfen konnte.

Kurz vor Mitternacht ging Zafirah, die Erste auf unserem Dienstplan, die Treppe zu unserem Schlafquartier hoch. Während der Nacht legte die Krankenschwester alle dreißig Minuten zwei warme, leicht schwitzige Finger auf mein Handgelenk und maß meinen Puls. Sie hatte sich neben mir in der Nische vor dem Fenster positioniert. Strich mir über die Stirn, um sich davon zu überzeugen, dass meine Körpertemperatur nicht wieder verrücktspielte.

Ich selbst warf häufiger denn je verstohlene Blicke auf meine Armbanduhr, bald schon in Abständen von wenigen Minuten. Es war, als ob der Koffer zwischen meinen Füßen brannte.

Um 04:50 Uhr, kurz vor meiner Schlafpause, trat Zafirah zwischen mich und die Krankenschwester. Mit ernster Miene verkündete sie, dass die Ergebnisse der Untersuchungen vorlägen, denen ich kurz vor Abflug unterzogen worden war, und dass sie daraufhin neue Anweisungen erhalten habe. Dass sie aus Sicherheitsgründen während unserer Ruhepause bei mir und der Schwester bleiben solle.

Als Edelweiss runterkam, schlaftrunken und mit zerknittertem Gesicht, stand Zafirah auf und begleitete mich die Treppe hinauf. Die Krankenschwester bildete die Nachhut unserer kleinen Kolonne.

Ich durfte als Erster ins Bad. Durch die Wand hörte ich, wie Zafirah das Sofabett vor die Schlafzimmertür schob. Mit ihrer fast unmenschlichen Fähigkeit, die ganze Kraft ihres kleinen muskulösen Körpers auf einen einzigen kleinen Punkt zu konzentrieren.

Wohl um der Krankenschwester einen Gefallen zu tun, sagte Zafirah, dass sie gern aus dem Fenster schauen wolle. »Um mich in der fahlen Dunkelheit des Nordens zu verlieren.« Ich hörte keine Antwort. Vielleicht war die Schwester schon eingeschlafen.

Ich stellte den Koffer – er durfte nie außer Reichweite sein – neben die Toilette und erleichterte mich im Stehen. Das schwarze Sicherheitsarmband befand sich noch immer an meinem linken Handgelenk. Ich pinkelte absichtlich neben die Schüssel und hinterließ meine Markierung auf dem Goldmosaik, das vermutlich Hunderte Dollar pro Quadratmeter gekostet hatte. Als ich aus dem Bad kam, lag die Krankenschwester auf der Außenseite des Doppelbetts. Ihr Schnarchen war dunkel, kombiniert mit einem leisen Pfeifen. Vorsichtig kletterte ich über sie hinweg und drückte mich an die Wand.

Man darf niemals völlig abschalten, weder geistig noch physisch. Das ist der Trick. Unter mir warf das Laken Knitterfalten, wie Kräuselungen des Windes auf der Oberfläche eines Ozeans oder einer Sandwüste. Aber die Zeit raste unerbittlich weiter, wie immer, wenn einem nur wenig von ihr bleibt. Erst 05:11, dann, kaum dass ich noch einmal kurz die Augen schloss, 05:23. Licht strömte über die Skyline der Stadt, speiste sich aus seiner Quelle hinter dem Horizont, Ocker und Umbra kehrten aus dem Innern der Erde zurück. Möwengeschrei tönte durch die dreifach verglasten Fenster. Es klang wie das Kreischen von Geiern.

Und dann blieb nur noch eine halbe Stunde, um herauszufinden, wie ich mich absetzen konnte. Es war wie das klassische Rätsel des »verschlossenen Raums«. Ich musste den unsichtbaren Riss in der Wand entdecken.

Ich rutschte im Bett nach hinten, versuchte möglichst viel von dem mitzubekommen, was innerhalb und außerhalb des Schlafzimmers vor sich ging, versuchte einen Hinweis zu finden. Meine Armbanduhr zeigte 05:57. Noch drei Minuten, bis Kurt oder John uns wecken würden.

In diesem Moment ging der Alarm los. Die heulenden Sirenen übertönten das Gekreisch der Möwen, sie frästen sich direkt in meinen Kopf.

Endlich. Das Signal von Alpha.

1.04

Mein mobiles Feldtelefon zeigte Violett an, die höchste Alarmstufe für einen groß angelegten Atomangriff.

Intuitiv schaltete ich die Nachttischlampe an, aber es geschah nichts. Die Stromzufuhr musste unterbrochen worden sein. Doch das Licht der Morgendämmerung war stark genug – der Raum wurde kaum heller, als wir die Stirnlampen einschalteten. Wir bewegten uns blitzschnell, dennoch hatten unsere Bewegungen etwas von einem Traum, trotz des ohrenbetäubenden Alarms, der jede Kommunikation mit Zafirah oder der Krankenschwester unmöglich machte.

Wir rannten die Treppe runter zum Rest des Teams. Setzten uns mit der Präsidentengarde in Verbindung, überprüften unser Sturmgepäck und den Koffer, nahmen unsere Positionen ein, verließen die Suite. Ich war keine zwei Meter vom Präsidenten entfernt. Wir liefen zur Fluchttreppe am anderen Ende des Gangs und zählten schweigend unsere Schritte. Als wären sie Teil einer Choreografie.

Ich hielt den Koffer mit der Linken fest umfasst. Bei Alarmstufe Rot oder höher durfte das Armband nicht mehr an meinem Handgelenk befestigt sein, um den eventuell erforderlichen Gebrauch der Vernichtungswaffe nicht zu verzögern.

Wir hörten die Menschen, die sich hinter den Sicherheitstüren im Treppenhaus drängten, die Panik der Hotelgäste, panische Schreie, das durchdringende Weinen eines Babys.

Einige Männer aus der Leibgarde eilten voran, so wie man es aus Filmen kannte, gleich dahinter der Präsident und die First Lady. Als wir die Treppen hinabliefen, mischte ich mich unter sie. Zafirah drängte sich vor mich, Kurt und John folgten ihr. Die Krankenschwester lief neben mir her, und plötzlich schob sie ihre kleine, aber überraschend kräftige linke Hand in meine rechte. Sodass ich sie hätte abschütteln müssen, wenn ich meine Waffe hätte ziehen wollen.

Als ich mich auf dem letzten Treppenabsatz durch die Falltür gequetscht hatte und unweit vom Lieferanteneingang in der Stallgatan 4 stand, sah ich zu der Krankenschwester zurück. Trotz ihres sperrigen Rucksacks war sie mir behände durch die kleine Öffnung gefolgt. Auch sie war offenbar gezielt ausgewählt worden und hatte eine Spezialausbildung erhalten.

Über eine weitere Falltür betraten wir die Wendeltreppe, die uns ins Tunnelsystem bringen würde. Nach dreiundvierzig Windungen kamen wir – immer das Präsidentenpaar und unsere Rückzugslinie im Blick – auf dem ebenen Boden an. Genau wie in der Animation.

Aber an den nackten Felswänden war keine einzige Lampe zu sehen, keine Verkabelung, keine Spur Komfort für die Menschen, die sich normalerweise hier bewegten, und ich fragte mich, warum man so große Anstrengungen auf den Bau dieses riesigen Tunnelsystems verwendet hatte – in einem neutralen Land, das seit über zweihundert Jahren in Frieden lebte.

Die Krankenschwester drückte fest meine Hand. Es war nicht klar, ob sie mich beschützen oder von mir beschützt werden wollte. Im Grunde hatte ich nicht mehr Informationen als sie. Ab Alarmstufe Rot war ich nicht mehr befugt, technische Details zu erfahren. Ich wusste bloß, dass ich – besser gesagt: der Koffer – auch in solchen Situationen als die ultimative Gegenangriffswaffe und das wichtigste zu beschützende Gut betrachtet wurde – gleich nach dem Präsidenten.

Und dass Alpha sich ganz in der Nähe befinden musste, die Strippen zog, den ganzen Plan Schritt für Schritt in die Tat umsetzte. Unsere gemeinsame Flucht aus dem Team.

Nach dem beängstigenden Getöse im Hotel – dem Alarm, der lautstarken Panik der Gäste – wirkte die plötzliche Stille hier im Felsgestein fast irreal. Wir atmeten in kurzen Stößen durch die Nase, um möglichst wenig Geräusch zu machen. Wir bewegten uns mit der antrainierten Geschwindigkeit und Präzision unserer regelmäßigen, hochintensiven Übungseinsätze. Dennoch hatte ich das Gefühl, dass wir stillstanden und dass stattdessen das riesige Tunnelsystem wie ein Tsunami aus Stein über uns hinwegstürzte. Im kreisrunden Strahl unserer Stirnlampen taten sich links und rechts ständig neue Gänge auf: unzählige alternative Wege durch die Finsternis.

Der Präsident zog jetzt links an mir vorbei, um zur First Lady aufzuschließen, sodass sich nur noch Zafirah zwischen dem Präsidentenpaar und mir befand. Der Präsident hatte das Team nie groß beachtet. Für den Oberbefehlshaber des Landes waren wir gesichtslose Gestalten, eher Funktionsträger auf Beinen als Menschen aus Fleisch und Blut, die sich mit seinem eigenen Sicherheitspersonal vermischten. Selbst ich war für ihn kaum mehr als »der Mann mit dem Koffer«. Der Unbekannte, der immer in seiner Nähe war.

Unsere Formation eilte weiter. Die Krankenschwester lief hinter mir her und verstärkte ihren Griff um meine Hand bei jeder Abzweigung des Labyrinths. Für jemanden, der so klein war, besaß sie eine erstaunliche Kraft. Mein Herzschlag wurde schneller, ich spürte ihn jetzt deutlich im Brustkorb, nicht so sehr wegen der Anstrengung – ich war noch nie so fit gewesen – als wegen der Einsicht, dass ich über den nächsten Schritt ganz allein entscheiden musste. Alpha hatte das Signal gegeben, hatte den Startschuss abgefeuert. Nun war die Reihe an mir.

Doch ich hatte keinen Schimmer, was zu tun war. Abgesehen von den kurzen verschlüsselten Nachrichten, die ich auf dem verlassenen Spielplatz erhalten hatte, und abgesehen von der Tatsache, dass mir nur wenige Sekunden zum Handeln blieben, wusste ich gar nichts. Nicht genug, um mich aus dem Griff der Krankenschwester zu befreien und meine Waffe zu ziehen, wie schnell ich es auch tat.

Ich sah Edelweiss' Computeranimation vor mir. Bald würde rechts das mit Grünspan überzogene Kupfertor auftauchen. Ich hörte etwas schlagen: ein starkes Ticken, wie von einem Uhrwerk. Meine Augen wanderten über die Felswände, suchten nach einer Sprengladung – bis mir klar wurde, dass es mein eigener rasender Herzschlag war, den ich hörte.

Also improvisierte ich.

Kurz vor der letzten Biegung verstärkte ich meinen Griff um die linke Hand der Krankenschwester. Sie wog kaum mehr als fünfzig Kilo, aber das musste für meine Zwecke genügen.

Als ich die kleine, rechteckige Apparatur in der Felswand sah – es war eindeutig ein Schaltkasten –, erwiderte die Krankenschwester plötzlich den Druck meiner Hand. Vielleicht ein Signal. Aber ich folgte immer noch meinen Instinkten und improvisierte: konzentrierte alle Kraft im linken Bein und riss sie mit der rechten Hand über meine linke Schulter.

Kurt – oder John – schlug der Länge nach hin, teils wegen der Wucht des menschlichen Vorschlaghammers, teils aus schierer Überraschung. Blut spritzte auf die Felswand, gefolgt von Glassplittern aus seiner Stirnlampe.

Die Krankenschwester stieß einen schrillen Schrei aus, als ich sie erneut herumschleuderte. Dieses Mal lag mein Ziel vor mir. Zafirah blieb kaum eine Sekunde Zeit, sich umzudrehen, da traf sie schon der blutverschmierte und mit rasiermesserscharfen Splittern bedeckte Kopf der Schwester direkt ins Gesicht.

Es herrschte eine unwirkliche Stille, als ob alles unter Wasser geschähe. Nur das schwache Wimmern der Krankenschwester war zu hören, kein Ton von Zafirah oder Kurt – oder John. Sie tasteten mit blutüberströmten Gesichtern nach ihren Waffen, die ihnen von der Wucht des Aufpralls aus den Händen geschlagen worden waren, und versuchten zu verstehen, was passiert war. Was in mich gefahren war. Das Präsidentenpaar war schon von der Leibgarde umringt worden und setzte seinen Weg mit Höchstgeschwindigkeit fort, wobei sich einige aus der Gruppe lösten.

So würden sie versuchen, das Unmögliche möglich zu machen: gleichzeitig den Präsidenten zu beschützen und den Maulwurf auszuschalten. Und sich um meinen Koffer zu kümmern.

Aber ich war ihnen in Gedanken mehrere Schritte voraus. Noch ehe die Männer aus der Leibgarde bei Kurt – oder John – angekommen waren – geschweige denn, dass sie seinen massigen, den Tunnel blockierenden Körper hinter sich gelassen hätten –, hatte ich die Abdeckung des Schaltkastens aufgeklappt und betrachtete die Knöpfe auf dem Bedienfeld.

Ich musste nicht nachdenken, meine Finger bewegten sich automatisch, während ich den richtigen Code eingab. Die erste, kunstvoll verschlüsselte Nachricht, die Alpha mir geschickt hatte, der Beginn unserer ausführlichen Kommunikation, die sich über einen Zeitraum von zwölf langen Jahren erstreckt hatte. Die Sequenz lautete 102 115 101 922 G52 0N6 161 512 211 019 R2D. Sobald man sie entzifferte, wurde daraus: WIR ZWEI GEGEN DIE WELT.

Die Sperrvorrichtung gab ein deutliches Klicken von sich. Das schwere Kupfertor schwang mit durchdringendem Kreischen auf.

Ich verstärkte meinen Griff um das Handgelenk der Krankenschwester – sie schien ohnmächtig – und schleifte sie gerade noch rechtzeitig durch das Tor, ehe es sich hinter uns schloss.

Die Schüsse, die das Team und die Sicherheitsleute des Präsidenten abfeuerten, trafen nur noch auf die dicke Metalltür, gedämpft, wie das Klappern einer Computertastatur. Wir waren allein in der gesperrten U-Bahnstation.

Ich wünschte, ich könnte dies als ein Zeichen von Mitgefühl deuten. Eine menschliche Regung, die meine jahrelange Transformation überdauert hatte, Überbleibsel meines wahren Ichs tief in meinem Innern. Doch auch die Entscheidung, die Krankenschwester mitzunehmen, war rein taktischer Natur.

Ich würde nun erheblich langsamer vorankommen, da ich mein komplettes Sturmgepäck auf dem Rücken tragen, die Krankenschwester hinter mir herschleifen und mit der anderen Hand den Koffer schleppen musste. Außerdem würde sie eine Blutspur auf dem Boden hinterlassen, die unseren Verfolgern die Arbeit erleichterte. Ehe ich den Fahrstuhl zu den Bahnsteigen untersuchte, überlegte ich, sie einfach dort liegen zu lassen wie ein verwundetes Beutetier.

Aber ich tat es nicht. Die Krankenschwester hatte im Tunnel meine Hand gedrückt, kurz bevor wir den Schaltkasten erreicht hatten. Wie ein Signal. Und da ich Alphas Pläne immer noch nicht kannte, wagte ich nicht, diese Möglichkeit zu verwerfen: dass die Krankenschwester sich vielleicht noch als nützlich erweisen würde. Oder dass sie vielleicht sogar Alpha war. Also warf ich sie mir über die Schulter und stieg die erste Rolltreppe hinab.

Auf der nächsten Ebene des Bahnhofs gab es Fahrstühle, aber sie waren abgeschaltet. An den Bahnsteigsperren befanden sich mannshohe Wände aus Sicherheitsglas. Ich warf erst den Koffer und den Rucksack hinüber, dann stemmt ich die Krankenschwester hoch und ließ sie auf der anderen Seite hinunter, ehe ich selbst folgte.

Danach lief ich, so schnell es meine Last erlaubte, die zweite, schwindelerregend steile Rolltreppe hinab. Die Last war schwer, aber auch nicht schwerer als bei unseren Wüstenmanövern, wo man zwei simulierte Verwundete bei vierzig Grad Hitze tragen musste.

Bei meinen Recherchen vor unserem Aufbruch – als ich noch keine Ahnung gehabt hatte, welche Verwendung ich für diese Informationen haben würde – hatte ich gelesen, dass die Rolltreppe dieser Station eine der längsten in ganz Stockholm sei. Das Geräusch meiner Gummisohlen auf Metall, mein selbst bei höchster Geschwindigkeit kontrolliert gleichmäßiger Atem waren die einzigen Geräusche, die von den Felswänden zurückgeworfen wurden, die hier, wie an vielen Stellen, dekorativ zur Schau gestellt wurden. Ich zählte meine Schritte: 148, 149, 150, 151 ...

Schließlich erreichte ich die untere Ebene. Ich hatte sie während meiner Recherche schon kennengelernt. Trotzdem war ich auf die Wirkung der überbordenden Malereien rings um mich nicht vorbereitet. Eine Mischung aus Kunstinstallation und Gruselkabinett. Die Beleuchtung war spärlich. Die Notlichter der abgeriegelten Station schienen nicht zu funktionieren. Mithilfe meiner Stirnlampe war ich trotzdem imstande, durch diese absonderliche Unterwelt zu laufen. Es fühlte sich an, als ob ich schon tot wäre.

Ich sah die schwarz-weißen Symbole für radioaktive Strahlung in den naiven Deckenmalereien. Bei meiner Recherche waren sie mir nicht aufgefallen, vielleicht waren die Abbildungen nicht aus dem richtigen Winkel aufgenommen worden. Ich fühlte, dass ich einen Moment lang schwankte. Der Koffer schien seinen Zauberspruch auszusenden, aber ich blieb in Bewegung, überquerte den Marmorboden im Schachbrettmuster mit harten, stoßartigen Sprüngen in Richtung Bahnsteig.

Ich sah auf meine Uhr. Fast fünf Minuten, seit wir das Kupfertor durchquert hatten, und von unseren Verfolgern war nichts zu hören.

Die Last auf meinen Schultern musste mindestens siebzig Kilo wiegen, den sperrigen Rucksack mit dem medizinischen Zubehör der Krankenschwester inbegriffen. Zusammen mit meinem eigenen Gepäck lag das Gesamtgewicht bei mindestens neunzig Kilo. Der Schweiß rann mir aus allen Poren und vermischte sich mit dem Blut der Krankenschwester zu klebrigen Rinnsalen. Als ich den Bahnsteig fast erreicht hatte, musste ich stehen bleiben und tief Luft holen. Mein Gehirn brauchte den Sauerstoff mindestens ebenso sehr wie mein Körper. Ich hatte eine Idee, eine Hypothese. Aber das war auch schon alles.

Das goldfarbene Kreuz auf der Felswand sah genauso aus wie auf den Fotos. Links daneben stand der Kriegsgott mit dem toten Wolf auf dem Arm, alles war so, wie es sein sollte. Als ich den Koffer abstellte und die Krankenschwester vorsichtig auf den Terrazzoboden gleiten ließ, hörte ich den dumpfen Knall. Unsere Verfolger – Teile des Teams, vielleicht Männer aus der Leibgarde, die nicht gebraucht wurden, um das Präsidentenpaar zum Hubschrauberlandeplatz zu bringen – hatten das Kupfertor vermutlich mit einer übertrieben hohen Sprengladung aufgebrochen. Für eine genaue Berechnung hatte es ihnen an Zeit gefehlt.

Der Alarm ging sofort los. Die U-Bahnstation wurde in ein gelbes, rhythmisch flackerndes Licht getaucht.

Mein Puls sackte ab, statt sich zu beschleunigen. Was in der Anfangszeit meiner Ausbildung undenkbar erschienen war – dass man mit einem solchen Adrenalinschub überhaupt noch etwas zustande bringt –, hatte sich schnell zu einer Art Sucht entwickelt.

Meine Uhr zeigte 06:03. Acht Minuten waren seit dem Alarm im Hotel vergangen, eine kurze und zugleich unendlich lange Zeit. Es würde mindestens zwei Minuten in Anspruch nehmen, ehe sie sich ihren Weg durch die Überreste des Tors – das nach der Explosion wahrscheinlich durch einen Felssturz blockiert wurde – zu den beiden Rolltreppen hinab gebahnt hatten. Dann würde es ungefähr fünfzehn Sekunden dauern, ehe sie uns sahen – und noch einige Augenblicke mehr, bis sie die Situation richtig eingeschätzt, die Alternativen abgewogen hatten.

Ich hockte mich hin, fuhr mit den Fingern am Sockel der Statue entlang, suchte ihn systematisch ab. Die verschlüsselte Nachricht, die an das Mobiltelefon auf dem Spielplatz gesendet worden war, hatte gelautet: IN DER GEGEND DES MARS. Zuerst hatte ich damit nichts anfangen können – bis ich die Fotos von den U-Bahnsteigen analysierte. Beim Anblick der Statue war der Groschen gefallen. Mars, der Gott des Krieges.

Langsam floss Flüssigkeit durch eine Nische hinter der Statue, wie ein kleiner, künstlicher Wasserfall. Jetzt, aus der Nähe, sah ich ein dünnes gelbes Rinnsal in einem schmalen Spalt zwischen Felswand und Boden. Vielleicht gehörte es zur Konstruktion der Statue, vielleicht nicht. Im Boden links von der Statue befand sich etwas, das man für die Abdeckung eines Schachts halten konnte, ungefähr einen Meter im Durchmesser, und auch diese Abdeckung verschwand unter dem Sockel der Statue. Es musste also etwas darunter sein.

Als ich den kleinen Schaltkasten auf der Rückseite des Kriegsgottes ertastet hatte, warf ich einen Blick auf die Uhr. 06:05. Die Verfolger waren jetzt bestimmt bei der unteren der beiden Rolltreppen angekommen, auf halbem Weg zum Gruselkabinett.

Es war nicht leicht, die neunundzwanzig Zahlen und vier Buchstaben in dieser Haltung einzugeben, auf dem Boden hockend und halb um die Statue gekrümmt. Es war schwierig genug, einen Arm zwischen den Sockel und die Felswand neben dem Podest zu zwängen, ganz zu schweigen davon, blind die richtigen Tasten zu drücken.

Als ich es geschafft hatte, dieselbe Zeichenfolge wie am Kupfertor einzugeben, öffnete sich die Abdeckung des Schachts langsam. Sie war dicker, als ich gedacht hatte, mit Blei oder Stahl verstärkt. Der Mechanismus ratterte und rasselte. Gleich darauf kam eine kleine Treppe in Sicht, die in die Finsternis unter der Statue führte.

Ich zog die Krankenschwester an mich. Ich glaubte zu erkennen, dass sich ihr Mund bewegte, aber der Alarm war so laut und durchdringend, dass ich nichts verstand. Ich holte den Klettergurt aus meinem Rucksack, und nachdem ich einige Sekunden lang mit der halb leblosen Gestalt gerungen hatte, gelang es mir, die Frau an mir festzuschnallen, mit dem Gesicht auf meiner Brust. Während ich mich noch abmühte, kam sie zu Bewusstsein. Sie bewegte schwach die Arme. Als sie sah, dass ich sie mitnehmen würde, vielleicht noch weiter hinab, wurden ihre abwehrenden Bewegungen lebhafter.

In diesem Moment sah ich im Augenwinkel unsere Verfolger. Sie stürmten die Rolltreppe herunter, hatten ihre Waffen gezogen. Sie waren nur noch zwanzig Meter entfernt, fünfzehn.

Die Abdeckung des Schachts begann sich zu schließen. Die Zeit schien abgelaufen zu sein. Ich setzte meinen Fuß in die Öffnung und hoffte das Beste – nach einer Ewigkeit hielt die Abdeckung tatsächlich auf halber Strecke inne. Trotz des Koffers, meines schweren Sturmgepäcks und der an mir festgeschnallten Frau schaffte ich es, mich durch die Öffnung zu zwängen. Während ich vorsichtig die ersten Stufen abwärtsging, schloss sich die Abdeckung des Schachts über uns.

Dann stürzten wir Hals über Kopf in die Tiefe.

1.05

Ich fiel auf den Rücken. Der Aufprall raubte mir den Atem. Die Frau auf mir schien Tonnen zu wiegen. Zum Glück waren wir auf ebenem Beton gelandet. Wären wir auf spitzen Felsgrund gefallen, hätte es gefährlich werden können.

Dennoch verlor ich das Bewusstsein. Als ich wieder zu mir kam, war alles stockfinster und bedrohlich still. Ich sah auf die Uhr: 08:11. Immer noch der 5. September 2013. Ich schaltete auf der Uhr die Funktion »Höhenmesser« ein: minus 77 Meter, fast genauso tief, wie von Alpha in der verschlüsselten Nachricht angekündigt.

Ich warf mein Barett in die Dunkelheit und fuhr mir mit der Hand vorsichtig über den kurz geschorenen Kopf. Ich erwartete Blut und Splitter – doch meine Hand blieb trocken. Mein Kopf fühlte sich wund und geprellt an, aber nichts deutete auf Schnitte hin. Meine linke Hand schloss sich um den Griff des Koffers. Mit meiner freien Hand tastete ich nach der Stirnlampe. Ihr Glas war unversehrt geblieben. Ich drückte versuchsweise auf den An/Aus-Schalter – und meine unmittelbare Umgebung war wieder in Licht getaucht. Die Wucht des Aufpralls hatte die Lampe ausgeschaltet.

Ich suchte mit dem Lichtkegel zunächst den Koffer, der unbeschädigt war. Dann löste ich den Klettergurt. Ich befreite mich von der Frau und untersuchte sie von Kopf bis Fuß, so wie ich es gelernt hatte. Keine äußeren Anzeichen einer Verletzung, wenn man von ihrem blutverschmierten Kopf absah. Ihr Puls war schwach, aber stabil. Als ich mich vorbeugte, spürte ich einen schwachen, warmen Luftstrom, der ihr aus Mund und Nase drang.

Dann sah ich hoch und beleuchtete die Umgebung, versuchte mich zu orientieren, zu verstehen, was passiert war. Wir befanden uns in der Mitte eines weitläufigen Raums, der aus dem Felsen gesprengt worden war. Die Felsdecke war mindestens zwanzig Meter hoch, und die metallene Wendeltreppe endete fünf Meter über mir. Im Licht der Lampe sah ich die rostige Leiter, die wir hätten benutzen sollen, um den restlichen Weg zurückzulegen.

Ich erschauderte plötzlich. Bei meinen Recherchen hatte ich gelesen, dass in der U-Bahnstation Kungsträdgården eine seltene Spinnenart lebte, die Zwergspinne Lessertia dentichelis, die eigentlich in Bergwerken und tiefen Höhlen ihren Lebensraum hat. Sie war bei der Einweihung des Bahnhofs in den späten Siebzigerjahren als unerwünschter Gast aufgetaucht. Jetzt kroch ein Exemplar über meine linke Hand und das Sicherheitsarmband des Koffers. Ich schloss die Augen. Sah weg. Holte tief Luft. Ich hatte eine Spinnenphobie – aber diese war winzig, kaum größer als eine Zecke.

Ich schüttelte mich, bis ich sie nicht mehr spürte, und setzte meine Suche entlang der Wände fort. Irgendwo musste eine versteckte Lichtanlage sein. Ich konnte nicht glauben, dass man ein modernes Tunnelnetz wie dieses nicht mit einer Beleuchtung ausgestattet hatte.

Ich bewegte meinen Kopf wie in einer Taucherglocke. Ich prüfte jeden Abschnitt der Wand, ohne dass ich irgendeinen Hinweis auf Kabel oder Lampen fand. Selbst als ich in meinem zerrissenen schwarzen Kampfanzug taumelnd aufstand, um die Felswände noch genauer zu inspizieren, sah ich nichts, das sich von der Oberfläche abhob.

In jeder der unteren Ecken dieser riesigen Felskammer befanden sich Hohlräume, kleine Höhlen. Ich leuchtete mit der Lampe nacheinander in sie hinein, aber das Licht drang nur bis in ein oder zwei Meter Tiefe, ehe es von der Dunkelheit verschluckt wurde.

Also ließ ich die bewusstlose Krankenschwester und mein Sturmgepäck erst einmal zurück, um die Tunnel näher zu begutachten und mir einen Eindruck davon zu verschaffen, wohin sie führten. Der erste war so eng, dass ich gleich hinter der Öffnung auf allen vieren kriechen musste. Danach wurde er noch enger. Hinter mir versank alles im Dunkel. Den Koffer hielt ich weiterhin in der linken Hand, die gezogene Waffe in der rechten, während ich auf den Ellbogen weiterrobbte.

Bald schon schabten meine Schultern links und rechts an den Tunnelwänden. Kaum einen Meter weiter konnte ich mich nicht mehr umdrehen. Nur durch Rückwärtskriechen käme ich noch hinaus. Plötzlich hing mein linker Ellbogen in der Luft, der Koffer sackte in die Tiefe und entglitt meiner Hand. Doch das Sicherheitsarmband hielt seinen freien Fall auf. Als ich hinabsah und mit der Lampe ins Dunkel leuchtete, konnte ich keinen Boden erkennen.

Rückwärts hinauszurobben dauerte mehr als doppelt so lange wie hineinzukriechen. Auch der nächste Tunnel – ich arbeitete mich im Uhrzeigersinn durch die Felskammer – erwies sich als Sackgasse. Nach vielleicht zwanzig Metern in dem immer enger werdenden Gang tat sich wieder ein Abgrund auf, dessen Tiefe die Lampe nicht annähernd ausleuchten konnte. Auch dieser Gang schien direkt zum Orkus zu führen. Mühevoll kroch ich rückwärts wieder hinaus. Meine Handflächen waren wund gescheuert und brannten, meine Fingerknöchel bluteten. Ich war schweißgebadet, obwohl das Messgerät anzeigte, dass die Temperatur hier unten nur wenige Grad über dem Gefrierpunkt lag.

Das ganze Tunnelsystem schien ein Labyrinth aus Sackgassen und verborgenen Höhlen zu sein. Doch dies waren keine natürlichen Höhlen. Dieselben Menschen, die die Durchgänge gebaut hatten, hatten auch ein verschlungenes Netzwerk errichtet, das jedem den Zutritt verwehrte, der nicht den richtigen Weg kannte.

Zwei Höhlen blieben mir noch. Kaum dass ich mich auf den Bauch gelegt und vorwärts zu robben begonnen hatte, spürte ich etwas Kaltes und Glattes an meinem rechten Oberschenkel. Vorsichtig kroch ich zurück und richtete die Stirnlampe nach unten.

Zunächst sah ich nichts. Wenigstens war es kein Blut, wie ich zuerst vermutet und befürchtet hatte. Dann erkannte ich die Schiene aus Metall und Glas, die in die Oberfläche aus Spritzbeton eingelassen war. Eine gerade Reihe aus – jetzt abgeschalteten – Leuchtdioden verlief über dem Boden und verschwand im Tunnel. Ich fuhr mit den Fingern über das Glas, das ich durch einen Riss in meiner Cargohose gespürt hatte.

Ich legte mich wieder bäuchlings hin und folgte den Leuchtdioden. Nach wenigen Metern verlief die Schiene im Halbkreis um einen weiteren Abgrund, danach setzte sich der Tunnel fort. Ich nickte zufrieden. Einen besseren Wegweiser konnte ich mir nicht wünschen.

Nachdem ich mich ungefähr dreißig Meter durch die Höhle gezwängt hatte, tauchte eine leuchtend rote Tür wie eine Luftspiegelung im Schein meiner Stirnlampe auf. Anders als in den anderen Höhlen war hier die Decke so hoch, dass ich aufrecht stehen konnte. Auch hier fand sich ein Schaltkasten an der Wand.

Ich öffnete den Deckel des Kastens und gab denselben Code wie zuvor ein: neunundzwanzig Ziffern und vier Buchstaben. Im selben Moment öffnete sich das wuchtige Schutztor. Dahinter befand sich kein weiterer Gang, sondern ein komplett eingerichteter Atombunker, der am anderen Ende durch eine weitere rote Tür betreten werden konnte.

Ich stellte eine taktische Überlegung an. Versuchte in einer Situation, in der die meisten Variablen nicht quantifiziert werden konnten, meine Optionen einzuschätzen. Ich musste mit »Unbekannten« arbeiten, ganz wie Edelweiss es uns beigebracht hatte.

Bis hierher hatte der Code funktioniert, hatte mich in diesen Bunker geführt. Das war ein gutes Zeichen. Ich befand mich eindeutig auf dem richtigen Weg. Ich beschloss daher, als Erstes die bewusstlose Krankenschwester nachzuholen, bevor ich mich noch weiter von ihr entfernte. Mit Mühe schleppte ich also erst die Frau, dann die Gepäckstücke durch den Tunnel.

Als ich die andere rote Sicherheitstür öffnen wollte, gab es ein Problem. Die fünf Dioden im Display drehten sich eine Ewigkeit, ehe sie innehielten und ERROR anzeigten. Wie sehr ich auch auf den Tasten herumdrückte, am Griff der Sicherheitstür zerrte, sie öffnete sich nicht.

Plötzlich wurde mir speiübel. Ich musste mich heftig übergeben. Teils wegen der körperlichen Erschöpfung, der Anstrengung, teils wegen der ausweglosen Situation, in der ich mich befand.

Schon oben an der Oberfläche war ich allein und auf mich gestellt gewesen. Jetzt war ich es wieder, mal abgesehen von der bewusstlosen Krankenschwester – aber diesmal exakt 77,2 Meter tief unter der Erde.

1.06

Ich saß einfach da, wartete auf Alpha. Ich versuchte mir einzureden, dass dies hier unser Treffpunkt sei, in exakt der Tiefe, die in den verschlüsselten Nachrichten angegeben worden war. Was blieb mir anderes übrig?

Nach einer Weile holte ich mein Notizbuch aus dem Gepäck und begann zu schreiben. Ich schrieb meine Geschichte auf, für die Nachwelt, den Bericht, den Sie jetzt in Händen halten und den Sie entweder zufällig gefunden oder gezielt ausfindig gemacht haben. Meine Darstellung des Anfangs und vielleicht auch des Endes.

Als ich kurz nach 18:00 Uhr mit meinem Bericht schon ein gutes Stück vorangekommen war, lag die Krankenschwester immer noch bewusstlos da. Ich versuchte, ihr Wasser einzuflößen, doch das meiste lief ihr über die geschlossenen Lippen. Als ich versuchte, vorsichtig ihren Mund zu öffnen, wurde sie von einem heftigen Hustenanfall ergriffen, blieb aber bewusstlos. Vielleicht musste ich ihr eine Infusion verabreichen, von denen sich mehrere in ihrem Notfallrucksack befanden. Allerdings war ich mir nicht sicher, ob das der Mühe wert war.

Dann trank ich ebenfalls ein wenig. Ich musste sparsam sein, denn ich wusste nicht, wie lange wir hier unten festsitzen würden. Ich aß ein paar Hartkekse aus meinem Sturmgepäck.

Alles fühlte sich sonderbar fremd an, als wäre es die Geschichte eines anderen. Der Koffer stand neben mir, niemals mehr als sechzig Zentimeter entfernt, aber er wirkte jetzt nur noch wie eine unnütze Last. Seine moderne Technologie hatte in diesem vor langer Zeit verlassenen Schutzraum, aus dem eine Verbindung nach draußen unmöglich war, jede Bedeutung verloren.

Trotzdem beschloss ich, einen Versuch zu wagen. Von außen betrachtet war der Koffer unscheinbar. Seine Hülle bestand aus hartem, mit schwarzem Leder ummantelten Aluminium. Der Innenraum war überraschend geräumig. Es liegt in der Natur des Menschen, Vergleiche anzustellen und Dinge bildhaft zu umschreiben. Deshalb wird der Koffer »Football« genannt, auch wenn die Operation Drop Kick, der sich der Spitzname verdankt, schon vor Jahrzehnten ad acta gelegt wurde.

Der erste Schritt – den Koffer zu öffnen – erforderte ein eigenes Ritual. Nicht nur die richtige biometrische Information, sondern auch die richtige Art der Handhabung ist erforderlich. Man muss festen, aber sanften Druck auf die Vorderseite des Koffers ausüben, und zwar gleichzeitig mit acht Fingern und einem Daumen, an unsichtbaren Stellen, und dabei die Hände so unnatürlich spreizen wie ein Konzertpianist. Das klassische Zahlenschloss war eine Attrappe, die Unbefugte verlocken sollte, ihre Finger an die falschen Stellen zu legen, woraufhin der Koffer sofort in den Sperrmodus versetzt wurde. Das Öffnen des Koffers war Teil unserer Übungen, wenn wir den Umgang mit feindlichen Übernahmeversuchen probten. Ich musste mich kurz konzentrieren, dann öffnete sich der Koffer mit seinem gewohnt leisen Surren.

Ehrfürchtig schaute ich hinein, zum ersten Mal seit meiner Flucht aus dem Team. Der wichtigste Gegenstand der Welt – aus seiner gewohnten Umgebung gerissen.

Trotz meines schweren Sturzes von der Treppe befand sich alles an Ort und Stelle. Die vier analogen Dokumente in ihren passgenauen Schaumgummifächern: legendenumwoben und gleichsam unantastbar, aber schon seit Jahrzehnten hoffnungslos veraltet. Das Buch mit dem Wachstuchumschlag, das die überholten Einsatzoptionen enthielt und in dem schon zehn Präsidenten vor dem jetzigen geblättert hatten. Die Kunststoffmappe mit der maschinengeschriebenen Liste der unterirdischen Stützpunkte, in die unser Oberbefehlshaber bei Alarmstufe Rot oder Violett gebracht werden konnte. Das vergilbte Informationsblatt von 1965, das die Struktur des Atomwaffensystems erklärte. Die Plastikkarte mit den geheimen Codes, die der Präsident benutzen musste, wenn er sich gegenüber Centcom auswies – der »Keks«.

Der Keks sollte eigentlich nur benutzt werden, wenn der Präsident den Chip mit den Codes, den er stets bei sich trug, verlor. Was immer wieder vorkam – so wie immer eine Socke in der Waschmaschine verschwindet. Also hatten wir den »Keks« bis zum heutigen Tag behalten.

Unserem gegenwärtigen Kriegsplan zufolge würde dieses Nebeneinander von Digitaltechnik, vergilbtem Papier und einer Plastikarte den Koffer jedem Feind, der ihn in seinem Besitz brachte, umso rätselhafter erscheinen lassen.

Den Großteil des Geheimfachs nahm eine mattschwarze Metalltastatur ein. Auch sie war nicht besonders bemerkenswert: ein Standardmodell, das den MIL-STD-810-G-Anforderungen genügte, einschließlich »explosive Atmosphäre«, »Feuerschock« und »Eisregen«.

Was diese Tastatur von anderen unterschied, war ihr Inneres, ihre Funktionalität und Kapazität.

Um an die Tastatur zu kommen, löste ich die Haken in jeder der vier Ecken der Schaumgummischicht und hob sie mitsamt den analogen Informationen vorsichtig heraus. Darunter war nichts als ein Lederbezug zu sehen. Mehr schien sich nicht in dem Koffer zu befinden. Aber der Eindruck täuschte.

Wenige Körperteile sind so schwierig zu kontrollieren wie unsere kleinen Finger – und nur ihnen war es zu verdanken, dass ich den nächsten Schritt bewältigte. Es hatte Jahre gedauert, bis ich sie auf die gleiche Weise wie meine Zeigefinger kontrollieren konnte. Es kam einem evolutionären Sprung gleich. Monatelang hatte ich dort Muskelkraft aufgebaut, mit einer Übung, die so erniedrigend wie raffiniert war. Edelweiss nannte sie »den Walzer der kleinen Finger«.

Als ich jetzt elf dreistellige Sequenzen eingab, tanzten meine kleinen Finger nach einer festen Choreografie auf den Druckpunkten, die sich unter dem vermeintlichen Kofferboden befanden. Die Schutzplatte glitt beiseite und gab den Blick auf die Tastatur frei. Sobald ich die restlichen Initialcodes eingetippt hatte, glitt die Metallplatte auf der Innenseite des Kofferdeckels ebenfalls zur Seite, wobei ein leuchtend roter Kreis auf der

Platte erschien. Ich sah direkt hinein. Das Iris-Erkennungssystem war der letzte Schritt des Sicherheitsverfahrens. Mit den Jahren, während der Koffer sich zu einem eigenständigen Kommandomodul entwickelte, war es immer ausgeklügelter geworden.

Als der Text BEREIT ZUR EINGABE auf dem Schirm erschien, brach ich das Ritual ab. Stattdessen schloss ich den Koffer, wobei ich alle Schritte in umgekehrter Reihenfolge ausführte, damit er nicht in den Sperrmodus schaltete.

Alle Funktionen schienen in Ordnung zu sein. Aber ohne Alpha, wer oder was auch immer das war, würde ich nicht weiterkommen. Er hatte die ganze Kette von Ereignissen unter Kontrolle. Also geduldete ich mich und wartete – in einem Raum, der zugleich Schutzraum und Gefängnis war –, eingesperrt hinter einem fast dreißig Zentimeter dicken Schutzschild aus verschweißtem Metallblech.

Ich suchte den Raum ab. Alles entsprach bis aufs Kleinste den Vorschriften. Der Boden, die Wände und die Decke waren mit dem gleichen Metall verkleidet, die Ränder der Außentür mit Kupferblech versiegelt, um elektromagnetische Impulse zu minimieren. Außerdem ruhte der Raum auf Federn, sodass er nicht zerbrechen, sondern schwingen würde, wenn es zum großen Knall käme.

Er sah genauso aus wie die streng geheimen Schutzräume unter unseren eigenen Stützpunkten, die sich über die endlosen Prärien des Mittleren Westens verteilten. Trotzdem hatte ich noch nie etwas Vergleichbares gesehen. Ausgerechnet hier: ein puppenhausartiges Versteck, das einem Einschlag von der Stärke der

Hiroshima-Bombe widerstehen konnte. In diesem unbedeutenden Land, auf halbem Weg zwischen Moskau und Brüssel.

Selbst die Farbmarkierungen der verschiedenen Abschnitte entsprachen der internationalen Norm. Der Bereich an der Wand hinter dem Bedienfeld mit seinen Leuchtdioden war violett gestrichen – was für »Kommando/Kommunikation« stand. Die Mauer rund um den Einbauschrank leuchtete hellgelb, was »Vorräte« bedeutete. Weiter im Uhrzeigersinn war die Wand erst orange für »Durchgang« und dann blau für »WC/Hygiene« gestrichen.

Dieser letzte Bereich bestand aus zwei Teilen. Zum einen war da der Dekontaminationsbereich, kaum größer als ein Quadratmeter. Man sollte sich hinter einen Plastikvorhang mit Bleieinlage stellen und mit dem Duschkopf so viel Atomstaub wie möglich wegspülen. Hinter demselben Vorhang befand sich ein in den Boden eingelassener elektrischer Abfallzerkleinerer, den die gleichen verschweißten Stahl- und Kupferbleche umgaben. Aber die Hightech-Toilette funktionierte anscheinend nicht mehr.

Der Atombunker war schon jetzt zu einem unerträglichen Ort geworden. Den Abfluss im Boden unter dem Duschkopf verstopften die Reste des Erbrochenen, das ich nach unserer Flucht von mir gegeben hatte. Einige Stunden später waren weitere Körperflüssigkeiten hinzugekommen. Die übliche Reaktion auf einen extremen Adrenalinschub, wie oft man auch trainiert, wie sehr man sich auch vorzubereiten versucht. Es stank so sehr an diesem seltsamen kleinen Ort, dass ich den Atem anhielt.

Der Rest des Bunkers war leuchtend rot – die Farbe für »Notausgang«, was ironisch wirkte, wenn man bedachte, dass ich hier eingesperrt war und kaum Aussicht auf Flucht hatte. Auf dem unteren Teil der Wand, gegenüber dem Eingang, stand SCHLAFQUARTIER.

Die auf dem Boden liegende Krankenschwester wimmerte. Sie musste eine der »Unterstützungskräfte« hinter den Kulissen sein. Ich hatte sie erst einige Tage zuvor zum ersten Mal gesehen, und ich konnte mich nicht erinnern, jemals ihre Stimme gehört zu haben. Dennoch hatte ich ihr mehrere Verletzungen zugefügt. Der Geruch ihres Parfüms – süßlich und schwer – vermischte sich mit dem Gestank nach Blut und Urin. Auch ihre Uniform war jetzt eher rot als grün, ihr grelles, blond gefärbtes Haar durch Blut, Schmutz und die Glassplitter aus den Stirnlampen entstellt, deren Scherben an eine Dornenkrone erinnerten. Ihr Wimmern wurde lauter, sie schien zu sich zu kommen, doch dann sank sie wieder in einen Dämmerzustand zurück. Sobald ich wieder richtig bei Kräften war, würde ich sie verarzten und eine Notoperation durchführen.

Jetzt jedoch wurde ich von einer Welle der Erschöpfung erfasst. Es war fast zwei Tage her, dass ich geschlafen hatte, und auch vor unserer Abreise hatte ich meist wach gelegen. Eine Zwergspinne krabbelte über das Sicherheitsarmband des Koffers auf mein linkes Handgelenk. Wenn man bedachte, wie klein sie war, bewegte sie sich mit geradezu Science-Fiction-artiger Geschwindigkeit. Als sie die Haut über meiner Pulsader erreicht hatte, zerquetschte ich sie mit meinem Bleistift. Ich bekam eine Gänsehaut und zitterte, als ob ich Fieber hätte.

Aber ich musste mich zusammenreißen, durfte nicht panisch werden. Die Untätigkeit, zu der ich hier drinnen verurteilt war, wurde mit jeder Minute unerträglicher. Ich hatte keine Informationen. Ich sah noch einmal auf den Tiefenmesser meiner Militäruhr. Es handelte sich eigentlich um einen Höhenmesser, aber unsere Techniker hatten ihn modifiziert, sodass er auch unterirdisch funktionierte. Und da stand »77,20 m«, genau wie in der verschlüsselten Nachricht, die Alpha auf dem Spielplatz an mein Mobiltelefon geschickt hatte. Zwölf Stunden waren jetzt vergangen, seit ich mich vom Team abgesetzt und die Krankenschwester mitgenommen hatte – und ich hatte immer noch keine Ahnung, wo die anderen waren. Unsere zahlreichen Verfolger. Oder besser gesagt: die wenigen Auserwählten.

Die Vorschrift besagte, dass kein Suchbefehl nach außen dringen durfte, keine digitale Nachricht über meine Flucht, nicht einmal in der stärksten Verschlüsselung. Nur ein sehr kleiner Kreis würde auf dem Laufenden gehalten werden. Außer dem Team wohl nur der Präsident selbst – es sei denn, Edelweiss beschloss, ihm zu sagen, dass der Alarm ein Fehlalarm gewesen sei, eine unbedeutende technische Störung, wie bei so vielen anderen mutmaßlichen Atomwaffenangriffen im Verlauf der Jahrzehnte, und dass die Situation jetzt wieder unter Kontrolle sei. Außerdem eine Handvoll unserer hochrangigen Militärführer. Vermutlich nicht einmal die First Lady – und ganz bestimmt nicht meine eigene Familie.

Wenn also Alpha nicht käme, um mich aus diesem ausbruchsicheren unterirdischen Gefängnis zu befreien, würde niemand je erfahren, was geschehen war.

Die Müdigkeit kroch mir in die Glieder, als hätte man mir ein Schlafmittel verabreicht. Ich schüttelte den Kopf und stand auf, um nach der Krankenschwester zu sehen. Sie war eiskalt, als ob sie schon tot wäre. Aber ihr Puls war noch schwach fühlbar. Ich legte mich dicht neben sie, die Pistole in der Rechten und den Koffer mit dem Sicherheitsarmband um mein Handgelenk in der Linken. Ich musste kurz ausruhen.

Ich musste sofort in tiefen Schlaf gesunken sein, und für einen Moment war ich fest davon überzeugt zu träumen, als das Bedienfeld neben der Tür zu surren begann. Ich schreckte auf und sah zu dem Display an der Wand. Es zeigte OFFEN an.

Ich setzte mich auf die Knie, wobei ich den mehr oder weniger leblosen Körper der Krankenschwester als Schild benutzte, und versuchte meine Waffe ruhig zu halten. Ich zielte auf Herzhöhe. Die durchschnittliche Größe eines männlichen Amerikaners beträgt 1,78 Meter, hier in Schweden waren die Männer vermutlich etwas größer. Der Türgriff wurde langsam heruntergedrückt. Ein mechanisches Klicken ertönte. Ich entsicherte die Waffe.

Ich hörte die Stimme, ehe ich das Gesicht sah, diesen melodischen Tonfall, der mich in manchen schlaflosen Nächten zum Schwitzen gebracht hatte. Es war auch die Stimme, die mich jetzt dazu veranlasste, den Zeigefinger vom Abzug zu nehmen.

Überrascht wich ich zurück zur grünen Wand. Dass ausgerechnet sie es gewesen war. Während all dieser Jahre.

1.07

Sie hatte gewollt, dass wir sie »Ingrid« nennen, aber bei uns Studenten hieß sie nur »Ingrid Bergman«. Auch wenn sie sich alle Mühe gab, ihre Schönheit zu verbergen, mit ihrem immer leicht zerzausten, schon damals ergrauenden schulterlangen Haar – die Ähnlichkeit mit dem schwedischen Filmstar war nicht zu übersehen. Nachts sahen wir uns die alten Filme an, wieder und wieder. Und immer in derselben Reihenfolge, von hell bis dunkel: *Die Glocken von St. Marien, Berüchtigt, Ich kämpfe um dich, Arzt und Dämon.*

Sie müssen das verstehen. Aber Sie werden es wohl nicht verstehen.

Dass sogar ich einmal ein normaler junger Mann war, ohne klare Ziele, mit tiefen, aber nicht unheilbaren Wunden aus der Kindheit. Dass ich mich schon früh wie ein Besessener mit Mathematik und Physik, Verschlüsselungsverfahren und Zahlentheorie beschäftigt hatte, aber dann das Bedürfnis verspürte, mir einen Überblick über die Geistesgeschichte zu verschaffen, das Denken der Menschheit in verschiedenen Zeitaltern, und einige Wahlkurse in Moralphilosophie belegte. Konstruktives Denken als eine Art Kompass, eine

Landkarte, die hinaus in die Welt führt, vielleicht sogar als Therapie.

Stattdessen war ich Ingrid Bergman begegnet.

Nach ihrer ersten Vorlesung hatte ich stechende Kopfschmerzen. Und es wurde schlimmer. Sie stellte alles infrage, was wir gedacht und woran wir geglaubt hatten. Nicht nur in der Uni, sondern es betraf alle Lebensbereiche. Alles wurde bedeutsam und wichtig. Wie lange ich mir die Zähne putzte. Die Zeitspanne zwischen dem roten Ampellicht für Autos und dem grünen Männchen für Fußgänger. Die Entscheidung, ob man auf der Treppe zur Universität ein oder zwei Stufen auf einmal nimmt.

Ich zählte Sekunden, deutete Zeichen. Alles stand auf Messers Schneide. Absolut nichts war gewiss oder stand fest.

Damals bekam ich auch mein erstes »Angebot«. Wir wussten, dass andere Studenten den hochtrabenden Versprechungen der Anwerber erlegen waren. Es hieß, dass sie immer ein zweites Mal auftauchten, mit einem noch lukrativeren Stipendium, mit einem noch spezielleren Kurs zur Weiterbildung, und dass auch die Geschäftswelt ganz heiß wäre auf Spezialisten wie uns.

Zuerst dachte ich, sie hätten mich verwechselt oder einer auf meinem Flur hätte ihnen aus Spaß meinen Namen genannt. Dass sie mich anwerben wollten, erschien mir grotesk. Ein im Grunde nutzloser junger Mann, Pazifist seit Jugendjahren, der sich nicht einmal entscheiden konnte, auf welchem Weg er den Campus überqueren sollte. Damals noch mit widerspenstigen braunen Locken und wohl auf melancholische Art gut aussehend. Ein gedankenverlorener, eigenbrötlerischer Student, dem man ebenso zutrauen konnte, dass er einen

Amoklauf an der Universität plante wie dessen moralische Tragweite auszuloten.

Doch die Anwerber gaben nicht auf. Fuhren mit dem Zeigefinger ihre Liste entlang und fanden meinen Namen. Überprüften die Schreibweise und das Geburtsdatum. Nachdem sie mir einen zweiten Besuch abgestattet hatten, wollte ich es immerhin versuchen, stimmte wie in Trance zu, zählte die Stufen der Wendeltreppe, die in einem leer stehenden Teil des Universitätsgebäudes zum Hubschrauberlandeplatz auf dem Dach führte. Deutete zufällige Graffiti als an mich gerichtete Botschaften.

West Point war eine Stunde entfernt. Ich starrte auf den Schatten unseres Hubschraubers auf der Wasseroberfläche, als er über den Hudson River schoss, aber die Militärakademie hätte genauso gut in einer anderen Galaxie liegen können. Nach der Ankunft erbrach ich mein gesamtes früheres Leben in einen Papierkorb und bestand zu meiner eigenen Überraschung – und zu der meiner Anwerber wahrscheinlich auch – eine Prüfung nach der anderen mit Bestnoten. Schon nach dem dritten Treffen wurde ich für das Spezialtraining ausgewählt.

Die Anforderungen waren von Anfang an klar. Alle, die an der Eliteausbildung teilnahmen, sollten parallel zu unserem Lehrgang in West Point mit ihrem Studium fortfahren und es so normal beenden, als ob nichts geschehen wäre. Wir sollten uns eine zweite Existenz aufbauen. Ein Doppelleben war zwar anstrengend, ließ sich aber bewältigen. Ich war von blindem Ehrgeiz getrieben. In meinem Bauch brannte ein Feuer, das anscheinend Rache nehmen wollte: am Dasein insgesamt, an der Sinnlosigkeit des Lebens, an meinem Vater.

Wir hatten nur an drei Tagen in der Woche Präsenzunterricht, außerdem fand die Ausbildung in West Point meist außerhalb der normalen Arbeitszeiten statt – oft spätabends, nicht selten in Form widerlicher Verhörübungen, die sich bis spät in die Nacht hinzogen. Logistisch ließ sich das also machen. Im Studentenwohnheim wartete niemand auf mich. Der Flur lag leer und verlassen da, wenn ich zurückkehrte, und morgens erfand ich eine Geschichte über meine fiktive Freundin Sarah, mit der ich angeblich zusammenlebte. Ablenkungsmanöver wie dieses gingen mir bald in Fleisch und Blut über.

Ich nahm alles in mich auf, speicherte und verarbeitete es wie ein gleichgültiger Rechner. Militärdrill und Moralphilosophie, Vorlesungen, die Gewalt, die Geistesgeschichte.

Während der Flüge nach West Point, Minuten nachdem ich den Hörsaal verlassen und eine meiner wechselnden Strecken zum Hubschrauberlandeplatz zurückgelegt hatte, saß ich nachdenklich da und versuchte zu begreifen, was Ingrid Bergman uns gesagt hatte.

Ich drehte meinen Notizblock hin und her, wusste nicht, in welcher Richtung ich die Buchstaben lesen sollte. Erkenntnisse, die mir kurz zuvor noch großartig erschienen waren, sahen jetzt wie eine fremde Schrift aus. Abgekühlt und ausgehärtet. Vergebens versuchte ich mir das Feuer ins Gedächtnis zu rufen, das eine Stunde zuvor noch in mir gebrannt hatte, die Erinnerung nicht nur an Ingrid Bergmans Gedankenwelt, sondern an ihr ganzes Sein. Geblieben waren davon nur ungeordnete Stichpunkte. Formulierungen in Großbuchstaben, zu viele Ausrufezeichen, gelegentlich ein Fragezeichen.

So saß ich da, den stummen Piloten mit seinen Kopfhörern neben mir, und las mir langsam meine Notizen vor. CLIQUEN!, SPIEGEL!?, VISKOSITÄT!, DUALISMUS!, DER TRIUMPH DES TODES! Normalerweise schrieb sie natürlich von links nach rechts, manchmal aber auch von oben nach unten. Kurz vor dem Ende der Vorlesung verband sie die Stichpunkte auf der Tafel miteinander, als wären sie ein vertracktes Kreuzworträtsel oder ein Scrabble-Spielbrett.

Nahm man alles zusammen, schien ein Text in Geheimschrift zu entstehen, voller versteckter Bedeutungen. »Geheime Verbindungen« nannte sie das, »Korrespondenzen«. Verborgene Verknüpfungen zwischen Kunstgeschichte und Waffentechnik, ewigen Wahrheiten und aktueller Geopolitik.

Anfangs hatten wir Studenten uns zusammengesetzt und zu verstehen versucht, was sie uns sagen wollte. Wir fragten uns, woher ihr faszinierender Akzent käme. War sie eine Deutsche oder Niederländerin? Ich hielt sie für eine Schwedin, wie die echte Ingrid Bergman. Mit der Zeit wurden unsere Verbindungen zu ihr und ihrer Welt immer enger und privater. Jeder von uns hielt seinen Zugang für den einzig richtigen – und wollte dies keinem anderen als Ingrid Bergman selbst offenbaren.

Doch keiner traute sich, direkt mit ihr in Verbindung zu treten. Je mehr Ingrid Bergman uns in die Welt ihres Denkens hineinzog, umso mehr schien sie uns auf Abstand halten zu wollen. Höchstens nickte sie uns Studenten kurz zu, wenn sie uns zufällig auf dem Campus begegnete. Sie schien alles, was sie zu sagen hatte, in ihre Vorlesungen zu legen, ging vollständig in ihnen auf.

Ich war die Ausnahme von der Regel. Obwohl sie mindestens zehn bis fünfzehn Jahre älter war als ich –

ein Alter, in dem sie eigentlich einen festen Lebensmittelpunkt, eine Familie hätte haben müssen –, sah sie mich intensiv an, wenn wir uns zufällig in der Bibliothek oder auf dem Campus begegneten. Zuerst glaubte ich an Einbildung, dachte, dass es an meiner überhitzten Fantasie lag. Aber andere Studenten sahen es auch. Fingen an zu reden.

Schließlich wurde sie meine wissenschaftliche Betreuerin. Nachdem ich das Grundstudium mit Bestnoten in allen Fächern abgeschlossen hatte, sollte ich promovieren. Danach würde man alles Nötige veranlassen, damit ich ein Doppelleben führen konnte.

Ich frage mich manchmal immer noch, wieso mich meine Ausbilder in West Point angesichts des ungewöhnlichen Themas, das ich wählte, weiter unterstützten. Ich kann nur vermuten, dass Edelweiss mich damals schon als möglichen Anwärter auf die wichtigste Aufgabe der Welt sah. Und dass jemand, der das Atomwaffensystem so sehr hinterfragte wie ich, niemals verdächtigt werden konnte, ausgerechnet diesem System zu dienen. Dass also meine Forschungen, wie es bei solchen Paradoxa immer der Fall ist, die bestmögliche Tarnung waren.

Der Arbeitstitel meiner Dissertation lautete, wie gesagt, »Das Atom – Ein moralisches Dilemma«. Zuerst schlug Ingrid Bergman vor, dass ich mich auf Giordano Bruno konzentrierte, den Philosophen des sechzehnten Jahrhunderts, den man der Ketzerei beschuldigt und auf dem Scheiterhaufen verbrannt hatte. Von ihm reichten Verbindungslinien zurück in die Antike und zu den sogenannten »Atomisten« Süditaliens.

Bruno war eine geschichtliche Gestalt ganz nach Ingrids Geschmack, jemand, bei dem sie in Fahrt geriet, jemand, der in ihrem Welttheater eine befriedigende Rolle spielte.

Aber ich wollte einen Schritt weitergehen. Ich wollte den aktuellen Bezug. Anfangs sollte sich die Dissertation auf Robert Oppenheimer konzentrieren, den »Vater der Atombombe«, der nach Hiroshima und Nagasaki dafür plädiert hatte, nie wieder Nuklearwaffen einzusetzen. Aber Ingrid fand diese Idee zu konventionell, geradezu banal.

Als Nächstes versuchte ich mein Glück mit Andrei Sacharow, dem russischen Nuklearphysiker, der das sowjetische Wasserstoffbombenprojekt leitete – die nächste Stufe nach der Atombombe – und der dann ein weltbekannter Dissident und Pazifist wurde. »Bedenken Sie die Sprachbarriere«, lautete Ingrid Bergmans Antwort. »Bis Sie gut genug Russisch gelernt haben, ist Ihnen das Stipendiengeld ausgegangen.«

Ich konnte ihr nicht sagen, dass ich diese Sprache – nach meinen Russisch- und Arabischkursen in West Point – längst beherrschte. Dass ich meine Sprachbegabung und meine Deutschkenntnisse von meiner Mutter geerbt hatte.

Also schlug ich Lise Meitner vor. Im Aufbaukurs Wissenschaftstheorie hatte Ingrid sie als die bedeutendste Wissenschaftlerin aller Zeiten bezeichnet. Einstein soll sie »unsere Madame Curie« genannt haben. Als österreichisch-jüdische Wissenschaftlerin floh sie kurz vor dem Krieg nach Schweden und war dort die Erste, die das Prinzip der Kernspaltung erklärte – ehe man sie mit einer unbedeutenden Forschungsstelle an der Kungliga Tekniska Högskolan in Stockholm abspeiste.

Meitner wies die immer vehementer werdenden Bitten der Amerikaner zurück, nach Los Alamos zu gehen und an der Arbeit des Manhattan-Projekts mitzuwirken. Sie lehnte es ab, in irgendeiner Form an militärischer Forschung beteiligt zu sein. Trotzdem wurde sie in den euphorischen Zeitungsberichten nach Hiroshima und Nagasaki als »Mutter der Atombombe« bezeichnet. Die internationale Presse stand Schlange vor ihrer Pension in der schwedischen Provinz Dalarna, wo sie zu diesem historischen Zeitpunkt ihren Urlaub verbrachte. Hollywood wollte einen Film mit dem Titel *Der Anfang vom Ende* über sie drehen. Damals war sie eine Berühmtheit – und jetzt war sie fast vergessen.

Es hieß sogar, dass Meitner bereits vor dem Krieg herausgefunden habe, wie man eine Atombombe bauen konnte. Noch während ihrer Zeit in Deutschland soll sie das Geheimnis außer Landes geschmuggelt und an die Amerikaner weitergegeben haben. Das Filmdrehbuch sah vor, dass sie bei ihrer Flucht die fertige Bombe in ihrer Handtasche hatte. Es war dieses absurde Detail, das sie veranlasste, das Angebot abzulehnen.

Als ich ihren Namen nannte, war Ingrid einen Moment sprachlos. »Das ist eine fantastische Idee«, sagte sie schließlich, »ganz ausgezeichnet.«

Schon bald stellte sich heraus, dass die Idee sich auf dem Papier besser ausnahm als in der Realität. Die Schwierigkeit lag nicht in der deutschen Sprache, die sowohl Ingrid als auch ich ausreichend beherrschten. Auch nicht in der Tatsache, dass ich wegen meiner zweiten Existenz als Geheimagent niemals die Erlaubnis für Privatreisen ins Ausland bekommen hätte – und das meiste dessen, was an Meitners Geschichte interessant war, befand sich in schwedischen Archiven. Also sagte ich bloß, dass ich unter krankhafter Flugangst litte, was Ingrid nicht im Geringsten zu überraschen schien – schließlich war ich ein sensibler und hochbegabter junger Mann.

Die Schwierigkeit löste sich sowieso von selbst auf, weil Ingrid regelmäßig nach Schweden reiste, um eigene Nachforschungen in den schwedischen Archiven anzustellen. Manchmal war sie den ganzen Sommer fort. Dort kopierte sie für mich Meitners Briefe an Freunde und Kollegen auf der ganzen Welt. Damals vertraute sie mir an, dass sie aus einer Kleinstadt im hohen Norden Schwedens komme und als junge Frau Chefsekretärin in Stockholm gewesen sei. Dann habe sie sich Hals über Kopf verliebt und sei dem geliebten Menschen in die Vereinigten Staaten gefolgt. Dort habe sie schließlich ein Studium begonnen.

Die eigentliche Schwierigkeit bestand darin, dass die verfügbaren Informationen über Meitner so karg waren. Es existierte fast nichts über ihre Tätigkeit während des Kriegs, zu einer Zeit, als unter Wissenschaftlern Gerüchte über umfangreiche Forschungen in der Nuklearphysik kursierten und beide Kriegsparteien glaubten, die jeweils andere Seite würde bereits über die Bombe verfügen. Auch über ihre Arbeit in der Nachkriegszeit war fast nichts bekannt. Oder darüber, wer sie wirklich war – privat. Meitner hatte sich in Schweigen gehüllt.

Sogar ihre Korrespondenz mit den Menschen, die ihr nahestanden, war mehrdeutig und für Außenstehende oft nicht nachvollziehbar. Während die Schweden, in deren Kreisen sie verkehrte, von luxuriösen Feiern in Meitners Zuhause schrieben, schickte sie ihren ausländischen Freunden verkappte Hilferufe auf Deutsch oder Englisch.

Und so verging kaum eine Woche, ohne dass ich mein Projekt am liebsten an den Nagel gehängt hätte. Und es verging kaum eine Woche, ohne dass Ingrid Bergman mich antrieb, mahnte, drängte, lockte. Manchmal war es fast, als ob sie selbst meine Dissertation schriebe. Während unserer Treffen, die mir rückblickend wie Träume erscheinen, überredete sie mich, fast gegen meinen Willen, weiterzuarbeiten. Oft nannte sie mich »mein Schatz«. Als ob wir eine intime Beziehung hätten.

Als ich alle Theorieseminare absolviert hatte, die für mein Doktorat erforderlich waren, schenkte mir Ingrid ein Porträt, das ich später auf den Schreibtisch des Büros stellen sollte, das man mir bereitstellte. Das Foto zeigt Lise Meitner in ihrem Labor am Kaiser-Wilhelm-Institut in Berlin. Sie schaut direkt in die Kamera und trägt seltsam förmliche Kleidung für einen Menschen, der gerade physikalische Versuche durchführt.

Aber das Auffälligste ist ihr Gesicht. Meitners Mund wirkt ein wenig schief, als ob sie bereits einen Schlaganfall erlitten hätte, was unwahrscheinlich ist. Sie ist auf dem Bild nicht älter als vierzig. Sie sollte tatsächlich einen Schlaganfall erleiden, aber erst, als sie doppelt so alt war. Dennoch war da etwas, eine Art Ambivalenz, die dem Bild etwas Verstörendes verlieh. Das Rätsel löste sich, wenn man ihre Gesichtshälften abwechselnd abdeckte: Die rechte Gesichtshälfte war traurig, unentschlossen, fast kränklich. Die linke entschlossen und offen, mit einem fast schon verwegenen Lächeln.

Diese Fotografie brachte mich darauf, den Titel meiner Dissertation zu ändern, in: »Die zwei Gesichter der

Lise Meitner«, und damit die ganze Stoßrichtung meiner Untersuchung. Sie sollte jetzt davon handeln, dass jeder Mensch widersprüchliche Seiten hat. Und unter der Oberfläche würde die Untersuchung von mir selbst handeln, von meinem Doppelleben.

Aber Ingrid sträubte sich gegen diese Idee. Sie wollte – und Widerstand gegen sie war zwecklos, nach jedem Treffen fühlte ich mich wie ausgelaugt –, dass der Titel »Das Geheimnis der Lise Meitner« lautete.

Ich brachte es weder damals noch später über mich, ihr zu sagen, dass ich niemals verstanden habe, worin Meitners Geheimnis bestand und ob es überhaupt eines gab. Doch am Ende gelang es mir, so allgemeingültig darüber zu schreiben, dass auch Ingrid zufrieden war. Die Geschichte der Nuklearphysik und die Unfähigkeit der Menschheit, ihrem wissenschaftlichen und militärischen Potenzial zu widerstehen, wurden die eher allgemein gehaltene theoretische Grundlage meiner Dissertation. Die Unmöglichkeit, aus der das einzig Mögliche wurde.

Obwohl ich mich immer wieder von der Dynamik meines Themas mitreißen ließ und der Stil eher an einen literarischen Essay als eine nüchterne wissenschaftliche Arbeit erinnerte, überstand die Dissertation ihre Begutachtung durch einen verschlossenen und humorlosen Exil-Bulgaren.

Unmittelbar danach ereigneten sich die Attentate des 11. September 2001. Und dann wurde ich in das neu gegründete Team berufen, das die Welt retten sollte.

Sie organisierten auch mein neues Doppelleben auf sehr elegante Weise. Zu derselben Zeit, als ich meine Stelle in Edelweiss' Team einnahm, statteten sie mein anderes Ich mit einer Forschungsstelle an der Katholischen Universität Amerikas in Washington D.C. aus, die quasi keinerlei Lehrverpflichtungen mit sich brachte. Die Katholische Universität glich einer düsteren Festung aus dem frühen neunzehnten Jahrhundert, mit Türmchen und Zinnen, einigen Tausend Studenten und einer überraschend interessanten Handschriftensammlung in einem finsteren Archiv namens »Schwester-Helen-Bibliothek«.

Den wenigen Kommilitonen, die mich kannten, wurde gesagt, dass ich nach meiner Dissertation einen Burn-out erlitten hätte und allein auf eine lange Reise gegangen sei. Ich bekam einen neuen Namen, eine neue Identität, ein neues Aussehen. Zwei Operationen in etwas mehr als einem Monat, gefolgt von einer langen und schmerzhaften Genesung, fielen in die Zeitlücke zwischen meiner Dissertation und der neuen Anstellung.

Während des folgenden Jahrs – ehe ich auf einer Party meine künftige Frau traf und wir noch am selben Abend zu ihr gingen – hatte ich ein paarmal versucht, Verbindung zu Ingrid aufzunehmen. Natürlich anonym, aus Telefonzellen in der Nähe geheimer Übungsplätze oder aus irgendeiner Wüste. Seit dem Abschluss meiner Dissertation hatte ich sie nicht mehr gesehen. In meine Doktorarbeit hatte ich keinen Blick mehr geworfen, überhaupt kaum an sie gedacht. Aber Ingrid konnte ich nicht vergessen, so sehr ich es auch versuchte. Die Fakultät und die Telefonzentrale der Universität gaben mir immer dieselbe Antwort: »Ingrid« habe gekündigt und sei fortgegangen. Nein, eine Nachsendeadresse habe man leider nicht.

Dennoch hatte ich meine – oder vielleicht sollte ich

sagen: unsere – Dissertation bei dem Staatsbesuch in Stockholm und bei meiner Flucht dabei. Immerhin besuchte ich Lise Meitners zweite Heimat. Den Ort ihres langen, rätselhaften, unfreiwilligen Exils.

Und nun trafen wir erneut aufeinander. Nach zwölf langen Jahren war es Ingrid Bergman – Ingrid –, die in den Atombunker trat und die Schutztüren, eine nach der anderen, hinter sich schloss.

Ich versuchte vergeblich, mir das, was ich sah, zu erklären: meine frühere Dozentin und Betreuerin, meine »Doktormutter«, in voller Gefechtsmontur. Ingrid Bergman trug offenbar die gleiche Ausrüstung wie ich selbst: eine Uniform mit diskretem Rangabzeichen, Rucksack und Stirnlampe. Ihre Waffe hielt sie in der Hand. Abgesehen von meinem Koffer war ihre Ausrüstung in jeder Hinsicht die gleiche wie meine.

Ihre Haare waren kurz und rabenschwarz, die Stirn höher als bei unserer letzten Begegnung, die Nase größer. Farbige Kontaktlinsen und Tarnkleidung vollendeten, was die kosmetische Chirurgie begonnen hatte. Sie war verändert, aber nicht komplett. Jemand, der sie kannte, konnte unter der Tarnung immer noch die Frau erahnen, die wir als Studenten »Ingrid Bergman« genannt hatten. Das kurze, schwache Lächeln, der Blick.

Es gab so vieles, was ich von ihr wissen wollte. Wohin sie verschwunden war, was geschehen war, warum.

»Was tun Sie hier?«, war alles, was ich stattdessen herausbrachte.

»Dasselbe könnte ich Sie fragen, Erasmus. Wenn ich es nicht schon wüsste.«

Sie ging zu der Frau am Boden, kauerte nieder und murmelte: »Jesús María … Jesús María …«, immer und immer wieder, wie ein Gebet. Betastete mit besorgter Miene die Glassplitter in der Stirn der Krankenschwester.

Plötzlich zuckte die Frau kaum merklich, zeigte einige schwache Reflexe in den Wangenmuskeln und Augenlidern, regte kurz das linke Bein. Wie eine Katze, die sich im Traum bewegt.

»Sie wird bald zu sich kommen«, sagte Ingrid.

»Ich kann sie tragen«, sagte ich. »Wir müssen von hier fort.«

Sie starrte mich an.

»Erasmus, mein Schatz, wir sind der Welt fürs Erste abhandengekommen. Natürlich müssen wir uns neu formieren, aber noch nicht jetzt. Hier kann uns niemand finden. Kaum jemand weiß, dass das System noch intakt ist, dass es überhaupt existiert.«

»Sie aber schon?«

»Natürlich. Nur allzu gut.«

Ich sah sie an und rang nach Worten. Mein Verstand schien träge und hilflos angesichts ihrer verbalen Pirouetten.

»Dann sind Sie also Alpha?«

»Ich war es. Bis heute morgen, als ich den Alarm auslöste.«

»Wo waren Sie dann während meiner Flucht, ehe Sie hierherkamen?«

»Oh, hier und da, wie üblich.«

Ich wartete das Ende ihrer Kunstpause ab, erhoffte eine Bestätigung – die schließlich kam:

»Und nun gilt: *Wir zwei gegen die Welt*, Erasmus.«

Jetzt, wo ihre Haare kurz geschnitten waren, musste sie nicht mehr gegen sie ankämpfen, ihren Pony nicht mehr aus den Augen streichen, wie sie es früher immer getan hatte. Ich konnte den Blick nicht von ihr wenden.

»Sie sehen immer noch aus wie Ingrid Bergman«, sagte ich.

»Finden Sie? Ich glaube nicht, dass das beabsichtigt war. Aber hier ist die Person, die Sie bald danach fragen können.«

Dann schmiegte sie sich an die Krankenschwester und fiel sofort in einen tiefen Schlaf, wie ein Kind.

1.08

Ich tastete mich weit zurück in meine Kindheitserinnerungen. Schrieb weiter in meinem Notizbuch, während die beiden Frauen ganz nah beieinanderlagen wie zwei innig verbundene Freundinnen. Nach und nach hellte sich das Bild auf: wie eine Szene aus einem alten Film, an die man sich nur undeutlich erinnert.

Es war an meinem dreizehnten Geburtstag. Ich saß mit meiner Mutter am Küchentisch. Schon damals faszinierten mich Geheimschriften und ihre mathematische Logik. Ich versuchte ihr die Grundlagen sogenannter »Buchverschlüsselungen« beizubringen, obwohl sie durch und durch Geisteswissenschaftlerin war. Ich wollte meine Begeisterung mit ihr teilen.

Der Schlüssel zur Entzifferung der streng geheimen Atombombenpläne, die der russische Spion Theodore Hall aus dem Manhattan-Projekt geschmuggelt hatte, bestand in einer unserer berühmtesten Gedichtsammlungen. Ich vermutete deshalb, dass es sie interessieren könnte. Hall und sein Kurier Sax hatten sich aus der Ferne miteinander verständigen müssen und dazu eine identische Ausgabe von Walt Whitmans *Grashalme* als Grundlage ihrer Verschlüsselung verwendet. Die Zahlencodes, die zur Entschlüsselung der Nachricht nötig waren, bezeichneten Seiten, Zeilen und Buchstaben im Buch.

Es war eine einfache Methode, wie gemacht für einen Teenager, und ich hoffte, sie würde auch meiner Mutter gefallen. Trotz ihrer Simplizität hatte diese Methode eine große Rolle dabei gespielt, dass die Sowjetunion ihre eigene atomare Testladung weit früher zünden konnte, als wir es für möglich gehalten hatten. Nur vier Jahre nach den Bomben auf Hiroshima und Nagasaki.

Also nahm ich eine alte, bezahlte – vielleicht auch unbezahlte – Rechnung von einem der chaotischen Papierstapel meiner Mutter, drehte sie um und legte in meiner ordentlichen Handschrift los, wobei ich gleichzeitig erklärte, was ich tat. Als Erstes, sagte ich, wählen wir einen Schlüsselsatz, zum Beispiel »Ich liebe dich«. Dann ordnen wir dem ersten Buchstaben jedes der drei Wörter in diesem Satz eine Zahl zu. 1 steht also für I, wie in »Ich«, 2 für L wie in »Liebe« und 3 für D wie in »dich«.

Aber der Nachteil bei einem so kurzen Satz besteht darin, fuhr ich einsamer und frühreifer Teenager fort, dass er einem nur sehr wenige Zahlen und daher nur wenige Möglichkeiten gibt. Denn wenn ich 123 in einem Code schreibe, bei dem »Ich liebe dich« der Schlüsselsatz ist, dann bleibt uns nur »ILD« als Klartext. Und mit einer so kurzen Schlüsselsequenz kann man keine richtigen Wörter chiffrieren. Der Code 213 bietet einem »LID«, 132 »IDL«, 231 »LDI«, 312 »DIL« und 321 »DLI«.

Es muss auch kein Satz aus einem Buch sein, sagte ich, solange der Sender und der Empfänger – und idealerweise niemand sonst auf der Welt – wissen, welchen Schlüsselsatz sie verwenden.

Meine Mutter starrte auf den Zettel. Sie wirkte fasziniert.

»Aber nehmen wir an, dass ich weiterschreibe«, sagte ich voller Eifer, »und, da wir nun schon einmal hier am Küchentisch sitzen, ein paar zufällige Wörter hinzufüge, zum Beispiel so: *Ich liebe dich … genauso sinnlos wie meinen ziemlich obskuren und echt höllischen Vater, so auch jetzt und alle Zeit und in Ewigkeit, Amen.* Dann ist die Zahl der Möglichkeiten viel größer. Außerdem wissen nur du und ich, dass dieser Satz überhaupt existiert: Er kann unser kleines Geheimnis sein, das wir niemals verraten. Was meinst du?«

Ihr schwaches Lächeln ermunterte mich fortzufahren.

»Wir wollen diesen Schlüsselsatz verwenden, um, sagen wir, den Code 12212911 zu entschlüsseln. Magst du es versuchen, Mom?«

Sie nickte und setzte ihre Brille auf, während ich allen Wörtern in dem neuen Satz Zahlen zuwies – genauso ordentlich wie zuvor auf der Rückseite der Rechnung.

»Dann lass uns mit der einfachsten Entschlüsselung beginnen«, sagte ich. »Wir wollen die Zahlen als 1-2-2-1-2-9-1-1 lesen. Damit hätten wir also den ersten Buchstaben des ersten Wortes in unserem Schlüsselsatz, das ist *I*. Dann haben wir den ersten Buchstaben des zweiten Wortes, das wäre das *L* von ›*Liebe*‹. Dann ein weiteres *L*, ein weiteres *I*, ein weiteres *L*, dann der erste Buchstabe des fünften Wortes: *S* aus ›*sinnlos*‹, und noch einmal zwei *I*. Aber das ergibt kein richtiges Wort, nur *ILLILSII*. Aber wenn du einige der Zahlen als zweistellige Zahlen liest – etwa so: 12-21-2-9-11 –, dann ergibt sich etwas anderes. Der erste Buchstabe des zwölften Wortes in dem Schlüsselsatz ist *H* aus ›*höllisch*‹. Dann nimmst du den ersten Buchstaben des einundzwanzigsten Wortes – das ist *I* wie ›*in*‹, den ersten des zweiten Wortes – das ist *L* wie ›*Liebe*‹ –, dann den ersten Buchstaben des neunten Wortes: ›*F*‹ und schließlich den ersten des zwölften Wortes: ›*E*‹. Willst du es mir vorlesen, Mom?«

Sie schüttelte den Kopf. Also las ich es laut vor, mit meiner klaren Jungenstimme: »Bei der Buchchiffre 12212911 ergibt sich aus diesem Schlüsselsatz als Klartext das Wort HILFE.«

Ich sah meine Mutter stolz an – bis ich ihre entsetzte Miene bemerkte. Sie zerknüllte das Papier. Dann schloss sie die Augen und legte die Hände auf die Ohren. Begann sich hin und her zu wiegen.

Das war der Augenblick, in dem mir klar wurde, dass sie in ihre eigene Welt abglitt, unerreichbar für mich und andere Menschen. Der zufällig zurechtgebastelte Schlüsselsatz wurde zu meinem dunklen Mantra. *Ich liebe dich genauso sinnlos wie meinen ziemlich obskuren und echt höllischen Vater, so auch jetzt und alle Zeit und in Ewigkeit, Amen.*

Endlose Nächte lang rasselte ich diese Wörter herunter, versuchte mich wach zu halten, weil meine Träume noch schlimmer waren als die Realität. Benutzte den Satz als Schlüssel meiner eigenen rastlosen Suche nach versteckten Zeichen. Wendete ihn auf alles an, von Autokennzeichen und Telefonnummern bis zu Aktienkursen und Sportergebnissen, obwohl sich als Klartext fast niemals ein sinnvolles Wort ergab.

Meine Mutter lebte seitdem in einer Anstalt, deshalb

war ich überzeugt, als Einziger unseren Schlüsselsatz zu kennen. Bis zu dem Tag, an dem die erste Sendung eintraf.

Der braune Umschlag lag am 22. Dezember 2001, kurz vor den Weihnachtsferien, in dem Briefkasten vor meinem Büro. Einen Monat zuvor war ich ins Team aufgenommen worden, kurz nach unserem Einsatz in Afghanistan, den ich sowohl bei meiner Familie als auch bei meinem Kollegen als Vortragsreise durch den Mittleren Westen ausgegeben hatte, gefolgt von einem fiktiven einwöchigen Skiurlaub, mit dem ich meine Verletzungen – Schnitte und Prellungen – erklärte.

Ganz oben stand in grüner Tinte »FROHE WEIHNACHTEN!« Dann, in den gleichen unpersönlichen Großbuchstaben, die Anschrift.

> HOCHSCHULASSISTENT ERASMUS LEVINE
> PHILOSOPHISCHE FAKULTÄT
> KATHOLISCHE UNIVERSITÄT AMERIKAS
> WASHINGTON D. C.

Der Umschlag war unfrankiert, kein Poststempel mit Postleitzahl. Jemand musste ihn einfach eingeworfen haben. Was heißen konnte, dass er von einem meiner Kollegen stammte, doch wurden solche Sendungen normalerweise am Empfang im Erdgeschoss abgegeben. Selbst so kurz nach dem 11. September waren die Sicherheitsvorkehrungen an der Uni ziemlich lax.

Ich befolgte die üblichen Vorsichtsmaßregeln, ehe ich den Umschlag öffnete. Befühlte ihn nach Unebenheiten, roch an ihm, um herauszufinden, ob er Chemikalien enthielt.

In dem Umschlag befand sich ein Dutzend aus Zeitungen und Zeitschriften ausgeschnittener Artikel. Alle handelten davon, dass die atomaren Abrüstungsverhandlungen zwischen uns und Russland kurz vor dem Abbruch stünden, ein historischer Moment zu einer Zeit, in der die Medien sich vor allem für den internationalen Terrorismus interessierten, genauer gesagt: die Bedrohung durch Islamisten. Ich hatte all diese Artikel und Kommentare gelesen. Ihr Tenor lautete, dass wir in den Vereinigten Staaten kurz davor stünden, einseitig von dem Anti-Raketen-Abkommen zurückzutreten, das seit 1972 einen der Eckpfeiler des sogenannten »Gleichgewichts des Schreckens« bildete. Dies sei eine Entwicklung, die in Bezug auf Atomwaffen zu einer dramatischen Verschlechterung des Verhandlungsklimas führen würde.

Die Zeitungsausschnitte wiesen Unterstreichungen mit grüner Tinte auf, in manchen Fällen handelte es sich um lange Abschnitte, in einigen Sätzen waren außerdem Wörter umkreist. Auf den ersten Blick enthielten sie keine klare Botschaft. Vermutlich steckte mehr dahinter als auf den ersten Blick sichtbar.

Nachdem ich die naheliegenden Methoden angewandt hatte – vom Zusammenfügen der unterstrichenen Wörter zu sinnvollen Sätzen über das Kombinieren der ersten oder letzten Buchstaben einzelner Wörter nach unterschiedlichen Kriterien: die mit einer geraden Zahl, die mit einer ungeraden Zahl, nach der Fibonacci-Folge, in jeder erdenklichen Anordnung von Zahlen vorwärts und rückwärts –, probierte ich schließlich verschiedene Kombinationen von Zeitangaben aus. Eine klassische, aber fast vergessene Methode, die versteckte Nachricht aus einem chiffrierten Text herauszufiltern.

Ich begann mit dem aktuellen Datum, 22. Dezember 2001. Kombinierte das zweiundzwanzigste, zwölfte und erste umkreiste Wort auf jede mögliche Art, ohne dass sich dadurch der geringste Sinn ergeben hätte. Dann nahm ich mir das nächste einleuchtende Datum vor. Mein Geburtstag war am 14. Februar 1963. Also ordnete ich das vierzehnte, zweite und dreiundsechzigste umkreiste Wort in verschiedenen Kombinationen an.

Plötzlich erschien die Wortfolge »gegen die Welt«. Und als ich mein Geburtsjahr vollständig ausschrieb und annahm, dass damit das erste, neunte, sechste und dritte umkreiste Wort gemeint war, stand da auf einmal: WIR ZWEI GEGEN DIE WELT. *Gegen*, nicht *für*.

Präpositionen können den Unterschied zwischen einem Irren und einem Pazifisten ausmachen. Doch alles, was ich tat, war, die Artikel in dem breiten, marmorverkleideten Erkerfenster meines Büros zu stapeln, auf einem der Papierstöße, die dort schon krumm und schief in die Höhe wuchsen. Auf diese Weise würde die Person, die mir die Artikel geschickt hatte – wer immer es sein mochte – von außen durch das Fenster sehen, dass ich sie gelesen hatte. Ein kleines Zeichen, dass ich mich auf das Spiel eingelassen hatte. Das ich willens war mitzumachen, die Grenzen auszutesten, bis die Sache mir zu weit ginge oder die Dinge aus dem Ruder liefen.

Die Putzfrauen schienen an den Papieren nicht sonderlich interessiert zu sein, vielleicht weil sie sich nicht von den restlichen Stapeln unterschieden. Mein Büro war ein einziges Durcheinander analoger Datenträger.

Was als schlichter Stapel begonnen hatte, war mit der Zeit zu einem Berg angewachsen und schließlich zu einer wahren Gebirgslandschaft mutiert, ohne erkennbare Unterscheidung zwischen Wichtigem und Unwichtigem: vergilbte Zeitungen und Bücher mit Unterstreichungen in roter Tinte und neongrünen Markierungen; klassische Werke der Wissenschaftsgeschichte, auf jede erdenkliche Weise traktiert; Berichte über Inspektionen auf Atomwaffenstützpunkten; naturwissenschaftliche Dissertationen, von denen ich anfangs kein Wort verstanden hatte; DVDs und alte, kaputte Videokassetten; Notizzettel mit spontanen Einfällen und Gedanken; Papiere, die im Drucker stecken geblieben und von einem Kollegen irgendwo hingelegt worden waren; ausgeschnittene Konstruktionspläne von U-Booten, Bezeichnungen verschiedener Raketentypen, auf Audiokassetten aufgezeichnete Interviews mit Wissenschaftlern, die anzuhören ich nie geschafft hatte; Tabellen über Tabellen, auf denen die Auswirkungen thermonuklearer Waffen aufgelistet waren; ungeordnete Protokolle von Abrüstungsverhandlungen der letzten sechzig Jahre, die bis zum Zeitpunkt der Erfindung der Atomwaffe zurückreichten; grelle Flugblätter mit pazifistischen Parolen.

Das ganze gestaltlose Forschungsprojekt, das ich »Die lange Kettenreaktion« nannte, setzte sich auf und unter meinem Schreibtisch fort.

Deshalb konnten weiterhin Umschläge eintreffen – einmal im Monat oder öfter –, ohne dass es jemandem auffiel oder Bedenken erregte. Zusammen mit dem Wust von anderen Sendungen in meinem Briefkasten – bei meinen ständigen Bestellungen neuer Forschungsmaterialien nutzte ich ein seltsamerweise unbegrenztes Budget – konnten die Beweisstücke anschließend für alle sichtbar im Erkerfenster liegen.

Und so ging das ein Jahrzehnt lang, während meine Zweifel an allem, was ich in meiner militärischen Existenz tat, beständig wuchsen. Immer wenn ein Artikel eintraf – selbst dann, wenn ich ihn schon oft gelesen hatte –, wurden diese Zweifel stärker. Die Absurdität des Atomwaffensystems stand mir immer klarer vor Augen. Der Lack der Rhetorik blätterte ab, die Argumente fielen in sich zusammen.

Ab 2010 bestätigten die Artikel außerdem immer öfter, was das Team, der innere Kreis, seit Jahren wusste. Zum Beispiel hatte ein russischer Militäranalytiker gesagt, dass die Gefahr eines atomaren Konflikts seit dem Höhepunkt des Kalten Kriegs vor dreißig Jahren noch nie so groß gewesen sei. Aber bei den internationalen Abrüstungsverhandlungen habe man keine Zeit, sich mit diesem Problem zu befassen.

Ein amerikanischer Friedensforscher wies darauf hin, dass die immer noch stattfindenden hochrangigen Treffen zur atomaren Sicherheit sich hauptsächlich mit der politischen Instabilität kleinerer atomarer Mächte beschäftigten, ferner mit der Gefahr, dass Staaten wie Iran und Nordkorea Atomwaffen entwickeln könnten. Aber nicht mit dem Waffenarsenal der beiden Nationen, die die Bühne beherrschten: Russland und die Vereinigten Staaten.

Wie ein berühmter Friedensforscher es in einem Artikel, der im März 2011 in meinem Büro eintraf, ausdrückte: »Die mächtigsten Herrscher der Welt haben sich in den vergangenen acht Jahren dreimal getroffen, um über 17 Prozent des weltweiten Atomwaffenvorkommens zu beraten. Die restlichen 83 Prozent wurden überhaupt nicht erwähnt.«

So wie die Artikel ein Thema mit Variationen waren, wechselte auch das Chiffriersystem jedes Mal, wobei es zugleich denselben Grundprinzipien folgte. Immer erforderte die Dechiffrierung die Anordnung von Wörtern, die – einem bestimmten System folgend – eingekreist waren. Immer lautete der Klartext »Wir zwei gegen die Welt«.

Und dann kam der Februar 2013.

Ich wollte meinen Geburtstag – in aller Ruhe, wie immer – mit einem schlichten Abendessen zu Hause mit meiner Familie begehen. Morgens lag ein weiterer brauner Umschlag in meinem Briefkasten in der Uni. Aber diesmal war das äußere Erscheinungsbild ein anderes: Im Umschlag befand sich, wie schon von außen zu sehen war, ein harter, flacher Gegenstand, und er war sorgfältig mit Klebeband verschlossen.

Oben stand ALLES GUTE ZUM 50. GEBURTSTAG! in der üblichen Druckschrift. Darunter die Anschrift. Ich saß lange da, ehe ich die DVD in den Computer schob. Ich befühlte sie, untersuchte das Plastik, versuchte die Risiken abzuwägen und herauszufinden, ob unser kleines Spiel auf diese Weise enden würde – mit einer banalen Explosion in einem Büro an der Katholischen Universität in Washington D.C. Ich prüfte sie mit meinem privaten Antivirenprogramm – natürlich nicht mit dem mangelhaften der Universität – und startete den Film.

Ich hatte *Mata Hari* früher schon einmal gesehen, während meiner Studienzeit, in einem Filmklub der Universität. Aber er hatte bei mir keinen großen Eindruck hinterlassen. Als ich ihn jetzt sah, war ich überrascht von seiner Eindringlichkeit. Von der ersten Szene – mit den Exekutionskommandos, die die Spione erschießen – bis zum düsteren Ende, als Greta Garbo in der Rolle der Mata Hari zu ihrer Hinrichtung abgeführt wird: mit hoch erhobenem Kopf, den Rücken der Kamera zugewandt. Die Spionin, von der man sagte, sie habe ganz Frankreich verhext.

Nach dem Ende des Films war mir ganz sonderbar zumute. Ich ging hinaus, trank etwas Wasser aus dem Trinkbrunnen, blieb am Ende des Flurs, in dem sich mein Büro befand, stehen, holte tief Luft. Es half nichts.

Ich lehnte mich an die Wand und schloss die Augen. Kleine Symbole drehten sich auf der Innenseite meiner geschlossenen Augenlider. Dann ging ich zurück ins Büro, setzte mich wieder an den Schreibtisch. Wartete darauf, dass meine Muskeln nicht mehr zuckten – ohne Erfolg.

Ich schob die DVD wieder ein, entspannte mich, so gut es ging, und konzentrierte mich. Nach etwas mehr als der Hälfte des Films spürte ich erneut, dass mein Unterbewusstsein auf seltsame Art aufgewühlt wurde. Da kam mir ein Gedanke.

Im Team hatten wir mit Steganografie experimentiert: der altehrwürdigen Kunst, zu verschleiern, dass eine Geheimbotschaft existiert – im Unterschied zur Kryptografie, die nur die Botschaft selbst verbirgt. Das klassische Vorbild ist Histiaios, der Tyrann von Milet im sechsten Jahrhundert vor Christus, der den Kopf eines Sklaven rasieren ließ und auf den nackten Schädel eine wichtige Nachricht über einen bevorstehenden Krieg schrieb. Er wartete, bis dem Sklaven die Haare wieder gewachsen waren, dann schickte er ihn los.

Selbst diese Technik hat Schwächen. Zunächst eine, die in der Geschichte fast niemals erwähnt wird: wie man dem Empfänger mitteilt, was er tun muss, um an die Nachricht zu gelangen (also zum Beispiel, den Schädel des Boten zu rasieren). Wenn man das zu offensichtlich anstellt – früher schriftlich, in jüngerer Zeit mit einem Telefonanruf oder einer zweiten Nachricht, bei der eine andere Technik verwendet wird –, tritt die Information zu offen zutage und lässt sich leicht entschlüsseln. Wenn aber die Nachricht unklar ist, wie soll dann jemand erfahren, dass es überhaupt etwas zu übermitteln gibt?

Ich startete den Film erneut und wartete darauf, dass sich das komische Gefühl wieder einstellte. Die Botschaft war vermutlich doppelt chiffriert. Teils mit Steganografie – eine verborgene Nachricht in der eigentlichen Filmdatei –, teils mit einer verborgenen Technik. Es kann sein, dass eine solche versteckte Botschaft nur für eine Zehntelsekunde zu sehen ist, nicht länger als einige Einzelbilder. Unsere normale Wahrnehmung würde sie nicht aufnehmen.

Deswegen war mir so flau geworden. Weil mein Bewusstsein etwas erfassen wollte, das außerhalb seiner Reichweite lag.

Nachdem ich den Film ein weiteres Mal angeschaut hatte und die Symbole immer noch unklar waren, lud ich die Steganografieprogramme herunter, mit denen wir im Team experimentiert hatten. SteganPEG, Secret Layer und QuickStego, mit denen man sowohl Nachrichten verbergen als auch Codes knacken kann.

Digitale Steganografie, die Kunst des Versteckens geheimer Nachrichten in scheinbar unverdächtigen Dateien wie Familienfotos oder YouTube-Filmchen, war einige Jahre zuvor in Mode gekommen. Aber in dem immerwährenden Rennen zwischen Codierer und Decodierer galt auch diese Technik bald als überholt. Einer ihrer Nachteile lag in der Änderung der Dateigröße, der sich selbst bei kleinsten Nachrichten bemerkbar macht.

Aber keines der Programme verhalf mir zu den Informationen, nach denen ich suchte. Ich saß den ganzen Nachmittag da und sah mir immer wieder den Film an, doch es gelang mir nur, das Einzelbild zu identifizieren, in dem sich die Botschaft verstecken musste: In der Szene, wo Mata Hari an General Shubins Ärmel zupft – damit er ihren angebeteten Rosanoff nicht als Spion enttarnt –, machte sich die Empfindung in meinem Kopf bemerkbar. Und dann erreichte sie ihren Höhepunkt in genau dem Augenblick, als Mata Hari Shubin erschießt.

Draußen, vor meinem großen Bürofenster, war es schon dunkel, als meine rechte Hand wie aus eigenem Antrieb einen Stift nahm und über den Notizblock bewegte. Schließlich standen dort fünfzehn Zahlen und zwei Buchstaben: 318 111 52T 11B 173 11.

Automatisch hingeschrieben, als kämen sie direkt aus meinem Unterbewusstsein.

Dann blieb mir nur noch eines zu tun, ob ich es wollte oder nicht. Die Wörter kamen mir wie von selbst in den Kopf. *Ich liebe dich genauso sinnlos wie meinen ziemlich obskuren und echt höllischen Vater, so auch jetzt und alle Zeit und in Ewigkeit, Amen.* Es konnte kein Zweifel bestehen. Wenn ich die Zahlenreihe als 3 18 11 15 2T 11 B 17 3 11 las und meinen Schlüsselsatz verwendete, kam etwas dabei heraus, das einfach kein Zufall sein konnte.

Der Klartext lautete: DIE ALTE BUDE. Und die unfassbare Schlussfolgerung war nicht nur, dass außer mir und meiner Mutter noch jemand den Schlüsselsatz kannte, sondern auch, dass dieselbe Person das Versteck auf dem verlassenen Spielplatz kannte, in dem ich und die anderen Jungs in meiner Kindheit so oft waren.

Jetzt, da ich wusste, was ich wusste, hatte ich keine Ahnung, was ich mit meinem Wissen anstellen sollte. Ich ging in den verlassenen Flur, aber die automatische Neonbeleuchtung war kaum angegangen, als ich schon wieder in mein Zimmer zurückkehrte. Mir wurde plötzlich übel. Ich übergab mich in das Waschbecken. Dann setzte ich mich auf den Boden, den Kopf zwischen den Knien, wartete, dass sich mein Magen beruhigte.

Schließlich rappelte ich mich auf und ging geradewegs zu dem verlassenen Spielplatz. Meine Uhr zeigte 19:04 an. Wenn ich mich beeilte, konnte ich gerade noch rechtzeitig zu meinem Geburtstagsessen zu Hause sein.

Niemand war zu sehen. Ich bahnte mir den Weg durch die dunklen Büsche bis zu der Stelle, wo »die alte Bude« – eine alte Bretterhütte – früher gestanden hatte. Ich zog mir Handschuhe an, tastete unter den verfaulenden Bretterresten herum – und fand auf Anhieb das Mobiltelefon.

Das primitive Display zeigte das gräuliche Symbol eines Briefumschlags. Die Nachricht war mit demselben Schlüsselsatz chiffriert worden. Ich überflog die vierundzwanzig Zeichen, wie ein Musiker eine Partitur liest: 5T9 CK1 292 7F1 011 NF5 11P T/1.

Im Klartext: STOCKHOLM FÜNF SEPT.

Plötzlich hatte ich eine Richtung, einen Ort, ein Ziel – und eine Kontaktperson. Die letzte Zahl war eine Unterschrift, die so eindeutig war, wie etwas in der Welt der Kryptologie nur sein kann. Denn es war die Position des Buchstabens »Alpha« im griechischen Alphabet.

1.09

Unselig sind die Gläubigen, sagte Edelweiss gern. Selig sind die Wissenden.

Also stellte ich keine Vermutungen darüber an, wie Alpha in den Besitz meines größten Geheimnisses gekommen war, an den Schlüsselsatz; wie Alpha von der Szene mit meiner Mutter am Küchentisch vor siebenunddreißig Jahren wissen, wie den Code zu meinem ganzen Leben geknackt haben konnte. Damals nicht – als ich die Nachricht einfach löschte und 9K antwortete, »okay«, ehe ich das Mobiltelefon an denselben Ort zurücklegte. Und auch später nicht.

Teils, weil ich mir nie sicher sein konnte, ob ich mit einem Menschen oder einer Maschine kommunizierte. Und teils, weil alles von der Erkenntnis durchdrungen wurde, dass es mir irgendwie gelungen war, einen Verbündeten, einen Vertrauten zu gewinnen.

Ich hatte schon oft eine Flucht erwogen, hatte im Grunde seit meiner Grundausbildung in West Point nach der richtigen Gelegenheit Ausschau gehalten. Und seit ich Teil des Teams, seit ich Teil des Atomwaffensystems geworden war und man mir meine Aufgabe zugeteilt hatte, seit ich einer der »Träger« geworden war und gesehen hatte, wie weitreichend die Probleme waren – seitdem nahm die Versuchung noch zu.

Mein erster Gedanke war, einfach zu verschwinden und nie wieder aufzutauchen. Einige schnelle Veränderungen an meiner Identität vorzunehmen, wie wir es sowieso immer wieder taten, und mich dann mit dem Koffer ins ewige Eis des Vergessens zu begeben.

Doch ich wusste, dass sich dadurch nichts ändern würde, außer für mich selbst: Ich allein würde aus meinem moralischen Dilemma befreit werden. Alles andere bliebe, wie es war. Es hieß, der Koffer würde unbenutzbar, sobald sich eine Schwachstelle im System zeige. Die Codes und die gesamte Sicherheitsstruktur würden bis ins kleinste Detail geändert. Dann würde ein anderer meine Stelle einnehmen, und alles würde wieder seinen »normalen« Gang gehen.

Aber jetzt – mit jeder neuen Nachricht an das Mobiltelefon auf dem verlassenen Spielplatz, immer in zeitlicher Abstimmung mit einem neuen braunen Umschlag im Briefkasten – schien auf einmal alles möglich. Meine Familie und mein Doppelleben hinter mir zu lassen. Gemeinsam mit Alpha aus dem Team zu fliehen, mit dem voll funktionsfähigen Koffer, meinem Finger auf dem roten Knopf. Wir zwei gegen die Welt.

Ich hatte keine Ahnung, wie der Plan aussehen mochte. Die Anweisungen, die in den sieben Monaten zwischen Februar und September 2013 auf dem Mobiltelefon eintrafen – zuletzt zwei Tage vor dem Staatsbesuch in Stockholm –, ließen keinerlei Rückschlüsse zu. Aber ich ging fest davon aus, dass Alpha einen genauen Plan hatte.

Und ich scharrte schon so lange mit den Hufen, spätestens seit den geheimnisvollen Umschlägen mit den Artikeln. Die Kollegen waren längst von mir genervt. Ich redete kaum noch über etwas anderes: dass die Atomwaffenfrage mich beunruhige; wie seltsam es sei, dass so wenige Menschen über dieses wichtigste aller Themen sprächen; dass wir der Vernichtung schon wieder so nahe wie zu Zeiten des Kalten Kriegs seien.

Die meisten meiner idealistischen, linksgerichteten Kollegen waren anderer Ansicht: dass es heute doch keine atomare Bedrohung mehr gebe, keine jedenfalls, die der Rede wert sei. Schließlich sei diese Art von Waffen doch nach dem Fall der Mauer von der apokalyptischen Tagesordnung gestrichen worden. Ich widersprach jetzt immer öfter, meine Argumente wurden zunehmend radikaler.

Ich wies darauf hin, dass immer noch mehr als zwanzigtausend Atomsprengköpfe über die Weltoberfläche verteilt seien. Dass die sogenannte »Atomkriegsuhr« – von einer Gruppe engagierter Naturwissenschaftler regelmäßig aktualisiert, um zu zeigen, wie groß das Risiko einer globalen Katastrophe sei – derzeit auf zwei Minuten vor zwölf stehe. Dass laut Angaben der UN die Menschheit den Welthunger beenden könnte, wenn nur ein Drittel der weltweiten Ausgaben für Atomwaffen an die ärmsten Länder verteilt würden. Dass die Kosten für das globale Atomwaffenarsenal auf fast eine Billion Dollar pro Jahrzehnt beziffert würden. »Richtig gehört«, erklärte ich diesen vernagelten Geisteswissenschaftlern, »eine Eins mit zwölf Nullen.«

Später erinnerte ich mich an diese Gespräche nur noch nebelhaft. Wie ich mich darüber ausgelassen hatte, dass wir allein in den Vereinigten Staaten zwischen

1945 und 1996 über siebzigtausend Atomsprengköpfe produziert hatten, mehr als alle anderen Länder zusammen. In den letzten Jahren hatten wir, verglichen mit dem gleichen Zeitraum vor dem 11. September, unser Verteidigungsbudget um mehr als fünfzig Prozent erhöht, obwohl unsere Staatsverschuldung höher war als unser Bruttosozialprodukt. Derzeit gaben wir mehr als fünfmal so viel wie China und zehnmal so viel wie Russland für unseren Militärapparat aus.

Oft dozierte ich über die »Erneuerung«, die »Revitalisierung«, wie sie genannt wurde: die künftige Generation von Atomwaffen. Ich hob hervor, wie augenfällig dieser Aspekt sei – und wie selten er dennoch angesprochen werde. Dass während der nächsten dreißig Jahre unser atomares Waffendepot in Gänze erneuert werden würde, für mindestens eine Billion Dollar.

Viele Kommentatoren, so fuhr ich fort, glaubten, dass diese Zahlen zu niedrig angesetzt seien. Sie behaupteten, dass allein der Austausch von zwölf Atom-U-Booten der Ohio-Klasse mindestens 110 Milliarden Dollar koste. Und dass der Austausch der B-61-Wasserstoffbombe, unseres treuen Dieners seit den Zeiten des Kalten Kriegs, während des nächsten Jahrzehnts fünf Milliarden Dollar jährlich verschlingen werde. Dass F-16-Flugzeuge auf unseren Stützpunkten in Europa und anderswo auf der Welt immer noch mit den geladenen Sprengköpfen bereitstünden.

Die Kollegen, die mich in der Cafeteria oder auf dem Flur so reden hörten, ergriffen früher oder später die Flucht. Nur die Kühnsten blieben und suchten die Diskussion.

Einige von ihnen hoben den Aspekt der internen Abläufe hervor. Einer erwähnte mal, dass er einen Dokumentarfilm über den legendären »Nuklearcode« gesehen habe, in dem behauptet wurde, dass der Code lange Zeit aus nichts als acht Nullen bestanden habe – 00000000 –, weil es im Krisenfall möglichst schnell gehen sollte, die Raketen abzuschießen.

Ich kannte den Film. Ich wusste außerdem, dass die Startzeit für die Raketen noch immer mindestens ebenso kurz war wie zu Zeiten des Kalten Kriegs. Dass die Interkontinentalraketen der Russen uns binnen einer halben Stunde erreichen konnten, dass wir auf dem US-Festland zwei Minuten brauchten, ehe unsere entsprechenden Bomben sich in der Luft befanden, und zwölf Minuten, ehe die Atomwaffen auf unseren U-Booten zu einem Gegenangriff bereit seien. Womit dem Präsidenten zwischen achtzehn und achtundzwanzig Minuten blieben, einen Beschluss von enormer Tragweite zu fassen. Unter größtmöglichem Stress und während er sich vergewissern musste, dass der Alarm keine technische Panne war – was gar nicht so selten vorkam.

Ich hätte ihnen sagen können, dass das Szenario intern noch hektischer abliefe. Falls sich herausstellte, dass eine Handvoll hochrangiger Entscheidungsträger nicht mehr unter den Lebenden weilte oder bewusst beschlossen hatte, die Sache selbst in die Hand zu nehmen, bliebe fast keine Zeit, den Vorgang zu stoppen.

Aber das sagte ich ihnen nicht. An dieser Stelle zog ich eine Grenze.

Ich wies jedoch oft auf die Bücher des Sicherheitsexperten Bruce Blair aus den Neunzigerjahren hin. Nach seinen Aussagen waren während des Kalten Kriegs höchstens vier Geheimagenten nötig, um einen atomaren Großangriff auszulösen, darunter zwei Beschäftigte auf Betriebsebene, die ihre Befehlsverstöße gegenseitig billigen mussten, um dadurch das sogenannte »Vier-Augen-Prinzip« außer Kraft zu setzen. Unsere Sicherheitsbestimmungen schrieben vor, dass keine Einzelperson mit kritischen Steuerelementen allein gelassen werden durfte, was immer noch gern als Garantie dafür angeführt wurde, dass innerhalb des Systems nichts Unvorhergesehenes passieren könne. Außerdem sei ab einer ausreichend hohen Sicherheitsstufe ein Maximum von zwei Personen erforderlich.

Blair hatte auch enthüllt, dass bis weit in die Siebzigerjahre die Sicherheitscodes so simpel wie jene acht Nullen gewesen waren, damit der Start der Raketen nicht verzögert würde. Als er auf einer unserer streng geheimen Sicherheitskonferenzen einen Vortrag hielt, hatte ihn Zafirah gefragt, wie viele verdeckte Agenten heutzutage nötig seien. »Was glauben Sie?«, hatte er geantwortet. »Wenn Sie digitale Schwachstellen, die Mobilität und die bewusst dezentrale Natur unseres Kriegsplans berücksichtigen? Zwanzig? Zehn? Zwei?«

Manche meiner republikanisch gesinnten Kollegen verstiegen sich gern dazu, unser Sicherheitssystem mit einer befremdlichen Inbrunst zu verteidigen. Schließlich, so betonten sie, befinde sich der Atomkoffer Tag und Nacht in Reichweite des Präsidenten – und das wüssten sie aus seriösen Medien ohne »alarmistische Tendenzen«.

Ich hätte ihnen antworten können, dass theoretisch tatsächlich eine unmittelbare Nähe zwischen dem Präsidenten und dem Koffer bestehe, darüber hinaus aber ein kompliziertes System aus Leibwächtern, rivalisierenden Sicherheitsteams und die Möglichkeit, dass blitzschnell etwas Unvorhersehbares geschehe. *Der Faktor Mensch.* Dass der physische Abstand zwischen dem Präsidenten und dem Koffer in der Praxis veränderlich sei – aber niemals so gering, dass man sich keine Sorgen machen müsse.

Und dass der Träger des Koffers niemand anders sei als ich.

1.10

Jetzt lag der Koffer im Atombunker neben mir – aus seinem komplexen Zusammenhang gerissen, genau wie ich. Keine vierundzwanzig Stunden waren vergangen, seit ich geflohen war und die Krankenschwester mitgenommen hatte. Ein halber Tag, seit Alpha hier drinnen zu uns gestoßen war. Nachdem ich vor meiner Flucht über ein halbes Jahr lang mit ihr kommuniziert hatte, ohne auch nur die geringste Ahnung zu haben, wer er oder sie war. Es gab nur die Nachrichten an das Mobiltelefon auf dem Spielplatz.

Ich hatte mich wirklich bemüht, ihre verschlüsselten Nachrichten zu deuten, deren Klartext kaum jemals wirklich eindeutig war: SIGNAL; IN DER GEGEND DES MARS; NEGATIV ZWEI DREIUNDFUENFZIG PUNKT DREI; DER BUNKER; MEHR ZEIT VERSCHAFFEN. DEN KRANKEN SPIELEN.

Als Ingrid – Alpha – schließlich aufwachte, war es 08:13 Uhr, Freitag, 6. September 2013. Sobald ich sah, dass ihr Körper sich bewegte, ging ich zu ihr und stellte ihr meine dringlichste Frage: »Woher kennen Sie meinen Schlüsselsatz?«

Ingrid antwortete nicht. Sie streckte sich und ignorierte mich. Ich wiederholte die Frage lauter, und das weckte die Krankenschwester. Sie öffnete ihre dunkelbraunen Augen und starrte mich an. Erschrocken und zugleich angriffslustig, wie ein verwundetes Tier.

»Sie hassen mich«, sagte ich.

Ich war mir nicht sicher, ob die Krankenschwester zu antworten imstande war und ob ihre Sprachfähigkeit vorübergehend oder dauerhaft Schaden genommen hatte. Ich holte alles Nötige aus meinem Rucksack: Skalpell, Faden, Nadeln, Narkosemittel, Spritzen. Ingrid war jetzt hellwach und rückte, als sie meine Ausrüstung sah, ein Stück weiter Richtung Tür, damit ich mehr Platz hatte.

Dann geschah alles blitzschnell. Die Krankenschwester stieß einen schrillen Schrei aus, wie ein Schlachtruf, ehe sie sich auf mich warf. Ich glaubte, dass die normalen Kampfgriffe ausreichen würden, aber sie war mir in jeder Hinsicht ebenbürtig. Unsere Krankenschwestern erhalten offenbar eine militärische Ausbildung. Dennoch wehrte ich ihre ersten Angriffe ohne große Schwierigkeiten ab.

Aber wie leicht wird man unvorsichtig und ist sich selbst dann, wenn alles blitzschnell geht, des eigenen Triumphs so sicher, dass man sich innerlich zurücklehnt und den Sieg schon in der Tasche zu haben glaubt.

Die Krankenschwester unterlief plötzlich meine Deckung. Packte mich bei den Hoden, drückte zu und riss. Ein unbeschreiblicher Schmerz durchzuckte meinen ganzen Körper. Ich war so geschockt, wie es die Krankenschwester gewesen sein musste, als ich sie gegenüber Kurt – oder John – als Vorschlaghammer eingesetzt hatte. Ohne meine Hoden loszulassen, schaffte sie es, mit der anderen Hand nach der Spritze zu greifen – und sie mir tief in den Brustkorb zu stoßen.

Es war kein starkes Betäubungsmittel, aber es wirkte schnell und verbreitete sich über die Arterien im gesamten Körper. Meine Beine wurden sofort weich. Langsam, wie ein alter Elefant, ging ich in die Knie.

Aus dieser Position musste ich mit ansehen, wie mir die Krankenschwester das Skalpell aus der linken Hand zog. Wie sie es angriffsbereit vor sich hielt. Ingrid rührte sich nicht von der Stelle. Sie saß weiterhin an der Tür und beobachtete das Geschehen.

Die Krankenschwester hob das Skalpell in die Höhe – und da blieb es. Als Nächstes fielen Glassplitter mit einem klirrenden Geräusch auf den mit Stahlplatten verkleideten Boden. Blut floss von der Stirn der Krankenschwester. Sie nahm Nadel und Faden zur Hand, die ich bereitgelegt hatte. Mit schnellen und geübten Bewegungen vernähte sie ihre Schnittwunden, ohne Betäubung. Dann riss sie etwas Toilettenpapier ab und wischte das Blut ab. Schließlich holte sie Verbandsmaterial aus ihrem Gepäck und wickelte es sich seelenruhig um den Kopf.

Dann hörte ich zum ersten Mal ihre dunkle Stimme.

»Sieh zu, dass der mir nicht noch mal in die Quere kommt, Ingrid. Wenn er noch mal so ein Ding abzieht, ist er tot.«

2
TIME-OUT

SEPTEMBER/OKTOBER 2013
URSVIK, SCHWEDEN

2.01

Wir bewegten uns so schnell wir konnten durch das Labyrinth der Tunnel, Ingrid und die Krankenschwester vorneweg, während ich immer weiter zurückfiel. Das Narkosemittel wälzte sich durch meinen Körper, zäh und schwer wie Quecksilber. Es verstärkte meine Übelkeit, dämpfte den Schmerz aber kaum. Die Krankenschwester hatte meinen Hodensack fast zerrissen, doch laufen konnte ich noch. Mehrmals erbrach ich mich in der Dunkelheit.

In regelmäßigen Abständen blieb Ingrid stehen, um zu sehen, ob ich noch folgte. Nur ein kurzer Blick zurück, sodass sie weder zu mir noch zu der Krankenschwester, die wie ein Spürhund voranlief, den Anschluss verlor. So viel Energie, und das, obwohl sie bis vor Kurzem bewusstlos gewesen war. Vielleicht hatte sie nur Theater gespielt. Jedenfalls hatte sie die Wucht des Zusammenpralls mit Zafirah und Kurt – oder John – besser weggesteckt, als ich es für möglich gehalten hätte.

Im Schein der in den Boden eingelassenen Leuchtdioden – die Ingrid auf dem Bedienfeld im Atombunker ebenso mühelos angeschaltet hatte, wie sie die Türen geöffnet hatte – wirkte alles blutrot und surreal – wie im Mutterleib. Die Dioden wiesen uns den Weg durch das riesige Tunnelsystem: den einen, den einzig richtigen unter all den falschen Wegen.

Es musste Jahre gedauert haben, den Felsgrund so auszubauen, vielleicht Jahrzehnte. Man hätte hier unten mühelos Menschen und Materialien in großen Mengen bewegen können. Ganze Einheiten, mittelschwere Waffenladungen.

Ich spürte im Magen, dass es immer tiefer hinabging. Der Höhenmesser meiner Armbanduhr zeigte minus 80 Meter an. Die Tunnel waren eng und tief, mein Kopf war nur wenige Zentimeter von der Decke entfernt. Aber man hatte uns beigebracht, den Elementen zu trotzen. In Luft und Feuer, tief unter Erde und Wasser hatten wir unsere Übungen durchgeführt, hatten uns letztlich auf das Ende der Welt vorbereitet.

Das System ähnelte unserem eigenen: streng geheime Verbindungen zwischen strategischen Punkten, die zehn Meilen entfernt voneinander lagen, *Korrespondenzen* tief unter der Erde. Ganze Städte, die wie Stalaktiten in die Tiefe wuchsen. Zivilisationen unter der Erdoberfläche, die außer einer kleinen Anzahl von Auserwählten kein Mensch kannte. Aber dieser Komplex erstreckte sich tiefer und war größer als alles, was mir zuvor begegnet war.

Mit jedem Schritt fiel mir das Atmen schwerer. Meine gesamte Muskulatur war verkrampft und schmerzte. Nach einiger Zeit begann ich kleine Punkte an den Tunnelwänden zu sehen. Wenn die Erschöpfung zu Sauerstoffmangel führt, setzen die Halluzinationen ein und der Körper versucht, der Realität auf jede erdenkliche Art zu entfliehen.

Deshalb wusste ich auch, dass die kleine Zwergspinne – die bald schon so hoch wie die Wand war und schließlich den gesamten Tunnel ausfüllte – nur in meiner Einbildung existierte. Was leider kein großer Trost war.

Mir blieb keine andere Wahl, als stehen zu bleiben, etwas Wasser zu trinken und einen unserer Hartkekse zu essen. Edelweiss hatte die üblichen selbst erhitzenden Feldrationen abgelehnt und unsere Physiologen stattdessen dazu überredet, eine neue Form von Nahrung zu entwickeln, die zum Teil durch unser Raumfahrtprogramm angeregt war. Hoch konzentrierte, geschmacksneutrale Kost. Dünne Scheiben, gräuliche Oblaten, die keinen Platz einnahmen und in jeder körperlichen Verfassung verzehrt werden konnten. Es sei denn, man war bewusstlos oder tot. So hatte Edelweiss es ausgedrückt, als er sie dem Team vorstellte.

»Wenn's hart auf hart kommt, braucht ihr einen Hartkeks. Und für euch, meine Lämmchen, kommt es immer hart auf hart.«

Uhrzeit 09:41, Tiefe minus 88 Meter. Wäre es nicht abwärtsgegangen, ich hätte wohl aufgeben müssen. Ingrid drehte sich um und sagte: »Es ist nicht mehr weit.« Auch mein Hörvermögen ließ jetzt nach. Ich torkelte leicht. Oft musste ich einen Schritt seitwärts gehen, um nicht kopfüber hinzufallen. Es fühlte sich an, als wären meine Füße Skier, mit denen ich nun über den schräg abfallenden, unebenen Tunnelboden laufen musste. Nur die Reflexe, die ich mir in meiner jahrelangen Ausbildung angeeignet hatte, verhinderten, dass ich den Koffer fallen ließ.

Unvermittelt kehrten die beiden Frauen zu mir zurück. Positionierten sich, so wie ich es jetzt tat, mit gespreizten Beinen, die Füße fest gegen die Wände gestemmt. Das Stehen war dadurch noch anstrengender. Ingrid hatte sich neben mich gestellt – wohl für den Fall, dass meine Beine nachgaben. Redete irgendwas daher über die Notwendigkeit von Sicherheitsvorkehrungen, damit wir *außer Reichweite der Engel* seien.

Unter diesen Umständen war es nicht besonders schwierig, mir den Koffer abzunehmen.

Als Ingrid nach meiner linken Hand griff, leistete ich zunächst Widerstand. Doch dann gab ich nach und vertraute ihr blind: meiner Dozentin, Mentorin, Doktormutter.

Sie nahm den Koffer mit der linken Hand und glitt sanft wie eine Skifahrerin zu einer Stelle hinab, wo sie ihn auf die Knie legen konnte. Benutzte ihren Rucksack als Polster, das sie vor der gezackten Felswand schützte, und stützte sich mit den Füßen an der anderen Seite der Wand ab. Dann griff sie über die rechte Schulter und nahm aus der Außentasche ihres Rucksacks ein zerknittertes Blatt Papier.

Die Leuchtdioden in der Tunnelwand warfen einen roten Schein auf die Skizze. Doch selbst aus dieser Entfernung, den ungefähr fünf Metern, die sie abwärts geglitten war, sah ich, dass es sich bei dem Zettel um einen Übersichtsplan des Kofferinneren handelte, mit dünnen Bleistiftlinien, Pfeilen und Strichen übersät.

Ich fragte mich, warum sie nicht ihre Lampe anschaltete. Gleich darauf erhielt ich die Antwort.

»Bei hellem Licht ist es leichter, aber ich denke, wir sollten nicht mehr Aufmerksamkeit als unbedingt nötig auf uns ziehen«, sagte sie.

Die Krankenschwester und ich stellten uns wie Ingrid auf: mit dem Rücken an der einen Wand und den Füßen an der anderen. Mein ganzer Oberkörper pochte vor Anstrengung. Dann drückten wir uns von den Wänden ab, um möglichst viel sehen zu können – und so weit es möglich war, ohne einander zu nahe zu kommen.

»Ich bin mir nicht sicher, ob wir das jetzt schon machen müssen – ob die Prüfräume überhaupt noch mit der Außenwelt verbunden sind. Aber wenn wir davon ausgehen, nur als Hypothese, dann müssen wir den Kontakt zu unseren alten Freunden abbrechen. Ein für alle Mal.«

Ingrid hielt das Papier in das Licht der Dioden. Neigte es in meine Richtung, weg von der Krankenschwester.

»Haben Sie das gesehen, Erasmus? Ein wahrhaft teuflisches Kunstwerk!«

Ich erkannte langsam, was die Linien und Pfeile auf der Skizze darstellten: die Verkabelung im Innern des Koffers – den Ortungsmechanismus. Selbst ich hatte davon nichts gewusst. Und obwohl ich stundenlang an den inneren Bauteilen des Koffers herumhantiert hatte, konnte ich ihn nie ausfindig machen.

Ich hatte angenommen, dass er sich an einer einzelnen Stelle befand – einer der üblichen GPS-Sender. Unsere Techniker konnten die Dinger immer kleiner und kleiner machen. So einen elegant konstruierten Mechanismus hatte ich nicht erwartet. Auf der Skizze verliefen die Leitungen direkt durch das Herz der Apparatur. Es schien unmöglich, sie zu entfernen, ohne dabei Alarm auszulösen – und eine Explosion, die jeden Gegner, der es irgendwie fertiggebracht hatte, sich des Koffers zu bemächtigen, lokalisieren und vernichten würde. Gleichzeitig würde der Koffer zerstört und dadurch unbenutzbar werden.

Ingrid hielt den Plan mit den Lippen fest, beugte sich vor und klappte den Kofferdeckel auf. Die nötigen Handbewegungen schienen ihr mindestens ebenso sehr in Fleisch und Blut übergegangen zu sein wie mir: der Walzer der kleinen Finger, das Ritual zur Enthüllung der Tastatur. Dann hielt sie die Zeichnung in den dunkelroten Schein der Dioden.

»Was halten Sie davon?«, fragte sie.

Mir fiel keine Antwort ein, da ich nicht wusste, was sie von mir wissen wollte. Dann hörte ich die dunkle Stimme der Krankenschwester.

»Komplett unmöglich. Zwei eng verzwirnte Glasfaserkabel, so dünn, dass sie wie eine einzige Faser aussehen. Ich weiß, dass es irgendwie geht. Aber wollen wir das Risiko wirklich eingehen?«

»Was passiert, wenn du es nicht schaffst? Bricht dann ein Inferno los?«

»Abgesehen davon, dass bei Centcom sofort der Alarm losgeht und wir dicke Rauchzeichen für alle aussenden, die unseren Standort wissen wollen? Keine Ahnung. Ich habe mich nur an die Zeichnung gehalten, die ich von den Technikern bekommen habe, wie bei einem Schnittmuster. Aber diesen Verrückten ist so ziemlich alles zuzutrauen.«

Ingrid zögerte einen Augenblick, ehe sie der Krankenschwester zunickte. Es gab vieles, was wir nicht wussten. Eine Wolke aus Geheimnissen hing zwischen uns. Niemand wollte – oder durfte – *das Ganze* kennen. Nicht einmal Alpha.

Vorsichtig hob die Krankenschwester den offenen Koffer von Ingrid Bergmans Schoß, stellte ihn auf ihre Knie und entnahm ihrer medizinischen Ausrüstung drei unterschiedlich große Skalpelle. Als sie sich ans Werk machte, schaute ich auf meine Armbanduhr. 10:24 am 6. September 2013. Gut möglich, dass dies das Ende unserer Flucht und unseres Lebens war.

Die Schwester öffnete und schloss den Koffer mehrmals, immer mit den richtigen Handbewegungen, die kleinen Finger an den vorgesehenen Stellen. Betastete die Lederhülle des Metallgehäuses. Beugte sich vor, horchte. Wie man es uns beigebracht hatte. Versuchte, den Atem des Mechanismus zu erlauschen.

Ich warf Ingrid einen Blick zu. Sie verfolgte die Entwicklung mit ebenso großer Sorge wie ich, ihre Nervosität war nicht zu übersehen. Die Schwester nahm eines der Skalpelle und probierte es an der Außenseite des Koffers aus, ehe sie ein anderes mit einer dünneren Klinge wählte. Dann, mit großer Vorsicht, schlitzte sie das Leder von außen auf, nicht mehr als eine Haaresbreite. Ihre Zungenspitze ragte aus dem Mundwinkel. Im Licht ihrer Stirnlampe zeichneten sich Schweißperlen auf ihrer Oberlippe ab.

Schließlich schlitzte sie den Kofferdeckel mit einem langen gerade Schnitt vollständig auf. Unter dem Leder kamen zwei hauchdünne Glasfaserkabel zum Vorschein, die sie der Länge nach herauszog und mit einem beiläufigen Schütteln der linken Hand zu Boden fallen ließ. Wie der Chirurg einen Nähfaden.

»Scheiße, ich hasse es, mich rückwärts vorzuarbeiten«, murmelte sie, »nur um herauszufinden, was ihr euch dabei gedacht habt.«

Dann öffnete sie den Deckel, befühlte mit gleicher Sorgfalt die Innenseite sowie die Schaumgummifüllung zwischen den Fächern und den verschiedenen Teilen des Mechanismus – Teile, die ich niemals für wichtig gehalten hatte. Ich sah, dass die nutzlosen Dokumente sich alle an Ort und Stelle befanden: das Schwarzbuch, die Liste der unterirdischen Stützpunkte, der Informationshefter, der »Keks«. Doch die entscheidenden Teile waren immer noch verborgen: die Tastatur, die den unteren Teil des Gehäuses zur Hälfte einnahm; der Bildschirm im Deckel.

Die Krankenschwester nahm zwei gerade vertikale Schnitte an der Unterseite des Deckels vor, dort, wo der Bildschirm aufhörte. Alles in mir verkrampfte sich, ich erwartete jeden Moment eine Explosion. Und ich schloss die Augen – der evolutionäre, aber nutzlose Reflex, der uns allen angeboren ist.

Als ich sie wieder öffnete, hob die Schwester mit äußerster Behutsamkeit die dünnen, miteinander verzwirnten Glasfaserkabel heraus und trennte sie Millimeter für Millimeter mit dem feinsten ihrer drei Skalpelle. Jede Sekunde schien eine Ewigkeit zu dauern. Ich sah auf die Uhr: Kaum zwei Minuten waren vergangen, seit die Krankenschwester angefangen hatte, den Ortungsmechanismus zu entfernen.

Die Glasfaserkabel im Unterteil des Gehäuses machten einen sogar noch komplizierteren Eindruck. Glaubte man der Skizze, waren sie mit den Kabeln im Oberteil in einem komplexen Schema verbunden, bei dem sich Anfang und Ende unmöglich erkennen ließen. Dennoch wechselte die Krankenschwester immer noch schnell zwischen der äußeren Abdeckung und dem Kofferinneren. Als ich die Augen das nächste Mal öffnete, lagen weitere Kabel neben ihr auf dem Boden – und der Koffer befand sich wieder in meiner linken Hand.

Ich schluckte, blinzelte. Atmete. Ließ die Luft aus meinen Lungen entweichen.

»Danke«, war alles, was ich herausbrachte.

Aber es war nicht die Schwester, die antwortete.

»Danke Ihnen, mein Schatz! Das Wichtigste ist, die richtigen Helfer zu finden«, sagte Ingrid.

2.02

Durch den Medikamentennebel drangen die Träume brutaler denn je auf mich ein.

Seit ich in den Neunzigern meine Forschungsarbeit begonnen hatte, waren meine Nächte von Albträumen geprägt.

Vermutlich war es der Stress. Die dauernde Gefahr aufzufliegen. Nicht nur in akademischer Hinsicht, sondern mit meinem gesamten Doppel-, ja Dreifachleben. Den eigentlich unvereinbaren Identitäten, die wie in einer sonderbaren Legierung miteinander verschmolzen waren: Familienvater, Moralphilosoph und »Träger«. Früher oder später würde ich einen Fehler machen, mich verraten.

Die Träume waren von Anfang an gewalttätig. Immer ging es um eine extreme Variante meiner selbst, die meinen Freunden, meiner Familie, den Menschen, die mir etwas bedeuteten, die entsetzlichsten Dinge antat. Zuerst meiner Mutter. Dann auch Amba, und sogar den Kindern.

Als ich die Geschichte der Atombombe zu erforschen begann, wurde auch meine akademische Arbeit zum Gegenstand dieser brutalen Szenen. Bilder von brennenden

Gebäuden und zerstörten Städten, in denen der Asphalt kochte und Leichen herumlagen wie in einem Dokumentarfilm – viel zu realistisch, um nur geträumt zu sein.

Ich spielte immer die Hauptrolle, allerdings wechselten meine Identitäten. Das Einzige, was diese Träume gemeinsam hatten, waren die Gewalttaten, mit denen sie endeten und die oft in der gleichen Art durchgeführt wurden. Es gab keinen Menschen, mit dem ich darüber reden konnte. Nicht mit meiner Doktormutter und nicht mit Amba. Und auf gar keinen Fall mit unserem Teampsychologen!

Die Abfolge makabrer Bilder in dieser Nacht, in der Tiefe des Tunnelsystems, endete wieder einmal damit, dass ich Robert Oppenheimer war. Es war die klassische Szene.

Der Atomtest trug den Codenamen »Trinity«. Eine kleine Gruppe von Forschern war am 16. Juli 1945 nahe der Kleinstadt Alamogordo zusammengekommen. Zum ersten Mal konnten sie die Wirkung meiner Erfindung sehen, kaum mehr als drei Wochen vor dem Einsatz in Hiroshima. Drei Jahre lang hatten wir darauf hingearbeitet, fast rund um die Uhr.

Die Anspannung war enorm. Beethovens Fünfte, die Schicksalssinfonie, drang aus einem tragbaren Grammofon und schallte durch den Betonbunker, während draußen ein Gewitter die passende Untermalung bot. Ich wartete ungeduldig, fast schmollend, hielt mich abseits der übrigen Forscher und ranghohen Militärs, bis der Sturm endlich vorübergezogen war. Kritzelte bis zum letzten Moment auf dem kleinen Notizblock mit Karopapier herum, notierte meine Mutmaßungen darüber, wie stark die Explosion ausfallen würde – es war reines Rätselraten. Als die Zeit gekommen war, verließ ich den Bunker, um das Wunder in der Wüste mit eigenen Augen zu sehen.

Was wir sahen, übertraf alle Erwartungen. Es war, als ob die Atmosphäre selbst Feuer gefangen hätte.

Die Wüstenlandschaft war in gleißendes Licht getaucht, das um ein Vielfaches stärker als die mittägliche Sommersonne war. Die Farben waren sofort unfassbar golden und violett. Der Widerschein ließ jede Bergkuppe, jeden Grat, den kleinsten Spalt in den umliegenden Bergen mit einer solchen Klarheit und Schönheit aufleuchten, dass sie später niemand in Worte fassen konnte. Das, dachte ich, muss die Erhabenheit sein, die die Dichter seit Jahrtausenden zu beschreiben versuchen.

Dreißig Sekunden später kam die Druckwelle und gleich darauf dieses unbeschreibliche Dröhnen, eine donnernde Vorahnung des Jüngsten Gerichts. Ein Ereignis von unglaublicher Gewalttätigkeit, wie nur Gott, der Allmächtige, es bislang hatte erschaffen können. Als die Explosion abzuklingen begann – sogar aus dieser Entfernung fühlte es sich an, als ob ein Tiefdruckgebiet alles aus uns heraussaugen würde –, schüttelten wir einander begeistert die Hände und schlugen uns auf den Rücken. Lachten wie Kinder, kicherten hysterisch vor Erleichterung.

Der Mathematiker, mit dem ich eine Wette darüber abgeschlossen hatte, ob der Test das Universum in Brand stecken würde, forderte mit einem jungenhaften Lächeln seine zehn Dollar ein. Ich lächelte ein wenig verschämt zurück. Teils, weil ich niemals geglaubt hätte, dass ich dazu auserwählt sein könnte, das Ende der

Welt, Ragnarök, herbeizuführen – vielmehr hatte ich seine mehr oder weniger scherzhafte Wette für eine Art Bannspruch gehalten, um das Schlimmste zu verhindern. Und teils, weil ich kein Geld bei mir hatte.

Also fragte ich ihn, ob ich mit einem Zitat bezahlen könne, das mir während der Explosion in den Sinn gekommen war. Er sah mich mit seinem kindlichen Mathematikergesicht an, skeptisch und verständnislos. Dann nickte er widerstrebend.

Die Worte sind aus der Bhagavad Gita, sagte ich, der hinduistischen Schrift, die mir als spirituell Suchendem viel bedeutet. Sie beschreiben, wie Gott Vishnu den Prinzen einzuschüchtern versucht, damit dieser seine Pflicht erfüllt. Ich zitierte wörtlich: *Jetzt bin ich zum Tod geworden, zum Zerstörer der Welten.*

Er wirkte verwirrt, vielleicht hatte er mehr erwartet, aber dann schien er zufriedengestellt und sagte, dass das Zitat durchaus zehn Dollar wert sein könne, so seltsam, wie es klänge!

Weiter kam er nicht – denn ich fing an, ihm den Kopf abzureißen. Ich gab mir dabei große Mühe, drehte und zerrte wie an einer Wurzel, die man aus der Erde reißt. Und erst als ich ihm ganz nahe gekommen war, sah ich, dass der Mathematiker eine auffallende Ähnlichkeit mit meinem jüngsten Kind hatte. Das auch noch denselben Namen wie der Prototyp der Bombe trug. Jener Bombe, die durch eine unfassbare Kette von Ereignissen soeben explodiert war, ohne dabei das Universum in Brand zu stecken.

Trinity, mein Lebenslicht.

2.03

Trotz der entsetzlichen Schmerzen konnte ich einfach nicht aufhören, an dem Verband herumzufummeln. Ich wollte wissen, was sie mit mir angestellt hatte.

Der obere Teil meines Gesichts brannte wie Feuer. Offenbar hatte die Krankenschwester den größten Eingriff im Bereich der Augen vorgenommen, um deren Größe und Form zu verändern. Damit erzielt man oft die größte Wirkung, verändert das Aussehen, den Ausdruck, die ganze Persönlichkeit. Nicht umsonst nennt man die Augen den »Spiegel der Seele«. Auch an der Stirn hatte sie Veränderungen vorgenommen: hatte sie vergrößert oder verkleinert, gehoben, geglättet, Falten erzeugt. Einige Lebensjahre abgezogen oder hinzugefügt.

Stundenlang hatte ich dagelegen und darauf gewartet, dass die Frau auf der Pritsche aufwachte – Ingrid, Alpha –, um mir zu sagen, wer ich sei. Zu was ich geworden war. Die Kanüle steckte in meinem linken Handrücken. Um das Handgelenk war das Sicherheitsarmband des Koffers geschlungen, der jetzt dank des Bravourstücks der Krankenschwester keinen Ortungsmechanismus mehr hatte. Kein Zweifel, jetzt waren wir »aus der Welt gefallen«, wie Ingrid es ausgedrückt hatte.

Meine Uhr zeigte 19:52 am 9. September 2013, minus 93,8 Meter. Ich steckte das Notizbuch in meinen Rucksack, legte meine Aufzeichnungen für die Nachwelt beiseite, meinen Bericht über alles, was passiert war, seit wir vor drei Tagen den Atombunker verlassen hatten. Die Nachtlichter an der Decke der riesigen, zwanzig Meter hohen Felskammer waren gerade so hell gewesen, dass ich an meinen Aufzeichnungen weiterarbeiten konnte. Ich musste dazu nur durch die winzigen Schlitze in den Bandagen sehen, mit denen meine Augen verbunden waren.

Ich lag auf dem Rücken und versuchte auf der steinharten Pritsche eine Position zu finden, in der ich mich einigermaßen behaglich fühlte. In diesem Augenblick wachte Ingrid auf.

Sie setzte sich aufrecht hin, schaute sich um, fuhr sich mit der Hand über das Gesicht. Dann sah sie mich an. Ihr Gesicht war ebenfalls verbunden, bis hinab zum Hals. Aber ihre Stimme hatte sich nicht verändert, obwohl ihre Lippen bestimmt operiert worden waren. Der melodische Klang schwebte durch den schmalen Schlitz, der ihren Mund freigab, und füllte den ganzen Raum.

»Als Mumie sind Sie nicht besonders überzeugend.«

Ich wartete darauf, dass sie fortfuhr.

»Viele Leute wären besser tot als lebendig. Sie gehören nicht dazu, Erasmus.«

In der nun folgenden Stille sah ich wieder eine Zwergspinne, die über meinen Handrücken lief. Ich kniff mich in den Arm, um herauszufinden, ob auch dies eine Halluzination sei – das einzige Ergebnis war ein roter Fleck auf der Haut, während das kleine Geschöpf über meine Armbanduhr krabbelte.

»Wer sind Sie?«

Nur mit Mühe brachte ich die Wörter heraus. Die Nähte stachen wie Stacheldrähte in den Mund- und Augenwinkeln. Mein ganzes Gesicht fühlte sich an, als ob es mit heißem Wachs bedeckt wäre.

»Wie ich Ihnen schon sagte, mein Schatz. Ich bin Ihre Alpha.«

»Und davor?«

»Ihre unmittelbare Vorgängerin. Die Trägerin des Koffers. Während ich Ihre Doktormutter war. Ehe der Nukleus ins Leben gerufen wurde.«

Ich versuchte, den Mund nicht zu bewegen, aber er schien ein Eigenleben zu besitzen. Meine Stimme klang angstvoll – sogar in meinen eigenen Ohren.

»Und davor?«

»Ihre Dozentin. Die Sie alles gelehrt hat.«

»Und davor?«

Ingrid antwortete nicht. Sie beendete das Fragespiel und drehte sich weg. Ich folgte ihrem Blick, der Bewegung ihres bandagierten Kopfes. Hinter den beiden Metallpritschen und zwei fahrbaren Operationslampen erkannte ich in der Dunkelheit verschiedene Geräte, die wie tote Rieseninsekten aussahen. Es schien sich um veraltete technische Apparate zu handeln: vorsintflutliche Lichtmikroskope, Messgeräte mit großen Anzeigetafeln, Computer mit Magnetstreifen, metallene Glühlampen mit einer dünnen rotgrauen Beschichtung.

Als ich vorsichtig den bandagierten Kopf drehte und erst die Schmalseite, dann die Längsseite des Raums betrachtete, bekam ich trotz meiner eingeschränkten Sicht einen Eindruck von seiner Größe. Er maß mindestens sechzig mal sechzig Meter, wie ein mittelgroßer

Flugzeughangar. Ungefähr ein Viertel des Raums war von dem Notlicht an der Decke beleuchtet, ein weiteres Viertel lag im Halbdunkel – der andere Teil war in völliges Dunkel getaucht.

Von der Krankenschwester fehlte jede Spur. Im beleuchteten Teil erkannte ich Regale, die in die rohe Felswand eingebaut waren, Abzüge, auf deren Arbeitsflächen reihenweise unbenutzte Glaskolben standen, Kristallisationsschalen und Messzylinder. Leere, veraltete Klimakammern. Ein mannsgroßes Röntgenspektrometer, das Mitte der Sechzigerjahre toppmodern gewesen sein musste. Eine MSE-Zentrifuge, die nicht weniger klobig war.

»Wo zum Teufel *sind* wir hier?«

Auch darauf gab Ingrid keine Antwort. Sie wich meinem Blick aus und starrte ins Leere.

»Was wissen Sie über die anderen … das Team, Edelweiss, den Präsidenten?«

Sie schrak zusammen, drehte sich vorsichtig zu mir um, fast als ob ich sie aufgeweckt hätte. Sie musste sich räuspern, ehe sie antworten konnte.

»Bei Kurt und John weiß ich, wo sie sind. Und ich nehme an, dass die anderen sich am selben Ort befinden. Zurück auf Start. Sie hocken auf der anderen Seite des Atlantiks und versuchen herauszufinden, wohin wir verschwunden sind. Wie der Fels uns verschlucken konnte.«

»Wieso sind Sie sich da so sicher? Woher wollen Sie wissen, dass sie uns nicht auf den Fersen sind?«

»Weil man nicht nach etwas suchen kann, das nicht existiert. Das niemals existiert hat.«

»Und trotzdem sind wir hier.«

»Genau, mein Schatz. Wir sind hier.«

Ich überlegte aufzustehen, ich wollte mich etwas bewegen, doch in diesem Moment setzte Ingrid ihre Rede fort. Erst zögerlich, dann immer zügiger erzählte sie ihre Geschichte.

Die Szenerie war grotesk, ein fast filmischer Moment: zwei mumienartige Gestalten auf Metallpritschen in einer riesigen Felshalle, beleuchtet vom schwachen bläulichen Schimmer des Neon-Nachtlichts. Eine Melodie, die aus dem Schlitz drang, der in den Verband vor dem Mund einer der beiden Mumien geschnitten worden war.

Sie redete eine Stunde lang. Ich hatte keine Ahnung, ob auch nur ein einziges Wort von dem, was sie sagte, stimmte.

Ihr richtiger Name, sagte sie, sei Ingrid Oskarsson. Ich hatte weiter unverwandt auf das Weiß ihres bandagierten Kopfs gestarrt, als ein bestimmter Ton in ihrer Stimme – »du kannst ›Du‹ zu mir sagen« – mich in die Realität zurückholte. Schon als Schülerin hatte sie eine ausgeprägte naturwissenschaftliche Begabung gezeigt, aber auch Interesse an Kulturgeschichte. Gleich nach dem Abitur war sie für die Mitarbeit an einem streng geheimen schwedischen Atomwaffenprogramm rekrutiert worden, das vom einflussreichen schwedischen Forschungsinstitut für Verteidigung, dem FOI, organisiert wurde. Ende der Fünfzigerjahre hatte man das Projekt in ein »S«-Programm und ein »L«-Programm aufgeteilt, wobei die Namen den Hang zum Euphemismus zeigten, wie ihn die neue sozialdemokratische Regierung jener Jahre schätzte. Das S-Programm stand für »Schutz«, und sein Hauptzweck bestand darin zu kaschieren, was von »L« durchgeführt wurde, das seinerseits für »Ladung« stand.

Schwerfällige Bürokratensprache kaschierte das Ganze zusätzlich. Unter dem Tarnnamen »Erweiterte Sicherheitsforschung« hatte man alle Zeit der Welt, um abseits der Öffentlichkeit eine einsatzfähige Atombombe zu bauen.

»Handlungsspielraum« war laut Ingrid eine weitere Bezeichnung dieser Art. Offiziell besagte sie, dass das Land im Kriegsfall eine eigene Atombombe herstellen konnte. In Wahrheit wären mehrere solcher Waffen dann längst fertiggestellt, man hätte die Arbeit bereits in aller Stille abgeschlossen. Ingrid sagte, man habe die Öffentlichkeit und die Politiker mehrere Jahrzehnte lang in großem Stil getäuscht. Das Wissen um die schwedische Atombombe war auf ein verschworenes Grüppchen von Menschen beschränkt.

»In der ersten Hälfte der Sechzigerjahre fingen wir an, dieses Tunnelsystem zu bauen. Es wuchs und wuchs – und bald nannten wir es den ›inneren Kreis‹. In der Praxis war ich zwar nicht die Projektleiterin, schließlich hatten wir jede Menge Ingenieure: Leute, die Sackgassen liebten, Schächte, versteckte Lichtanlagen, technischen Schnickschnack. Du weißt, was ich meine: *Jungs*. Genau wie die Techniker hinter den Kulissen von Nukleus.«

Ich schaute in die Löcher, die ihre Augen waren, und sah, dass sie die Lider geschlossen hatte. Als ob sie während des Erzählens alles vor sich sähe.

»Schon vorher war die Innenstadt von Stockholm durchlöchert gewesen wie ein Schweizer Käse. Wir hätten achttausend Zivilisten und die gesamte Regierung allein in den Luftschutzraum ›Klara‹ stecken können, und der atombombensichere Bunker am Katarinaberg war bei seiner Fertigstellung im Jahr 1957 der größte der Welt. Dann kamen die Jahre der sogenannten ›städtischen Transformation‹, der Renovierung des Stadtzentrums. Das historische Herz von Stockholm, das Zeitungsviertel, wurde nach dem Krieg abgerissen, Kulturdenkmale wurden zerstört, das städtische Heizsystem erneuert. Die umfangreichen Modernisierungen über und unter der Erde dienten als Tarnung für die Bauarbeiten, die weiter unten im Felsgrund stattfanden. Wir verknüpften die schon vorhandenen Systeme, legten Knotenpunkte innerhalb unseres eigenen Systems an – eine neue Geografie, deren geheimste Tunnel wir tief unter den städtischen Baustellen aus dem Felsen sprengten. Ohne besondere Vollmacht kam niemand dorthin. Diese unterirdische Landschaft dehnten wir aus, so weit wir konnten. Sogar über die Stadtgrenzen hinaus.«

Sie öffnete die Augen hinter den Schlitzen. Ich spürte, dass sie mich direkt ansah.

»Wir haben uns vom Bau der Moskauer U-Bahn anregen lassen, von dieser enormen Energie. Unser Vorhaben brauchte natürlich auch seine Zeit, ein halbes Jahrzehnt wurde tagtäglich daran gearbeitet, wir karrten ganze Busladungen von Sprengstoffspezialisten und Bergbauexperten aus Kiruna an. Das waren die qualifiziertesten Handwerker. Und die Fundamente waren schon da. Anlagen auf Weltniveau, tief im skandinavischen Felsgestein, wie gemacht für geheime Verteidigungseinrichtungen. Es fehlte nur noch eine kühne, visionäre Person. Besser gesagt: zwei Personen.«

Hinter ihr im Halbdunkel zeichnete sich die veraltete Laborausstattung ab. Alles wirkte so sauber und ordentlich. Als ob jemand kürzlich da gewesen wäre und aufgeräumt hätte.

»Aber selbst der jahrelange Tunnelbau, die allnächtlichen Explosionen – so tief unter der Erde, wie es ein menschliches Wesen gerade noch erträgt – waren nur Mittel zum Zweck. Der ›innere Kreis‹ war nichts weiter als ein Transportsystem zwischen mehreren Laboratorien und zugleich ein Ort, wo wir bei Bedarf alles verschwinden lassen konnten – uns selbst, unsere Entdeckungen, die ganze Topografie der Geheimnisse und Spiegelkabinette. Zurück in die Unsichtbarkeit, aus der sie gekommen waren.«

Sie fröstelte in der kalten Felskammer. Ich setzte mich auf und gab ihr meine Decke, die sie sofort um ihre eigene wickelte. Als sie weitersprach, stieg eine Atemwolke auf.

»Du siehst, Erasmus, wir hatten es weit gebracht. Viel weiter, als der Rest der Welt ahnte. Schweden lag ja im Dornröschenschlaf. Das Land hatte sich seit mehr als hundertfünfzig Jahren an keinem Krieg beteiligt. Aber während des Zweiten Weltkriegs und danach wurden wir stärker. Wir wurden zu richtigen Superhelden und hatten herausragende Kernphysiker. Nicht nur Lise Meitner und Manne Siegbahn, unsere Nobelpreisträger, sondern auch Glenn Seaborg, der schwedischer Abstammung war und ein enges Verhältnis zu seinem Land bewahrt hatte. Alle zivilisierten Länder haben irgendwann ihr Goldenes Zeitalter der Wissenschaft. Diese unerklärliche Häufung von Wissen und Talent in einem lukrativen Bereich, in einer bestimmten historischen Epoche, ob in der Schifffahrt oder in der Erdölindustrie. Und dies war unsere Domäne. Aber das weißt du ja, mein Schatz. Zumindest theoretisch.«

Ich glaubte, ihr neckisches Lächeln hinter dem Verband zu sehen. Er war seit unserem unerwarteten Wiedersehen der erste Hinweis darauf, dass sie und ich uns einmal sehr nahegestanden hatten. Sie würdigte meine Kenntnis der schwedischen Geschichte. Trotzdem schwieg ich und überließ ihr die Führung.

»Ich selbst war als Wissenschaftlerin nie besonders erfolgreich. Aber ich habe eine gottgesandte Gabe. Ich kann jedem etwas vormachen – der Gesellschaft, den Politikern, der Presse, wem oder was auch immer. Dieser *mentale* Aspekt war mein Spezialgebiet. Mein wichtigster Beitrag bestand darin, dass das Geheimnis geheim blieb.«

Aus dem dunklen Teil der Felskammer drang ein Geräusch. Jemand bewegte sich in der Finsternis. Mein Körper verkrampfte sich, doch Ingrid fuhr unbeirrt fort.

»Aus Sicherheitsgründen war die Projektleitung nicht nur auf den ›inneren Kreis‹ beschränkt, sondern auf dessen harten Kern. Es gab also nur wenige, die das Tunnelsystem wirklich kannten und die Zugangscodes zu allen Abschnitten besaßen. Die den Leuchtdioden folgen konnten. Die mit der Struktur des Labyrinths vertraut waren. Die nicht bloß Anweisungen befolgten, sondern um die ganze Reichweite des Projekts wussten, sowohl im Hinblick auf das Tunnelsystem selbst als auch auf die Geheimnisse darin.«

Eine Gestalt löste sich aus dem Dunkel, doch Ingrid wollte ihre Rede zu Ende bringen. Und dazu brauchte sie nur noch einen einzigen Satz.

»Übrigens waren wir zu zweit.«

Als die Krankenschwester ins Licht trat, sah ich, dass auch sie dicke Verbände trug. Allerdings nicht um den gesamten Kopf, sondern in drei getrennten Teilen: auf der Stirn, wo die Glassplitter der Stirnlampe in ihre Haut eingedrungen waren, unter den Augen und um den Mund. Die drei Bereiche waren fein säuberlich voneinander getrennt – ich nahm an, damit sie besser arbeiten konnte. Vielleicht um sich selbst zu operieren, was ein gewisses Maß an Beweglichkeit erforderte. Oder weil diese Krankenschwester einfach alles auf ihre eigene Art machen musste.

»Ich weiß, Sie hätten länger ausruhen müssen. Aber Ingrid meint, dass die Zeit drängt. Was wir jetzt machen, wird Ihnen bestimmt nicht gefallen, außer natürlich, Sie stehen auf solche Sachen.«

Sie überprüfte kurz meinen Puls, die Temperatur, die Sauerstoffversorgung. Dann sagte die Krankenschwester, wir sollten jeder unseren Tropf in die Höhe halten, während sie unsere Pritschen zu einer Tür schob, die aus der Distanz unmöglich zu erkennen war. Erst aus der Nähe sah man eine feine Linie in der nackten Felswand. Den Türgriff sah ich überhaupt nicht, bis die Krankenschwester ihn herabdrückte und ein gedämpftes Klicken ertönte. Ich umklammerte den Koffer so fest, dass sich die Kanüle in meinem Handrücken schmerzlich bemerkbar machte. Schon bei dieser minimalen Kraftanstrengung beschleunigte sich mein Puls.

Die Kammer, in der wir jetzt waren, maß ungefähr fünf mal fünf Meter und war mindestens ebenso hoch. Ich erkannte eine weitere Metallpritsche, ein Röntgengerät, einen klobigen Defibrillator, mehrere Geräte zur

Entsorgung von Kanülen, vier tragbare Scheinwerfer, einen hydraulischen OP-Tisch, einen Ganzkörperspiegel und etwas, das wie ein gekachelter Obduktionstisch aussah. Alles mit derselben rotgrauen Beschichtung überzogen wie die Geräte in der großen Kammer. All das atmete die Sechzigerjahre und den Kalten Krieg.

»Was hältst du davon, mein Schatz?«

Ich antwortete nicht, drehte mich nicht einmal um. Stattdessen versuchte ich aus meinem begrenzten Blickfeld die Krankenschwester zu beobachten und herauszufinden, was sie vorhatte. Sie kramte in ihrem riesigen Rucksack herum, während Ingrid den Faden ihrer Geschichte wieder aufnahm.

»In diesen beiden Laboratorien, am tiefsten Punkt im Fels, minus hundert Meter, haben wir die Folgeschäden untersucht. Bei Lebenden und Toten, bei Menschen und Tieren. Das war alles ganz neu für uns – genau wie für den Rest der Welt. Das ist der einzige mildernde Umstand, den wir zu unserer Verteidigung anführen können. Wir nannten dies die ›Prüfräume‹ und hielten das für soldatischen Humor. Du weißt schon – um die Dinge auf Abstand zu halten. Sie zu relativieren.«

Unsere Psychologen betonten immer, wie wichtig es nach einer kosmetischen Operation sei, dass beim Abnehmen der Verbände möglichst wenige Menschen anwesend waren. Keine Unbefugten. Damit keine Gerüchte kursierten. Am besten nur Arzt und Patient. Um darüber hinwegzukommen, dass einen eine andere Person aus dem Spiegel anschaute. Und um die Unerfreulichkeiten am Rande besser zu verkraften: Nähte, die wie Gleise über das Gesicht laufen, eiternde Wunden, bläuliche Blutergüsse.

Aber jetzt lag ich hier auf meiner Pritsche vor einem Spiegel, zusammen mit einer Person, die ich nicht kannte, von der ich nicht einmal wusste, was sie hier zu suchen hatte, und fragte mich, was sie mit meinem Gesicht angestellt haben mochte. Und neben mir befand sich eine weitere Person, die möglicherweise die Wahrheit sagte. Möglicherweise aber auch nicht.

Ingrid war als Erste dran. Die Krankenschwester stellte das Kopfteil ihrer Pritsche hoch, damit sie sich besser im Spiegel sehen konnte. Löste die Verbände, als würde sie ein Weihnachtsgeschenk auspacken: Kinn, Mund, Nase, Augen, Stirn. Ich glotzte ungeniert, als der untere Teil ihres Gesichts enthüllt wurde. Spürte, wie meine Mundwinkel einrissen, als sich die Fäden unter dem Verband lösten.

Sie sah mindestens zwanzig Jahre jünger aus. Wenn man sich die Prellungen wegdachte, sah man, dass von der reifen Ingrid Bergman, oder besser: Ingrid Oskarsson, wenig übrig geblieben war. Kein rundes Gesicht, kein voller Mund, nichts Weiches oder Lebhaftes mehr. Stattdessen hatte sie jetzt schwere Augenlider und hohe Wangenknochen – sogar noch höher als zuvor –, dünne Lippen, und der Mund war ein gerader Strich. Das ganze Gesicht wirkte jünger, aber auch härter.

Ich begriff sofort, wen die Krankenschwester nachzubilden versucht hatte. Aber ich schwieg.

Dann kam ich an die Reihe, während Ingrid dalag, schweigend in den Spiegel starrte und versuchte, sich und ihr neues Gesicht zu einem neuen Selbstbild zusammenzufügen. Ich legte den Koffer auf die Pritsche. Klemmte ihn zwischen die Knie, um für alles gewappnet zu sein. Als die Schwester Schicht um Schicht des Verbands löste, fühlte sich das an, als ob sie Stacheldraht aus meiner Haut zöge.

Man ist nie auf das Undenkbare vorbereitet, egal wie lange man übt.

Ich musste einen Fuß auf den Boden stellen, denn obwohl mein Kopf am oberen Ende der Metallpritsche lehnte, glaubte ich nicht nur nach vorn, sondern auch nach innen zu fallen. Ich holte mehrmals tief Luft, als ich mich im Spiegel sah. *Mich*. Zur Unkenntlichkeit verändert.

Meine Nase war am auffälligsten. Ein großer, fleischiger Klumpen mitten im Gesicht, immer noch geschwollen und blaurot verfärbt. Auch mein Mund war dicker und derber, da meine Lippen jetzt viel voller waren. Aber es war der Gesamteindruck, der mich am meisten verstörte. Dies war das Werk einer Meisterin.

Die Krankenschwester, die Meisterin, stand zwischen unseren Pritschen. Legte ihre Hände auf meine Schulter und sah zusammen mit mir in den Spiegel.

»Lionel Barrymore. Finden Sie nicht?«, sagte sie mit einem spöttischen Lächeln.

Ich entgegnete nichts, wusste nicht einmal, ob es eine Frage oder eine Antwort war. Oder irgendein Code.

»Sie wissen schon – *Malaya* – *Lebenskünstler* – *Mata Hari* – *Menschen im Hotel* – *… aber das Fleisch ist schwach …*«

Die Liste von Filmtiteln klang wie eine schlecht verschlüsselte Nachricht. Ich verband sie in Gedanken miteinander, um daraus eine denkbare, aber unverständliche Botschaft zu bilden. *Ein Lebenskünstler in einem Hotel in Malaysia sagt zu Mata Hari: »… aber das Fleisch ist schwach.«*

»*Mata Hari* ist vermutlich der einzige, den ich gesehen habe ... Aber den dafür umso öfter.«

Sie schwieg und rollte Ingrid und mich mitsamt unseren Tropfständern zurück in die Felskammer. Als wir wieder an unserem alten Platz angelangt waren, erneuerte die Krankenschwester bei jedem von uns den Tropf und wickelte uns so fest in unsere Decken, dass wir nicht aus eigener Kraft hätten aufstehen können.

»Na dann, träumt was Schönes. Und kommt bloß nicht auf den Gedanken, euch während der nächsten Tage zu rühren. Alles außer Blinzeln und Atmen geschieht auf eigene Gefahr.«

2.04

Nach genau dreißig Minuten wankte Ingrid auf die Tür gegenüber dem Eingang zum OP-Raum zu, in dem ich die Krankenschwester vermutete. Genug Zeit, dass sie vermutlich eingeschlafen war.

Mein Körper fühlte sich wie Gelee an, mein Gesicht brannte heftiger denn je. Ich tappte mit unsicheren Schritten hinter ihr her. Als Ingrid die Tür öffnete – der Code klang genau wie der, den sie zuvor im Bunker und auch schon beim Öffnen der Prüfräume verwendet hatte: achtmal Piepen im gleichen Rhythmus –, gaben meine Beine nach und ich kippte seitlich weg. Fiel direkt auf die messerscharfe Kante einer gläsernen Abzugshaube.

Ingrid half mir in das jetzt stockdunkle Tunnelsystem. Sie schaltete die Stirnlampe in ihrer Hand an und richtete den Strahl auf meine Hüfte. Auf der Uniformjacke zeichnete sich ein rotbrauner Blutfleck ab. Ich zwang mich, nicht hinzuschauen, da ich wusste, dass Adrenalin selbst bei schlimmsten Verwundungen den Schmerz eine Zeit lang überstrahlt.

»Es geht, ich spüre kaum etwas. Das können wir später vernähen. Bring uns einfach dorthin, wo wir hinsollen«, sagte ich.

»Unbedingt, mein Schatz. Bald sind wir in Sicherheit.«

Sie schaltete die Stirnlampe wieder aus und ging mit erstaunlicher Geschwindigkeit die Wendeltreppe hinab. Diese Frau – wer immer sie auch war – verfügte über eine unglaubliche Kondition. Ich stützte mich am Handlauf ab und bemühte mich, im Dunkel mit ihr Schritt zu halten.

»Du hast übrigens keinen Kratzer abbekommen.«

Ich hörte ihre Stimme am Fuß der Treppe, blieb stehen und wartete. Ich kannte ihre Kunstpausen.

»Auf deiner Jacke ist kein Blut, Erasmus«, fuhr sie wie erwartet fort, »sondern eine Mischung aus Schwarzpulver und Rost, wie sie auf den meisten Metalloberflächen da drinnen seit Jahrzehnten liegt. Du erinnerst dich bestimmt, dass Schwarzpulver die Rostbildung beschleunigt. Nicht einmal Edelstahl bleibt rostfrei, wenn genug Probeladungen explodiert sind – die kleinen Prototypen für das große Ding. Es gab also mehrere Gründe, weshalb wir diesen Bereich als ›Prüfräume‹ bezeichnet haben.«

Ich ging weiter die Wendeltreppe hinab. Sobald ich festen Boden unter den Füßen spürte, leuchteten die LED-Lampen im Tunnelboden auf. Ingrid stand wenige Meter entfernt in der Mitte des Gangs, scheinbar ohne eines der Bedienelemente an der Wand zu berühren.

»Wie hast du das gemacht?«, brachte ich atemlos heraus.

Statt zu antworten, lief sie sogar noch schneller weiter – es hätte nicht viel gefehlt, und sie wäre gerannt –, immer an der rot schimmernden Linie entlang, die sich fortsetzte, so weit das Auge reichte. Und obwohl ich mich an den letzten Teil des Wegs zu den Prüfräumen wegen des Narkosemittels, das mir durch den Körper gerauscht war, nicht besonders gut erinnerte, war ich mir fast sicher, dass die Dioden uns jetzt einen anderen Weg wiesen.

Ich atmete tief ein, versuchte, in dem engen und feuchten Tunnel so viel Sauerstoff wie möglich aufzunehmen, und lief weiter hinter ihr her. Aus irgendeinem Grund schien Ingrid sich besser erholt zu haben als ich, und das, obwohl ich mein gesamtes Erwachsenenleben der Vorbereitung auf genau diese Art von körperlicher Belastung gewidmet hatte. Vielleicht war es eine paradoxe Wirkung ihres Alters: In den zwanzig Jahren, die uns voneinander trennten, hatte sie mehr Zeit zum Trainieren gehabt.

Jedenfalls deutete nichts darauf hin, dass die Frau, die sich im Eilschritt vor mir bewegte, fast siebzig Jahre alt war.

Ihr Rucksack – der meinem eigenen zum Verwechseln ähnelte – war mein Leuchtturm: das Einzige, woran ich mich orientieren konnte und das ich im Auge behalten musste. Darunter erkannte ich etwas Kleineres, Flacheres. Es sah wie eine normale Laptoptasche aus. Aber das konnte nicht sein.

Nachdem wir ungefähr zwei Kilometer geradeaus gelaufen waren, wiesen uns die LED-Lampen einen steil ansteigenden Weg. Hier mussten wir wieder mit gespreizten Beinen laufen und uns an den Wänden abstützen. Während des Aufstiegs umklammerte ich den Koffer noch fester als sonst. Schlang mir das Sicherheitsarmband um das Handgelenk, bis meine Finger taub wurden und meine Knöchel, die an der Felswand scheuerten, zu bluten begannen.

Ingrid keuchte jetzt. Immer wenn sie sich umdrehte, um nach mir zu sehen, wirkte das Blau ihres mit Prellungen bedeckten Gesichts durch den roten Schimmer der Dioden noch bizarrer.

Auf meiner Armbanduhr sah ich, wie schnell wir an Höhe gewannen. Um 22:54 Uhr betrug die Tiefe 75 Meter; um 23:08 noch 50 Meter; um 23:21 32 Meter – und um 23:46 8,1 Meter. Dann, am Fuß einer weiteren Wendeltreppe, blieb Ingrid stehen. Schaute auf ihre Uhr und drehte sich um.

»Uns bleiben noch vierzehn Minuten. Mehr als genug.«

Sie streckte die Hand nach meinem Rucksack aus und zog, ehe ich reagieren konnte, etwas aus einer der Außentaschen. Dann verschwand sie in einem Tunnel. Ihren eigenen Rucksack ließ sie stehen.

Ich blieb im Schein der Dioden stehen und starrte ihr nach. Wohin hätte ich gehen sollen? In dieser unterirdischen Landschaft war ich verloren, mir blieb keine andere Wahl, als zu warten. Ich machte mir erst gar nicht die Mühe zu raten, wohin, warum oder für wie lange sie verschwunden war. Einige Augenblicke oder eine Ewigkeit. Ich zählte bloß im Stillen die Sekunden und dann die Minuten.

Um 23:51 Uhr – nach den längsten fünf Minuten meines Lebens – trat sie mit einem leisen Lächeln zurück in den roten Lichtkreis.

»Ich habe sie entsorgt, Erasmus. Wir haben keine Verwendung mehr für unsere mobilen Feldtelefone, weder deins noch meins. Im Gegenteil, die Telefone sind die einzige Verbindung, die sie zu uns haben. Sie verbreiten ihren Feenschimmer selbst dann im Universum, wenn wir die Akkus herausnehmen. Also mussten sie im Schlund der Hölle verschwinden. Nimm stattdessen das hier.«

Ingrid drückte mir einen Gegenstand aus Plastik in die Hand und schloss meine Finger darum, als ob es sich um eine besondere Überraschung handeln würde. Aber ich wusste natürlich sofort, was es war. Hatte es oft in der Hand gehalten. Hatte gespürt, wie schwer und trotzdem leicht es war, hatte über die scheinbare Unmöglichkeit unserer Flucht nachgedacht – bis das altmodische Mobiltelefon eines Tages nicht mehr unter den Büschen neben der Holzbude gelegen hatte. Nach der letzten verschlüsselten Nachricht von Alpha, die MEHR ZEIT VERSCHAFFEN. DEN KRANKEN SPIELEN lautete.

»Die habe ich vor vielen Jahren in einem kleinen Geschäft gekauft. Damals war dieses Modell noch erhältlich. Sie haben keinen Internetzugang und kein eingebautes Ortungssystem. Die kommen aus einer Zeit, als die Menschen sich noch auf die Technik und aufeinander verlassen konnten. Drei für den Preis von zweien, genauso viele, wie wir brauchen.«

Ingrid sah auf ihre Uhr – und ich auf meine. Es war 23:55 Uhr. Sie stellte ihren Rucksack ab und holte vier Hartkekse und eine Flasche Wasser heraus. Mit einer gewissen Feierlichkeit reichte sie mir zwei der Kekse, obwohl ich selbst noch mehrere Rationen bei mir hatte, und gab mir, nachdem sie selbst mehrere große Schlucke genommen hatte, die Flasche.

»Von nun an ist alles, was meins ist, auch deins, Erasmus. Essen und Wasser. Die Flucht und der Plan. Wir teilen die göttliche Einsamkeit des Erlösers.«

2.05

Punkt Mitternacht hatte uns eine kräftige Männerhand durch die Falltür geholfen, erst Ingrid, dann mir. Aus meiner Froschperspektive – ich lag auf dem gefliesten Boden und sah in den Schein eines grellen Deckenstrahlers – konnte ich das Gesicht des Mannes nicht erkennen. Er war groß und schlank, wohl an die siebzig, wenn auch offenbar gut trainiert. Typ ehemaliger Soldat.

Dass sie eine besondere Beziehung zueinander hatten, war sofort klar. Ich bemerkte eine Intimität, wie sie zwischen Kriegskameraden herrscht, und in der Intensität ihrer ersten Umarmung lag noch mehr als das.

Obwohl ich nicht genau verstand, was sie sagten – es war mehr als zehn Jahre her, dass Ingrid mir die Grundlagen des Schwedischen beigebracht hatte –, war klar, dass das Wiedersehen beide sehr bewegte, und trotz ihrer jahrelangen Ausbildung konnten sie dies nicht überspielen.

Vielleicht lag es daran, dass ich anwesend war. Oder vielleicht – und das war wahrscheinlicher – an der Anwesenheit einer weiteren Person, die wenige Schritte abseitsstand. Eine Frau, die, wie ich vermutete, wohl seine Ehefrau war. Denn mit zartem Druck schob er sie jetzt vor, sodass auch sie Ingrid lang und innig umarmen konnte.

Als meine Augen sich an das grelle Licht des rundum weiß gekachelten Raums gewöhnt hatten, sah ich mich um. Zuerst hatte ich angenommen, dass es sich ebenfalls um ein Labor aus alten Zeiten handelte, aber jetzt sah ich, dass wir uns in einer Art Waschküche befanden. Der große Mann schob den Trockner zurück vor die Öffnung, durch die wir hereingekommen waren, dann hob er Ingrids Rucksack auf.

Jetzt konnte ich auch sein Gesicht besser sehen. Seine Augen waren mindestens ebenso eisblau wie die von Ingrid, das Haar, das an den Schläfen grau war, trug er kurz geschoren. Ein gut aussehender Skandinavier mit scharf geschnitten Gesichtszügen, der leicht den Helden in einem Actionfilm hätte abgeben können. Die Frau war von deutlich unterdurchschnittlicher Größe. Neben ihrem Mann und Ingrid wirkte sie mädchenhaft klein. Ihr Haar, das sie zu einem festen Knoten gebunden trug, zeigte einen Anflug von Grau.

Als die Frau sich von Ingrid löste und ein paar Schritte zurücktrat, stolperte sie fast über mich. Erst jetzt schienen sie mich zu bemerken. Ingrid machte eine Handbewegung in meine Richtung, und der hochgewachsene Mann beugte sich zu mir herab und streckte mir seine Rechte entgegen.

»Das ist also Erasmus«, sagte er auf Englisch, nahm meine Hand mit festem, entschlossenem Griff und schüttelte sie. »Sixten Lundberg. Schön, Sie endlich kennenzulernen. Ich habe schon viel von Ihnen gehört.«

»Erasmus Levine, Sir«, sagte ich so deutlich, wie es mit meinen tauben neuen Lippen möglich war.

»Und dies ist meine Frau«, sagte er und sah sich nach ihr um.

»Aina Lundberg. Es ist ein Wunder, dass Sie es bis hierher geschafft haben!«

Im Gegensatz zu ihrem Mann hatte ihr Englisch einen starken Akzent. Ich musste an Ingrid Bergman – die Schauspielerin – denken. Nachdem Sixten mich hochgezogen hatte, wanderte sein Blick von meinem geschwollenen Gesicht hinab zu dem Koffer, der neben mir auf dem Boden lag.

»Der Mann mit dem Koffer ... Dass es so was noch gibt.«

Als er uns aus der Waschküche führte und Aina folgte, klangen seine Worte in meinen Ohren nach. *»Dass es so was noch gibt.«*

Als wir eine Holztreppe hochstiegen, die ins Parterre des Hauses führte, versuchte ich mich, so gut es ging, zu orientieren. Ich fand keine Spur von versteckten Mikrofonen, Kameras oder Verkabelungen einer Alarmanlage. Ich fand eigentlich überhaupt nichts Besonderes. Das Haus war ein Neubau – ein Einfamilienhaus wie aus dem Katalog. Die Diele, in der wir jetzt standen, war, wie offenbar alles in dem Haus, ganz in Weiß gehalten. Die einzigen Farbtupfer bildeten ein hellblauer Flickenteppich und ein Schlüsselschrank aus naturbelassenem Kiefernholz, auf dessen Vorderseite ein kleines rotes Herz gemalt war.

Als wir an der Küche vorbeikamen – die Schranktüren und Regale waren ebenfalls weiß – drehte sich Sixten zu uns um und sagte, wir sollten vorausgehen, er werde gleich die Getränke bringen.

Das Wohnzimmer war vergleichsweise farbenfroh.

Ingrid nahm auf dem senfgelben Sofa Platz. Ich blieb vorerst stehen, sah mich um, weil ich ein Gefühl dafür bekommen wollte, wer diese Leute waren. Ingrid lächelte mir schwach zu.

Doch der Raum gab nichts Besonderes preis. Die Vorhänge und der hochflorige Teppich waren in dem gleichen Gelbton wie das Sofa und der Sessel gehalten. Drei Aquarelle mit maritimen Motiven in weißen Kunststoffrahmen hingen an der Wand – Meer und Sonne in einem verhalten naiven Stil. In einer beleuchteten Vitrine standen in Reih und Glied kostspielig aussehende Gläser. Es fehlten nur die, die auf der Glasplatte des Sofatischs standen – große für Bier, kleine für Spirituosen. Der Honiggeruch einer Duftkerze auf dem Servierwagen erfüllte die Luft.

Ich trat zu den Vorhängen, die, jetzt um Mitternacht, zugezogen waren. Mir fiel auf, dass sie auf der Innenseite mit schwerem schwarzen Stoff unterfüttert waren.

»Gefallen Ihnen unsere Verdunkelungsvorhänge, Erasmus?«

Ich zuckte unwillkürlich zusammen, weil ich Sixten nicht kommen gehört hatte. Er stand direkt hinter mir, ein Metalltablett mit drei Bloody Marys in Händen. Er hatte wohl die gleiche Ausbildung wie Ingrid durchlaufen. Bestimmt hatten sie ein großartiges Paar abgegeben – zumindest für diejenigen, die auf ihrer Seite standen.

»Diese schwere Qualität wurde schon vor Jahrzehnten aus unserem Militärbestand ausgemustert. Der Stoff sollte im Krieg, aber auch im Frieden verwendbar sein. Ich habe ein paar Ballen mitgenommen, als sich die Gelegenheit dazu bot. Dachte, sie könnten sich noch als nützlich erweisen. Und als Ingrid nach so langer Zeit Kontakt zu mir aufnahm, haben sie hier ihre Heimat gefunden. Sollte jemand versuchen, uns auszuspionieren, sieht es aus der Ferne so aus, als ob wir zu Bett gegangen wären. Eine perfekte Täuschung, würde ich sagen.«

»Nett.«

Da ich nichts von dem Mann und seiner Frau wusste – nicht einmal, ob sie wirklich Sixten und Aina hießen –, musste ich ihn auf Abstand halten. Aber das war nicht leicht. Seine ungezwungene Art, sein altmodischer, fast jungenhafter Charme wirkten beruhigend. Ehe er das Tablett vor uns auf den Couchtisch stellte, wirbelte er es wie einen Basketball auf den Fingerspitzen, ohne einen einzigen Tropfen zu verschütten.

»Aina ist gleich fertig. Aber probiert bis dahin schon mal ihre speziellen Bloody Marys. Die haben es in sich, das kann ich euch sagen. Meine Frau trinkt selbst keinen Alkohol – sie hat Prinzipien –, aber sie haut Tabasco und Wodka rein, als ob es kein Morgen gäbe. Ein besseres Schmerzmittel werdet ihr in der Hausapotheke nicht finden.«

Ingrid nickte, schloss die Augen und hob ihr Glas. Murmelte *»skål«*. Ich tat es ihr nach. In meinem geschwächten Zustand stieg mir der Alkohol sofort zu Kopf, und ich verlor auch noch den letzten Rest meiner Abwehrhaltung. Dafür breitete sich ein Ausdruck sanften Wohlbehagens auf meinem bis eben noch schmerzenden Gesicht aus.

Sixten erhob sein eigenes Glas. »Dann bleibe wohl nur noch ich. Also, *skål,* auf euch!« Dann kippte er seinen Drink hinunter.

Als Sixten uns wenig später in die Küche führte, an den Tisch, den Aina für uns gedeckt hatte, sagte sie mit ihrem liebenswerten Akzent: »Alles schwedische Spezialitäten« und lächelte mich an. Beim ersten Gang, Toast mit frischen Krabben, füllte sie unsere Gläser mit Aquavit und Bier. Als Nächstes kamen Fleischklößchen und Kartoffelbrei an die Reihe. Das Menü schloss mit einem Ambrosiakuchen, zu dem es Weinbrand und Kaffee gab.

Ich war todmüde, aber dank Sixten zu meiner Rechten schaffte ich es, dass mir nicht die Augen zufielen. Er plauderte die ganze Zeit und verstand es, seine Zuhörer in den Bann zu ziehen. Die Themen, die er anschnitt, waren unverfänglich. Er sprach über die auffälligen Unterschiede zwischen der schwedischen und der amerikanischen Kultur, dem Essen hier und dort, den besonders schwierigen »sje«- und »tje«-Lauten der schwedischen Sprache. Mit anderen Worten: über alles, nur nicht über das, worüber wir hätten sprechen sollen.

Der Alkohol war eine Ablenkung, ein Vorwand, ein Fluchtmanöver. Etwas, das die Dinge leichter und schwerer zugleich machte.

Denn was hier mit Alkohol und Gesprächen gefeiert wurde, war ein hochdramatisches Wiedersehen, und man hätte erwarten sollen, dass Sixten und Ingrid nur Augen füreinander gehabt hätten. Genau genommen waren es Aina und Ingrid, die sich am meisten füreinander interessierten. Sie saßen Händchen haltend da und redeten auf Schwedisch miteinander, und ich verstand kein Wort, nicht nur, weil Sixten mich in Beschlag nahm.

Dennoch behielten Ingrid und Sixten einander mit kleinen, verstohlenen Blicken im Auge.

Wenn ich weiterhin Alkohol getrunken hätte, hätte ich bestimmt meine Hemmungen überwunden und sie direkt darauf angesprochen. Hätte mich sogar in Ainas Gegenwart nach Ingrids und Sixtens gemeinsamer Vergangenheit erkundigt. Nach dem, was genau sie miteinander verband.

Aber ich fragte nicht. Nicht einmal, als Aina sich in der Küche um das Geschirr kümmerte und wir anderen zurück ins Wohnzimmer gingen und die Tür schlossen. Ingrid und Sixten nahmen nebeneinander auf dem Sofa Platz. Sixten hielt immer noch seinen Cognacschwenker in der Hand. Ich saß auf dem Sessel gegenüber.

Während Ingrid ihren »Computer« – das gleiche mobile Terminal, wie ich es zuvor nur Edelweiss hatte benutzen sehen – aus der kleinen Tasche herausholte und hochfuhr, legte Sixten mit seiner Befragung los.

»Also, Erasmus, Sie hatten Familie, richtig? Und die haben Sie einfach so verlassen. Wegen *der Sache*?«

Sein Blick war durchdringend, als wollte er mich hypnotisieren. Ich versuchte Ingrids Aufmerksamkeit auf mich zu ziehen. Sie sah kaum von ihrem Bildschirm auf, sagte nur: »Er hat eine blütenweiße Weste, Erasmus. Hatte die höchste Sicherheitsfreigabe von uns allen. Mich inbegriffen.«

Ingrid starrte weiter auf den Bildschirm.

Ich saß da und kämpfte mit mir. Dann wagte ich es. Da ich sonst nichts hatte, an das ich mich halten konnte, nicht das Geringste im gesamten Universum – und da dieser Mann mir Vertrauen einflößte. Es fühlte sich wie eine Beichte an. Ich sprach, so langsam ich konnte, ohne zusammenhangslos zu wirken.

»Ja, eine Frau und Kinder. Zwei Mädchen und einen

Jungen. Die Jüngste ist sieben, die Älteste elf. Meine Frau hat ihnen etwas ungewöhnliche Namen gegeben: Unity und Trinity, der Sohn heißt Duality.«

»Und diese Frau haben Sie jahrelang getäuscht? Sie im Dunkeln gelassen über Ihre Tätigkeit, sogar darüber, dass Sie beim Militär waren, ein Doppelleben geführt haben? Ihre Forschungsstelle an der Universität als Tarnung benutzt haben? Moralphilosophie – das war es doch, oder?«

»Ja, Sir. So wie es vorgeschrieben ist.«

»Natürlich, natürlich. Und trotzdem, was für eine enorme Herausforderung.«

Sixten sah mich wieder an. Nur das Klappern von Ingrids Tastatur war zu hören. Nach einer Weile schenkte Sixten sich einen neuen Cognac ein. Nahm langsam einen Schluck.

»Aber dann haben Sie alles zurückgelassen? Frau, Kinder, das Team, Ihren Posten als Träger? Mitten in diesem Staatsbesuch in Schweden?«

»Das trifft zu.«

»Und was haben Sie jetzt vor?«

Was sollte ich sagen? Ich wusste die Antwort selbst nicht. Abgesehen von der Aufforderung, mich mit Alpha während der Reise nach Stockholm in einem Atombunker 77,2 Meter tief unter der Erde zu treffen, war mir kein konkretes Detail mitgeteilt worden.

Letztlich hatte ich mein Leben in Alphas Hände gelegt. Vielleicht das Leben aller, der gesamten Menschheit. *Wir zwei gegen die Welt.*

Ich begann im Stillen, eine Antwort auf Sixtens Frage zu formulieren. Etwas, das unbestimmt genug war, um nicht preiszugeben, dass ich ebenso wenig wusste wie er selbst. Ich schmeckte Blut in meinem Mund. Ohne nachzudenken, hob ich das Glas an meine wunden Lippen, nur um festzustellen, dass es leer war. Sixten schenkte mir nach. Ich nahm einen tiefen Zug, spürte, wie die Wärme sich in meinem Brustkorb ausbreitete, und wollte gerade zu reden anfangen, als Ingrid mir zuvorkam.

»Er weiß so wenig wie du, Sixten. Ich wollte keinen von euch in Versuchung führen. Bis jetzt.«

Sie bedeutete mir, dass ich zu ihr kommen solle, und ich quetschte mich neben sie auf das Sofa. Es gab gerade genug Platz für uns drei. Zu dritt starrten wir auf den Bildschirm.

»Dies ist unser größtes schöpferisches Werk. Ein teuflisches Kunstwerk. *Die* Schöpfung des Menschen, die eine ständige Bedrohung für die Erde *als Ganzes* darstellt. Niemand kann ihre ganze Tragweite ermessen. Nicht die Armee. Nicht die Politiker, die Öffentlichkeit, der Einzelne.«

Ingrid warf erst Sixten zu ihrer Linken, dann mir einen Blick zu. Dann sah sie wieder geradeaus.

»Und das ist der einzige Grund, weshalb dieses Kunstwerk noch existiert. Man kann seine Ausmaße nicht ermessen – weder seine Auswirkungen so berechnen, dass man es versteht, noch es öffentlich machen, ohne alarmistisch zu wirken. Niemand kennt die tatsächlichen Auswirkungen des heutigen Atomwaffensystems. Niemand weiß, ob die Menschheit einen Weltkrieg, der sich dieser Waffe bedient, überleben würde. Jetzt, wo nicht nur wir sie besitzen, sondern auch der Gegner.«

Ich musste blinzeln. Die Helligkeit des Bildschirms überforderte meine müden Augen. Was ich dann sah, war mir gleichzeitig bekannt und völlig fremd, wie aus einem anderen Zeitalter. *Vor der Flucht*.

Eine Weltkarte. Ich hatte diese Grafik oft gesehen, als Teil der abstoßenden Planspiele, die Edelweiss liebte: die Simulation von Atomwaffenangriffen, mit denen die gesamte Menschheit ausgelöscht werden konnte. Seit mehr als einem Jahrzehnt waren sie mir ins Gedächtnis gebrannt: die Sprengköpfe, fein säuberlich über den gesamten Erdball verteilt, jeder einzelne schlagkräftiger als die Hiroshima-Bombe. Nicht mehr nur Fission, Atomspaltung, sondern jetzt auch Fusion: Atomkerne, die zu dem verschmolzen waren, was man »Wasserstoffbombe« oder »thermonukleare Waffe« nannte.

Hinter diesen neutral klingenden, wissenschaftlichen Bezeichnungen stand der gleiche Vorgang wie bei den unaufhörlichen inneren Explosionen der Sonne. Mit unermesslich hohen Temperaturen und einem nur allzu realen Weltuntergangspotenzial.

Nicht einmal uns im Nukleus hatte man die genaue Anzahl unserer Atomwaffen mitgeteilt. Offiziell gab es 7700 solcher apokalyptischen Sonnen. Man schätzte, dass die Russen 9500 hatten. Aber in unserer Ausbildung hatten wir erfahren, dass es deutlich mehr waren. Und man nahm an, dass sich davon weltweit rund zweitausend Sprengköpfe in Gefechtsbereitschaft befanden, die nur darauf warteten, auf die eine oder andere Art koordiniert zu werden, mit- oder gegeneinander.

Für uns war die tatsächliche Anzahl bedeutungslos. Sie lag auf jeden Fall weit über dem, was nötig war, um sich absolut jedes Szenario auszumalen.

Wenn Ingrid die Tasten auf dem Terminal drückte, erschienen nach und nach einzelne rote Linien zwischen gelben Dreiecken, die sich über die Weltkarte erstreckten. Sie zeigten die übergreifende Struktur an: welche Verbindungen zu unseren Atomwaffenstützpunkten führten, welche Knotenpunkte wo und wie geschützt werden sollten. Ich versuchte mich an die Einzelheiten zu erinnern. Mein Kopf zersprang fast unter den Einwirkungen von Alkohol, Schmerz und Erschöpfung. Bald würde die gesamte Erdoberfläche mit roten Linien und gelben Dreiecken überzogen sein – an manchen Stellen so stark, dass die Länder darunter kaum sichtbar waren.

Dann zoomte Ingrid die Vereinigten Staaten heran. Alles Orte, die ich in- und auswendig kannte, jeden Fußbreit sowohl über als auch unter der Erde. Die Tunnel, durch die wir gerannt und gekrochen waren. In denen wir den ganzen Tag lang für den Fall eines sogenannten »unbefugten nuklearen Waffeneinsatzes« geübt hatten. Erst, um uns mit unseren Weltuntergangswaffen zu schützen, dann, um einen Gegenangriff zu starten.

Zwar standen jetzt keine Namen mehr auf dem Bildschirm, aber sie waren auch nicht nötig. Nur ein paar wütende gelbe Warndreiecke war zu sehen. Während unserer ersten Woche in West Point mussten wir alles über unsere sieben Nuklearwaffenstützpunkte auswendig lernen. Mussten ihre geografische Lage herunterrasseln, sie auf einer Umrisskarte einzeichnen, alles über Besetzung und Bedrohungen und Alarmanlagen lernen.

Deshalb tauchten die Buchstaben automatisch in meinem Kopf auf. Ich neige dazu, alles in Dreiergruppen anzuordnen, wie die Atomwaffencodes. Von Ost nach West ergaben die Initialen der Namen aktiver Stützpunkte und Staaten die Buchstabenfolge SJN CWM BLM NDW WMM KW – was für die Luftwaffenstützpunkte Seymour Johnson in North Carolina, Whiteman in Missouri und Barksdale in Louisiana stand, die Raketenstützpunkte Minot in North Dakota, Warren in Wyoming und Malmstrom in Montana und den U-Boot-Stützpunkt Kitsap im nordwestlichen Zipfel des Staates Washington. Von Norden nach Süden lautete die Abfolge MND KWM MWW WMS JNC BL.

Dann zoomte Ingrid aus den USA heraus und folgte den roten Linien von einem Kontinent zum anderen. Als sie wieder heranzoomte, befanden wir uns in Europa. Von Süden nach Norden lauteten die Initialen der Stützpunkte und Länder, in denen wir Nuklearwaffen stationiert hatten, ITG TIA IRG BGK BBV HLU K. Beziehungsweise: Incirlik in der Türkei, Ghedi Torre in Italien, Aviano in Italien, Ramstein in Deutschland, Büchel in Deutschland, Kleine-Brogel in Belgien, Volkel in den Niederlanden und Lakenheath in England. Von Westen nach Osten: LUK KBB VHB GRG GTI AII T.

Als Ingrid nah genug herangezoomt hatte, sah ich, dass einige der Linien punktiert waren. Zwei verliefen vom belgischen Kleine-Brogel jeweils nach Volkel in den Niederlanden und Büchel in Deutschland.

Die anderen Linien führten an zwei Orte, die mir als Atomwaffenstützpunkte nicht bekannt waren – völlig andere Standorte, die auf der Karte mit schwarzen Kreuzen markiert waren. Eines im südlichsten Teil Europas, an der Spitze Italiens, in dieser Auflösung vielleicht Kalabrien, möglicherweise auch Sizilien. Das andere im hohen Norden Norwegens, möglicherweise in Schweden – auf jeden Fall nahe dem nördlichen Polarkreis. Jedes Kreuz war durch eine dünne blaue Linie mit den gelben Dreiecken verknüpft.

Diese Verbindung hatte ich noch nie gesehen, und ich hatte nicht die geringste Ahnung, was sie darstellen mochte. Sixtens Reaktion nach zu urteilen, tappte auch er im Dunkeln.

Schließlich begann Ingrid zu erklären: »Ich habe mich an unserem globalen Raketensystem zu schaffen gemacht. Die Knotenpunkte ein bisschen herumgeschoben. Das Verbindungssystem neu programmiert. Tag und Nacht, viele Jahre lang. Baudelaire hätte sie wahrscheinlich *Korrespondenzen* genannt, all diese geheimen unterirdischen Verknüpfungen. Ich nenne sie für mich die ›Kernfamilie‹. Jedenfalls können unsere Freunde in der Heimat sich jetzt nicht mehr an der Struktur zu schaffen machen. Es gibt niemanden mehr, der herausfinden könnte, was passiert, wenn man an einem bestimmten Punkt in das Atomwaffensystem eindringt – wenn man zum Beispiel versucht, deinen Koffer abzuschalten, Erasmus. Nicht unsere Verfolger, nicht der Präsident, du nicht und selbst ich nicht. Aber das Risiko eines Versuchs überwiegt die Vorteile bei Weitem. Das ist die einzige Zuversicht, die ich euch geben kann.«

In der Stille hörte man Aina in der Küche wirtschaften, das Klappern von Geschirr, das in die Spülmaschine einsortiert wurde.

Ingrid senkte ihre Stimme, als sie weitersprach.

»Aber ich habe es nicht geschafft, alle Vorbereitungen vor unserer Abreise abzuschließen. Ihr seht, dass einige Linien immer noch gestrichelt oder gepunktet sind. Was wir jetzt brauchen, sind etwas Zeit und Ruhe hier an unserem Zufluchtsort, und über kurz oder lang einige Ausflüge. Dann kann ich die Arbeit zusammen mit Erasmus abschließen.«

Ich drehte mich zu ihr um. Sah, wie sie mit der Zunge über ihre Mundwinkel fuhr, wo sich ein wenig Blut gesammelt hatte.

»Der Plan lautet also«, fuhr sie fort, »zuerst diese Punkte und Linien, unsere auf den ganzen Globus verteilten Sprengköpfe miteinander zu verknüpfen – und sie dann alle zur selben Zeit abzuschalten. Die ganze verdammte Brut in einem einzigen Augenblick kurzzuschließen.«

Für einen kurzen Moment herrschte gespannte Stille. In der Küche hörte ich Aina, die ein Lied vor sich hin summte.

Ingrid sprach weiter: »Und das wäre das Ende des Systems. Jeder einzelne Stromkreis brennt von innen durch. Könnt ihr euch vorstellen, wie schwierig es wäre, ihn wiederherzustellen? Kein Politiker könnte so etwas durchsetzen, angesichts der Kosten, angesichts der ethischen Probleme. Seit fast einem halben Jahrhundert haben wir jetzt diese kleine, geheime Bewegung. Einige Eingeweihte haben von Anfang an ihren kleinen Anteil dazu beigetragen, dass das System von außen hieb- und stichfest wirkt, obwohl es innen beträchtliche Risse hat. Sie haben darauf gewartet, dass eines Tages jemand über die nötige Technologie verfügen würde, all diese Schwachstellen zu kombinieren: auf einen Erlöser. Oder auf mehrere.«

Sixten räusperte sich. Er hatte versonnen in sein Cognacglas geschaut. Jetzt blickte er auf. »Aber existiert diese ... Verknüpfung nicht schon? Ist es nicht möglich, die Atomwaffen Amerikas auf der ganzen Welt koordiniert abzufeuern? Die meisten von uns hatten diesen Eindruck. Haben wir uns das nur eingebildet?«

»Nein … und ja. Niemals zuvor waren die Waffen so miteinander verbunden, dass sie vollständig mobil steuerbar sind. Außerhalb des Einflussbereichs des Weißen Hauses und ohne dass eines der Netzwerke über Centcom läuft.«

»Und die anderen Koffer? Der des Vizepräsidenten, der des Verteidigungsministers?«

»Alle schon abgekoppelt, Sixten. In dem Moment, als die Air Force One abhob, auf dem Weg hierher, zu dir und meinem kleinen gelobten Land. Nur die Engel waren Zeuge.«

Ingrid warf uns triumphierende Blicke zu. Fast, als erwarte sie Applaus.

»Damit wird die Ära der Atomwaffen beendet sein.«

Sixten wirkte genauso perplex wie ich. Er leerte sein Glas, ehe er die naheliegende Frage stellte.

»Aber was ist mit dem Rest der Welt, Ingrid? Russland? Nordkorea? Iran? Mir scheint, Amerika wäre eine leichte Beute für seine Feinde, wenn dein Plan Realität würde. Ein offenes Scheunentor für die erstbeste Langstreckenrakete, die des Weges kommt.«

»Damit befassen wir uns, sobald wir mit den Vereinigten Staaten und ihren europäischen Verbündeten fertig sind. Das restliche globale Kontaktnetz wurde auch schon manipuliert. Irgendwo muss die Zukunft schließlich anfangen. Wie auch immer, auf den Bildschirmen wird alles völlig normal aussehen. Wir haben Jahrzehnte damit verbracht, ein fingiertes Parallelsystem aufzubauen. Selbst die realistischsten Übungsmanöver werden ihnen nichts Außergewöhnliches zeigen. Nicht, ehe sie tatsächlich eine Atombombe abfeuern wollen, zum ersten Mal seit Hiroshima und Nagasaki. Aber dann wird es ihnen nicht mehr möglich sein.«

Ich schluckte. Ingrids Plan war natürlich verrückt. Wahnwitzig, brandgefährlich für uns alle, die gesamte Menschheit. Ich hatte nicht gewusst, was vor uns lag, welchen Plan Alpha nach der Flucht für uns geschmiedet hatte. Doch irgendwas sagte mir, dass sie uns nicht die ganze Wahrheit gesagt hatte. Ich spürte, wie sie mich von der Seite ansah, mich kritisch musterte.

»Und dann müssen wir beten«, fuhr sie fort, ohne den Blick von mir abzuwenden, »dass es niemandem gelingt, unsere Seelen zu kaufen. Uns dazu zu bringen, in dem kurzen, einsamen Augenblick, wenn der Stecker gezogen wird, das genaue Gegenteil zu tun – und stattdessen das ganze System abzufeuern. Denn alle Waffen müssen aktiviert sein, damit wir sie kurzschließen können, all unsere Sprengköpfe in Europa und den USA. Tausende. Das Gewicht der gesamten Schöpfung ruht dann allein auf unseren Schultern. Glaubst du, dass du damit klarkommst, Erasmus?«

Sie spürte meine Zweifel, auch wenn ich schwieg. Den Geruch von Adrenalin, von Furcht, den Hunde angeblich selbst durch dicke Wände wittern können.

»Ich weiß, mein Schatz. Es ist ein hochriskanter Plan. Der gefährlichste Plan aller Zeiten. Aber um das Atomwaffensystem loszuwerden, müssen wir leider genauso verrückt sein wie jene, die es geschaffen haben. Man muss sie mit ihren eigenen Waffen bekämpfen.«

Wieder Stille. Ich sah verstohlen auf meine Uhr: fast vier Uhr. So lange – oder so kurz – hatte es gedauert, um zu verstehen, wer diese Operation leitete. Den Einfluss eines einzelnen Menschen zu begreifen. Ingrids unvorstellbare Macht.

Sixten räusperte sich erneut. »Und welche Rolle hast du für mich vorgesehen, Ingrid? Abgesehen davon, dass ich euer sicherer Hafen bin, wie du es nanntest?«

»Das ist mehr als genug, Sixten. Die Götter preisen dich jetzt schon. Es gibt keinen anderen Ort auf der Welt, wo wir wirklich untertauchen können. Nur hier sind wir in diesem Moment sicher.«

»Du weißt, dass ich nicht weiter in die Sache hineingezogen werden möchte, Ingrid. Ich habe meinen Beitrag geleistet. Das ist sehr wichtig für mich. Für meine Frau ist es sogar noch wichtiger.«

»Du musst mir nichts erklären, mein lieber Freund.«

Sixten nickte, holte tief Luft. Schließlich sagte er: »Aber es war noch jemand anders bei euch, nicht wahr? Eine Krankenschwester. Und du hast beschlossen, sie nicht mitzubringen?«

»Richtig. Es ist sehr nützlich, sie dabeizuhaben, sie hat eine sehr spezielle Art, Dinge zu erledigen. Aber sie muss nicht alles wissen.«

»Du hast sie immer nur ›J.M.‹ genannt. Hat sie vielleicht auch einen richtigen Namen?«

»Ursprünglich hieß sie wohl Jesús María und war eine vielversprechende Textilkünstlerin in irgendeiner Kleinstadt in Mexiko. Aber sie ist jetzt schon ewig bei uns, hinter den Kulissen. Sie ist eine perfekte Plastikerin. Sie heilt und schneidet, arbeitet gern mit menschlicher Haut. Aber auch mit anderen Materialien bewirkt sie wahre Wunder. Textile Kriegsführung, das ist ihre Spezialität. Meist fungiert sie als ihr eigenes Versuchskaninchen. Sie ist die ungekrönte Meisterin der

Körpermodifikation. Ich konnte sie zum Mitkommen überreden. Leicht war es nicht. Erasmus musste bei der Abreise ein bisschen Theater spielen und einen plötzlichen Zusammenbuch simulieren – und du bist kein besonders talentierter Schauspieler, mein Schatz, wenn ich das sagen darf.« Sie warf mir einen kurzen spöttischen Blick zu, bevor sie sich wieder an Sixten wandte. »Aber in letzter Minute, auf dem Weg nach draußen zu den Hubschraubern, sind die Sicherheitsleute schließlich doch noch meinen Anweisungen gefolgt und haben Jesús María mitgenommen, damit sie Erasmus überwacht. Und so bekam sie die Erlaubnis zu einem Auslandseinsatz. Zum allerersten Mal.«

»Du meinst, sie hatte gar keine Sicherheitsfreigabe?«

»Machst du Witze? Jesús María ist wie ein waidwundes Tier, sie zehrt von vergangener Schmach. Nur deshalb konnte ich sie zum Mitkommen überreden. Aber sie hat uns noch nie im Stich gelassen. Und ohne sie würde ich heute nicht hier sitzen. Wir sind Blutsschwestern. Im wahrsten Sinne des Wortes.«

»Weißt du, wo die anderen jetzt sind? Hast du ihre Koordinaten?«

Ingrid tippte etwas auf der Tastatur. An der Ostküste tauchte ein blauer Ring auf, auf der Höhe von Washington D.C., dem Weißen Haus, unserem eigenen Hauptquartier. Verharrte dort bewegungslos.

»Was ist das?«

»Kurt. Einer der beiden Leibwächter des Teams. Sie sehen völlig identisch aus. Jesús María hat ihm während einer Operation einen Chip im Nacken eingesetzt. Wie bei einer Katze. Vor vielen Jahren, als diese Technik noch ganz neu war. Dadurch wussten wir immer, wo er sich gerade aufhielt. Nur Jesús María und ich. Was uns jetzt natürlich sehr gelegen kommt.«

»Er scheint wieder zu Hause zu sein.«

Sixten wusste mehr, als er zugab. Ingrid musste ihn mit genügend Informationen gefüttert haben, dass er seine Rolle in diesem Stück spielte und das Risiko auf sich nahm, uns zu verstecken.

»Glaubst du, dass das restliche Team sich in der Nähe von diesem Kurt aufhält? Dass sie in so dichter Aufstellung operieren?«, fragte er.

»Edelweiss ist ein Gewohnheitstier. Am liebsten hält er sich in der Nähe des anderen mobilen Terminals auf. Je näher am Hauptquartier, desto besser. Außer bei Einsätzen rührt er sich kaum vom Fleck. Aber ganz sicher kann man sich bei ihm nie sein. Zafirah ist jetzt vermutlich an vorderster Front, wie es ihre Art ist, zusammen mit Kurt oder John. Aber im Moment haben sie nicht die geringste Ahnung, wo wir sind.«

»Und die anderen Gruppen? Die Regierung, der Secret Service, die CIA, die Sondereinsatzkräfte? Euch beide zu finden hat für die doch höchste Priorität. Da wird bestimmt eine weltweite Suche laufen.«

Wieder warf mir Ingrid ihren spöttischen Blick zu. »Kaum jemand weiß, dass wir überhaupt existieren. Habe ich recht, mein Schatz?«

Ich spürte die Intensität ihres Blicks. Verunsichert sah ich wieder auf den Bildschirm.

»Niemand ahnt, wo wir sind, oder dass das Team überhaupt existiert. Und die wenigen, die es wissen, werden alles daransetzen, dass niemand davon erfährt – jetzt mehr denn je. Niemand darf herausfinden, dass eine solche Eliteeinheit überhaupt existiert – gegen alle

Regeln, zeitweise sogar mit voller Verantwortung für die gefährlichste Waffe der Menschheit. Wir sind aus der Stille gekommen, und dort sollen wir auch bleiben. Sie wollen uns einschmelzen wie Zinnsoldaten. In den Feuern der Hölle.

»Wie viele sind wirklich im Bilde, Ingrid?«

»Du meinst, was unsere Einheit angeht? Nur der innerste Kreis, der Nukleus, und vielleicht noch zwanzig weitere. Oder meinst du, dass Erasmus und ich uns mit dem Koffer und meinem mobilen Terminal abgesetzt haben? Dann vielleicht halb so viele. Der Präsident natürlich, das restliche Team und einige wenige ranghohe Militärs. Den anderen, die hier mit uns in Stockholm waren, wurde vermutlich schon vor einigen Tagen gesagt, dass man uns aus dem Verkehr gezogen hat. Dass wir nicht mehr existieren und folglich keinen Schaden mehr anrichten können.«

Wieder eine Kunstpause.

»Aber wie haben wir immer gesagt, Sixten? ›Das Wichtigste sieht man nicht mit den Augen.‹«

2.06

Was als Nächstes geschah, kann ich nur meiner Erschöpfung zuschreiben. Der Tatsache, dass es fast fünf Uhr morgens war, als wir in die Prüfräume zurückkehrten. Dass ich durch Ingrids Plan aus der Fassung gebracht worden war. Dass ich seit vier Tagen nicht mehr körperlich trainiert, aber mehrere Betäubungsspritzen bekommen hatte. Dass mein Körper auf die Operation reagierte.

Aber es war ein echter Anfängerfehler. Die Art von Patzer, wie er mir seit Jahrzehnten nicht unterlaufen war, eigentlich noch nie, seit ich mit Anfang zwanzig mein Spezialkräftetraining in West Point begonnen hatte.

Wir konnten Jesús María nicht finden, weder in der großen Felskammer, wo unsere Pritschen standen, noch in der kleineren, wo sie die Operationen durchgeführt und sich später ausgeruht hatte. Wir suchten getrennt, um einen größeren Bereich abdecken zu können, und hatten mittels unserer Stirnlampen einen Umkreis abgesucht, der weit über den von den Nachtlampen beleuchteten Bereich hinausging. Vielleicht machte sich Ingrid wirklich Sorgen, dass ihrer »Blutsschwester« etwas zugestoßen war. Was mich betraf, so machte ich mir Sorgen darüber, wo sie als Nächstes auftauchen könnte – wie damals in meiner Kindheit, als auf einem Pfadfinderausflug eine riesige, haarige Spinne zwischen den Schlafsäcken herumgekrabbelt war. Als wir dann nach ihr suchten, war sie unauffindbar.

Die Dunkelheit, die Felsen, die Karte der Atomwaffendepots, die surreale Stimmung, all das verstärkte noch die Anspannung – und das Gefühl, das mich beim Anblick der zwei mannshohen Schaukästen am hinteren Ende des Raums beschlich, denen ich zuvor kaum Aufmerksamkeit geschenkt hatte. Ich leuchtete mit meiner Stirnlampe hinein, und was ich sah, war ebenso faszinierend wie beklemmend.

Im rechten Schaukasten waren etliche ausgestopfte Tiere in beklagenswertem Zustand zusammengepfercht: ein Zebra, dessen schönes Fell an einer Seite fast völlig vermodert war; ein Tiger in Angriffsstellung mit offenem Schädel – nur eine dünne weiße Membran schützte die Hirnschale; ein ausgewachsenes Rhinozeros, das um die Augen und den Hornansatz weiß war; mehrere Affen von unterschiedlicher Größe und in verschiedenen Stadien des Zerfalls.

Der linke Schaukasten war noch makabrer. Er enthielt zahlreiche, säuberlich aufgereihte Skelette. Den Anfang machten menschliche Skelette, von Erwachsenen bis zu Kindern waren alle Größen vertreten. Dann kamen Tiere, offenbar nach ihrer genetischen Nähe zum Menschen sortiert: Affen, Schweine, Hunde und viele Tiere, die ich nicht bestimmen konnte.

Auch hier befand sich alles in einem verwahrlosten Zustand. Mehrere menschliche Schädel sahen aus, als hätte jemand an ihnen genagt. Allen Affen fehlten irgendwelche Körperteile. Ausnahmslos jedes Skelett wies einen deutlichen Schaden auf.

In meinem geschwächten Zustand hatte ich Schwierigkeiten, meinen Puls zu kontrollieren. Deshalb wurde ich aufgeregt wie ein Anfänger, als mir etwas Ungewöhnliches in dem Schaukasten mit den ausgestopften Tieren auffiel. Die Andeutung einer Bewegung zwischen den Schimpansen und Gorillas. Nur einen Sekundenbruchteil lang.

Die Tür des gläsernen Käfigs war nicht verschlossen, also betrat ich den Raum. Mit meiner Stirnlampe beleuchtete ich die vor sich hin modernden Tiere, als plötzlich eine Schlinge um meinen Hals geschlungen wurde. Jemand war hinter mir und zog die Schlinge mit aller Kraft zu.

»Wo zum Teufel seid ihr gewesen?«

Mit ihrer freien Hand schloss Jesús María die Tür des Schaukastens und schaltete meine Lampe aus. Ein widerlich süßlicher Geruch drang mir in die Nase, als ich nach Luft rang. Ich versuchte zu unterscheiden, ob es sich um Mottenmittel für die ausgestopften Tiere oder eine K.-o.-Droge handelte. Vielleicht war es auch nur ein Parfüm, das Jesús María benutzte.

Jesús María lockerte den Druck um meinen Hals für einen kurzen Moment, ehe sie wieder zuzog. Die übliche Tour. Lass das Opfer denken, dass es abhauen kann – und nimm ihm die Hoffnung wieder. Physische und psychische Destabilisierung. Ich hustete.

»Auskundschaften, wo unsere Verfolger sein könnten«, sagte ich schließlich.

Sofort zog sie die Schlinge wieder fester zu.

»Ich kenne kein Pardon, Erasmo. Tot oder lebendig. Dir bleiben genau drei Sekunden. Was zum Teufel machen wir hier?«

Folterschulungen sind graue Theorie. In der Realität ist es immer schwieriger standzuhalten. Der Geist ist willig, das Fleisch ist schwach.

»Wir waren bei jemandem, der sich Sixten nennt. Anscheinend hat er früher mal mit Ingrid am schwedischen Atomprogramm gearbeitet.«

»Über diesen Typen weiß ich schon Bescheid. *Weiter.*«

Noch einmal lockerte Jesús María die Schlinge, vielleicht einen Zentimeter weit, ehe sie wieder zuzog. Lange hielt ich das nicht mehr durch. Ich sah schon kleine Punkte, erstes Anzeichen des Sauerstoffmangels.

»Seine Frau heißt Aina.«

Jesús María lockerte die Schlinge. Sie sah vielleicht ein, dass ich ihr keine weiteren Informationen geben würde, dass ich ihr korrekte, aber unbedeutende Einzelheiten nannte, wie wir es gelernt hatten. Ich keuchte und schnappte nach Luft, versuchte so viel Sauerstoff wie möglich in meine Lungen zu pumpen – und genau in diesem Moment zog sie wieder zu. Stärker als zuvor.

»Dir bleibt noch eine Sekunde, Erasmo. Ich mein's ernst.«

Ich brachte nur ein oder zwei Wörter auf einmal heraus. Die Silben krochen wie fette Raupen über meine geschwollenen Lippen.

»Sie hatten … Ver … dunkelungs … vorhänge im … Wohn … zimmer.«

»Eine halbe Sekunde.«

Das Blut wich aus meinem Kopf, als ob man ihn abgeschlagen hätte. Ich versuchte, mich zu schütteln, um ihr zu signalisieren, dass ich sonst nichts wusste. Aber ich war zu schwach, um mich zu rühren.

Meine Beine gaben nach. Meine Hand löste sich vom Griff des Koffers, der auf den Boden des Schaukastens fiel. Das Sicherheitsarmband schnitt tief in meine Hand ein.

Ich unternahm einen letzten Versuch. Fast jeder Mensch möchte bewundert werden.

»Sie sagte … du bist … Textil … designerin … Mexiko … du machst … schöne … Ding … Dinge.«

Jesús María zögerte eine Sekunde, ließ ein wenig locker, zog wieder zu – ehe sie schließlich ganz losließ. Wohl kaum wegen meiner Schmeichelei. Eher schon, weil ihr klar geworden war, was schon viele Folterer vor ihr bemerkt hatten: Ein toter Informant verliert jede Bedeutung.

»Stimmt. Du kannst es selbst überprüfen, Erasmo. Folge dem Muster, und selbst einer wie du sollte imstande sein, das zu kapieren.«

Plötzlich umhüllte mich irgendein Stoff. Sie ließ nicht eher von mir ab, bis ich vom Kopf bis zu den Zehen eng umwickelt war. Wie bei einem Bodystocking. Wahrscheinlich hätte ich mich befreien können – wenn Jesús María mich nicht zusätzlich links und rechts an den Gorilla und den Schimpansen gefesselt hätte.

Es war Ingrid, die mich viel später befreite, nachdem sie mich im Dunkel zwischen den halb verrotteten Tieren gefunden hatte. Zuerst versuchte sie die Knoten zu lösen, doch das erwies sich als unmöglich. Also nahm sie ein Messer zu Hilfe. Dann drückte sie mir den Koffer in die Hand und half mir aus dem Schaukasten heraus.

Jesús María hatte mir abschließend einen Ratschlag erteilt. Ich hatte ihn gerade noch durch das dicke Glas hören können, denn sie flüsterte, als sie die Tür des Schaukastens schloss und sich in die kleinere Felskammer zurückzog.

»Du solltest dieser Hexe kein einziges Wort glauben, Erasmo. Glaub mir. Sie streut den Leuten Sand in die Augen.«

2.07

Ich hatte tagelang in den Berichten gelesen, um das dort Geschilderte mit meinem Zustand zu vergleichen. Edelweiss bestand darauf, dass wir die wichtigsten Teile des Berichts in unserem Rucksack dabeihatten. Um die Risiken nicht zu vergessen. Uns immer daran zu erinnern, dass jeder von uns die Person sein konnte, von der der Bericht sprach – auch innerhalb des Nukleus. Der Auserwählte. Der Zerstörer.

Die Initialen des klassischen Berichts von 1958, »On the Risk of an Accidental or Unauthorized Nuclear Detonation«, schienen ein Wortspiel mit dem Namen des Forschungsinstituts, der »RAND Corporation«, zu sein. Darin wurde ein Fall von großer Wichtigkeit beschrieben: Einem betrunkenen Offizier war es gelungen, die Wachen eines Atomwaffenstützpunkts zu überwältigen und bis zur Raketenabschussrampe vorzudringen. Der Eindringling konnte rechtzeitig aufgehalten werden, und der Vorfall wurde erfolgreich vertuscht.

Solche Zwischenfälle ereigneten sich dauernd, und kaum jemand wusste davon. Das war unsere Welt der Geheimniskrämerei, unsere kleine Schneekugel.

Allein die amerikanische Luftwaffe beschäftigte

zwanzigtausend Menschen, deren Arbeit unmittelbar mit Atomwaffen zu tun hatte. Nicht einmal die Diagnose »zeitweilig psychotisch« war bei der Einstellung ein Ablehnungsgrund. Jedes Jahr wurden Hunderte Mitarbeiter versetzt, weil sie genau diese Symptome aufwiesen. Nach Aussage des Berichts erlitten jährlich zehn bis zwanzig Personen, die unmittelbar mit Atomwaffen zu tun hatten, einen Nervenzusammenbruch.

Manche Patientenakten lasen sich wie ein Thriller oder ein Horrorfilm. Einige kannte ich fast auswendig. Zum Beispiel litt ein dreiundzwanzigjähriger Pilot unter einer Wahnstörung. Einige Stunden nachdem er mit einem ranghohen Offizier gesprochen hatte, wurde er »von der Wahnidee überwältigt, diese Person in Stücke zu reißen«. Seinen Judokurs besuchte er gern. In vollen Restaurants bekam er Beklemmungen. Er bekämpfte sie mit seinen Gewaltfantasien. Er stellte sich dann vor, »den Laden in seine Einzelteile zu zerlegen«.

Seine Arbeit als Kampfpilot war für ihn die ultimative Befreiung. Er genoss das Gefühl der Macht.

Nachdem Ingrid uns bei Sixten und Aina ihren wahnwitzigen Plan erläutert hatte, nahm ich mir diese Fallstudien noch einmal vor. Diesmal las ich sie in einem anderen Licht. Ich war entsetzt und erkannte nicht nur mich, sondern auch Ingrid in diesen Psychogrammen wieder.

Auch die RAND-Berichte über »Vorsätzlich verursachte vorschriftswidrige Explosionen« waren wenig beruhigend. »Wir befassen uns auf den folgenden Seiten mit Regelverstößen, welche die Explosion einer Atomwaffe herbeiführen können. Leider lassen sich solche Regelverstöße allen Vorkehrungen gegen menschliches

Versagen zum Trotz nie ganz ausschließen. Zu diesen Vorkehrungen zählen die Vier-Augen-Regel beim Ladevorgang sowie Personalschulungen zum Thema Sicherheit. Die Grenze zwischen menschlichem Versagen und vorsätzlichem Handeln verläuft fließend. Unterbewusste Beweggründe können zu eindeutigem Versagen führen, aber auch zu unautorisiertem Eingreifen. Die Zerstörungsabsicht kann einer solchen Person völlig klar sein oder ihrem Bewusstsein verborgen bleiben. Sie kann permanent vorhanden sein und zu einem von langer Hand vorbereiteten Komplott führen oder sie kann sich als flüchtiger Impuls bemerkbar machen. Für manche vorsätzlichen Handlungen ist überhaupt kein Motiv feststellbar.«

Ich legte das Merkblatt, auf dem Edelweiss die zentralen Aussagen des Berichts zusammengefasst hatte, auf die Bettdecke und verbarg es unter meinem Notizbuch. Ich sah heimlich zu Ingrid hinüber, die nebenan auf der Pritsche lag. Ich wollte nicht, dass sie wusste, was ich las.

»Die gefährlichsten Krankheitsbilder sind der Gruppe der paranoiden Persönlichkeitsstörungen zuzuordnen. Sie lassen sich oft schwer erkennen, da die Betroffenen sich unverdächtig verhalten und oft imstande sind, einen etwaigen Verdacht zu zerstreuen. Insbesondere zwei Formen von paranoidem Wahn können bei Betroffenen zu dem Wunsch führen, eine atomare Explosion auszulösen. Erstens das krankhafte Verlangen nach Aufmerksamkeit, nach Ruhm. Zweitens die Wahnvorstellung, zu einer Aufgabe von historischer Bedeutung berufen zu sein. Die Zeitspanne zwischen Planung und versuchter Ausführung kann zwischen wenigen Wochen und mehreren Jahren liegen, während derer die betroffene Person auf eine günstige Gelegenheit zur Ausführung ihres Vorhabens wartet. Diese Art der systematischen Planung ist im Hinblick auf die atomare Sicherheit besonders kritisch zu sehen.«

Ich glaubte zu spüren, dass Ingrid mich fragend anschaute. Aber ich las weiter.

»Häufiger als solche paranoiden Handlungen sind willkürliche Zerstörungen, die infolge einer beeinträchtigten Impulskontrolle, der sogenannten Psychopathie, auftreten. Normalerweise haben sie nicht die Tragweite und das Ausmaß paranoider Handlungen, doch wenn sie hochdestruktive Waffen betreffen, können auch sie katastrophale Auswirkungen haben. Auch kann der tägliche Umgang mit Atomwaffen zu Sorglosigkeit führen. Darüber hinaus können sich Menschen mit Impulskontrollstörungen von der Kraft und dem Zerstörungspotenzial der Waffe angezogen fühlen, die ihnen ein Gefühl von Erregung und außergewöhnlicher Dramatik verschaffen. Pyromanen treibt oft das Verlangen, ihre Macht möglichst eindrucksvoll unter Beweis zu stellen. Sie nehmen lange Vorbereitungen in Kauf, um in Krankenhäusern oder sogar bei der Feuerwehr angestellt zu werden.«

Den letzten Teil in Edelweiss' Kurzfassung bildete das Fazit des psychiatrischen Anhangs – die schaurige Tatsache, dass eine sogenannte »nicht autorisierte atomare Explosion« die perfekte Fantasie für Paranoiker ist, die sich aus genau diesem Grund magisch von diesem Bereich angezogen fühlen.

Atomwaffen ermöglichten Katastrophen »von einer Größenordnung, wie sie früher nicht denkbar war. Daher können sie eine besondere Anziehungskraft auf

Menschen mit paranoidem Potenzial ausüben. Eine atomare Explosion erscheint ihnen als das optimale Mittel, diese Fantasien in die Tat umzusetzen.«

Und ich befand mich nun in der Gesellschaft von mindestens zwei solcher Irren – auf der Flucht vor dem Rest der Welt.

Meine Armbanduhr zeigte 09:56 Uhr, 11. September 2013. Zwölf Jahre war es her, dass man uns einen Blankoscheck ausgestellt hatte, seit wir mit dem Segen der sogenannten internationalen Gemeinschaft schalten und walten durften, wie wir wollten. Und etwas mehr als einen Tag, seit Ingrid mich aus meiner Starre befreit hatte und danach in eine Lethargie verfallen war, die ich auf ihre Rekonvaleszenz zurückführte.

Ich hörte auf zu lesen und steckte das Merkblatt zurück in meinen Rucksack. Was blieb mir übrig, als die Ungewissheit auszuhalten? Um mich abzulenken, sah ich mir das merkwürdige Stück Stoff an, das Jesús María mir gegeben hatte, und versuchte zu verstehen, womit sie mich in dem Glaskasten eingewickelt hatte. Ich folgte den detaillierten Anweisungen, die sie mit Kreide auf den schwarzen Stoff geschrieben hatte: Pfeile und gestrichelte Linien, die sie gezeichnet haben musste, während wir unseren Ausflug machten.

Hier falten. Reißverschluss entlang Kante »A« hochziehen und zur gegenüberliegenden Kante »C« führen, dann nach »F« falten. Der Koffer kommt in den so gebildeten Beutel und der Rucksack in den unteren Bereich. Bei richtiger Durchführung werden die Städteaufnäher auf der Außenseite der oberen Tasche sichtbar. Und sei dir im Klaren darüber, dass ich mich zu Tode langweile, Erasmo. Das dauert eine Ewigkeit!

Doch wie sehr ich mich auch bemühte, ich brachte nicht zustande, was Jesús María den »Hybrid« genannt hatte – das Wort stand in Großbuchstaben über die gesamte Längsseite »E« geschrieben. Also bat ich Ingrid, als sie schließlich aufwachte, um Hilfe. Ich sah sofort, dass sie mit Jesús Marías Denkweise vertraut war, ihrer kreativen Ader, ihrer Verschrobenheit, die ihrer eigenen ebenbürtig war. Eine Stunde später hatten wir die merkwürdige Konstruktion zusammengebastelt: eine Mischung aus Koffer und Rucksack, mit der Fähigkeit, beide nicht nur *aufzunehmen*, sondern auch zu *sein*.

»Mit so was vertreibt Jesús María sich die Zeit. Es ist ein wenig wie beim Origami. Oder beim traditionellen japanischen Kimono – Kleidung, bei der es ewig dauert, bis man sie angelegt hat, und die zu einer Art zeremonieller Rüstung wird. Zur Ausrüstung. Deren Struktur sich nie ganz erschließt, bei der das Innere und das Äußere ständig ihre Plätze wechseln.«

Sie half mir, die leere Vorrichtung auf meinen Rücken zu heben, zog die Riemen an, brachte alles ins Gleichgewicht. Das Ding war gleichzeitig unglaublich leicht und überraschend schwer. Als hätte man Seide mit Stahl oder Blei verwoben. Wie die Rüstung eines mythischen Helden. Auf magische Weise verteilte sich das Gewicht auf meinem Rücken, bis ich es nicht mehr spürte.

Ingrid schob zuerst den Koffer und dann den Rucksack hinein, jedes in das dafür vorgesehene Fach. Die sperrigen Gegenstände verschwanden fast spurlos, verschluckt von dem formlosen, organisch wirkenden Hybrid. Ob man null oder fünfzig Kilogramm darin trug, machte kaum einen Unterschied aus. Auch meine Waffe kam an die dafür vorgesehene Stelle: ein längliches Fach an der Seite, versteckt und doch gut zugänglich.

Ich stelle den Hybrid auf den Boden. Wir gingen um ihn herum und versuchten, seine Bauweise zu begreifen. Das Sturmgepäck und der »Football« waren zwar nicht eins geworden – aber es war etwas Neues daraus entstanden, ein Drittes. Überall gab es Taschen, Reißverschlüsse, Möglichkeiten, Alternativen. Selbst ein kleines Loch für das Sicherheitsarmband des Koffers war vorgesehen, sodass ich ihn immer noch an meinem Handgelenk befestigen konnte, sogar mit dem Hybrid auf dem Rücken.

Aber die Aufnäher waren das i-Tüpfelchen, Jesús Marías ironische Verbeugung vor unserer seltsamen Unternehmung. Ihre Form, dem Schrecken der nukleare Bewaffnung mit Humor zu begegnen.

Denn ihr experimentelles Transportgerät, das jetzt den »wichtigsten Gegenstand der Welt« enthielt, war mit Städteaufnähern übersät, wie sie in früheren Generationen populär gewesen waren: der Name der Stadt und ein stilisiertes kleines Bild – so hatte man sie in meiner Kindheit auf Rucksäcken und Jacken getragen.

Die reichen Kinder konnten bei den Skiausflügen mit ihren Eltern »St. Moritz« oder »Chamonix« kaufen. Später, wenn sie allein durch Europa reisten, kamen »London«, »Rom« und »Paris« hinzu. Mir hatten entfernte Verwandte »Aspen« und die »Niagara Falls« geschenkt.

Nun hatte Jesús María genau diese beliebten Aufnäher nachgebildet, zusammen mit einigen weniger bekannten, und sie auf den Hybrid genäht. Die Tarnung war perfekt. Selbst ein geübtes Auge sah nichts als einen großen, etwas altmodischen Rucksack, den jemand nach vielen Jahren aus dem Keller geholt hatte.

Das Reden fiel mir immer noch schwer. Meine Gesichtshaut spannte. Meine Lippen fühlten sich absurd geschwollen an. Nur wenn ich die Wörter ganz vorn im Mund bildete, brachte ich sie heraus – aber das reichte, um meine bedingungslose Kapitulation einzugestehen.

»Sie hat was drauf.«

»Nicht wahr, Erasmus? Der Welt ist eine große Künstlerin verloren gegangen.«

»Wie ist sie an den Stoff gekommen?«

Ingrid deutete auf die südöstliche Ecke der Felskammer. Als ich mit meiner Stirnlampe in die Dunkelheit leuchtete, sah ich die kaputten Bürostühle, die dort wirr gestapelt standen. Und auch das Durcheinander daneben: zerfledderte gelbe Gummihandschuhe (für die Sonne), zerrissene blaue Krankenhausdecken (für das Meer). Die weiße Polsterung der Stühle hatte für den Schnee auf den Aufnähern herhalten müssen.

»Kompositmaterialien, könnte man sagen. Ein bisschen abgewrackt, wie die Frau selbst.«

»Soll das heißen, dass Jesús María die Aufnäher selbst hergestellt hat?«

»Genau. Sie hat ein Elefantengedächtnis. Viel größer, als gut für sie ist.«

Ich beugte mich vor und hob den Hybrid wieder auf meinen Rücken.

»Ich habe sie gebeten, das Ding für dich zu basteln, Erasmus. Damit du den Koffer verstecken kannst und beide Hände frei hast. Ich garantiere dir, dass du sie brauchen wirst.«

»Sie tut, was du ihr sagst?«

»Wenn es ihr in den Kram passt. Wenn nicht, dann nicht.«

»Und was war gestern, als sie mich in den Schaukasten eingeschlossen hat?«

»Ach, das solltest du nicht persönlich nehmen, mein Schatz. Jesús María hat Männer nicht so gern. Sie lebt in ihrer Vergangenheit.«

2.08

Außenstehende glauben oft, dass Sabotage, Militäroffensiven, Gegenangriffe, ganz zu schweigen vom Krieg selbst explosive Ereignisse seien. Dass alles in einer raschen Sequenz dramatischer Ereignisse abläuft.

Edelweiss predigte oft, dass wir auf *nichts* so sehr aufpassen müssten wie auf *alles Mögliche.* Atomare Abschreckung beruht darauf. Die bloße Tatsache, dass sie existiert, schafft einen existenziellen Zwischenbereich, wo man ständig am Rande des Kriegs lebt, selbst in Friedenszeiten, selbst bei niedrigster Alarmstufe. Gerade junge Rekruten sitzen oft am tiefsten unter der Erde, in der unbeschreiblichen Einsamkeit der Raketensilos, und müssen den Drachen mit stets unverminderter Aufmerksamkeit bewachen – ob auf der niedrigsten oder der höchsten Bereitschaftsstufe. Denn das System als solches stellt bei Weitem die größte Gefahr dar. Jeden Tag. Das ganze Jahr. Jahrzehnt für Jahrzehnt.

Und in einem solchen existenziellen Niemandsland, in einer Lücke sowohl in Zeit als auch im Raum, befanden wir uns jetzt. Ingrid sagte, dass wir die Gelegenheit nutzen sollten, wieder zu trainieren. Bis sie mit ihrer Planung fertig sei und uns den Marschbefehl geben würde.

Also nahm ich mein Krafttraining wieder auf, während sie auf ihrem mobilen Terminal herumtippte oder ihre Yogaübungen machte. Ihre Asanas, die Namen wie »Heldenstellung«, »Zerstörer des Universums« oder »Die Totenstellung« trugen, spotteten jeder Beschreibung. Wirklich laufen, mich strecken, große Schritte machen, meinen Körper an seine Grenzen bringen – das konnte ich hier unten nicht.

Jesús María brauchte kein Training. Ihr Treibstoff, sagte Ingrid, sei dunkle Materie. Schiere Vergeltung. Ungetrübter Hass. Wir sahen sie nicht oft, meist nur, wenn sie einmal täglich die Schutztüren zu ihrer Felskammer öffnete, um sich an den großzügigen Vorräten zu bedienen, mit denen Sixten unseren Kühlschrank gefüllt hatte. Wie der restliche Maschinenpark stammte auch der Kühlschrank aus den Sechzigern.

Nachdem ich meine leichte Trainingseinheit absolviert hatte – ich erhöhte jeden Tag die Anzahl der Wiederholungen, egal ob mein Körper dazu bereit war oder nicht –, ging ich in den Duschraum. Früher musste er eine andere Funktion gehabt haben. Ich verkniff mir, danach zu fragen, weil ich aus Ingrids Antworten sowieso nicht schlau wurde. Ich drehte den Wasserhahn voll auf. Anfangs war ich überrascht, dass das Wasser nach so langer Zeit noch lief. Dann wunderte ich mich nur noch, wie eiskalt es im skandinavischen Felsgestein wird. Wenn ich die Dusche verließ, wankte ich halb gelähmt zurück zu meinen Trainingsklamotten, die ich auf einer der Metallarbeitsflächen abgelegt hatte.

Jeden Morgen nahm ich mir vor, Ingrid nach dem weiteren Vorgehen zu fragen, und jeden Abend schlief ich unverrichteter Dinge ein.

Am Freitag, dem dreizehnten, lag unsere Flucht eine Woche zurück. Ausgerechnet an dem Tag, den die gesamte westliche Welt zum Unglückstag erkoren hat. Ingrid hatte einmal in einer ihrer faszinierenden Vorlesungen über die Herkunft dieses Aberglaubens gesprochen. Ihrer Meinung nach verdankte er sich der Tatsache, dass Philipp IV. am Freitag, dem 13. Oktober 1307, von Tempelrittern gefangen genommen, gefoltert und hingerichtet worden war.

Es war auch der Tag, an dem der Fluch der Untätigkeit und Ungewissheit endlich durchbrochen wurde.

Zuerst hörte ich acht Pieptöne aus der Richtung der Eingangstür. Dann kam Sixten herein und warf uns sein strahlendes, herzliches Lächeln zu.

»Wie wär's mit einer Runde, Erasmus? Um die Lebensgeister zu wecken?«

Seine Laufklamotten sahen mindestens so hoch technisiert aus wie meine. Das Gleiche galt für seinen Rucksack. An der Vorderseite der beiden Schultergurte befanden sich zwei Halterungen, in denen Trinkflaschen steckten. Sixten war offenbar nicht nur ein passionierter Läufer, sondern auch ein Perfektionist – hier wie bei allem anderen.

»Ingrid sagte mir, dass Sie gern laufen. Ich dachte, ein bisschen Abwechslung könnte Ihnen guttun. Außerdem ist das eine gute Gelegenheit, um Ihnen die Umgebung zu zeigen. Ich denke, die könnte Sie interessieren, Erasmus.«

Meine Uhr zeigte 21:43 Uhr an. Um diese Zeit war es unwahrscheinlich, dass wir auf Passanten trafen.

Ich sah Ingrid an. Sie erwiderte meinen Blick und nickte.

»Du kannst deinem hübschen neuen Gesicht vertrauen, mein Schatz. Wie sollte jemand wissen, wer du bist, wenn du dich selbst kaum erkennst?«

2.09

Trotzdem zog ich die dünne, elastische Strickmütze tief in die Stirn. Nicht, um nicht erkannt zu werden, sondern weil es so kalt war. Trainingskleidung gehörte zu unserer Ausrüstung. Edelweiss – der selbst kaum jemals mehr als ein paar Meter weit ging – betonte gern, dass nur die größtmögliche Mobilität dem fast körperlichen Schmerz des Nichtstuns entgegenwirke.

Meine Uhr hatte 16,1 Grad Celsius in den Prüfräumen gezeigt. Jetzt, an der Erdoberfläche, zeigte sie 7,3 Grad. Die Luft war frisch und klar wie Glas. Allein das Gefühl, draußen zu sein, war euphorisierend. Alles war vertraut und fremd zugleich. Himmel und Mond waren dieselben wie damals, als ich in der Hotelsuite fieberhaft auf das Signal gewartet hatte. Als ich erst den Untergang, dann den Aufgang der Sonne beobachtet hatte. Als ich noch nicht wusste, wer Alpha war und welchen verrückten Plan sie hatte. Als die Welt noch nicht kopfstand.

Sixten bemerkte, dass ich keuchend Atem holte. Er blieb stehen und warf mir einen besorgten Blick zu.

»Wie geht es Ihnen, Erasmus? Ist der Rucksack nach der OP zu schwer für Sie? Ich kann ihn nehmen, wenn Sie wollen.«

»Danke, Sixten, aber ich spüre ihn kaum.«

»Gut. Verglichen mit einer normalen Laufausrüstung sieht er ein wenig ungewöhnlich aus. Aber selbst wenn heute Abend – oder ein andermal – etwas Unerwartetes geschieht, ist das kein Beinbruch. Ich habe den Nachbarn gesagt, dass ich Verwandte aus Amerika erwarte. Und weil ich mir schon gedacht habe, dass ihr einiges an Ausrüstung mit euch herumschleppen werdet, habe ich ziemlich dick aufgetragen. Die Nachbarn halten euch für Hobby-Ornithologen, die sich ungewöhnliche schwedische Biotope ansehen wollen.«

Sixten setzte seinen eigenen Rucksack ab, in dem sich zwei große Teleskope befanden. Wortlos reichte er mir eins der beiden, und als ich es in den Hybrid steckte, ließ ich es so weit herausragen, dass man es deutlich sehen konnte. Das internationale Erkennungszeichen der Vogelbeobachter.

Dann lief er voran, in lockeren, weit ausgreifenden Schritten, mit einer Geschwindigkeit von ungefähr zehn Minuten pro Meile.

Ich folgte ihm relativ problemlos. Es fühlte sich ungewohnt an, dass ich die Hände frei hatte. Der wichtigste Gegenstand der Welt schaukelte sanft in Jesús Marías Hybrid, verborgen in dem dünnen, starken Gewebe, das sie mit Zauberhand gesponnen hatte.

Wir befanden uns am dünn besiedelten Rand einer Trabantenstadt, passierten Einfamilienhäuser und Straßenlaternen. Vor einem Waldstück stand ein letztes Haus, und ich konnte nicht anders, als einen Blick in die erleuchteten Fenster zu werfen. Ich sah kleine rote Lampen in den Kinderzimmern, blaue Monde mit goldenen Sternen, Kuscheltiere. Erinnerungen stiegen in mir auf, drohten mich zu überwältigen. Ich wandte mich wieder ab, sah nach vorn.

Dann breitete sich Dunkelheit um uns aus. Hohe Bäume, Wurzeln und Felsen. Sixten war es offenbar gewohnt, sich in diesem unbeleuchteten Gelände zu bewegen. Als wir weit genug von der Straße entfernt waren, blieb er stehen und wartete auf mich. Durch das dichte Astwerk der Tannen konnte man kaum den Himmel sehen.

Ich blickte auf die schwach beleuchteten Ziffern meiner Armbanduhr. 22:49 Uhr. Mir war klar, dass ich Sixten in dieser Umgebung hilflos ausgeliefert war. Nicht, dass ich ihm misstraute. Trotzdem blieb ich wachsam. Als ich in der Dunkelheit hörte, wie seine Windjacke raschelte, verkrampfte sich mein ganzer Körper. Ich bereitete mich darauf vor, meine Waffe zu ziehen, ehe er Zeit hatte, mich anzugreifen.

Aber Sixten hatte nur eine seiner Trinkflaschen hervorgeholt, die er mir jetzt reichte. Ich hob sie an den Mund und nahm ein paar Schlucke von dem Elektrolytgetränk. Nach einer so kurzen Strecke in entspanntem Tempo brauchte keiner von uns etwas zu trinken. Aber er griff mich nicht an, er versuchte mir zu helfen. Es war eine Geste.

»Wissen Sie, es ist trotzdem seltsam«, sagte er.

Ich wartete, beobachtete, lauschte in die undurchdringliche Stille, bis der Pulsschlag meines immer noch geschwächten Körpers zur Ruhe gekommen war.

»Wie die Lügen mir einfach so über die Lippen gekommen sind, als ich den Nachbarn von euch erzählt habe – dieser ganze Quatsch von wegen Ornithologen und so weiter. Wie in alten Zeiten. Die Maschine kam einfach wieder so in Gang. Nach fünfundvierzig Jahren.«

Das Sportgetränk hinterließ einen klebrig-süßen Nachgeschmack. Sixten redete weiter.

»Wissen Sie, dass es Aina war, die nach hier draußen ziehen wollte? Sie hat vom ersten Tag alles gehasst, was mit Atomwaffen zu tun hatte. Sie hatte eine Broschüre über diese nette neue Wohngegend in Ursvik gesehen und meinte, dass wir hinfahren und uns das anschauen sollten. Kaum dass wir aus dem Bus gestiegen waren, fing sie an zu schluchzen. Wie ein kleines Mädchen. Sie erinnerte sich an das großartige Solidaritätsgefühl während des sogenannten Ursvik-Marsches im Jahr 1961. Der erste Massenprotest gegen die schwedischen Atomwaffenpläne. Sie sagte, dass das der Auslöser für ihr Jurastudium in Lund war, dass sie ihr ganzes Leben dem Gesetz widmen wollte. Der Marsch war der Startschuss dafür, dass sie sich später so stark gegen Atomwaffen engagierte.«

Immer noch kein Geräusch außer Sixtens sanfter Stimme und dem fernen Summen des nächtlichen Autobahnverkehrs.

»Und Sie verstehen bestimmt, dass mir gar nicht wohl in meiner Haut war. Nya Ursvik wurde direkt auf unseren früheren Geheimanlagen errichtet. Dem Plutoniumlabor, der Metallurgieabteilung, den Prüfräumen. Auch wenn das alles sehr tief lag, machte ich mir Sorgen, dass man bei den Bauarbeiten auf das alte System stoßen könnte.«

Ich fröstelte. Ich trug zum Herumstehen nicht die richtige Kleidung. Aber ich ließ ihn reden.

»Ich war Aina gegenüber nicht ganz ehrlich, hatte ihr nur gesagt, dass ich da draußen mit streng geheimen Forschungen betraut sei. Und sobald das schwedische

Programm gestrichen wurde, hat man mich in den Abrüstungsbereich versetzt – was sich anfangs komisch anfühlte. Aber ich war beileibe nicht der Einzige. Bei den internationalen Friedenskonferenzen gab es viele inoffizielle Berater in der schwedischen Delegation, die früher an dem Atomwaffenprojekt beteiligt gewesen waren. Man könnte sogar sagen, dass wir bei der Abrüstung eine wichtige Rolle spielten – einfach deshalb, weil wir nicht mehr an der Wiederaufrüstung arbeiteten. Aus historischen Gründen, aus zufälligen Umständen, Sie kennen das. Die Macht des Schicksals.«

Sixten verstummte, schien zu zögern.

»Als Aina mich in den frühen Siebzigern zu einigen Treffen der Atomwaffengegner mitnahm, hatte ich ihr noch gar nicht gesagt, woran ich in der Vergangenheit gearbeitet hatte. Und danach schien nie der richtige Zeitpunkt gekommen zu sein. Eine jämmerliche Ausrede, ich geb's zu.«

Irgendwo in der Nähe knatterte ein Moped vorbei, und Sixten verstummte wieder. Er wartete, bis der Fahrer angehalten und reichlich Zeit gehabt hatte, in sein Haus zu gehen.

»Deshalb konnte ich unmöglich ihren Wunsch erfüllen. Wir besaßen ein geräumiges Haus mit einem richtigen Garten, und es ging uns finanziell gut. Aina wies auf den netten kleinen Garten hin, der zu jedem Haus gehörte, und auf dieses Waldstück hier. Sie fand sogar heraus, dass es seltene Vogelarten gab, die ich beobachten konnte. Trotzdem habe ich damals keine ernsthaften Kaufverhandlungen geführt. Und so blieb es ziemlich lange. Eine Art Waffenstillstand, damit die Auseinandersetzung um unser zukünftiges Heim nicht unsere glückliche Ehe gefährdete – ausgerechnet jetzt, nachdem wir in Rente gegangen waren. Bis Ingrid anrief, vierzig Jahre nach unserer Trennung. Auf den Tag genau.«

Ich nahm Sixten die Flasche aus der Hand und leerte sie in einem Zug. Auf einmal verspürte ich großen Durst. Seine Geschichte schien ähnlich viel Energie zu verbrauchen wie ein langer Lauf.

»Ingrid sagte, dass sie den Namen meiner Frau in einem Bericht über einen kleineren Einsatz entdeckt habe. Offenbar hatten unsere Leute ihre ideologischen Gegner sehr genau beobachtet, bis hinab zu Aina Lundberg im neutralen, kleinen Schweden. Ingrid hatte ihren Namen gesehen und eins und eins zusammengezählt. Gerade als sie eure Flucht zu planen begann und eine sichere Anlaufstelle brauchte. Was für eine seltsame Verkettung von Umständen. Ironie des Schicksals.«

Sixten holte die andere Flasche hervor, trank einen Schluck.

»Und danach war alles anders. Jetzt musste ich genau das tun, was Aina wollte, nämlich hierher, nach Ursvik ziehen. Sonst hätte sie gedacht, dass ich meinen Erinnerungen an Ingrid aus dem Weg gehen wollte. Denn als Ingrid sich gemeldet hatte, hatte ich Aina schließlich davon erzählt, von meiner Vergangenheit und allem. Und außerdem ist dies natürlich der beste Unterschlupf auf Erden. Soweit ich weiß, das einzige unterirdische Tunnelsystem, das so weitläufig und zugleich so unbekannt ist. Oder kennen Sie etwas Vergleichbares, Erasmus? Sie sind natürlich viel besser informiert als ich.«

Ich antwortete nicht, sondern sah auf meine Uhr. Kurz vor Mitternacht.

»Es dauerte ungefähr ein Jahr, bis wir hierherzogen.

Dafür werde ich Ingrid immer dankbar sein – dass sie Aina und mich wieder zusammengebracht hat. Bis ans Ende der Zeit.«

Auf der Autobahn fuhren nur noch vereinzelte Wagen.

»Und wie war es bei Ihnen, Erasmus? War es das Doppelleben, waren es all die Lügen gegenüber Ihrer Frau und den Kindern, die den Ausschlag gegeben habe? Oder die *Sache* an sich? Oft ist es ja eine Kombination verschiedener Faktoren. Trotzdem – könnten Sie einen konkreten Auslöser für Ihre Entscheidung nennen? Immerhin eine ziemliche Heldentat.«

Ich hatte diese Frage erwartet. Mir war klar, dass vertrauliche Mitteilungen eine Art Tauschware sind: Man muss welche geben, um welche zu bekommen. Einen Augenblick lang war ich mir sicher, dass ich etwas Entscheidendes und Unwiderrufliches sagen würde. Über meine Dissertation und die Sitzungen mit Ingrid. Darüber, dass mein Entschluss unmerklich herangereift war, fast ohne mein Zutun.

Dann kehrte die Kälte der Nacht zurück, das Frösteln in den Gliedern. Vielleicht glaubte er, dass ich mit den Schultern zuckte.

»Wie Sie schon sagten, Sixten. Es war eine Kombination verschiedener Faktoren, die schwer voneinander zu trennen sind. Aber mir wird langsam kalt. Wollen wir nicht weiterlaufen?«

2.10

Ich zog die Riemen des Hybrid fest, um wieder diese besondere Leichtigkeit herzustellen. Sixten beschleunigte jetzt das Tempo. Erst auf weniger als zehn Minuten pro Meile, dann auf acht. Vielleicht um mich herauszufordern, um zu sehen, wie leistungsfähig ich in meinem geschwächten Zustand noch war. Oder damit mir wieder warm wurde.

Aber mein Körper reagierte nicht einmal annähernd so gut, wie es mir lieb gewesen wäre. Nach Operationen und körperlichen Traumata sahen unsere Vorschriften sogar in Krisensituationen mindestens vierzehn Tage Rekonvaleszenz vor. In Wirklichkeit war das allerdings selten möglich.

Ein Wachhäuschen auf der anderen Seite des Waldstücks versetzte mich instinktiv in Alarmbereitschaft. Ein abgezäuntes Areal. Ein Tor mit Schranke. Der Bereich hinter dem Tor in grelles gelbes Licht getaucht. Erneut fühlte ich mich ungeschützt. Ich warf Sixten einen Blick zu.

»Nur immer mit der Ruhe, Erasmus. Der Posten ist seit Jahrzehnten unbesetzt. Die Baufirma hat die Scheinwerfer aufgestellt, um die Kinder abzuschrecken, die hier abends spielen, und der Nachwächter beginnt seine Runden erst in einer Stunde.«

Ich sah auf die Uhr: kurz nach Mitternacht. Wir krochen unter der Schranke hindurch und blieben vor zwei niedrigen Baracken mit abblätterndem grauen Anstrich stehen.

»Bitte sehr: der Tatort. Die Unterkünfte für die Mitarbeiter des Atomwaffenprogramms der FOA, der Forschungsanstalt der Verteidigung. Maximal zweitausend Menschen Mitte der Sechzigerjahre. Links sehen Sie das Gebäude für die Frauen, rechts das größere Gebäude für die Männer. Aber diejenigen, die mit Geheimaufgaben betraut waren, waren tief unter der Erde stationiert.«

Wir schlugen einen weiten Bogen um das Gelände, Sixten immer einen oder zwei Schritte voraus. Hinter den Baracken, auf der anderen Seite eines halb zerfallenen Zauns, lag ein kleineres Waldstück. Auf dem Hang, der sich dahinter erhob, sah ich ein mit Plastikplanen verhülltes Gebäude. Er wies mit dem Kopf dorthin.

»Das Büro. Auf dem Gelände soll eine Privatschule gebaut werden. Sie sind gerade noch rechtzeitig gekommen, bevor hier alles abgerissen wird.«

Sixten lief voraus, duckte sich und kroch durch ein Loch im Zaun. Dahinter stieg der Waldweg steil an, eigentlich zu steil für mich in meinem Zustand, es war mehr ein Klettern als ein Laufen. Ein Weg war hier bestimmt nicht vorgesehen gewesen.

Sobald wir den beleuchteten Asphaltplatz erreicht hatten, der später vermutlich als Schulhof dienen würde, führte Sixten mich zu einem Schaltkasten am Notausgang des Gebäudes. Dieser Bereich lag außerhalb der Reichweite der Scheinwerfer. Nachdem er den Code auf dem Bedienfeld eingetippt hatte, öffnete sich die Tür. Vor uns lang ein Flur. Sixten trat ein. Neonleuchten an der Decke erwachten flackernd zum Leben.

»Entschuldigen Sie die Unordnung, die Putzfrau hat gerade Urlaub.«

Ich blinzelte, bis sich meine Augen an die Helligkeit gewöhnt hatten. Dann sah ich links und rechts die Büroräume. Putz blätterte von der Decke. Die Trennwände waren offensichtlich mit einem Vorschlaghammer traktiert worden.

Sixten ging zielstrebig durch den Flur. Er drehte sich lächelnd um, als wir in einen mindestens vier Meter hohen Lichtschacht traten. Plötzlich kletterte er über einen Schutthügel, der sich vor der hohen, weiß gestrichenen Wand erhob, und bedeutete mir, ihm zu folgen.

»Sehen Sie es, Erasmus?«

Ich sah mich nach den üblichen Anzeichen um: sich weitende Risse, unebene Oberflächen – oder auch nur irgendeine Art von Struktur in diesem Chaos.

»Nichts. Wonach suchen wir?«

Sixten setzte seinen Rucksack ab und hob einen herumliegenden Lappen auf, mit dem er vor sich über die Wand wischte. Staub wirbelte auf, Mörtel rieselte zu Boden. Schnell war der Mann umgeben von einer grauen Wolke.

»Künstlerisch betrachtet nichts Besonderes. Obwohl Ingrid sagte, dass sie nie etwas Schöneres gesehen habe.«

Auf dem naiven Gemälde, das jetzt zum Vorschein kam, waren vier Menschen in Schutzanzügen zu sehen. Sie waren mit der Dekontaminierung nach einem radioaktiven Unfall, vielleicht auch einem Atomwaffentest, beschäftigt. Sixten legte das Fresko nach und nach frei.

»Keiner außer uns wusste, wer dieses Bild gemalt hat. Eigentlich hätte die Signatur für die vielen Kryptologen, die wir hier hatten, ein deutlicher Hinweis sein müssen. Aber nur Ingrid und ich waren so spät noch im Büro. Ich brauchte bloß ein paar Wochen. Jede Nacht habe ich daran gearbeitet. Damals hatten wir noch so etwas wie Freizeit. Danach sind wir unter der Erde verschwunden, wie eine Gruppe Bergtrolle. Haben jahrelang ganz unten gelebt, auf der Laborebene.«

Schließlich hatte Sixten das ganze Wandbild freigelegt. Es war mindestens neun mal drei Meter groß, ein beredtes Zeugnis ihrer geheimen Arbeit. In der unteren rechten Ecke bildeten die vier Dekontaminierungsarbeiter in ihren Schutzanzügen ein kleines graugrünes Feld, auf der linken Seite befand sich ein Labor mit Glaskolben, Flaschen und Molekülmodellen.

Aber der Mittelpunkt des Bildes war dem Atombombenprojekt gewidmet. Drei Soldaten mit Taschenlampen standen neben einer imposanten grünen Rakete. Zuoberst, fast über die gesamte Breite des Gemäldes, erstreckte sich ein weißer Atompilz. Und in der Mitte des Bildes stand ein Paar eng beieinander. Der Mann trug braune Slipper und hatte kurz geschorene dunkle Haare, die Frau trug flache rosafarbene Schuhe und hatte einen blonden Pagenschnitt. Der Mann reichte der Frau eine kleine schwarze Schatulle, auf der »FOA« stand.

Kein Zweifel, bei dem Paar handelte es sich um Ingrid und Sixten – und in der Schatulle befand sich ein Ring.

Die Signatur in der linken Ecke war ein kleines kryptologisches Meisterwerk. Die Anspielung auf das Atomwaffenprogramm, auf die Flugkörper in ihren unterirdischen Silos, lenkte von der eigentlichen Bedeutung ab. »SILO 1962« – Sixten, Ingrid, Lundberg, Oskarsson.

Der Künstler sah mich erwartungsvoll an.

»Was halten Sie davon, Erasmus? Nicht schlecht, oder?«

Ich sagte nichts, sondern betrachtete fasziniert das Wandbild.

Sixten wartete nicht auf eine Antwort. »Als der neue Chef der FOA Anfang der Siebzigerjahre, als das Programm beerdigt wurde, herkam, war er nicht gerade begeistert. Das Bild verschwand hinter Rigipsplatten. Und jetzt ist es wieder zum Vorschein gekommen.«

Sixten warf den Lappen zurück auf den Boden. Dann holte er aus seinem Rucksack eine Kamera heraus.

»Ich habe Ingrid versprochen, das Gemälde zu fotografieren, ehe es zerstört wird. Wir nannten es unser ›Verlobungsfoto‹, denn eine andere Möglichkeit, unsere Verlobung zu dokumentieren, hatten wir nicht. Intime Beziehungen waren innerhalb der Organisation eigentlich nicht erlaubt, trotzdem gab es sie natürlich.«

Er ging so weit zurück, wie es in dem Lichtschacht möglich war, und machte sein Foto. Dann steckte er die Kamera weg und nahm einen Sprühbehälter aus dem Rucksack. Schnell und effizient bedeckte er alle Gesichter auf dem Gemälde mit weißer Farbe. Dann sah er auf seine Armbanduhr.

»So, das wäre erledigt. Der Nachtwächter wird bald seine Runden beginnen. Das heißt, ab jetzt bleiben uns noch dreißig Minuten, um das Gelände zu verlassen.«

Meine Uhr zeigte 00:52. So gut ich konnte – er nahm immer zwei Stufen auf einmal –, folgte ich Sixten hinauf in den sechsten Stock.

Hier oben waren die Zerstörungen nicht ganz so gravierend. Man hatte eher den Eindruck, dass alles in großer Eile verlassen worden war. Die Reihe rostiger Metallschreibtische an der rechten Wand schien seit Jahrzehnten unangetastet geblieben zu sein. Überreste eines vorsintflutlichen Großrechners standen am Ende des fensterlosen Flurs hinter zwei kaputten elektrischen Glasschiebetüren. In den Wänden waren noch die Kabeldurchlässe zu sehen.

»Tja, Erasmus, hier sehen Sie das Kommunikationszentrum, in dem alles zusammenkam – das ziemlich beeindruckende Ganze, das wir geschaffen haben. Die unterirdischen Labors mit dem Tunnelsystem und dieses oberirdische Büro.«

Sixten zog einen Stuhl unter einem der Metalltische hervor und bot ihn mir an. Er besorgte sich einen weitern Stuhl und setzte sich neben mich. Wieder fing er an, in seinem Rucksack herumzukramen. Holte zwei kleine Sandwich-Pakete heraus und eine Thermoskanne mit Kaffee. Ich gab mir alle Mühe, die Sandwiches ebenso sorgfältig auszuwickeln, wie sie verpackt worden waren, aber ohne Erfolg. Das war Perfektionismus bis ins kleinste Detail. Die Leberpastete befand sich genau in der Mitte des Schwarzbrots, die Gurkenscheibchen tanzten keinen Millimeter aus der Reihe. Und als er den noch dampfenden Kaffee in die Plastikbecher goss, war die Füllhöhe in beiden Bechern exakt die gleiche – wie mit einer Pipette abgemessen.

Dann fuhr er mit seinem Bericht fort, während wir in die Löcher starrten, die der Großrechner hinterlassen hatte.

»Anfangs saß ich meist hier. Ich prüfte Zündungsmechanismen, berechnete Implosionsprozesse, Tag und Nacht, mit wenig Schlaf. Natürlich hatte ich noch nicht lange als Ingenieur gearbeitet und fand das alles unheimlich aufregend.«

Ich sah auf die Uhr, versuchte ihn zur Eile anzuspornen. Uns blieben noch vierzehn Minuten, bis der Nachtwächter kam.

»Was die wissenschaftliche Arbeit betraf, so machten wir rasche, fast reibungslose Fortschritte. Die offizielle Bezeichnung für das S-Programm lautete ›Forschungsprogramm für Schutz- und Verteidigungsmaßnahmen bei atomaren Gefahrensituationen‹. Und wer sollte dagegen etwas einwenden? Aber für uns war das L-Programm von entscheidender Bedeutung. Dort wurden die Sprengladungen konzipiert und entwickelt. Alles bestens getarnt durch das S-Programm.«

Sixten schenkte den verbliebenen Kaffee ein. Wieder teilte er ihn präzise auf beide Becher auf. Trotz der Tarnung habe sich die öffentliche Meinung gegen sie gewandt, erklärt er. Schon im Jahr 1956 hatte der Schwedische Bund sozialdemokratischer Frauen gegen das Atomwaffenprogramm Stellung bezogen, und der Widerstand breitete sich rasch aus. Als der Leiter der FOA im Jahr 1957 offen aussprach, dass Schweden schon in sechs oder sieben Jahren eine eigene Atombombe haben könnte, wurde er sofort entlassen. Bekannte Schriftsteller, der Außenminister, allerlei Prominente sprachen sich gegen die Bombe aus.

Ich nickte ungeduldig, denn ich kannte das alles schon aus den Recherchen für meine Doktorarbeit.

»Aber ausgerechnet in der schwersten Stunde des Projekts kam diese junge Frau daher, direkt von einem

Gymnasium in Kiruna. Wie ein Geschenk des Himmels. Man sagte, sie sei mit ihren siebzehn Jahren bereits eine Meisterkryptologin, ein wahres Naturtalent. Bald zeigte sich, dass sie nicht nur im Verschlüsseln gut war, sondern auch darin, den Leuten Sand in die Augen zu streuen. Das galt für alle, vom mächtigsten Politiker bis zu unseren unmittelbar Vorgesetzten. Offiziell fing sie als Bürohilfe mit Gehaltsstufe F2 an und brachte es bis zur Abteilungsleiterin. In Wahrheit war sie unersetzlich.«

»Ingrid Oskarsson.«

»Genau. Ich glaube, sie konnte sogar die Realität selbst verschlüsseln.«

Wieder sah ich verstohlen auf meine Uhr. 01:14. Noch acht Minuten bis zu dem Zeitpunkt, da wir laut Sixten auf alle Fälle verschwunden sein mussten. Und trotzdem kein Anflug von Unruhe in seiner Stimme.

»Und jahrelang hörte niemand einen Mucks. Kein Wort über das Programm – dass Schweden einst geplant hatte, seine eigenen Atomwaffen zu bauen. Kein Wort über die geheimen Tests und unterirdischen Labors, die eigentliche Arbeit der FOA. Bis dann im Jahr 1985 eine Artikelserie erschien. Ich kann nicht behaupten, dass ich mit der Vertuschung nichts zu tun gehabt hätte. Aber Ingrid war die Architektin, die hinter all den großartigen Ablenkungsmanövern und Tarnorganisationen stand.«

Jetzt sah er auf seine Uhr. Er stand auf. Packte Becher, Teller, Thermoskanne zusammen und verstaute sie im Rucksack – schnell, aber ohne jede Hast. Er ließ sich in jedem Fall die Zeit, das Sandwichpapier sorgfältig zu falten.

Ich erhob mich ebenfalls. Ich fragte ihn nach dem seltsamen hellen Rechteck an der Wand. Es sah aus, als ob auch dort ein Bild entfernt worden wäre.

»Ja, dort war früher das Bedienfeld für die Dioden in den Tunneln, die Schiebetüren hier oben, alles Mechanische und Hydraulische, die gesamte Elektronik. Auch das verschwand spurlos, als das Programm beerdigt wurde.«

Dann drückte er dort auf die Mitte des leeren Rechtecks. Die Wand öffnete sich geräuschlos. Genau in dem Augenblick, als die Beleuchtung im gesamten Stockwerk verlöschte und sich die Wand hinter uns schloss, sah ich die Taschenlampe des Nachtwächters am anderen Ende des Gangs flackern.

»Unglaublich«, sagte ich.

»Ach, das ist doch nichts Besonderes. Nur eine Spielerei. Aber es ist erstaunlich, wie viele dieser alten Sachen noch funktionieren.«

Sixten eilte voraus durch das stockdunkle Treppenhaus. Ich hatte Mühe, ihm zu folgen. Unten angekommen – ich nahm an, dass wir uns ein Stockwerk unter dem befanden, durch das wir hereingekommen waren – hörte ich, wie er etwas auf einem weiteren Bedienfeld eintippte. Im Boden tat sich eine kreisrunde Öffnung auf, darunter wiesen die roten LED-Lichter den Weg zurück in die Unterwelt. Sixten fuhr mit seiner Erzählung fort, während wir dem Weg folgten.

»Die Militärs wollten, dass wir bis Ende der Sechzigerjahre mindestens zehn atomare Gefechtsköpfe jährlich produzierten. Jeder einzelne sollte die Sprengkraft der Nagasaki-Bombe haben, also zehn bis zwölf Kilotonnen. Sie fragen sich bestimmt, woher dieses kleine Land so viel Geld hatte. Ich kann nur sagen, dass lediglich ein Teil der Gelder aus offiziellen Regierungsmitteln oder aus verschlüsselten Überweisungen anderer Abteilungen des Verteidigungsministeriums stammte. Der größte Teil kam von unserem streng geheimen Geldgeber.«

Ich hakte nicht nach, denn ich wollte weder mein Wissen noch meine Unkenntnis enthüllen. Als wir uns 47,3 Meter unter der Erde befanden, endete die Leuchtspur der Dioden vor einer wuchtigen Schutztür aus Stahl. Sixten tippte den Code auf dem Bedienfeld ein und wir passierten den Druckwellentunnel und die Sprengtüren. Als wir die letzte Schleuse passiert hatten, wies er mit der Hand in den Raum und schüttelte den Kopf.

»Das Plutoniumlabor. Hier ist die erste Stufe des Atomwaffenprogramms gescheitert.«

Die Felskammer war deutlich kleiner als die anderen Labors, die ich hier unten gesehen hatte. Sixten drückte den gummiüberzogenen Schalter. Es dauerte, bis die Neonlichter endlich brannten. Gut möglich, dass hier seit Jahrzehnten niemand gewesen war. Das Labor sah aus wie eine Bühnenkulisse: ein sauberer Kaffeebecher, ein unbenutztes Notizbuch, eine lose elektrische Leitung, die auf einem Schreibtisch lag. Requisiten aus dem schwedischen Traum, eine Atommacht zu werden.

»Plutonium, vor allem Pu-239, ist ein ziemlich unangenehmes Zeug. Aber das wissen Sie ja. Nicht nur wegen der Alphateilchen und der immensen Toxizität. Auch weil es in so hohem Maß luftentzündlich ist. Es kann einfach jederzeit entflammen. Anfangs hatten wir Schwierigkeiten, die Substanz zu handhaben. Aber all das war sowieso nur ein Ablenkungsmanöver.«

Auch jetzt widerstand ich meinem Drang, Fragen zu stellen. Er öffnete und schloss die Schutztüren verschiedener Labors, einige so schnell, dass ich kaum etwas sehen konnte. Aus den Recherchen für meine Doktorarbeit waren mir die Begriffe auf den Schildern natürlich bekannt, auch auf Schwedisch. KRITIKALITÄTSRAUM geradeaus, METALLURGIE links, MECHANISCHE ZÜNDUNG rechts und weiter hinten, auf derselben Seite, NUKLEARE ZÜNDUNG. Schöne Großbuchstaben aus Chrom, die von dem gleichen rotgrauen Pulverstaub bedeckt waren, den ich schon aus den Prüfräumen kannte.

Wir erreichten die Luftschleusen im hinteren Teil des Raums und befanden uns plötzlich wieder in dem Tunnelsystem, diesmal auf der entgegengesetzten Seite des Plutoniumlabors. Sixten fuhr mit seiner Geschichte fort. Die Leuchtdioden tauchten alles in ein unwirkliches Licht – und auch die Geschichte selbst wurde immer surrealer.

»Die ganze Zeit mussten wir uns immer tiefer in den Fels wühlen. Für die Entwicklungen auf der zweiten und dritten Stufe benötigten wir hoch spezialisierte Standorte, von denen nur die wenigsten aus der kleinen Gruppe der Auserwählten wissen durften. Damals entstanden die Prüfräume, hundert Meter tief im Felsengrund des fennoskandinavischen Schildes. Wir stellten ein kleines Team von Forschern zusammen, alt genug, dass sie wahrscheinlich nicht mehr leben würden, wenn das Geheimnis durchsickerte – denn es war klar, dass das letztlich geschehen würde. Wir wollten keine Zeugen haben.«

Sixtens Stimme wurde heiser, sank fast zu einem Flüstern herab.

»Unsere Forscher starben denn auch wie geplant, einer nach dem anderen, aber sehr viel schneller als erwartet. Teils aus Altersgründen, aber teils wohl auch infolge der Nebenwirkungen. Ich dachte an einen Fluch, ähnlich wie bei Tutanchamuns Grab, und wartete darauf, dass ich an die Reihe käme. Aber als nichts geschah, errechnete ich die Verweildauer und fand heraus, dass die Forscher viel mehr Zeit da unten verbracht hatten als Ingrid und ich. Und als ich dann, vor ein oder zwei Jahren, zum ersten Mal nach Jahrzehnten wieder in die Prüfräume ging, sah ich den erbärmlichen Zustand der Menschen und Tiere in den Schaukästen. Da war es nicht schwer, sich vorzustellen, dass die Forscher den gleichen Verfallsprozess durchlaufen hatten.«

Sixten blieb stehen und drehte sich zu mir um. Trotz des schwachen Lichts sah ich deutlich, wie sich seine Miene veränderte. Die scharf geschnittenen Gesichtszüge zerflossen wie Wachs in der Sonne. Unvermittelt trat er näher und umfasste meine Schultern.

»Es tut mir leid, Erasmus, es ist so schrecklich! Was wir damals taten, ohne etwas über die Auswirkungen zu wissen. Und noch immer suchen die Atommächte nach der ultimativen Formel, die uns alle ausrotten kann. Ist das nicht völlig unbegreiflich?«

Ich nickte. Es gab vieles, wonach ich gern gefragt hätte, versteckte Andeutungen und halb ausgesprochene Hinweise. Aber ich wusste, dass die Muschel sich für immer verschließen würde, wenn ich zu gierig nach der Perle griff. So hatte Edelweiss es oft formuliert.

Also wartete ich. Sixten holte tief Luft. Er hatte seine Fassung wiedererlangt. Er wandte sich um und ging weiter.

Ich hatte nicht die leiseste Ahnung, wo wir uns befanden. Sixten schaute immer wieder auf seine Uhr. Wir passierten mehrere Türen und traten dann in völlige Dunkelheit. Schmale Tunnel ohne Leuchtdioden. Sixten holte eine Stirnlampe aus seinem Rucksack und führte mich am linken Ellbogen durch den Tunnel.

»Wo sind wir jetzt?«, fragte ich.

»Am äußersten Rand der Anlage. Uns schwebte ein eindrucksvolles Areal vor. Insgesamt zwanzigtausend Quadratmeter und kilometerlange Tunnel, nur um die Wohnquartiere mit den verschiedenen Labors zu verbinden.«

»Aber dazu kam es letztlich nicht.«

»Nein.«

Eine kurze Kunstpause.

»Es wurde um ein Vielfaches größer. Verglichen mit dem ursprünglichen Plan war das Wachstum fast exponentiell und entsprach ganz und gar nicht den anfänglichen Planungen. Letztlich hatten nur Ingrid und ich den Überblick und wussten, wo das eine begann und das andere endete. Nach und nach haben wir halb Stockholm untertunnelt. Wie in einem logischen Paradox begannen das Innere und Äußere dieses komplexen Systems ihre Plätze zu tauschen – wie auf einem Bild von Escher. Und obwohl wir es den ›inneren Kreis‹ nannten, war hier unten nichts rund oder symmetrisch.«

Nach einigen Minuten vorsichtigen Voranschreitens blieb Sixten stehen, beugte sich leicht vor und murmelte: »ST 33, SL 143 … gleich hinter der Biegung … Ich bin mir sicher, dass es hier irgendwo war …«

Dann sah ich sie, vielleicht sogar eher als er: eine rote Falltür im Boden, in den unebenen Fels gesprengt, mit den gleichen Großbuchstaben aus Chrom beschriftet wie die verschiedenen Bereiche im Plutoniumlabor. Im Licht von Sixtens Stirnlampe erkannte ich die Buchstaben »FE«.

»Und was befindet sich darunter?«

»Ich habe nicht die leiseste Ahnung.«

»Sie haben nie nachgesehen? Ist das Ihr Ernst?«

»Mir ist nicht nach Scherzen zumute, Erasmus.«

Seine Stimme nahm einen düsteren Ton an. Ich stand da und wartete darauf, dass er fortfuhr.

»Aina ist nicht sonderlich glücklich darüber, dass ich immer noch in der Vergangenheit herumstochere – deshalb habe ich ihr versprochen, diese Tür niemals zu öffnen. Aber Sie könnten es tun, Erasmus. Ich wüsste keinen, der dafür besser geeignet wäre.«

»Und warum öffnen wir die Klappe nicht einfach jetzt, Sixten?«

»Weil wir nicht den Schlüssel haben.«

Es gibt eine Zeit für Fragen, und es gibt eine Zeit für Antworten. Ich überließ es weiterhin Sixten, das Tempo zu bestimmen.

»Außerdem müssen wir jetzt möglichst schnell zurück an die Oberfläche – wir müssen also den kürzesten Weg einschlagen. Bleiben Sie immer in Blickweite.«

Es war 02:38 Uhr, sechzig Meter Tiefe. Mein ganzer Körper schmerzte, als wir durch den abschüssigen dunklen Tunnel aus rohem Felsgestein liefen, während Sixtens Stirnlampe uns den Weg wies und unser Atem immer schwerer ging. Nach dem Dauerlauf und der Besichtigungstour war ich erschöpft. Wohl auch von Sixtens Geschichte.

Um 03:13 Uhr waren wir bis auf minus 5,6 Meter heraufgekommen. Dann erkannte ich, wo ich war: vor der Wendeltreppe, die hinauf zu Sixtens und Ainas Haus führte. Wir mussten eine Abkürzung genommen haben, eine von vielen innerhalb des Tunnelsystems.

Sixten gab den Code auf dem Bedienfeld ein, und die geheime Falltür am oberen Ende der Treppe glitt beiseite. Er kroch als Erster hinauf, half dann mir mit dem großen Hybrid durch die Öffnung und warf einen Blick auf seine Armbanduhr.

»Wir müssen ein bisschen aufs Tempo drücken.«

Er rückte eine Waschmaschine zur Seite. An der Wand kam ein Schaltkasten zum Vorschein, der deutlich älter wirkte als die anderen, mit denen ich bis jetzt zu tun gehabt hatte. Er öffnete die Klappe.

Ich sah ein metallisches Bedienfeld mit einem Durcheinander aus winzigen Kontrollschaltern und Beschriftungen. Die meisten begannen mit »T« und waren in symmetrischen Reihen von links nach rechts mit den Zahlen 1 bis 191 beschriftet. Es gab auch längere Abkürzungen wie »TRC 1«, »TRFC 6«, »N I3«, »T 232« und »OGF 4«.

»Hier ist es«, sagte er mit einem zufriedenen Lächeln.

»Das Bedienfeld aus dem Kommunikationszentrum oben im Büro«, sagte ich.

»Punktlandung, Erasmus. Ich habe es damals mitgenommen. Dachte mir, es könnte vielleicht noch nützlich sein. Und ich habe lange daran gearbeitet. Habe mich akribisch auf Ihre Ankunft vorbereitet, obwohl Ingrid mich ewig auf ein genaues Datum warten ließ. Der Anfang war das Schwierigste. Unser Haus zu verbinden. Ich habe dieses Haus hier gekauft, obwohl es keine schöne Aussicht hat. Aber für meine Zwecke, für das System war es perfekt, in logistischer und geologischer Hinsicht. Ich wusste, dass die Deckschicht des Bodens hier draußen zwischen drei und fünfzehn Metern Dicke variiert und dass dies der Abschnitt mit der lockersten Erde ist. Aber es hat Zeit beansprucht, die zehn Meter bis zum Tunnelsystem zu graben. Ich musste die Arbeit zu den Nachtschichten der Baufirma verrichten, sodass niemand den Lärm bemerkte. Zugleich mussten wir aufpassen, dass wir nicht deren eigenes Netzwerk beschädigten. Aber ich habe den Bauunternehmer hier draußen kennengelernt. Er ist ein netter Kerl und hat mir gern die Pläne gezeigt. Hinzu kamen die elektronischen Installationen, und die zogen sich ziemlich hin. Neue Bedienfelder auf der gesamten Strecke, neue Codes, ein neues Netzwerk unten in den Prüfräumen.«

Während Sixten sprach, musterte ich die Bezeichnungen auf dem Bedienfeld. Es kränkte meine Kryptologenehre, dass ich sie nicht entziffern konnte. Ich musste ihn einfach fragen.

»Sixten, was heißt PS 1? Oder SBE 4? Oder T 232? Nur damit ich mir eine Vorstellung davon machen kann.«

»Die ersten sind ganz einfach. Die Beleuchtung in ›Prüfräume Schaukasten 1‹, der ganz hinten an der östlichen Schmalseite steht. Der ›Schalter Büro Erdgeschoss 4‹. Aber dann wird es schon schwieriger. Die ›T‹-Beschriftung steht für die LED-Leuchten in den Böden der betreffenden Tunnel. Von der Oberfläche abwärts, in einem relativ komplexen Querschnittsystem, das sich auf die Ebene bezieht, wo diese Verbindung endet. Mit anderen Worten: T 232 ist der Tunnel Nummer 232 von oben, im Querschnitt des inneren Kreises betrachtet.«

Ich starrte ihn an. So viele Details. Und der ganze Aufwand nur, um etwas zu verstecken.

»Wie auch immer. Jedenfalls konnten wir mit diesem Bedienfeld das Licht an quasi jedem Punkt des Systems ein- und ausschalten. Sie können sich vorstellen, wie verblüfft ich war, dass die gesamte Anlage – die Dioden im Boden, die Beleuchtung der Labors, quasi alle Luken und Türen mit Ausnahme von denen oben im Büro – immer noch funktionierte.«

»Der Schaukasten, der an der östlichen Schmalseite ganz hinten steht – ist das der mit den ausgestopften Tieren, dem Gorilla und dem Zebra?«

»Richtig. Ich schalte die Beleuchtung jetzt an. Ein Nachtlicht für Sie und Ingrid.«

Er betätigte den Schalter mit der Beschriftung PS 1, lächelte mir kurz zu und sah auf seine Uhr. Ich tat es ihm gleich. Fast vier Uhr.

»Für weitere Erklärungen bleibt uns jetzt keine Zeit. Ich werde Ihnen alles erzählen, nach und nach, bis der Tag der Rechenschaft naht. Eines kann ich sagen: Wir mussten mehr über die Langzeitwirkung bestimmter Substanzen in Erfahrung bringen. Deshalb beschaffte ich diese Tiere und Skelette, die damals in hervorragendem Zustand waren und die sonst in irgendeinem Lagerraum des Naturkundemuseums verschwunden wären. Als ich jetzt nach vier Jahrzehnten in die Prüfräume zurückkehrte, war ich von ihrem Zustand so erschüttert, dass ich sie eigentlich vor eurer Ankunft entfernen wollte. Aber dann dachte ich, dass sie so etwas wie Zeugen des Grauens sein könnten, all dessen, worum es bei diesem Kampf wirklich geht. So etwas wie eine Inspiration für die Aufgabe, die euch bevorsteht.«

Sixten drückte auf den Rand des Bedienfelds, das daraufhin summend einen Halbkreis beschrieb. Was jetzt zum Vorschein kam, war eine offenbar vollständige Skizze des inneren Kreises. Nicht nur alle miteinander verbundenen Gänge, sondern auch die Schächte – sie wurden durch schwarze Punkte gekennzeichnet – und Nebengänge, die als gestrichelte Linien durch den Felsen angezeigt wurden.

»Wir brauchten einen ausführlichen Plan dieser unterirdischen Landschaft. Die Kartografen haben ein kleines Wunder vollbracht. Finden Sie nicht auch, Erasmus?«

Ich nickte und wartete darauf, dass er weitersprach.

»Aber eigentlich wollte ich Ihnen etwas anderes zeigen.«

Sixten fuhr mit den Fingern an der Rückseite der Karte entlang, zwischen dem Papier und der eigentlichen Metallplatte. Er musste um das gesamte Bedienfeld herumgreifen, ehe er den Gegenstand zu fassen bekam.

»Und zwar das hier.«

Er legte einen Schlüssel in meine Hand. In ihn eingraviert waren die Buchstaben »FE«, wie auf der roten Falltür. Das doppelseitige Klebeband, mit dem der Schlüssel an der Rückseite des Plans befestigt gewesen war, haftete an meiner Handfläche.

»Als ob er hier auf Sie gewartet hätte. Ausgerechnet auf Erasmus Levine. Wie groß war die Wahrscheinlichkeit, was meinen Sie?«

Ich hätte fragen können, was sich unter der Falltür in dem unbeleuchteten Tunnel befand, warum ich der Auserwählte war. Aber ich schwieg – denn alles an Sixten signalisierte, dass wir keine Zeit mehr hatten.

Ich ließ den Schlüssel in die Reißverschlusstasche meiner wasserdichten Hose gleiten und folgte Sixten durch die Öffnung, die zurück in den Untergrund führte.

»Höchste Zeit, dass ich Sie wieder in Ingrids Obhut gebe und hierher zurückkehren kann, ehe Aina aufwacht – wie immer um Punkt fünf. Wie gesagt, sie mag es nicht, wenn ich in der Vergangenheit grabe. Und ganz bestimmt nicht zu dieser Nachtzeit.«

2.11

Ich hatte eine These, mehr aber auch nicht.

Sobald Sixten gegangen war und die letzte Schutztür von außen geschlossen hatte, holte ich meine Doktorarbeit aus meinem Rucksack. Ingrid schlief tief und fest. Sie schien meine Rückkehr gar nicht bemerkt zu haben.

Meine Uhr zeigte 04:41 an. Der Schaukasten mit den verrotteten Affen war dank Sixtens Bedienfeld erleuchtet. Der Gorilla schien sein verbliebenes Auge auf meine Pritsche zu richten. Es würde nicht einfach sein, hier Schlaf zu finden – aber das hatte ich auch gar nicht vor.

Ich hatte meine Doktorarbeit seit mehr als zehn Jahren nicht mehr gelesen. Damals hatte Ingrid die Universität ganz plötzlich, ohne Ankündigung, verlassen. Ich war ein Teil vom Nukleus geworden. Man hatte mich an der kleinen katholischen Uni untergebracht. Ich hatte mich in Schwester Janes dunkler Bibliothek vergraben, Amba kennengelernt, eine Familie gegründet und war dreimal Vater geworden. Als würde ich einem Muster folgen, das jemand anders für mich entworfen hatte. Ich konnte mich kaum noch daran erinnern, was ich geschrieben hatte.

Ich blätterte die Seiten um, las mit wachsender Anspannung. Ich war auf der Suche nach etwas Bestimmtem, aber ich erinnerte mich nicht mehr, ob ich es in der Doktorarbeit erwähnt hatte.

Einleitung

Es begann mit Einsteins Entdeckung im Jahr 1905, die ebenso faszinierend wie schicksalhaft war. Drei Buchstaben, eine Ziffer, ein Gleichheitszeichen. $E = mc^2$, die Formel für die Lebensdauer der Sonne und für das Ende der Welt.

In einer schwindelerregenden und wie vorherbestimmten Abfolge von Ereignissen, von Einsteins Gleichung bis zum Ende des Zweiten Weltkriegs, wurde aus seiner Theorie grausame Realität. Die Kernspaltung kam in der ersten Hälfte des zwanzigsten Jahrhunderts groß in Mode. Das unteilbare Atom erschien plötzlich alles andere als solide. Eine Entdeckung folgte der nächsten: Die Realität schien unter dem Blick der Forscher buchstäblich einzustürzen. Schon bald erwies sich die Formel als das makaberste mathematische Experiment, das jemals durchgeführt worden war. Unschuldige Zivilisten mussten mit ihrem Leben dafür bezahlen, Menschen, die erst in Hiroshima, dann in Nagasaki zu schwarzen Klumpen verbrannten. Die beiden auf Japan abgeworfenen Atombomben sind bis zum heutigen Tag die einzigen praktischen Erprobungen der Gleichung Einsteins.

Der Zweite Weltkrieg war von entscheidender Bedeutung. Er lehrte die Menschheit, das Rätsel der Bombe zu lösen. Viele scheinbar unzusammenhängende Faktoren kamen zusammen, deren fatales Zusammenspiel erst im Rückblick deutlich wird.

Die Judenverfolgung in vielen Teilen Europas spielte eine entscheidende Rolle. Der Italiener Enrico Fermi steht beispielhaft für eine Vielzahl von Forschern, die zuerst ihre eigenen Wege gingen und dann im Dienst der amerikanischen Regierung zusammengeführt wurden. Nachdem er im Jahr 1938 in Stockholm den Nobelpreis entgegengenommen hatte, kehrte Fermi nicht in das faschistisch regierte Italien zurück, sondern emigrierte mit seiner jüdischen Frau nach Amerika, wo er sich bald darauf dem Manhattan-Projekt in Los Alamos anschloss. Viele herausragende Nuklearphysiker, oft jüdischer Abstammung oder mit Juden verwandt, gingen den gleichen Weg: Leó Szilárd aus Ungarn, der Däne Niels Bohr, nicht zuletzt Einstein selbst.

Den vorhandenen Quellen zufolge war Einstein niemals unmittelbar an der Entwicklung der Atombombe beteiligt. Vielmehr versuchte er, als Pazifist, den Präsidenten davon abzubringen, die Zerstörungskräfte einzusetzen, die er selbst mit seiner Formel berechnet hatte.

Doch die rätselhafteste Gestalt ist und bleibt Lise Meitner. Bei Ausbruch des Zweiten Weltkriegs und nach dem Tod von Marie Curie im Jahr 1934 war die österreichische Forscherin mit jüdischen Wurzeln die einzige wirklich herausragende Frau in der Nuklearphysik. Wie Einstein schloss auch sie sich der Gruppe in Los Alamos nicht an. Die übliche Erklärung lautet, dass sie sich geweigert habe, an der Entwicklung einer so schrecklichen Waffe mitzuarbeiten. Stattdessen floh sie im Jahr 1938 nach Schweden und nahm nach dem Krieg die schwedische Staatsbürgerschaft an.

Lise Meitner wurde, obwohl auch sie nach allgemeiner Ansicht nie an der Kernwaffe gearbeitet hat, als »Mutter der Atombombe« bezeichnet. Laut einer Anekdote unternahm Meitner im Jahr 1939 in Kungälv an der schwedischen Westküste einen Spaziergang mit ihrem Neffen Otto Robert Frisch. Es heißt, dass Meitner und ihr Neffe bei diesem Gang über das Eis das Prinzip der Atomspaltung erkannten und herausfanden, wie man aus einem einzelnen Uranatom zwei Bariumatome erzeugen kann. Dass ein einzelnes Element auf diese Weise in ein anderes umgewandelt werden konnte, war ein bislang undenkbarer Vorgang. Es war ein Traum, den die Menschheit seit der Antike geträumt hatte, und grenzte an Alchemie und Zauberei.

Laut der Anekdote setzten sich Meitner und Frisch während ihrer lebhaften Diskussion auf einen umgestürzten Baum im Wald. Sie wischten den Schnee beiseite und holten Papier und Stift hervor.

Was dann folgte, war ein Schlüsselmoment in der Geschichte der Wissenschaft. Auf Meitners Blatt entstand das Bild eines mit Flüssigkeit gefüllten Ballons, der sich langsam ausdehnte, bis er schließlich platzte. Diesen Vorgang nannten sie *»fission«*, ein Ausdruck, der bis dahin nur für den organischen Prozess der biologischen Zellteilung verwendet worden war.

Sechs Jahre später musste die Welt erfahren, was eine solche *»nuclear fission«* oder Kernspaltung bewirken kann. Dass sie keineswegs sanft und organisch ist, sondern unvorstellbar grausam und brutal. Wenige Tage nachdem die Bombe auf Hiroshima gefallen war, drängten sich Journalisten aus aller Welt vor einer Pension in Leksand. Dort, in der Provinz Dalarna, knapp fünfhundert Kilometer nördlich von Stockholm, verbrachte Lise Meitner ihre Sommerferien. Das war Anfang August 1945. Meitner war es auch, die der Öffentlichkeit die theoretischen Grundlagen der neuen Superwaffe erklärte. Noch an Ort und Stelle erhielt sie den Spitznamen »Mutter der Atombombe«.

Aber auch in diesen Interviews erfahren wir nicht, woran Meitner in Schweden arbeitete und welche Art von Experimenten sie in dem Versuchsreaktor R1 durchführte, der sich in einer großen Felskammer unter der Kungliga Tekniska Högskolan befand. Von ihrer Forschungsarbeit haben wir kaum Zeugnisse. Zwischen dem Jahr 1949, als sie die schwedische Staatsbürgerschaft annahm, und dem Jahr 1960, als sie zu Verwandten in Cambridge zog, klafft eine mehr als zehnjährige Lücke in ihrer Biografie. Bald darauf starb sie in Cambridge an den Folgen mehrerer Schlaganfälle.

All dies – das Fehlen von Quellen und Unterlagen, die ungewöhnliche Entscheidung, weit entfernt von ihren Freunden und Kollegen in Los Alamos zu arbeiten – scheint mir darauf hinzudeuten, dass es in Lise Meitners Leben ein Geheimnis gibt, dem nachzuspüren die folgende Dissertation unternimmt.

2.12

In dieser Nacht wurde ich bald von Müdigkeit übermannt. In der folgenden Nacht, sobald Ingrid eingeschlafen war, las ich weiter. Doch das, wonach ich suchte, fand ich nicht.

Ich war erschöpft. Ich holte den Schlüssel hervor, den Sixten mir gegeben hatte. Ich betrachtete die Gravur »FE«. Ich nahm mir vor, Ingrid gleich nach dem Aufwachen alles über den Ausflug mit Sixten und die rote Falltür zu erzählen. Aber dann tat ich es doch nicht.

Auch von Sixten erhielt ich keinen Hinweis. Mehrmals in der Woche kam er zu uns, um den Kühlschrank aufzufüllen. Er begrüßte mich herzlich, auf die gleiche Art wie vor unserem langen Gespräch. Es war, als ob das Gespräch niemals stattgefunden hätte, als ob er mir niemals die ganze geheime Vorgeschichte anvertraut, niemals den Schlüssel zu einem Raum überlassen hätte, den kaum jemand gesehen hatte.

Eines Abends – Ingrid war nach ihren Yogaübungen in den Duschraum gegangen und Sixten war fast fertig mit dem Auffüllen des Kühlschranks – sprach ich ihn darauf an. Ich begann behutsam, damit er nicht gleich dichtmachte.

»Wollen wir nicht noch mal laufen gehen, Sixten? Bisschen frische Luft würde mir guttun.«

Er sah mich teilnahmsvoll an, fast mitleidig.

»Ich wünschte, das ginge. Ist bestimmt schwierig hier unten.«

Er verstummte und schien sich darauf zu konzentrieren, das letzte Frikadellen-Sandwich neben die Tuben mit Dorschrogenpaste zu legen, die Ingrid regelmäßig leerte.

»Aber ich habe Aina versprochen, das nicht noch mal zu machen. Die Arme war ganz außer sich vor Sorge, als ich nach unserem Ausflug zurückkehrte. Sie hat die ganze Nacht wach gelegen. Es ist Jahre her, dass das zuletzt passiert ist. Damals, als Ingrid Kontakt zu mir aufgenommen hatte. Sie hatte schon befürchtet, dass ich mit euch abgehauen sein könnte.«

Mit seiner gewohnten Präzision brachte er das Sandwich neben den Tuben unter.

»Deshalb will ich Aina bis zu ihrem großen Tag unbedingt schonen. Der Geburtstag wird schwierig genug für sie sein. Wegen euch werden wir keine Gäste einladen können. Aber ich kann Sie rauslassen, Erasmus, dann können Sie allein Ihre Runden drehen. Falls Ingrid damit einverstanden ist.«

Während Sixten die leeren Behälter in seinem Rucksack verstaute, überlegte ich, ob ich ihn nach dem Schlüssel fragen sollte. Aber dann schwieg ich. Ich wollte Aina und ihn nicht weiter belästigen.

»Das wäre sehr nett. Ich frage Ingrid.«

Ich fühlte mich seit der OP noch immer matt und in meinen Bewegungen gehemmt. Edelweiss hätte dies »das vierte Stadium des Fluchs der Untätigkeit« genannt. Aber ich tat, was ich konnte. Steigerte systematisch den Schwierigkeitsgrad meines Krafttrainings. Machte Übungen auf dem Boden neben der Pritsche. Überprüfte wieder und wieder, ob der Koffer, sein Inhalt, die Mechanismen, die Funktionen in Ordnung waren. Wiederholte die Rituale. Murmelte die verschiedenen Schritte, die zu einer Zündung führten, wie Gebete vor mich hin. Nahm Eintragungen in meinem Notizbuch vor. Trainierte, duschte, trainierte, während des endlosen Wartens auf Ingrids Befehl.

Kurz nachdem ich von meinem Ausflug mit Sixten zurückgekehrt war, hatte sie gesagt, dass wir bald zu unserem ersten Zwischenstopp vorrücken würden, einem der wenigen Orte, die noch mit dem Netzwerk verbunden werden mussten, ehe sie ihren Plan in die Tat umsetzen konnte. Als sie das nächste Mal »bald« sagte, war ein Monat vergangen. Es war Mitte Oktober.

Die Krankenschwester war immer von einem süßlichen Geruch umgeben, wenn sie für kurze Zeit ihre Felskammer verließ und zum Kühlschrank ging. Mit uns wollte sie offenbar nichts zu tun haben.

Und auch von der anderen Seite des Atlantiks kam kein Lebenszeichen. Nicht vom Team, nicht von Edelweiss. Niemand wurde vorgeschickt, um mit uns zu verhandeln.

Auch das entsprach den Vorschriften: Sie mussten unsere Flucht genauso geheim halten wie wir. Bei einigen unserer Einsätze hatte sich die öffentliche Meinung zugunsten der Terroristen gedreht. Selbst wenn diese damit drohten, die Welt in die Luft zu sprengen, konnte sich die Stimmung gegen uns richten. Und besonders gefährlich war die Tatsache, dass zu ihrem großartigen

Sicherheitssystem – den Doppelkontrollen, der Vier-Augen-Regel, den Verlautbarungen und internationalen Vereinbarungen – auch unser obskures kleines Team gehörte.

Die Stille, die in den Prüfräumen herrschte, war gespenstisch. Endlich fragte ich Ingrid, ob ich allein zu einem Lauf aufbrechen könne. Es ging mir fast weniger um das Krafttraining. Ich wollte vor allem den Himmel sehen. Wollte sehen, ob die Welt da oben überhaupt noch existierte.

»Natürlich, mein Schatz. Falls Sixten damit einverstanden ist.«

Da war es wieder, ihr Vertrauen in ihn und mich. Als Sixten das nächste Mal den Kühlschrank auffüllte, wusste er schon, was Ingrid von ihm erwartete: Er sollte mich mitnehmen und zur gleichen späten Stunde wie beim ersten Mal hinauslassen.

Aina war schon schlafen gegangen.

»Ich stelle die Eieruhr auf eine Stunde. Wenn Sie dann nicht da sind, rufe ich die Polizei«, sagte er, ohne die Miene zu verziehen.

Feierlich schaltete Sixten die Alarmanlage aus. Anscheinend war sie eingeschaltet, wenn die beiden sich im Haus befanden.

»Und bleiben Sie im Wald, Erasmus. Die Sicherheitsfirma hat die Zahl ihrer Streifen erhöht. Offenbar hat es unlängst einen mysteriösen Einbruch gegeben.«

Erst jetzt schenkte er mir sein freundliches Lächeln. Er sah mich mit seinen blauen Augen an und öffnete die Tür.

»Bis später, mein Freund. Bitte seien Sie vorsichtig.«

Draußen auf dem Bürgersteig verschwamm für einen

Moment alles vor meinen Augen. Ich machte einige unsichere Schritte, ehe ich meinen Laufrhythmus fand. Alles kam zusammen: mein geschwächter Zustand, die Einsamkeit, die Gefangenschaft. Die Luft war eiskalt. Ich glaubte sie in meiner Lunge knistern zu hören, als ich in Richtung des Waldgebiets lief. Das Thermometer auf meiner Uhr zeigte an, dass die Temperatur unter null lag. Ingrid hatte erwähnt, dass es für die Jahreszeit ungewöhnlich kalt sei.

Natürlich war auch dies eine Prüfung, die sie für mich vorgesehen hatte: dass ich frei herumlaufen durfte, mit dem altmodischen Handy als meiner einzigen Reißleine. Sie wollten wissen, ob ich zurückkäme. Garantiert hatte die Krankenschwester einen Sender in den Hybrid eingebaut, und der war bestimmt genauso schwierig zu finden wie der im Koffer.

Und wohin konnte ich schon fliehen? Zurück zu meiner Familie, die ich so lange betrogen hatte? Zum Team? Sollte ich mich einem Militärgericht stellen, das mich mit Sicherheit zum Tod verurteilen würde?

Als ich das kleine Waldgebiet erreichte, zu dem Sixten mich geführt hatte, kehrte ich nicht um, wie ich es versprochen hatte, sondern lief weiter auf dem Weg, den ich mir bei unserem Ausflug eingeprägt hatte. Als ich das hell erleuchtete Eingangstor sah, folgte ich dem Zaun. Das Gefühl, meinen Weg selbst wählen zu können, nur ein wenig an meinen Ketten zu zerren, war geradezu berauschend.

Als ich bei einem großen weißen Holzgebäude angekommen war, hielt ich an, um einen Schluck zu trinken und Atem zu schöpfen. Mein Herz hämmerte. Der Timer meiner Uhr zeigte an, dass mir noch zwanzig Minuten blieben, ehe die von Sixten gesetzte Frist ablief. Ich musste schneller gelaufen sein, als ich vorgehabt hatte. Ich betrachtete die Fassade des Gebäudes. Das Schild sah aus wie aus einem historischen Museum: »Schießpulver-Eisenbahn – Haltestelle Ursvik«. In einem Schaukasten an der Wand sah man laminierte Fotografien, die Eisenbahnliebhaber zeigten, die sich um eine alte elektrische Lokomotive scharten. Die Lokomotive sah aus, als ob sie noch vor dem Zweiten Weltkrieg gebaut wurde.

Dann lief ich weiter. Wie ferngesteuert folgte ich den rostigen Gleisen. Ich erreichte einen schmalen Weg, der zwischen den Gebäuden zu meiner Linken und dem bewaldeten Abhang zu meiner Rechten verlief. Weiter vorn kam eine schwere Metalltür im Boden in Sicht. Vermutlich handelte es sich um einen der oberirdischen Eingänge zum inneren Kreis.

Da sah ich sie plötzlich – Sixten und eine unbekannte Frau. Unweit der Falltür. Vielleicht zwanzig Meter von mir entfernt. Ich überlegte, was ich tun sollte, ob ich mich verstecken sollte. Ich entschied, mir nichts anmerken zu lassen. Ich lief einen weiten Bogen, zurück zu dem Waldgebiet, als sei dies von Anfang an meine geplante Route gewesen.

Dabei warf ich einen Blick auf die Frau. Im Licht der Lampe, die das Holzgebäude erleuchtete, sah ich ihr kurzes blondes Haar. Sie war hochgewachsen, mindestens eins fünfundsiebzig, und mochte um die fünfzig Jahre alt sein.

Im selben Moment schien die Frau mich zu bemerken. Denn sie sah auf und zog dann Sixten eilig mit sich in den Schatten des Gebäudes.

Ich lief langsam zurück zum Haus, damit Sixten genug Zeit hatte zurückzukehren, ehe ich an die Tür klopfte. Mein Timer summte genau in dem Moment, als Sixten die Tür öffnete. Er ließ sich nichts anmerken. Stellte nur die üblichen Fragen, wie sie sich Läufer stellen: nach Geschwindigkeit, Kondition, Witterungsbedingungen. Ich antwortete kurz und präzise, während er mich durch die Tunnel zurück zu den Prüfräumen führte.

Ingrid saß wie immer vor ihrem Bildschirm und sah bei meiner Rückkehr nur kurz hoch. Ich setzte mich neben sie auf die Pritsche und starrte die Weltkarte an. All die Dreiecke, Kreuze und Linien.

»Ich habe nachgedacht«, sagte ich.

Ingrid wandte sich zu mir um, sah mich lange und forschend an.

»Ja, mein Schatz?«

»Sixten. Was weißt du eigentlich über ihn und sein jetziges Leben?«

»Mehr als nötig. Wieso fragst du?«

»Ich habe mir nur so meine Gedanken gemacht, als ich draußen war. Er ist ein faszinierender Mensch, zielstrebig und trotzdem sensibel. Stille Wasser sind tief.«

»Sixten kann man nicht mit Wasser vergleichen. Er ist robust und solide.«

»Aber wie geht er mit Stress um?«

»Der macht ihn nur noch unnachgiebiger, hart wie einen Diamanten.«

»Und Versuchungen?«

»Wenn du damit Frauen meinst, mein Schatz, davon gab es jede Menge. Aber glaub mir, Sixten hält allem und jedem stand. Es gibt niemanden, dem ich unser Leben bereitwilliger anvertrauen würde.«

2.13

Eine Woche später, am 23. Oktober, war es Zeit für das, was Sixten Ainas »großen Tag« genannt hatte: ihren siebzigsten Geburtstag.

Sixten half uns durch die Falltür in die Waschküche – Ingrid zuerst, dann mir, schließlich Jesús María. Als wir wenig später in der Diele standen, hörte ich seltsame Klänge, leise Musik, die nicht hierher zu passen schien. Dann erkannte ich das Musikstück, wie ein Echo aus einer vergangenen Zeit: die fröhliche Titelmelodie von *Dallas*, der Fernsehserie aus den Achtzigerjahren, die damals ein Straßenfeger gewesen war. Sie schien aus dem Hybrid zu kommen.

Ich war noch nie auf dem Mobiltelefon angerufen worden. Seine einzige Funktion war bislang die eines Senders und Empfängers verschlüsselter Nachrichten zwischen Alpha und mir gewesen. Doch eine andere Quelle für den Ton gab es nicht.

Die anderen schienen den Klingelton nicht zu hören. Sie waren bereits im Wohnzimmer und unterhielten sich angeregt. Zum ersten Mal trafen Sixten und Aina die dritte Person in unserer Gruppe. Außerdem hatten wir jetzt mehr als sechs Wochen lang Däumchen gedreht. Ainas Geburtstagsfeier war also für alle Beteiligten ein besonderes Ereignis.

Aina hatte die Frauen mit abgelegten Kleidern versorgt. Jesús María hatte die Erlaubnis erhalten, sie nach Belieben abzuändern. Für sich selbst hatte sie ein enges malvenfarbenes Kleid daraus geschneidert. Es passte perfekt zu ihrer absurden, von Schönheitsoperationen geformten Figur: der Wespentaille, den riesigen Brüsten und einer Art Buckel auf ihrem Rücken. Für Ingrid hatte sie ein flaschengrünes Partykleid genäht. Sixten hatte mir seinen Smoking geliehen.

Außerdem hatte Jesús María uns mit Verkleidungen ausgestattet. Wir wollten auf Nummer sicher gehen, auch wenn Sixten versichert hatte, dass wir die einzigen Gäste seien und die Verdunkelungsvorhänge das Haus von außen leer und unbeleuchtet aussehen ließen. Als ob Sixten seine Frau zu einem Geburtstagsessen ausgeführt hätte – und genau das hatte er den Nachbarn auch erzählt.

Deshalb hatte ich nun blonde, lockige Haare, die mir bis zu den Schultern reichten. Außerdem hatte ich eisblaue Kontaktlinsen eingesetzt, die ungefähr Ingrids Augenfarbe entsprachen – besser gesagt: Ingrids früherer Augenfarbe, ehe sie eine Brünette mit akkuratem Pagenschnitt und schokoladenbraunen Augen geworden war. Jesús María trug eine große rote Perücke und hatte leuchtend grüne Linsen eingesetzt.

Am schönsten sah Aina aus. Sie musste Stunden auf ihr Make-up verwendet haben. Sie trug einen schwarzen Faltenrock, einen taubenblauen Angorapullover und passende Stöckelschuhe, außerdem einen Diamantring, der mit Ainas strahlendem Lächeln wetteiferte.

Aina hat wirklich mehr Gäste verdient, dachte ich. Aber sie hatte sich in den Dienst *der Sache* gestellt, wie sie und Sixten das nannten. Dass sich unsere Wege ausgerechnet im Monat ihres siebzigsten Geburtstags kreuzten, war nun einmal nicht zu ändern.

Als mein Telefon erneut klingelte – wer immer mich anrief, meinte es ernst –, beugte sich Ingrid zu Aina vor.

»Entschuldige bitte, liebe Aina. Ich glaube, deine Perlenkette hat sich in deinem Haarknoten verfangen, hier im Nacken. Du kannst es selbst nicht sehen. Lass uns kurz ins Bad gehen. Jesús María, kannst du uns helfen?«

Einen Augenblick später waren alle drei im Badezimmer verschwunden. Dann drang ein kurzes vibrierendes Geräusch aus dem Hybrid, deutlich hörbar in der Stille ringsum.

»Gibt es noch ein Gäste-WC?«, fragte ich Sixten.

»Klar. Auf der anderen Seite des Flurs«, sagte er. »Nur keine Eile, der Champagner kann noch eine Weile warten.«

Im WC holte ich das Mobiltelefon heraus. Der Bildschirm zeigte fünf verpasste Anrufe an – einen von heute Morgen, da war ich wohl unter der Dusche gewesen, und vier innerhalb der letzten Stunde –, außerdem zwei Sprachnachrichten und eine SMS. Ich setzte mich auf den Toilettendeckel und hörte die erste Nachricht ab.

Sie war nicht von Amba und den Kindern, wie ich insgeheim gehofft hatte.

Der Anrufer musste seinen Namen nicht nennen.

»Erasmus, mein kleines verlorenes Lämmchen …«

Ich schaltete die Nachricht aus, schnitt Edelweiss das Wort ab und starrte eine Weile vor mich hin. Dann spielte ich sie erneut ab. Ich drückte das Telefon fest an mein Ohr, damit kein Laut nach außen drang.

»... wie Sie wissen, habe ich immer eine besondere Schwäche für Sie gehabt. Ich habe mir Sorgen um Sie gemacht, habe Sie in vieler Hinsicht wie einen Sohn behandelt, seit Sie zu uns gekommen sind. Und jetzt habe ich allen Grund, besorgt zu sein. Denn wir haben erfahren, dass Sie sich von der Truppe abgesetzt haben, obendrein mit dem aktivierten Koffer. Was eigentlich eine Unmöglichkeit ist.«

Er schnaufte, denn er war es nicht gewohnt, so lange am Stück zu sprechen.

»All das ist schlimm genug, auch wenn man die Sache immer noch in Ordnung bringen kann. Aber dieselben zuverlässigen Kanäle haben uns zugetragen, dass Sie sich mit Ingrid Oskarsson zusammengetan haben – unserer ehemaligen Alpha. Mir ist bewusst, dass Sie sie von früher kennen, Erasmus. Besser als die meisten von uns, von mir selbst vielleicht abgesehen. Dass Sie glauben, sie gut zu kennen. Aber da täuschen Sie sich. Sie wissen denkbar wenig über Oskarsson, sie dafür umso mehr über Sie. Was sie gnadenlos ausnutzten wird. Außerdem kennen wir Oskarssons Pläne und wissen, dass diese Ihre Beteiligung benötigen. Nur so kann sie unsere strengen Sicherheitsvorkehrungen unterlaufen und das technisch Unmögliche möglich machen. Daher möchte ich Ihnen empfehlen, mich anzurufen, sobald Sie diese Nachricht abgehört haben. Helfen Sie uns, diese Person unschädlich zu machen.«

Die erste Nachricht war zu Ende. Ich spielte die zweite ab.

»Ich habe Sie mehrmals zu erreichen versucht, Erasmus, seit sich unsere Vermutung bestätigt hat. Vielleicht schlafen Sie noch. Wenn Sie diese Nachricht abhören, melden Sie sich, bei allem, was Ihnen und mir heilig ist. Denken Sie an das, wofür wir zusammen so hart gekämpft haben. Wir haben keine Minute zu verlieren.«

Er musste sich völlig verausgabt haben, die letzten Worte herauszubringen.

»Denn ich kann Ihnen versichern, dass eine atomare Explosion von der Art, wie sie Oskarsson plant, nicht allein die betroffenen Stützpunkte auslöschen würde. Auch die Ozonschicht würde sich für immer auflösen, wie einst auf dem Mars. Die Temperatur würde weltweit um zwanzig bis dreißig Grad sinken, und dann würde die UV-Strahlung die gesamte Erdoberfläche verbrennen. Aber all das wissen Sie natürlich – zumindest theoretisch. Also rufen Sie mich an, Erasmus, lieber Freund. Das ist alles, worum ich Sie bitte. Einen kurzen Moment des kühlen, gelassenen Nachdenkens. Ich gebe Ihnen dazu zehn Stunden Zeit.«

Eine Weile saß ich mit dem Mobiltelefon in der Hand wie benommen da. Dann stand ich auf, ließ kaltes Wasser laufen und erfrischte mein Gesicht. Ich trocknete mich ab, setzte mich wieder auf den Toilettendeckel, nahm all meinen Mut zusammen und klickte auf das Briefumschlagsymbol auf dem Display des Mobiltelefons.

Es war eine SMS mit angehängter Bilddatei. Ich hatte gar nicht gewusst, dass man auf einem so alten Mobiltelefon Bilder empfangen kann. Wegen der niedrigen Auflösung war das Bild schwer zu erkennen – doch plötzlich erkannte ich, was es darstellte. Im Vordergrund befand sich ein Kunststoffkanister, eine Schachtel Streichhölzer lag daneben. Und Zafirah stand im Hintergrund. Sie, die immer dorthin geschickt wurde, wo es am brenzligsten war. Die dazugehörige SMS lautet: WIR ALLE BRENNEN SCHNELL UND HELL.

Die SMS war um 17:33 Uhr eingegangen – als Edelweiss' zehnstündiges Ultimatum abgelaufen war. Gleich darauf hatte er viermal versucht, mich zu erreichen. Das war das Klingeln gewesen, das ich zuvor gehört hatte.

Auch ohne nachzusehen, war mir klar, dass sein erster Anruf und die Bildnachricht exakt zum Zeitpunkt des schwedischen Sonnenauf- und Sonnenuntergangs abgeschickt worden waren. Genau wie Ingrid liebte Edelweiss das, was er »symbolische Uhrzeiten« nannte.

Meine Uhr zeigte 18:16 an. Ich hörte Geräusche aus der Diele. Die drei Frauen verließen das Badezimmer. Ingrid und Aina plauderten munter, Jesús María schwieg. Auch sie hatten sich Zeit gelassen.

Ich verließ wie benommen das Bad. Als ich das Wohnzimmer betrat, drückte Sixten mir ein Champagnerglas in die Hand.

»Da sind Sie ja, Erasmus. Ich habe mich schon gefragt, was ihr in unseren Badezimmern treibt. Wie auch immer, was halten Sie davon, wenn …«

Aina, die hinzutrat, unterbrach ihn. Sie lächelte mich an. »Lange Haare stehen Ihnen gut«, sagte sie.

»Ja, du hättest ihn sehen sollen, als er im ersten Semester war«, sagte Ingrid zu Aina. Sie kicherten wie Schulmädchen.

Während ich an meinem Glas nippte, ließ ich meinen Blick schweifen. Ich betrachtete die Bilder mit den maritimen Motiven, die Vorhänge, diese ganze intensive Normalität. Gleichzeitig dachte ich an Zafirah und Kurt – oder John – und überlegte, ob sie womöglich bereits auf dem Weg zu uns waren.

Sixten füllte unsere Gläser, dann räusperte er sich. Er setzte zu einer Rede an.

»Na gut, ihr Lieben. Jetzt wird's Zeit. Der Moment, von dem ich nie gedacht hätte, dass er kommen würde.«

Kleine Rosen erblühten auf Ainas Wangen, Ingrid umarmte sie wie eine Schwester. Sixten räusperte sich wieder, ehe er fortfuhr.

»Wie dem auch sei …«

Als er zu Boden sah – ein wenig zu lang, um als Kunstpause durchzugehen –, glaubte ich Tränen in seinen Augen zu sehen.

»Ich möchte dir danken, Aina. Für unsere vielen gemeinsamen Jahre. Und ich danke der Vorsehung, dass sie uns zusammengeführt hat. *Skål!* Auf dich – und auf uns!«

»Amen«, sagte Jesús María und erhob ihr Glas.

»Cheers«, sagte ich und tat es ihr gleich.

Dann hob Ingrid ihr Glas. Sie sah einmal in die Runde. »Für Elise«, sagte sie schließlich auf Deutsch.

Schwindel ergriff mich. Die zwei Wörter schienen meine These zu bestätigen. *Für Elise* war eins von Beethovens bekanntesten Klavierstücken, und Otto Robert Frisch hatte es oft seiner Tante vorgespielt – vielleicht auch deshalb, weil Lise Meitners vollständiger Vorname »Elise« lautete.

Ich dachte an den Schlüssel, den Sixten mir gegeben hatte: »FE« war darauf eingraviert. Für Elise?

Meine Gedanken rasten. Ich begriff einfach nicht, was Aina mit all dem zu tun haben konnte. Doch dann wandte sich Ingrid direkt an das Geburtstagskind, das plötzlich bleich geworden war.

»Es war in vieler Hinsicht Lise, oder Elise, die dein Schicksal bestimmt hat. Sie hat meine Beziehung zu Sixten vereitelt – und sie hat zugleich ermöglicht, dass ihr euer wundervolles gemeinsames Leben führen konntet. Und das alles in einem einzigen, magischen Moment, vor fast genau fünfundvierzig Jahren, am 25. Oktober 1968, kurz nach vier Uhr nachmittags.«

Sie sah erneut in die Runde, bevor sie fortfuhr.

»Und nicht einmal ich mit meiner lebhaften Fantasie hätte gedacht, dass ich jemals einen von euch wiedersehen würde. Aber genau so sollte es schließlich kommen: ausgerechnet hier, in eurem Zuhause in Ursvik. Ich möchte diese Gelegenheit nutzen, euch endlich dafür zu danken, dass umgekehrt auch ihr es mir ermöglicht habt, heute hier zu sein. Dass ihr indirekt eure Rolle in dem gespielt habt, was wir jetzt bald vollbracht haben werden. Also *skål*, und herzlichen Glückwunsch zum Geburtstag, liebe Aina! Ein Platz in der Geschichte ist dir sicher.«

Alle tranken. Dann ging Aina voraus in die Küche, wo der gedeckte Tisch auf uns wartete. Ich hielt Ingrid diskret zurück.

»Trotzdem steht in meiner Doktorarbeit kein Wort über ein unterirdisches Labor«, flüsterte ich ihr zu.

Ingrid beugte sich zu mir vor. Ich roch ihren Champagneratem.

»Nein, das habe ich Lise versprochen, mein Schatz. Dass sie ihr Geheimnis mit ins Grab nehmen dürfe.«

Dann kam sie ganz nah an mein Ohr, ich spürte ihre Wärme auf meiner Haut.

»Aber eigentlich ist es egal, weil der Schlüssel schon seit Jahrzehnten verschwunden ist. Nur die Engel wissen, was sich unter jener Falltür befindet.«

2.14

Ich war außerstande, mich zu konzentrieren. Wenn Aina mich in ihrer freundlichen Art ansprach, verstand ich kaum, was sie sagte. Ich dachte an den Schlüssel, die Falltür, das Labor, an Ingrids Worte. An die beiden Nachrichten auf meinem Mobiltelefon. Die sanfte Stimme von Edelweiss. Das Foto von Zafirah mit dem Kanister.

Da saß ich also, suchte nach Alternativen, nach Notausgängen, während Sixten das Essen auftrug. Toast Skagen mit frischen Krabben und Maränenkaviar, Rinderfilet mit Hasselback-Kartoffeln und Morchelsoße.

Aber Aina gab nicht auf. Irgendwo in weiter Ferne – obwohl sie nur auf der anderen Seite des Tischs saß – bombardierte sie mich mit ihrem starken schwedischen Akzent mit Fragen. Sie kannte sich offenbar bestens aus. Sie wusste sogar über die »Revitalisierung« Bescheid, die der Rest der Welt so lange als Abrüstung interpretiert hatte. All diese verlogenen Reden.

Das Ganze erinnerte mehr an ein Verhör als an eine Unterhaltung. Ainas scharfer Blick, ihre feurige, vielleicht auch unerbittliche Seite. Die argwöhnisch zusammengekniffenen Augen, mit denen sie jeden durchschaute.

Schließlich konnte ich nicht mehr widerstehen. Ich drückte mich wie immer recht allgemein aus und gab selbstverständlich keine geheimen Informationen preis, aber dennoch erzählte ich Aina, dass unsere sogenannte »Revitalisierung« uns im kommenden Jahrzehnt mindestens 350 Milliarden Dollar kosten würde. Und dass die Gesamtkosten für das globale Atomwaffenarsenal derzeit auf eine Billion Dollar pro Jahrzehnt geschätzt wurden.

Weil Geisteswissenschaftler oft mathematische Analphabeten sind, hatte ich das Gefühl, ich müsste die Höhe der Summe verdeutlichen. Eine Eins mit zwölf Nullen. Eine Million Millionen. Und dies vor Phase zwei, der gewaltigen weltweiten Wiederaufrüstung, die das sekundäre Ergebnis unserer Bemühungen sein würde.

Aina nickte heftig. Sie erinnerte mich stark an meine Mutter – bevor sie sich in sich selbst zurückgezogen hatte. Der gleiche warmherzige Scharfsinn. Ich fütterte sie mit weiteren Informationen: wie hoch unsere derzeitigen Forschungsausgaben waren, ohne dass sich die Medien groß darum scherten. Während wir gleichzeitig unser Verhandlungsgeschick, unsere ganze Rhetorik darauf verwendeten, weitere Länder von der Entwicklung ihrer eigenen kleinen Weltvernichtungswaffen abzuhalten.

Ich ratterte Informationen herunter. Sagte ihr, dass im letzten Haushaltsjahr 433 Atomwaffenprojekte in den Sandia National Laboratories verwirklicht worden seien, mit einem Gesamtbudget von 2,5 Milliarden Dollar. Los Alamos hatte 293 Projekte umgesetzt, die zwei Milliarden kosteten, Lawrence Livermore 159 Projekte für etwas mehr als 1,5 Milliarden, Y-12 sechsundsiebzig für 800 Millionen, Kansas City 102 für 600 Millionen, Nevada vierzig für 400 Millionen, Pantex neunzehn für eine halbe Milliarde und Savannah River zehn für 150 Millionen Dollar.

»Es ist so unglaublich schwer, euch ernst zu nehmen«, sagte Aina.

Ich antwortete nicht, weil ich nicht wusste, ob Aina unser kleines Team meinte oder die US-Regierung.

»Trotzdem müssen wir es. Jede Sekunde.«

Ich schwieg. Lauschte auf Geräusche von draußen, auf irgendein Zeichen von Angreifern, während Sixten und Ingrid ein verhaltenes Gespräch über die alten Zeiten führten. Jesús María war nicht da, sie musste ins Badezimmer gegangen sein.

»Wie meinen Sie das, Aina?«

»Wo soll ich anfangen? Vielleicht bei euren albernen Sportmetaphern. Euren sogenannten ›Baseball‹-Karten und dem sogenannten ›Football‹ …«

Dann fragte sie mich über die erwähnten Karten aus, die sie an die Sammelbilder aus ihrer Kindheit erinnerten. Nur dass unsere »Sammelbilder« auf der Vorderseite Terroristen zeigten. Auf der Rückseite standen knappe Fakten: Name, Geburtsstadt, Beziehungen, mutmaßliche Verbrechen – alles, was die Leute wissen mussten, die unsere Drohnen in Pakistan, Syrien oder Afghanistan lenkten. So konnte man das Mobiltelefon der Zielperson aufspüren – egal wer es im Moment des Einschlags gerade in der Hand hielt.

»Wir sprechen hier über eine Todesstrafe ohne juristische Legitimation«, sagte Aina.

Sie ließ sich darüber aus, wie unzuverlässig das System sei. Darüber, dass rund tausend unserer Sprengköpfe und eine ähnliche Anzahl russischer ständig aktiviert seien und jederzeit abgeschossen werden könnten.

»Ist es nicht seltsam, Erasmus, dass alle im Präteritum darüber sprechen, als ob es eine Sache der Vergangenheit wäre? Sie machen Späße über den Kalten Krieg – ohne zu sehen, dass die Situation sich gar nicht verändert hat. Und wenn es um Vernichtung geht, gibt es keine Abstufungen. Mag sein, dass die Zahl gefechtsbereiter Sprengköpfe während der schlimmsten Jahre dreimal so hoch war wie jetzt. Aber es ist immer noch zu viel. Allein die Sprengkraft der amerikanischen Raketen könnte die gesamte Menschheit auslöschen und den Erdball auf immer unbewohnbar machen. Aber wem sag ich das?«

Aina leerte ihr Glas und sprach weiter, ohne auf eine Reaktion meinerseits zu warten.

»Ich frage mich, was passiert, wenn jemand sich in das System einhackt. Schon vor zwanzig Jahre hieß es, Kevin Mitnick könne einen Atomkrieg in Gang setzen, indem er in einer Telefonzelle in den Hörer pfeift.«

Ich erzählte ihr natürlich nicht, dass genau dies vor wenigen Tagen geschehen war: dass eine Einzelperson sich in das Waffensystem gehackt und es dechiffriert hatte. Aus den Augenwinkeln sah ich, dass ebendiese Person sich weit über den Tisch lehnte und mit ihrem ehemaligen Geliebten scherzte.

Aina würdigte die beiden keines Blicks.

»Vor Kurzem habe ich einen Vortrag über sogenannte autonome Waffensysteme gehört. Krieg, der ohne unser Zutun ausbricht. Die Wissenschaftlerin sagte, dass man Menschen zunehmend als das schwache Glied in der Kette ansähe und wir uns schon bald außerhalb der sogenannten ›Entscheidungsschleife‹ befinden würden, wie sie das nannte.«

Von der anderen Seite des Tischs drang ein schwacher und doch vertrauter Duft zu mir herüber. Chanel Nr. 5. Das Parfüm, das meine Mutter zu besonders feierlichen Anlässen auflegte. Ich fragte mich, ob ich Aina sagen sollte, dass sie den gleichen Duft wie meine Mutter benutzte. Aber es gelang mir nicht, ihren Redefluss zu unterbrechen.

»Und ihr seid bestimmt nicht die Einzigen, Erasmus. Dieser Irrsinn verbreitet sich wieder auf der ganzen Welt. Nordkorea, Iran, dieser entsetzliche Islamische Staat … wenn die einen Sprengkopf in die Finger bekommen würden … und natürlich Russland. Wussten Sie, dass die Russen erst letzte Ostern, an Karfreitag, einen atomaren Offensivangriff geprobt haben, als ob es nichts Heiliges mehr gäbe? Sie hatten zwei Ziele: die militärische Funkstation auf der Insel Lovön, wodurch unser Frühwarnsystem zerstört worden wäre, und den Luftwaffenstützpunkt Haghult. Bestimmt habt ihr das auf euren Bildschirmen verfolgt.«

Ich zuckte die Schultern: Es gab so viele Zwischenfälle dieser Art, und ich hatte keine Ahnung, wie viel Aina wusste. Zumal Sixten gesagt hatte, dass sie nicht näher über unser Vorhaben informiert werden wollte. Vielleicht hatte sie überhaupt nichts von Ingrids verrücktem Plan mitbekommen.

»Und wissen Sie, Erasmus, was mich wirklich ärgert?«

Ich schüttelte den Kopf. Spürte Ainas Wärme, die überraschend starke Energie, die von ihr ausging.

»Dass ihr Amerikaner euch für etwas so Besonderes

haltet. Als ob den USA niemals das gleiche Schicksal widerfahren könnte, wie es so vielen Großmächten in der Geschichte zuvor widerfahren ist. Ich denke an Frankreich unter Robespierre, die Sowjetunion nach der Wende. Von Deutschland ganz zu schweigen.«

Sie griff nach dem Wasser.

»Ein einziger verrückter Herrscher reicht. Wie dieser Clown von Milliardär, der neulich damit gedroht hat, bei den nächsten Präsidentschaftswahlen anzutreten. Stellen Sie sich vor, dass einer wie der den roten Knopf in die Finger bekommt.«

Ich hielt meine Hand über das Glas, um Aina vom Nachschenken abzuhalten.

»Trotzdem können wir nicht wissen, ob ein gefährlicher Präsident eine größere Gefahr darstellt als selbst der vernünftigste Herrscher. Weil das atomare Waffensystem seine eigene Logik entwickelt. Ein Eigenleben zu führen beginnt, ob mit oder ohne Sicherheitsvorkehrungen.«

Sie hielt inne und sah mich forschend an. »Sie sind so still, Erasmus. Sind Sie anderer Ansicht?«

Ich sah Aina in die Augen. Wie hätte ich anderer Ansicht sein können. Schließlich war genau dies der Grund, weshalb ich jetzt in ihrem Haus in Ursvik saß – und nicht bei meiner Familie auf der anderen Seite des Atlantiks. Mein Blick besagte wohl genug.

»Verzeihen Sie, Erasmus. Eine dumme Frage.«

Aina stand auf und fing an, das Geschirr wegzuräumen, um Platz für den Nachtisch zu machen. Aber Sixten drängte sie sanft, sich wieder hinzusetzen. Er deckte Dessertteller und Tassen, legte die Geschenke vor ihr auf den Tisch, stellte die Prinzessinnentorte in die Mitte.

In diesem Moment nahm ich deutlich Brandgeruch wahr, vielleicht sogar den Geruch von Benzin, dachte aber, er komme von den Kerzen auf dem Kuchen, die Sixten anzündete. Siebzig Stück, fein säuberlich auf dem grünen Marzipan aufgereiht. Das Ritual nahm einige Zeit in Anspruch. Erst anzünden, eine nach der anderen, mit dem eleganten Feuerzeug, das Sixten aus der Weste seines Abendanzugs hervorholte. Aina brauchte fünf Anläufe, bis sie alle ausgeblasen hatte.

Erst als der Beifall verklungen war, nahm ich das Geräusch wahr. Ein wildes Prasseln, wie von einem Kaminfeuer – aber es gab im Haus keinen Kamin. Das Prasseln schwoll rasch zu einem Tosen an, und dann traf uns der beißende Geruch von Benzin und Rauch mit voller Wucht. Als wir ins Wohnzimmer stürzten, lag der Verdunkelungsvorhang schon als brennender Haufen auf dem Boden, der weggeworfene Kanister mittendrin.

Es dauerte nur wenige Sekunden, bis die Hitze und der Rauch ihre enorme Kraft entfaltet hatten. Die Modulbauweise des Hauses war wie gemacht für einen Pyromanen. Die Flammen verbreiteten sich blitzschnell in allen Räumen. Ich warf mir den Hybrid auf den Rücken und zog meine Waffe. Jesús María stürzte aus dem Gäste-WC, während Sixten – Aina hielt seine Hand fest umklammert – uns durch die rauchgeschwängerte Diele, wo unsere Jacken und Mäntel hingen, in die Waschküche führte. Um den Trockner und den Abfluss im Boden bildeten weitere benzingetränkte Verdunkelungsvorhänge einen Feuerkreis und schnitten uns den Fluchtweg nach unten ab.

Es gab nur einen letzten Weg. Sixten eilte voran, die Treppe hoch, während die Flammen bereits an den

Wänden und der Decke leckten. Er stürmte ins Schlafzimmer, entriegelte die Sicherheitsschlösser, stieß die Fenster weit auf, ehe er – Aina fest in den Armen haltend – hinaussprang.

Dann hechteten wir hinterher. Hinaus in die Nacht.

3
FIRST DOWN

OKTOBER BIS DEZEMBER 2013
KIRUNA, SCHWEDEN

3.01

Wir fuhren durch Bollnäs und Ljusdal, immer weiter nach Norden. In regelmäßigen Abständen öffnete ich vorsichtig das Rollo unseres Zugabteils und sah hinaus. Es hatte aufgehört zu schneien, doch die Schneewehen türmten sich an den Bahnsteigen wie erstarrte Meereswellen auf, die ein Zauberspruch mitten in der Bewegung eingefroren hatte. Ånge wirkte gegen Mitternacht wie eine Insel im Eismeer. Die Birken am Bahnhof waren in Silber getaucht. Ich versuchte vergeblich zu schlafen. Das gelbe Bahnhofslicht drang durch das Rollo, und die Wagen kreischten während des Rangierens.

Es hätte eine friedliche Szene sein können. Wie die endlosen Zugfahrten, wenn meine Mutter und ich zu meiner Großmutter fuhren. Meine Mutter versuchte mir etwas über Kunstgeschichte beizubringen, ich ihr etwas über Kryptografie. Ich erinnere mich noch an den Geruch unseres Proviants, der sich auf dem Gang verbreitete – oft indischer Linseneintopf mit Kumin und Ingwer. Wir verbrachten die Nacht auf den kleinen Klappsitzen, weil keiner von uns schlafen wollte oder konnte.

Von diesem Idyll war unsere jetzige Fahrt weit entfernt.

Unsere Flucht aus dem Haus steckte mir noch in den Knochen. Wie wir durch den Garten gehetzt waren. Die Flammen des gewaltigen Brandes hinter uns tauchten alles in ein gespenstisches Licht. Als wir den Weg zum Waldstück entlangrannten, warfen wir verzerrte Schatten, die neben uns zwischen den Bäumen dahinjagten.

Ich bemühte mich, nicht in die anderen Häuser zu sehen, weil ich wusste, dass dort Kinder lagen, in tiefem, vertrauensvollem Schlaf. Dennoch flackerten die Bilder meiner eigenen Kinder vor meinem inneren Auge auf.

Trinity, unsere Jüngste, von klein auf vorwitzig. Sobald sie reden konnte, wollte sie in ihrem eigenen Bett schlafen. Duality, unser zweites Kind, ein begabter Junge, ein wenig ängstlich und immer gedankenverloren, ein Abbild seines Vaters. Konnte nie einschlafen, ehe ich aus seinem Buch vorgelesen hatte. Immer so besonnen. Und dann unsere Tochter Unity, die Älteste, unsere geliebte Erstgeborene, die sich, vernünftig, wie sie immer schon war, nicht beschwerte, wenn ich ihrem kleinen Bruder im selben Zimmer die immer gleichen Geschichten vorlas.

In einem bewussten Willensakt schüttelte ich diese Bilder ab. So wie ich es mir vor meiner Flucht antrainiert hatte, als mir klar geworden war, dass ich Amba und die Kinder unmöglich mitnehmen konnte. Bis mein Verstand blank war und nichts blieb als die Flucht, der Geruch des Feuers irgendwo hinter uns, die Intensität der Gegenwart.

Ingrid schlug den Weg zum Stockholmer Hauptbahnhof ein. Da sie nicht wusste, ob das Tunnelsystem noch sicher oder überhaupt zugänglich war, mussten wir die oberirdische Strecke wählen, im Schutz der Bäume, die die Autobahn säumten. Ich folgte ihr dicht auf den Fersen, Jesús María bildete das Schlusslicht unserer kleinen Kolonne. Doch trotz ihrer schweren medizinischen Ausrüstung bereitete es ihr keine Schwierigkeiten, mit uns Schritt zu halten. Und das, obwohl sie seit mehr als einem Monat körperlich weitgehend untätig gewesen war.

Ich wusste nicht, was aus Sixten und Aina geworden war. Ich versuchte mich zu erinnern, ob sie sich wieder vom Rasen aufgerappelt hatten, zwei brennende menschliche Fackeln, aber da war nichts – kein Bild, nichts.

Ich hob erneut das Rollo. Auf einer Tafel neben den Gleisen wurde die Temperatur angezeigt. Minus sieben Grad. Ingrid hatte gesagt, dass es in diesem Herbst bereits rekordverdächtige Minusgrade gegeben habe, dass es weiter nördlich zweifellos schlimmer werden würde.

Als der Zug weiterfuhr, nahm ich die Eintragungen in meinem Notizbuch wieder auf. Ich schilderte die jüngsten Ereignisse seit unserem Essen heute.

Mein Stift kratzte leise über das Papier. Ingrid saß auf dem oberen Liegeplatz und tippte etwas in ihren Laptop. Im Spiegel sah ich ihr Gesicht im bläulichen Licht des Bildschirms – dieses neue Aussehen, an das ich mich immer noch nicht gewöhnt hatte. Jesús María, die mit dem mittleren Liegeplatz zwischen mir und Ingrid unzufrieden war, trieb sich irgendwo im Gang herum. Der Schaffner war schon da gewesen. Er hatte unsere Fahrscheine entwertet und sich kommentarlos die falschen Pässe angesehen, die Sixten uns über einen Bekannten beschafft hatte. Er würde im Verlauf der Nacht vermutlich nicht wiederkommen.

Der Stille nach zu urteilen, fuhren nicht viele Passagiere in unserem Wagen. Ich knipste das Licht aus und wartete, bis Ingrid ihren Computer ausgeschaltet hatte und unter ihrer verfilzten grauen Wolldecke lag, wartete auf das falsche Gefühl der Vertrautheit, das die Dunkelheit mit sich bringt. Dann stellte ich meine Fragen, mit leiser Stimme, damit auf der anderen Seite der Tür nichts zu hören war.

»War es Sixten, der uns verraten hat? Der sich mit Aina geopfert hat, damit wir in der Hölle schmoren?«

»Ist das eine ernst gemeinte Frage, mein Schatz?«

Ingrids Überraschung wirkte echt. Nach einer Pause sprach sie weiter.

»Sixten hat mir eine Mail geschickt. Wie immer macht er sich vor allem Sorgen – Sorgen um uns«, sagte sie.

»Er hat also überlebt?«

»Sixten hat mindestens neun Leben. Aina hat es auch geschafft. Beide haben allerdings schlimme Verbrennungen erlitten.«

Im Gang draußen herrschte Stille. Kein Anzeichen dafür, dass Jesús María versuchte, uns zu belauschen, nicht die geringste Bewegung vor der Tür.

»Ich habe ihn mit einer anderen Frau gesehen, als ich neulich Abend laufen war«, sagte ich.

»Sixten?«

Ein tiefes Ausatmen in der Dunkelheit.

»Lass mich raten: groß, blond, Pagenschnitt, hochgewachsen?«

»So in etwa, ja.«

»Das war seine Tochter Lisa.«

»Tochter?«

»Sie hätte eigentlich bei Ainas Feier dabei sein sollen – war wohl nach langer Zeit wieder nach Hause gekommen. Aber das konnte ich nicht dulden. Schließlich kenne ich sie nur von Fotos, und ich wollte keine weiteren Leute dabeihaben.«

Ich lag schweigend da und überlegte.

»Na gut. Bleibt also noch Jesús María. Die im Gäste-WC war, als es zu dem Angriff kam.«

»Sie ist meine Blutsschwester, Erasmus. Auch sonst würde sie uns niemals verraten. Sie hasst Kurt und John mehr als dich.«

Ich sah die Leibwächter des Teams vor mir. Fremd und vertraut zugleich.

»Kurt und John sind Tiere, keine Frage. Aber warum hasst sie sie mehr als mich – nach dem, was ich ihr angetan habe?«

»Weil sie ihr etwas angetan haben, das weitaus schlimmer ist.«

Ingrids leise Stimme schwebte melodiös durch das Schlafwagenabteil.

»Im Gegenzug hat sie ihnen auch etwas angetan. Damit sie sie nie vergessen. Da sowohl Kurt wie John gleichermaßen schuldig sind, identisch in ihrer Niedertracht, hat sie sie auch äußerlich identisch aussehen lassen. Ein grimmiger und bittersüßer Scherz. Ganz nach Jesús Marías Geschmack.«

Ich hörte ein Husten draußen im Gang. Vielleicht hatte sie sich an ihrer Selbstgedrehten verschluckt, dem Kraut, das sie rauchte. Ingrid senkte ihre Stimme noch mehr.

»Das war lange Zeit ehe du in die Sache hineingezogen wurdest, Erasmus. Eigentlich ein chirurgischer Routineeingriff, wenn auch ziemlich umfassend: Tarnung für eine wichtige Geheimoperation. Einer unserer beiden Leibwächter – ich erinnere mich nicht mehr, welcher – war dunkelhaarig und gut aussehend, mit braunen Augen, der andere blond und mit einem viel schmaleren Gesicht, ohne dieses Grübchen am Kinn. Ich glaube, fünf oder sechs Eingriffe waren nötig, bis Jesús María zufrieden war. Edelweiss ließ sie gewähren. Seitdem hat sie die Ähnlichkeit mit jedem neuen Eingriff noch verstärkt, bis zum kleinsten Muttermal. So lange, bis sie keiner mehr auseinanderhalten konnte. Ich frage mich, ob Jesús María sich dessen überhaupt bewusst ist.«

Wieder ein Husten vor der Tür. Vor meinem inneren Auge sah ich den Schaffner, wie er seine Nachtrunde drehte, Jesús Marías Zigarette roch, einen kurzen Anruf tätigte. Sah die Polizei, die am nächsten Bahnhof in den Zug stieg und uns alle verhaftete. Es gibt Massenmörder, die allein deswegen gefasst wurden, weil sie ein Kaugummi auf die Straße fallen ließen. Aber die Frau dort im Gang konnte wohl nicht anders, als das Schicksal herauszufordern.

»Dann war es also Aina, die uns verraten hat?«

»Hm. Und warum nicht du, mein Schatz?«

Ingrid hatte sich offenbar der Wand zugedreht. Ihre Worte waren kaum noch zu verstehen.

»Ich?«, sagte ich.

Ingrid antwortete nicht. Bald war ihr gleichmäßiges Ein- und Ausatmen zu hören. Sie war eingeschlafen.

Ich wartete noch eine Weile, dann nahm ich den Hybrid und öffnete die Abteiltür so leise wie möglich. Ich musste eine sogenannte »Irrealitätsprüfung« vornehmen, wie Edelweiss das nannte. Denn selbst in einer surrealen Situation sind einige Dinge immer noch realer als andere.

Jesús María saß auf einem der Klappstühle, mit dem Rücken ans Fenster gelehnt. Sie hatte die Augen geschlossen und schien mich nicht zu bemerken. Ich wollte an ihr vorbei – als sie mich plötzlich fest am Arm packte.

»Hast du genug von ihren Hexengeschichten, Erasmo?«

»Sie sagte, du hättest Kurt und John in Zwillinge verwandelt.«

»Du glaubst wohl jeden Scheiß, den man dir erzählt?«

Jesús María ließ mich los. Dann wandte sie sich dem Fenster zu und begann, mit ihrem nikotinbraunen Zeigefinger etwas in das Kondenswasser an der Scheibe zu schreiben.

Es dauerte nur wenige Sekunden, bis ich die Sequenz 131 1RL 151 414 31C 122 417 FN1 C12 T14 entziffert hatte, wieder mithilfe meines Schlüsselsatzes, von dem ich den Großteil meines Lebens geglaubt hatte, das ihn kein anderer außer meiner Mutter und mir kannte. Bis erst Ingrid und jetzt Jesús María mich eines Besseren belehrten.

Im Klartext lautete er: VERLASS DICH AUF NICHTS.

3.02

Die Sonne ist der stärkste Energielieferant, den wir haben. Ihre Wärme, die durch ständige atomare Explosionen und Fusionen das Leben auf Erden ermöglicht. Doch hier oben hatte nicht einmal die Sonne eine Chance.

Als wir in den Bahnhof von Kiruna rollten, zeigte das Thermometer minus 26,7 Grad an – um elf Uhr vormittags, wenn die Sonne die schlimmste Kälte eigentlich schon vertrieben hat. Es sollte noch einige Zeit dauern bis zur Polarnacht, laut Kalender anderthalb Monate.

Ingrid führte uns ein kleines Stück an den Gleisen entlang und bog dann auf eine Straße ab. Wir waren die einzigen Menschen, die zu Fuß in Richtung Stadt gingen, aber wir konnten die frische Luft dringend brauchen. Der Schnee knirschte unter unseren Stiefeln. Die Sturmhauben, die wir aufgesetzt hatten, froren an unseren Mündern fest. Die Fahrbahn war schmal. Es gab keinen Bürgersteig. Wenn ein Lkw vorbeifuhr, mussten wir uns gegen die Schneewand drücken.

»Das Bergwerk«, sagte Ingrid nach einer Weile und wies auf die dunkle, terrassenförmige Felsformation, die sich südlich der Stadt aus dem Boden erhob. Dann sah sie mich an.

»Was weißt du über Kiruna?«

Ich überlegte. Aber Ingrid wartete nicht auf eine Antwort.

»Achtzehntausend Einwohner. Hundertfünfundzwanzig Meilen nördlich des Polarkreises. Das Bergwerk da hinten ist das größte Eisenerzbergwerk der Welt. Unter uns befinden sich im Wesentlichen Hohlräume. Im Stadtzentrum bricht der Boden an immer mehr Stellen ein. Aber dem Bergwerk haben wir es zu verdanken, dass Schweden den Übergang von einer primitiven Agrarwirtschaft zu einem der führenden Industrie- und Wohlfahrtsstaaten geschafft hat. Es hat das schwedische Sozial- und Wirtschaftsmodell ermöglicht. Und den Berg nenne ich den ›Schicksalsberg‹, wie in *Der Herr der Ringe*.«

Ich blinzelte in die Sonne und versuchte, das Ausmaß der Zeche zu erfassen, dieses Ungeheuers, das Stück für Stück die Stadt auffraß.

Linker Hand von uns befand sich das Stadtzentrum. Von hier aus sah es recht anheimelnd aus.

Ingrid war meinem Blick gefolgt. Sie nickte in Richtung der roten und ockerfarbenen Mehrfamilienhäuser.

»Die ganze Stadt soll nach und nach abgerissen werden. Wie eine Filmkulisse. Die Stadtmitte wird drei Kilometer weiter nach Osten verlagert. Wegen des Bergwerks.«

Ich musste an die Stadtattrappen denken, die wir an abgelegenen Orten errichteten, nur um sie mit unseren Atombombentests in Schutt und Asche zu legen.

Ingrid deutete in Richtung Bergwerk. »Erkennst du die Gegend wieder, Erasmus?«

Ich schüttelte den Kopf.

»Schau dir den Berg hinter der Zeche an. Du warst

mehrmals dort. Wurdest nachts zur Übung eingeflogen, nach einem simulierten Drohnenangriff auf das Versuchsgelände Vidsel. Vierundzwanzigtausend Quadratkilometer Luftraum. Eine Fläche so groß wie Belgien. Nur zweiundsechzig Meilen entfernt von hier. Gehört eigentlich zur Gemeinde Kiruna. Wird aber heute vom schwedischen Amt für Rüstung und Wehrtechnik und der Swedish Space Corporation verwaltet.«

Plötzlich sah ich alles vor mir. Die ständige Dunkelheit, über wie unter der Erde, das Kriechen und Rutschen durch unmenschlich enge Tunnel, gelegentlich glühende Punkte – Kriegsführung im Winter. Über die Koordinaten hatte man uns nichts gesagt, sodass wir keine Ahnung von unserem Aufenthaltsort hatten. Wir sollten lernen, im Ungewissen zu funktionieren. Wir nannten es das »Niemandsland«.

Wir hatten inzwischen die Häuser passiert, die laut Ingrid aus der Gründungszeit der Stadt stammten, vom Anfang des zwanzigsten Jahrhunderts. Jetzt erreichten wir ein Wohngebiet, das bereits verlassen zu sein schien. Türrahmen waren vernagelt, Fensterscheiben zerbrochen. Ich hatte keine Ahnung, was wir in Kiruna wollten. Ich hatte auch nicht gefragt. Ingrid würde es mir schon zu gegebener Zeit sagen.

Ich prägte mir stattdessen die Straßennamen ein – für alle Fälle: Lars Janssonsgatan, Konduktörsgatan, Gruvvägen … Nach einer Weile deutete Ingrid nach links, in Richtung eines nahen Bergs. Eine Art Hausberg der Stadt. Ich erkannte einen Skilift.

»Die Skipiste Luossa. Man hat sie gebaut, als die Grube auf dieser Seite des Bergs langsam versiegte. Erst ein paar Jahre ist das her«, sagte sie.

Wir erreichten einen großen, soliden Holzbau, hinter dem ein Abhang zur Grube führte.

Auch hier waren die Fenster vernagelt. Die rote Farbe war abgeblättert. Fast meterlange Eiszapfen hingen wie Damoklesschwerter vom Dach herab. Die Aufschrift auf dem zugefrorenen Schild war kaum zu entziffern: HOTELL SNÖFLINGA.

»Hotel Schneeflocke. Das perfekte Versteck. Offiziell vor vielen Jahren geschlossen, den Mächten der Unterwelt geopfert«, sagte Ingrid. Im selben Moment öffnete sich die Haustür.

»Inko, liebste Freundin. Wie lange ist das her? Seit der Schulzeit keinen Tag gealtert! Kommt rein, ins Warme!«

Die große Frau umarmte Ingrid herzlich. Dann wandte sie sich zu uns. Sie hatte grellpink gefärbte Haare, und ihre nackten Arme waren komplett tätowiert.

»Erasmus. Jesús María. Schön, euch kennenzulernen«, sagte sie, jetzt auf Englisch. »Ich habe euch erst in ein paar Wochen erwartet, Inko.«

»Wir mussten umdisponieren.«

»Und ich vermute, du willst mir immer noch nicht sagen, was ihr vorhabt.«

»Nein, tut mir leid, Bettan. Aber wie gesagt, es dient einem guten Zweck.«

»So etwas mag ich, Inko. Aber das weißt du ja.«

Wir traten ein. Der Empfangsraum war nur spärlich erhellt durch das Licht, das durch die Ritzen der Bretter vor den Fenstern fiel. Ich sah mich um. Der Kristalllüster deutete darauf hin, dass dies früher ein gutes Hotel gewesen sein musste. Ein mannshoher Rokokospiegel mit gesprungenem Glas hing gegenüber dem Empfangstresen.

Bettan legte jetzt drei Schlüssel mit schweren kugelförmigen Anhängern auf den Tresen.

»Ich denke, ihr könnt euch in der Umgebung ziemlich sicher bewegen, auch tagsüber. Und dich erkennt sowieso keiner, Inko.« Sie blickte sich um. »Hier drinnen werden euch nur die Gespenster Gesellschaft leisten. Manchmal knarrt es nachts ziemlich heftig, als ob jemand oben auf der alten Konferenzetage die Möbel hin- und herrücken würde. Aber es ist Jahre her, dass hier jemand übernachtet hat.«

»Und die Mädels?«

»Oh, die sind es gewohnt, sich unauffällig zu verhalten. Ich glaube kaum, dass ihr von denen etwas zu sehen bekommt.«

Dann eine weitere rasche Umarmung der Freundinnen, ehe wir die Treppe hochstiegen.

Bettan gab uns noch eine Warnung mit auf den Weg.

»Übrigens finden in der Grube jede Nacht Sprengungen statt, immer um halb zwei. Damit die Gase entweichen können, ehe die Morgenschicht ihre Arbeit aufnimmt. Da wackeln die Wände, das könnt ihr mir glauben. So ziemlich die ganze Stadt bebt dann wie die Sülze meiner alten Großmutter.«

Die Treppe knarrte laut bei jedem Schritt. Oben angekommen gelangten wir in ein verblasstes Foyer: durchgesessene Chesterfield-Sessel aus ochsenblutrotem Leder, schwere rote Vorhänge vor den hohen, vernagelten Fenstern, ein klobiger alter Fernseher auf einem wackligen Tischchen. Es gab auch eine Bar, die nicht nur erstaunlich gut erhalten war, sondern auch immer noch über eine beeindruckende Auswahl an Alkoholika verfügte. Über der Theke hing ein vergilbtes Schild, das ich ohne Schwierigkeiten entziffern konnte: »Die Eiskönigin. Rund um die Uhr geöffnet.«

Wir folgten Ingrid in ihr Zimmer, weil es, wie sie sagte, die beste Aussicht habe. Sie öffnete die Vorhänge und entfernte eins der Bretter vor dem Fenster.

Dann standen wir einfach da und beobachteten schweigend die Zeche. Sie schien zu atmen. Sie zischte, stieß Rauch aus und färbte den Schnee auf dem Gipfel grauschwarz. Von dort bis hinab zum Fuß des Bergs fächerte sich der Fels wie ein Weinberg terrassenartig auf. Unten setzte sich die Zeche als ein Gewirr aus Eisenbahnschienen, Oberleitungen, Lampen, Winden, Relais fort.

Nachdem wir eine Weile so geschaut hatten, brachte Ingrid das Brett wieder an seinem Platz an, schloss das Fenster und zog die Vorhänge zu.

»Nicht, dass es nötig wäre. Aber Vorsicht ist die Mutter der Porzellankiste, wie es so schön heißt.«

Auf unserem Weg vom Bahnhof hatte Ingrid behauptet, dass wir hier, in unmittelbarer Nähe zur Grube, am sichersten seien. Im Ort nannte man das Gebiet »Tal des Todes«. Das Hotel und die umliegenden Gebäude würden als Erste in die Tiefe gezogen. Deshalb hatte man sie vor einigen Jahren für unbewohnbar erklärt und geschlossen. Seitdem hatten sie sich zu einem exzellenten Versteck für Menschen entwickelt, die aus irgendeinem Grund untertauchen wollten. Hier würde niemand Fragen stellen – und ganz bestimmt würde niemand antworten.

»Jesús María, würde es dir etwas ausmachen, uns allein zu lassen? Vielleicht machst du es dir in deinem Zimmer bequem? Ziehst dich fürs Abendessen um?«

»Klar doch. Ich ziehe mir mein verdammtes Konfirmationskleid an.«

Kaum hatte Jesús María den Raum verlassen, holte Ingrid ihr mobiles Terminal heraus. Dann setzte sie sich auf das quietschende Himmelbett und lud mich mit einer Geste ein, neben ihr Platz zu nehmen. Ein schwacher Geruch nach Seife umgab sie.

Bald war die Weltkarte auf dem Bildschirm zu sehen. Die »Korrespondenzen« erschienen.

»Nur falls du dich fragst, was wir hier machen, mein Schatz.«

Sie vergrößerte Nordeuropa, zoomte schließlich auf ein kleines Kreuz im Norden von Schweden. Das Straßennetz von Kiruna erschien. Sie klickte sich durch den alten Stadtkern und setzte eine Markierung beim Hotell Snöflinga. Der Abstand von dort bis zu dem Kreuz war mit knapp zweiundvierzig Kilometern angegeben. Geschätzte Zeit zu Fuß dorthin: acht Stunden, zweiunddreißig Minuten.

»Du kennst das Raketentestgelände Esrange Space Center, aber nicht in seinem ganzen Ausmaß. Kaum einer weiß davon oder ist sich bewusst, dass Schweden einen echten strategischen Wert hat. Das Testgelände ist heute ebenso wichtig wie das Eisenerz in Narvik während des Kriegs oder das Schwerwasser in Rjukan. Allein das wäre ein guter Grund, dieses Land zu besetzen.«

Auf dem Bildschirm sah man jetzt die Sicherheitstore der Anlage. Als Ingrid das Bild noch weiter zu vergrößern versuchte, war plötzlich alles verpixelt: die digitale Sicherheitseinstellung für Top-Secret-Einrichtungen weltweit.

»Dies, Erasmus, ist das weltweit führende Verbindungszentrum für die gewaltigen Informationsmengen, die jeden Augenblick von allen Satelliten zur Erde geleitet werden. Der eigentliche Knotenpunkt, die Hauptvermittlungsstelle. Anfangs war das Raketenzentrum überwiegend mit Wettervorhersagen und ähnlich unverfänglichen Dingen beschäftigt. Dann sollte es Navigationsdaten beschaffen, konkrete geopolitische Kartierungen, die mit jedem Jahr spezifischer wurden. Heutzutage käme ohne Esrange keine unserer Drohnen allzu weit.«

Sie verkleinerte die Ansicht wieder. Bewegte sich entlang der gestrichelten blauen Linien, die von ihrem Kreuzungspunkt hier im nördlichsten Teil Europas in alle Richtungen der Weltkarte führten.

»Und ich glaube, das hier könnte dich interessieren, mein Schatz.«

Der Kartenausschnitt wanderte jetzt über den Atlantik und weiter in Richtung des Raketenstützpunkts bei Minot in North Dakota. Ich erkannte ihn sofort. Eine spezifische Anonymität unter anderen Anonymitäten.

Als Ingrid den Ausschnitt ausreichend vergrößert hatte, teilte sich der Bildschirm wie gewohnt in mehrere kleinere Bereiche. Einer zeigte die eigentliche Rakete: Mit ihrer mattgrauen Oberfläche sah sie aus wie ein gigantischer Hai am Haken. Zwei weitere Bildschirmbereiche bildeten den oberirdischen Außenbereich ab. Bewaldetes Gelände, eine Berglandschaft im Hintergrund, alles von einem leichten Dunstschleier umgeben. Das größte Bild nahm die Mitte des Bildschirms ein und zeigte das eigentliche Herzstück der Kommandozentrale – die Steuerungskonsole mit den Bedienelementen.

Ich sah auf die Daten am unteren Bildschirmrand: Zeit, Temperatur, Wetterbedingungen, der Druckpegel im Innern der Rakete. Daten, die man in der Kommandozentrale benötigt. Erst jetzt bemerkte ich, dass ein Countdown ausgelöst worden war.

Die grünen Zahlen wurden erst gelb und dann rot, dann begannen sie heftig zu blinken. In der Kommandozentrale war inzwischen die Hölle los, man schien zu telefonieren, auf jeden Fall wurden Sicherheitsinstruktionen übermittelt – doch der Zähler blieb nicht stehen. Die Abschussphase schien planmäßig zu verlaufen. Die Entwicklung von Rauch und Hitze war enorm: Auf den Umgebungsansichten sah man, dass selbst entfernte Bäume brannten.

Ich starrte auf einen weiteren Zähler am rechten unteren Rand: »Opferzahlen«. Ich war wie gelähmt. Ich konnte nichts tun, weder den Vorgang stoppen noch Ingrid überwältigen, womit nichts erreicht gewesen wäre.

Und es war natürlich schon zu spät. Sobald die Dinge so weit gediehen waren, sorgte das Sicherheitssystem dafür, dass der Vorgang *nicht* unterbrochen wurde, damit die Rakete ihr Ziel auch erreichte und nicht irrtümlich auf Wohngebiete oder das Territorium von Verbündeten fiel.

»So in etwa läuft das«, sagte Ingrid.

Mit einem Klick auf der Steuerungskonsole brachte sie die Operation zum Stehen – und dann wurde alles schnell zurückgespult: Der Zähler drehte sich wieder auf Start, die Alarmstufe wurde erst mit Gelb, dann mit Grün angezeigt. Schließlich klickte sie erst die Bilder vom Stützpunkt, dann die Weltkarte weg und klappte das Terminal zu.

Schweiß rann mir über die Stirn.

»Ist das nicht erstaunlich? Die meisten Szenarien habe ich schon auf dem Computer. Ich habe sie bei unseren Übungen überall auf der Welt gesammelt. Und wenn wir unsere inoffizielle Exkursion nach Esrange hinter uns haben, ist das Bild im Zauberspiegel vollständig: Dann kann ich mich mit diesem kleinen Ding in die Datenströme aus jedem beliebigen Satelliten einklinken und nach Herzenslust daran herumbasteln. Von da an kann ich jeden gewünschten Ablauf simulieren, wo immer ich will. Unsere Verfolger werden nicht die leiseste Ahnung haben, was vor sich geht. Sie werden ihren Augen nicht trauen und völlig zu Recht an ihrem Verstand zweifeln.«

Ein Schweißtropfen hatte meine Nasenspitze erreicht und ich wischte ihn weg. Dann erhob ich mich von dem altersschwachen Himmelbett.

Ingrid sah mich triumphierend an. »Und danach, mein Schatz, können wir, du und ich, unser gesamtes Atomwaffenarsenal weltweit zerstören. Von innen heraus und ohne dass irgendetwas Verdächtiges auf den Bildschirmen erscheint. Garantiert spurlos. Egal wie genau man hinschaut.«

3.03

In dieser Nacht träumte ich nicht zum ersten Mal, dass ich ein kleines japanisches Mädchen sei, das bei einer internationalen Konferenz von Überlebenden auftrat.

Schüchtern erzählte ich, wie ich in einer Straßenbahn gesessen, plötzlich einen silbernen Blitz gesehen und mich auf den Boden geworfen hatte. Dann sei alles tintenschwarz geworden, so dunkel, dass die Leute zusammenstießen wie die blinden Ratten, die ich bei meiner Freundin zu Hause in einem Käfig gesehen hatte.

Als es ein wenig heller geworden war, ging ich durch die mir jetzt fremde Stadt. Ich sah eine Frau mit blutenden Augen und ein Mädchen, das ungefähr so alt war wie ich und »Hilfe, helft mir!« rief, immer wieder. Ihr Rücken war völlig verbrannt, nichts als Asche und Ruß, darunter glühte er, die Haut hing in Streifen von ihren Hüften herab. Menschenmengen bahnten sich ihren Weg zum Ufer des Flusses. Sprangen hinein und starben sofort in dem kochend heißen Wasser.

Ich traf eine alte Frau, die genauso schrie wie das Mädchen. Sie rief nach ihrer Mutter, obwohl diese bestimmt schon seit vielen Jahren tot war. Es sei alles so seltsam gewesen, erzählte ich den Konferenzteilnehmern. Aber die einzige Antwort, die das Mädchen erhielt, lautete: »Alle leiden genauso wie du. Finde dich damit ab.«

Schließlich begegnete ich meiner eigenen Mutter, doch ich erkannte sie kaum, denn ihr Gesicht war geschwollen und sie hatte die Augen geschlossen. Die Haut an ihren Händen hing lose herab, wie Gummihandschuhe. Sie starb noch während des Kriegs, sagte ich, und meinen Vater habe ich nie wiedergesehen.

Als ich fertig war – »Ich danke Ihnen, ich heiße Yukiko und bin sieben Jahre alt« –, brachen alle in langen Beifall aus, und dann war es Zeit zum Mittagessen. »Wir kommen um 13:15 Uhr wieder zusammen«, sagte der Konferenzleiter, ein Amerikaner.

Auf dem Weg nach draußen wollte der Amerikaner mich umarmen, doch ich rang ihn zu Boden und trat brutal auf seinen Kopf ein.

Dann riss ich ihm die tränenfeuchten Augen aus, erst das eine, dann das andere. Weil er auf keinen Fall sehen sollte, was ich gesehen hatte.

3.04

Ich verarbeitete die Situation, in der ich mich wider Willen befand, auf meine Art. Zunächst machte ich jeden Morgen fünf Wiederholungen von zehn 150-Meter-Sprints, gleich hinter dem Hotel, dort, wo auf dem schmalen Weg der Schnee weggeräumt worden war, um dem Müllwagen den Weg freizumachen. Ein lockerer Gang zwischen den Sprints und eine Minute Erholung zwischen den Wiederholungen. Die Kälte knisterte beim Einatmen in der Nase. Minus zweiundzwanzig Grad vor Sonnenaufgang. Dann Krafttraining auf meinem Zimmer und eine kalte Dusche.

Langsam, aber sicher wagte ich mich weiter hinaus, möglichst früh, wenn die Stadt noch schlief. Am dritten Morgen zeigte meine Armbanduhr 04:45 an, als ich die Eingangstür aufschloss. Ich wärmte mich mit einigen entspannten Läufen auf: fünfmal achtzig Meter in der Spur, die der Müllwagen hinterlassen hatte. Dann folgte ich der unbeleuchteten Loipe. Die verkrüppelten Zwergbirken, zwischen denen sie verlief, waren silbrig vom Frost. Die Reflexion des Schnees machte meine Stirnlampe überflüssig. Nach etwa hundert Metern hatten sich meine Augen angepasst. Meine Spikes gaben mir perfekten Halt auf der vereisten Oberfläche, und meine Schritte fühlten sich unerwartet leicht an. Trotz der Kälte schaffte ich es, ohne allzu große Anstrengung ein Tempo von 6,9 Minuten pro Meile zu halten.

Die Spur verlief entlang des Stadtrands, noch tiefer hinab in den Karsttrichter, Richtung Grube. Dennoch widerstand ich der Versuchung, weiter auf dieses Gelände vorzudringen. Ich wollte verschluckt und in den Abgrund gezogen werden. Nach drei Runden – meine Uhr zeigte etwas über siebeneinhalb Meilen an – justierte ich die Gurte des Hybrid und erhöhte mein Tempo auf sechseinhalb Minuten pro Meile. Das war mein Richtwert. Der Gradmesser dafür, dass ich seit der Operation in Ursvik endlich wieder in Kampfform war.

Wieder beim Hotel angekommen nahm ich die Treppe zur Konferenzetage mit vier großen Schritten. Der Tagungsraum war wie eine kitschige Lappenhütte eingerichtet, mit gedämpftem Licht, eine Sauna und ein kleines Fitnessstudio schlossen sich an. Ich schaltete das betagte Laufband an und legte weitere siebeneinhalb Meilen in hohem Tempo zurück, ehe ich das Training mit einem Satz anstrengender Kraftübungen abschloss.

Erst dann näherte ich mich dem Zustand kreidebleicher Erschöpfung und Benommenheit, der absoluten Grenze. Die Beinahe-Bewusstlosigkeit, die so lange Zeit mein Lebenselixier gewesen war. Die mir das Durchhalten ermöglichte.

Denn früher oder später werden wir alle süchtig nach irgendetwas. Soldaten haben sich in Kriegszeiten immer berauscht: an Drogen, politischer Rhetorik, religiösem Fanatismus. Aber Untersuchungen zeigten, dass selbst in Friedenszeiten ein Viertel des gesamten Militärpersonals regelmäßig Drogen nahm, nicht bloß Haschisch, sondern auch Kokain und LSD. Mehrfach waren nach Razzien in unseren atomaren Stützpunkten Hunderte von Personen verhaftet worden.

In der Sauna dachte ich an den Schlüssel mit der »EF«-Gravur. Ich fragte mich, ob ich ihn Ingrid zeigen sollte. Ihr sagen, dass Sixten ihn mir gegeben hatte, dass der Schlüssel zu Lise Meitners unterirdischem Geheimlabor doch nicht verloren gegangen war.

Aber dann beschloss ich, es nicht zu tun. Warum hatte er ihn mir gegeben und nicht ihr? Offenbar weil er mir mehr zu vertrauen schien als ihr.

Und so vergingen die Tage. Zwischen den Mahlzeiten schloss sich Ingrid meist in ihrem Zimmer ein. Sie behauptete, dass sie jede wache Stunde benötige, um die Vorbereitungen abzuschließen. Um unsere sämtlichen Atomwaffen rund um den Erdball miteinander zu verbinden.

Jesús María ließ sich überhaupt nicht mehr blicken in den ersten Tagen nach unserer Ankunft in diesem seltsamen Hotel mit seinen verwinkelten Gängen, in denen man sich leicht verlaufen konnte. Ich hatte mehrmals bei ihr angeklopft, tagsüber und auch spät abends. Ich wollte sie noch immer fragen, woher sie meinen Schlüsselsatz kannte, den ich mir spontan ausgedacht hatte, als frühreifer Dreizehnjähriger am Küchentisch meiner Mutter.

Aber Jesús María war nie auf ihrem Zimmer. Ich brauchte mehr als eine Woche, um sie aufzuspüren. Sie hatte sich den sogenannten »Mädels« angeschlossen, einer Gruppe junger Frauen ohne Aufenthaltsgenehmigung, die Bettan aufgenommen hatte. Eines frühen Morgens auf dem Rückweg von der Sauna sah ich eine von ihnen, als sie gerade die Treppe hinabging, um in der Küche das Frühstück zuzubereiten. Ich folgte ihr diskret – bis zu Jesús María, die sich tatsächlich unter ihnen befand und genauso beschäftigt war wie die anderen.

So löste sich auch das Rätsel des Essens. Wie es kam, dass sie zum Frühstück pochierten Lachs, Rentierwürstchen, Kartoffelsalat mit selbst gemachter Mayonnaise, Rührei, Maränenkaviar und Zwieback mit Multbeerenkonfitüre auftischen konnten. Die Mittags- und Abendmahlzeiten waren sogar noch üppiger, als ob sie für eine viel größere Zahl von Menschen als Ingrid, Bettan und mich gedacht waren. Was ja auch zutraf.

Und dann war schon November. Jeder neue Tag wurde bezeichnenderweise mit einer Sprengung eingeleitet. Um Punkt 01:30 Uhr erzitterte das ganze Haus. Ich musste jedes Mal meine Kontrollen durchführen – auch wenn der Koffer laut Aussage unserer Spezialisten so gebaut war, dass er selbst einem direkten Treffer widerstanden hätte. Ich musste ihn aus dem Hybrid hervorholen, den Deckel öffnen, das Ritual bis zu jenem Punkt durchführen, wo das elektronische Auge, die Iriserkennung, zum Vorschein kam. Dann schloss ich den Koffer wieder. Führte die komplizierten Befehle erneut aus und gab die langen Drei-Buchstaben-Folgen ein, alles in umgekehrter Reihenfolge.

Es war ein tägliches Ritual, immer im Schein einer einzelnen Kerze, damit nichts durch die vernagelten Fenster nach außen drang, schon gar nicht der bläuliche Schein des Monitors. Ich sah mir die Apparatur genau an, vergewisserte mich, dass die Sprengung keinen Schaden angerichtet hatte, und in gewisser Weise erwiderte sie meinen Blick. Tag für Tag, immer auf die gleiche Weise – bis zum 2. November 2013.

Kurz bevor ich in jener Nacht den Koffer schloss – der Timer zeigte 02:07 Uhr an –, sah ich eine Spiegelung auf dem Bildschirm, die mich erschreckte. Obwohl ich wie immer die Tür abgeschlossen und den Schlüssel im Schloss stecken gelassen hatte, obwohl ich den Stuhl vor die Tür gestellt und den Türgriff mit der Stuhllehne verkeilt hatte, war es jemandem gelungen, sich hinter mich zu schleichen. Meine Arme festzuhalten und meinen Kopf ruckartig nach hinten zu ziehen.

Dann spürte ich den kurzen, warmen Kuss auf meinem Hals.

»Da bin ich wohl gerade noch rechtzeitig gekommen, mein Schatz. Haben wir versucht, die Sache selbst in die Hand zu nehmen? Haben wir die Geduld verloren?«

Jetzt sah ich ihr Gesicht und zuckte zusammen. Ein Totenkopfgrinsen sah mich an. Als ob sie vor dem Spiegel mit Schminke herumgealbert hätte. Aber ihre Stimme klang ernst und entschlossen.

»Hier in Schweden ist Allerheiligen. Ein Feiertag für deine Heiligen, Erasmus, und für die aller anderen.«

Sie holte einen schmalen Plastikkasten mit Theaterschminke hervor, und ich verfolgte im Spiegel, wie sich mein Gesicht in eine Teufelsfratze verwandelte.

Kurz darauf waren wir draußen und gingen durch die Straßen der schlafenden Stadt. Keine Menschenseele weit und breit, nicht ein einziges Licht in einem der kleinen Häuser. Kaum dass wir das Viertel mit den alten Holzhäusern hinter uns gelassen hatten, behaupteten Schnee und Wald ihre Vorherrschaft. Und der Schicksalsberg, der sich unheilvoll über allem erhob.

Die Zeche gab und die Zeche nahm. In vieler Hinsicht war sie es, die Zeche, die das Leben hier oben überhaupt erst ermöglichte. Doch Ingrid hatte gesagt, dass auch auf Esrange große Hoffnungen ruhten: für den Weltraumtourismus, Virgin Galactic, Spaceport Sweden. Während der Wochenenden und Ferien priesen die plärrenden Megafone des Swedish Space Bureau kostenlose Filmvorführungen im Folkets Hus, dem Gemeindezentrum, an. Eiscreme inklusive.

Die eiskalte Luft stach in der Nase. Um leichter atmen zu können, hatte ich sie nicht mit der Sturmhaube bedeckt. Die extreme Kälte war nach kurzer Pause zurückgekehrt: Das Thermometer vor einem Haus, das in seinem Vorgarten ein Neon-Rentier stehen hatte, zeigte fast vierzig Grad minus an. Und am 10. Dezember würde die Sonne für drei endlose Wochen hinter dem Horizont verschwinden.

Laut Computer war die Entfernung fast genauso groß wie bei einem Marathonlauf, knapp zweiundvierzig Kilometer. Wir behielten ein angemessenes Tempo bei, ungefähr sieben Minuten pro Meile, obwohl der Hybrid mich um ungefähr zehn Prozent verlangsamte. Das bedeutete, dass wir spätestens um 05:30 Uhr bei Esrange sein würden, Ingrids Informationen zufolge noch vor dem Ende der Nachtschicht – um den eigentlichen Auftrag auszuführen. Wir konnten dann zurück im Hotel sein, ehe das Frühstück abgeräumt wurde.

Ingrid hielt das Tempo mit lockeren, federnden Schritten, lief aufrecht und mit geraden Hüften, bis wir ungefähr eine Meile vor der Anlage stehen blieben. Wir erkannten das charakteristische Leuchten in der Luft: Der Widerschein der Suchscheinwerfer ist immer mindestens so aufschlussreich wie die Satellitenantennen. An diesem Punkt bogen wir in östlicher Richtung in den Wald ab. Der Schnee lag dort knöcheltief.

Obwohl wir niemals gemeinsam an einer Übung teilgenommen hatten, waren all unsere Bewegungen synchron. Ingrid hatte ähnliche Einsätze wohl schon jahrzehntelang mitgemacht, ehe meine eigene Ausbildung begann. Wir schlichen auf das unbewacht wirkende nordöstliche Tor zu. Der Mond stand hinter den Wolken. In diesem nicht einmal halb offenen Terrain waren wir nur schwer zu sehen. Als wir das Tor erreicht hatten, prägte ich mir das Lagekürzel ein: ES-1219-V. Während sich Ingrid mit dem Zahlenschloss und dem eigentlichen Sicherheitssystem beschäftigte, stand ich in einem toten Winkel der Überwachungskameras und hielt Wache. Die gezogene Waffe verbarg ich unter der schwarzen Laufjacke.

Eine Ewigkeit schien zu verstreichen. Endlich gab das Schloss ein Klicken von sich. Die obere rote Lampe leuchtete einen Moment lang auf, aber als wir durch das Tor liefen, hatte Ingrid das Sicherheitssystem kurzgeschlossen. Ringsum war alles still. Unsere überziehbaren Stiefelspikes waren leicht, flexibel und so leise, dass sie uns nicht verrieten.

Für einen Außenstehenden ist schwer verständlich, wie einfach man in eine solche Einrichtung einbrechen kann, selbst dann, wenn sie rund um die Uhr bewacht wird. Die tägliche Routine, der ewig gleiche Trott, ist eine große Schwachstelle, wenn es um Bewachung geht. Auch Sicherheitsleute wollen sich die Zeit vertreiben. Man spielt Karten, während man vor den Monitoren sitzt, oder redet über die Alltagssorgen: die Kosten für die Ausbildung der Kinder, die aktuellen Baseballspiele, eine bevorstehende Scheidung, Krankheiten, Todesfälle. Das unvermeidliche Ergebnis sind kurze Zeiträume der Unaufmerksamkeit.

Nach vielen Untersuchungen und Datenerhebungen war Edelweiss zu dem Schluss gekommen, dass solche Zeiträume im Allgemeinen zwischen acht und neunundzwanzig Sekunden dauern. »Man hat nie mehr als eine halbe Minute«, sagte er. »Aber mit der richtigen Ausbildung ist das unendlich viel.«

Dennoch – als wir jetzt eine große Halle passierten, erwartete ich jeden Augenblick auf zwei verschlafene Wachen zu stoßen. Oder vielleicht auf die Superprofis von NEAT, dem weltweit größten militärischen Übungsgelände, das nur wenige Autominuten entfernt lag, die herübergekommen waren, weil wir, ohne es zu wissen, einen Alarm ausgelöst hatten.

Es lag schon lange Zeit zurück, dass das Adrenalin auf diese Art durch meinen Körper geströmt war. Ich genoss das Gefühl – die gesteigerte Wahrnehmung, die Kraft, die Furchtlosigkeit.

Ingrid lief voran, durch eine weitere Tür in einen schmalen Gang, und ich folgte ihren federnden Schritten. Wir passierten mehrere Türen. Trotz der strategischen Bedeutung des Zentrums – erst neulich hatte das schwedische Fernsehens darüber berichtet, dass Esrange unseren neusten Spionagesatelliten über dem Nahen Osten ermöglich hatte – schien das hiesige Sicherheitspersonal ziemlich nachlässig zu sein. Nach so vielen Jahren ohne Zwischenfall übersah oder vergaß man leicht mal, dass einige Türen nicht vorschriftsmäßig verschlossen waren.

Edelweiss hatte es mit dem Zähneputzen verglichen: Wenn man ein einziges Ritual vernachlässigt, werden bald andere folgen. Er verlangte deshalb oft, dass wir ihn anhauchten, sogar in Krisensituationen. Für ihn war schlechter Atem genauso unverzeihlich wie handfeste Regelverstöße.

Hinzu kam, dass die meisten Überwachungszentren von Anfang an falsch geplant wurden. Man bemerkte das nur, wenn man offensiv dachte – wie ein Angreifer, nicht wie ein Verteidiger. Die Wachen schauen auf ihre vielen Monitore. Aber nur selten direkt hinter sich.

Und genau dort befanden wir uns, als wir schließlich vorsichtig eine letzte Tür öffneten – direkt hinter ihnen.

»Bereit?«, flüsterte Ingrid. Wir waren nur wenige Schritte vom zentralen Steuerpult entfernt. Ingrids Totenkopfgrinsen wandte sich meiner Teufelsfratze zu, während die Wachen uns immer noch den Rücken zuwandten.

Ich nickte. Dann schlichen wir in den Raum.

Ich kümmerte mich um die beiden Wachen. Ich übte einen gezielten Druck auf die weichen Stellen hinter den Ohren des einen, und sein Kinn sank sofort auf die Brust. Als ob er auf seinem Posten eingeschlafen wäre. Der andere hatte noch Zeit zu reagieren. Als er seine Hände hob, um sich gegen Schläge von hinten zu schützen, presste ich sie zusammen und schlug seinen Kopf mit Schwung gegen das Steuerpult. Es ist nicht schwierig, jemanden kurzzeitig außer Gefecht zu setzen.

Ingrid hatte unterdessen die Frontklappe des Steuerpults geöffnet und widmete sich den Festplatten, auf denen sämtliche Aufnahmen von Raketenabschüssen gespeichert waren, die von Satelliten zur Erde geschickt wurden. Nach einigen Minuten steckte sie den USB-Stick in ihre Jackentasche, und wir liefen zurück.

Wir waren bereits in der großen Halle, durch die wir das Raketenzentrum verlassen wollten, als plötzlich Wachen mit gezogenen Waffen aus einer Seitentür auftauchten. Wir blieben wie angewurzelt stehen. Jetzt begannen auch rote Alarmlampen zu leuchten, und eine jaulende Sirene setzte noch den Letzten davon in Kenntnis, dass es auf dem Gelände zu einem Zwischenfall gekommen war.

Edelweiss hatte immer gesagt, dass niemand genau wissen könne, wie er in kritischen Situationen reagiert. »Ich nicht«, hatte er gesagt, »und Sie auch nicht.«

Doch es dauerte nur wenige Sekunden, bis ich es wusste. Die Wachen, die eben noch so unbesiegbar gewirkt hatten mit ihren Automatikwaffen, lagen jetzt gekrümmt am Boden. In zwei, drei Schritten war ich bei ihnen gewesen. Meine plötzliche Attacke kam für sie völlig überraschend. Ehe sie wussten, wie ihnen geschah, traf den ersten der Kolben meiner Waffe, den anderen ein gezielter Tritt in den Unterleib. Ein weiterer Handkantenschlag in den Nacken genügte, um auch ihn kampfunfähig zu machen.

Wir zögerten keine Sekunde. Wir rannten zu der schweren, dicken Schutztür, zogen sie auf und schlüpften hindurch. Dann rannten wir im Höchsttempo über das asphaltierte Gelände zu dem Eingangstor, das noch immer offen stand.

Wir rannten und rannten. Wir schlugen uns in ein nahe gelegenes Wäldchen, das in südlicher Richtung lag, und sahen nicht zurück.

Wir hielten erst an, als wir sicher sein konnten, dass

uns niemand bis hierher gefolgt war. Nachdem wir jeder einen Schluck Wasser getrunken hatten, schlug Ingrid einen Weg in nördlicher Richtung ein, der uns schließlich zurück zum Hotel bringen sollte. Der Morgen dämmerte schon. Wir erhöhten unsere Geschwindigkeit auf sieben Minuten pro Meile.

Um 08:43 Uhr waren wir zurück. Mir blieb genug Zeit für eine Dusche, ehe wir getrennt ins Foyer gingen, um zu frühstücken.

3.05

Der Tag verging, ohne dass die Nachrichten etwas über den Vorfall im Esrange brachten, weder im Radio noch im Fernsehen. Etwas anderes war auch nicht zu erwarten.

Einbrüche in streng geheime Anlagen werden selten publik gemacht. Die Behörden haben kein Interesse daran, solche Information zu verbreiten. Und diejenigen, die auf der Homepage von Esrange als »unsere neuen Entscheider« bezeichnet wurden und erst kürzlich den Fremdenführungen durch die Einrichtung ein Ende bereitet hatten, wollten das ganz bestimmt auch nicht.

Gegen Abend war offensichtlich noch immer nichts durchgedrungen, auch nicht auf verschlüsselten Fachblogs. Beim Abendessen meinte Ingrid, wir sollten feiern.

»Und mit wem, deiner Meinung nach?«

Ich sah mich in dem geräumigen Foyer mit seinem Kristalllüster und den Wandgemälden mit Heimatmotiven um. Wie üblich saßen nur sie und ich an dem langen Tisch, an dem in besseren Zeiten mehrere Dutzend Gäste gemeinsam das Essen eingenommen hatten. Die

»Mädels« und Jesús María kamen wahrscheinlich erst, wenn wir fort waren.

»Ich besorge uns einen Ehrengast«, sagte sie.

Sie erhob sich und ging hinter den Tresen der Bar, wo sie anfing, Margaritas zu mixen. In diesem Moment kam Jesús María wie eine schmollende Jugendliche herein.

»Und was feiern wir?«, fragte sie.

»Na los, Erasmus, sag's ihr! Entschuldigt mich bitte, ich muss telefonieren«, sagte Ingrid und verschwand.

Wieder das Gleiche. Ich war jahrzehntelang in allen Arten von Psychospielchen ausgebildet worden, aber Ingrids Strategien durchschaute ich immer noch nicht. Ich nahm an, dass selbst dies eine Form von Prüfung sei. Dass Jesús María ihr später erzählen werde, was ich gesagt, wie viel ich preisgegeben hatte. Ob ich wirklich jemand war, auf den man sich verlassen konnte.

»Ich habe Geburtstag. Einundfünfzig.«

»Oh, mein armer Erasmo. Du musst noch ein paar Monate an dich halten, ehe du feiern kannst. Um genau zu sein ... hundertvier Tage, habe ich recht?«

Jesús María musste vor unserer Flucht so allerlei über mich erfahren haben. Jetzt waren wir beide allein – zum ersten Mal, seit sie ihre Nachricht auf die Fensterscheibe im Zug geschrieben hatte. Sie kaute knirschend einen Eiswürfel aus ihrem Glas, hob den Blick und sah mir direkt in die Augen.

»War's nett, ein bisschen zu kämpfen? Heute Morgen?«

Ich folgte meiner üblichen Taktik und schwieg. Lass den Gegner das Gespräch führen. Soll er seine Karten offenlegen.

»Was hat die Hexe sonst noch über mich gesagt, außer dass ich Kurt und John eine Spezialbehandlung verpasst habe?«

»Nicht viel. Dass Sie keine guten Erinnerungen an zu Hause haben.«

»Nicht, dass ich eine gespaltene Zunge habe?« Sie sah mich erwartungsvoll an.

»Im Gegensatz zu Ingrid?«

»Nein, ernsthaft, Erasmo. Ich zeige sie dir.«

Als Jesús María ihre Zunge herausstreckte, sah ich die tiefe Kerbe und das glitzernde Piercing. Es hätte ein Diamant sein können, aber wahrscheinlich war es nur billiger Talmi. Dann leerte ich meinen Drink und stellte meine Frage.

»Woher kennen Sie meinen Schlüsselsatz?«

Jetzt war sie an der Reihe zu warten, abzulenken.

»Wusstest du, dass einige Forscher das Weben als das älteste Dualsystem betrachten? Neuntausend Jahre alt«, sagte sie schließlich. »Dass der Schussfaden, der über und unter den Kettfäden verläuft, ziemlich leicht in etwas Digitales umgewandelt werden kann? Du weißt schon: an und aus, eins und null. Deshalb war der Webstuhl so gut für die Industrialisierung geeignet. Lochkarten konnten problemlos mit ihm kommunizieren. Und deshalb können Maschinen stricken, aber nicht häkeln.«

»Du meinst, dass selbst jemand wie du das Chiffrieren und Dechiffrieren meistern kann.«

»Stimmt. Und selbst jemand wie du.«

Sie sah mich an, lange genug, dass es bedeutungsvoll zu werden begann.

»Aber niemand kann fliehen, Erasmo, wie schnell

man auch läuft. Weder du noch ich. Nicht einmal Ingrid.«

Sie holte Zigarettenpapier aus ihrer Hosentasche und das Gras – oder was immer es war, das sie rauchte – und begann, sich einen Joint zu drehen.

»Ingrids Weg und meiner – unsere *Schicksale*, wie sie es ausdrücken würde – kreuzten sich in einem Armeestützpunkt an der mexikanischen Grenze. Es gab dort nur eine einzige andere Frau, damals, in den späten Sechzigerjahren. Ziemlich ramponiert, wie ich auch. Musste sie einmal vollständig zunähen.«

Ich sah diese seltsame kleine Gestalt an, mit ihrer gespaltenen Zunge. Sie konnte unmöglich älter als vierzig sein.

»Aber du kannst damals nicht dort gewesen sein. Dann wärst du jetzt mindestens fünfundsechzig.«

»Hat die Hexe dir nicht gesagt, wie gut ich arbeite?«

Damit erhob sie sich und ging ohne ein weiteres Wort davon.

Ich zögerte lange. Schließlich stand ich ebenfalls auf und begab mich zu Ingrids Zimmer. Ich klopfte dreimal, hielt kurz inne, klopfte dann noch zweimal – und schloss das Ganze mit einem weiteren Klopfen ab. Unser vereinbartes Zeichen. Trotzdem öffnete Ingrid erst, als ich, eng an die Tür gepresst, ihren Namen flüsterte.

»Was gibt es Neues von Sixten?«, fragte ich.

Ich trat ein, und Ingrid ging zurück zum Bett und ihrem Computer und tippte weiter auf der Tastatur herum. Meine Frage schien sie nicht zu überraschen.

»Sie schikanieren ihn, seit wir bei Esrange waren. Die arme Aina auch. Sogar Lisa.«

Ingrid hielt die Augen immer noch starr auf den Bildschirm gerichtet.

»Das heißt, sie sind jetzt auf dem Weg hierher.«

»Sixten und Aina?«

»Nein, die anderen. Unsere Verfolger.«

Das Bett quietschte, als sie aufstand und zu mir an die Tür kam. Sie sah mir direkt in die Augen.

»Sixten ist auch auf dem Weg. Aina hat ihm endlich erlaubt, sich etwas mehr für die Sache zu engagieren. Er kommt, so bald er kann.«

Vielleicht leistete ich ein wenig Widerstand, als Ingrid den Hybrid sanft von meiner Schulter hob, den Koffer herausnahm, ihn mit geöffnetem Deckel neben ihrem Computer auf das Bett legte und die nötigen Schritte ausführte. Vielleicht auch nicht.

Jedenfalls erschienen wieder die Bilder auf ihrem Schirm: dieselben wie zu dem Zeitpunkt, als Ingrid mir den Trick ein paar Wochen zuvor gezeigt hatte. Außen- und Innenansichten unseres interkontinentalen Raketenstützpunkts in Minot. Vier kleinere Ansichten von den Überwachungskameras und eine größere in der Mitte, aus dem Innern der eigentlichen Kommandozentrale.

Alles wirkte normal, wenn man den Anzeigen am unteren Rand des Bildschirms glaubte. Der Druck in der Rakete, Feuchtigkeitsgrad, Alarmstufe.

»Jetzt sind wir am Zug, mein Schatz.«

Als Ingrid anfing, Kommandos auf der Tastatur einzugeben, passte ich mich ihrem Rhythmus an, wie ein Musiker. Gleichzeitig gab ich 122 129 11 auf der Tastatur im Koffer ein: den Code, den ich meiner Mutter in grauer Vorzeit an unserem Küchentisch erklärt hatte.

Aus dem mittels meines seltsamen Schlüsselsatzes ein klares HILFE geworden war.

Unser kleines vierhändiges Stück zeigte sofort seine Wirkung. Die grünen Markierungen wurden gelb, dann rot, wie zuvor schon. Alles fühlte sich zugleich schrecklich schwer und unerträglich leicht an. Ein leises Summen in den tiefsten Tiefen meines Verstandes, wie von etwas Elektrischem, einem Ventilator vielleicht, einem brummenden Kühlschrank. Die Countdown-Anzeige für den Start erreichte schnell die Null. Die Außenansichten zeigten, wie die weiten Flächen im Norden, Westen und Süden des Stützpunkts zu vibrieren begannen, als sich die Klappen im Boden öffneten und unsere Abschusssilos mit Hunderten betagter Minuteman-III-Raketen freilegten, Dinosaurier aus dem Kalten Krieg – als ob ein Erdstoß die Gegend erschüttert hätte. Der Boden bebte, der Rauch aus den Zündungsmotoren quoll über die Erdoberfläche.

Und obwohl die Anzeigegeräte vehement blinkten, obwohl aus der Lautsprecheranlage des Stützpunkts verzweifelte Warnschreie quäkten, nahmen die Dinge diesmal ungehindert ihren Lauf. Die Raketen wurden wirklich gezündet – und dann explodierten sie, immer noch tief in ihre Silos eingebettet.

Rauch quoll trotzdem heraus, und Treibstoff und Flammen verbreiteten sich rasch in den Versorgungstunnels. Die Leitoffiziere im Global-Strike-Kommando rannten um ihr Leben. Die Opferzahl in der unteren rechten Bildschirmecke zeigte inzwischen achtzehn an.

Dann schloss Ingrid die Anzeige auf ihrem tragbaren Terminal, und das Gleiche geschah auf dem Bildschirm im Koffer. Ich spürte, dass sie mich beobachtete, und drehte mich zu ihr, um ihrem Blick zu begegnen: dieser eisgrauen Herausforderung.

»Ich glaube, mehr ertragen wir vorerst nicht. Verzeih mir, mein Schatz. Ich habe mich hinreißen lassen.«

3.06

Es gab da ein Gemälde. Ich hatte es nie gesehen. Und dennoch *hatte* ich es gesehen, mit meinen eigenen Augen, Tag und Nacht. Hatte die Kopie immer heimlich in meinem Sturmgepäck mit mir getragen.

Ich hatte nie Gelegenheit gehabt, das Original im Prado in Madrid zu sehen, weil es für mich praktisch unmöglich war, eine Genehmigung für private Auslandsreisen zu bekommen. Ich wusste, dass es sich um ein relativ kleines Gemälde handelte, wie so viele andere wahrhaft große Kunstwerke: 1,17 mal 1,62 Meter. Trotzdem hatte der Künstler all die furchtbaren Details darin untergebracht.

In der Nacht nach Ingrids simuliertem Angriff auf Minot holte ich die Reproduktion, die ich immer bei mir hatte, hervor, um mich zu trösten oder meiner Verzweiflung einen Ausdruck zu geben. Zu Zeiten von Pieter Bruegel dem Älteren, Mitte des sechzehnten Jahrhunderts, gab es noch keine Atomkriege, es ist also durchaus möglich, dass er seherische Fähigkeiten hatte. Das Gemälde stellte haargenau dar, wie die Welt nach dem großen Knall aussehen würde: verbrannte Erde und nackte Bäume, der Eindruck, dass nichts und niemand überlebt hat, marodierende Skelette, die plünderten, was noch nicht geplündert worden war, und eine Karre voller Totenschädel herumfuhren, Leichenhaufen. Alles in einen ungesunden, gelbbraunen Farbton getaucht. Bruegel hatte das Bild »Der Triumph des Todes« genannt.

Aber die größte Merkwürdigkeit findet sich am unteren rechten Bildrand. Die wenigen angsterfüllten Überlebenden, die zusammen mit Phantomen und Leichen in etwas einsteigen – oder hineingetrieben werden –, das dem Viehwaggon eines Zugs zum Verwechseln ähnlich sieht. Und auf der Innenseite der offenen Tür ist eine Art eisernes Kreuz zu erkennen.

Bruegels Gemälde ist wahrhaft prophetisch. Und nicht nur im Hinblick auf einen Atomkrieg – auch auf den Holocaust, die Transporte in die Konzentrationslager, das Morden im Zweiten Weltkrieg.

Sie müssen das verstehen. Aber Sie werden es wohl nicht verstehen.

Weil wir noch nie etwas verstanden haben, ehe es zu spät war.

Am 3. September des Jahres 1949 meldete eine amerikanische WB-29, die über der Halbinsel Kamtschatka Patrouille flog, ungewöhnliche Zählerstände auf ihren Messgeräten. Die Sensoren maßen radioaktive Strahlung, die dreihundertmal stärker war als der übliche, für gerade noch unbedenklich gehaltene Höchstwert. Weitere Nachforschungen ergaben, dass eine Kernspaltung die Strahlung verursacht hatte. Zehn Tage später wurde dem Vorfall der militärische Deckname »Joe 1« zugewiesen, abgeleitet von Stalins Spitznamen »Joe«. Die Sowjetunion hatte eine Atombombe gezündet.

Knapp drei Wochen später erreichte die Nachricht ein Komitee von Forschern und Wirtschaftsführern, das über das weitere Vorgehen entscheiden sollte.

Von da an lautete die Frage nicht nur, ob die Vereinigten Staaten eine Waffe mit der millionenfachen Sprengkraft der Atombombe entwickeln sollten, die möglicherweise die gesamte Menschheit auslöschen konnte, sondern auch, ob die Sowjetunion schon bald über eine Waffe mit demselben Potenzial verfügen würde.

Nach der Wirksamkeit dieser neuen Waffe, der Wasserstoffbombe, befragt, antwortete General James McCormack: »Wenn die Theorien stimmen, kann man sie in jeder Größe bekommen, bis zur Sonne ... eine Million Mal stärker als die Atombombe.«

Natürlich gab es Schwierigkeiten. Viele Wissenschaftler hatten nicht nur technische, sondern auch ethische Zweifel an der Entwicklung der Wasserstoffbombe.

Hans Bethe war einer von ihnen, auch er einer der prominenten Kernphysiker, die in die Vereinigten Staaten emigriert waren und dort an der Atombombe arbeiteten. Im Jahr 1933 hatte er aufgrund seiner jüdischen Herkunft seine Forschungsstelle in Deutschland verloren. Während des Kriegs war er Leiter der theoretischen Abteilung in Los Alamos. Bald beteiligte er sich aktiv an der Entwicklung dessen, was man die »thermonukleare Waffe« nannte: der Wasserstoffbombe, die man zuerst nur mit dem Wort »Super« bezeichnete.

Bethe schloss sich dem Projekt in der geheimen Hoffnung an, dass sich die neue Technologie als funktionsunfähig erweisen würde. Während der intensiven ethischen Diskussionen im Herbst des Jahres 1949 machte er mit seinem österreichischen Kollegen Victor Weisskopf einen langen Spaziergang über den Campus von Princeton. Gemeinsam versuchten sie sich die Auswirkungen eines thermonuklearen Kriegs auszumalen. Viel später offenbarte er, zu welchen Schlüssen sie gekommen waren: »Wir mussten uns eingestehen, dass nach einem solchen Krieg, selbst wenn wir ihn gewinnen würden, die Welt nicht mehr die Welt wäre, die wir schützen wollten. Wir würden genau das verlieren, wofür wir kämpften.«

Der Gutachterbericht, der im Jahr 1949 schließlich aus den intensiven Diskussionen amerikanischer Forscher und Wirtschaftsführer resultierte, war ebenfalls unmissverständlich: Man solle auf die Entwicklung thermonuklearer Waffen verzichten. Die Atombomben, die sich bereits in den Waffendepots der Vereinigten Staaten befanden, seien mehr als ausreichend, um jeden sowjetischen Angriff zu erwidern.

»Indem wir beschließen, die Entwicklung der Superbombe nicht weiter voranzutreiben«, hieß es, »sehen wir eine einzigartige Gelegenheit, durch unser Vorbild die Totalität des Kriegs einzudämmen, die Furcht der Menschheit zu begrenzen und ihre Hoffnung zu wecken.«

Die Fortsetzung in einem ergänzenden Bericht, den eine Minderheit der Komiteemitglieder verfasste, ist ein klassisches Beispiel für angewandte Wissenschaftsethik: »Eine derartige Waffe übersteigt jede militärische Zielsetzung und ähnelt in ihrer Wirkung einer sehr großen Naturkatastrophe. Sie lässt sich ihrem Wesen nach nicht auf ein militärisches Ziel eingrenzen, sondern wird zu einer Waffe, deren faktische Wirkung einem Völkermord gleichkommt. Es liegt auf der Hand, dass die Verwendung einer derartigen Waffe sich nicht mit einem ethischen Standpunkt vereinbaren lässt, der jedem Menschen eine gewisse Individualität und Würde selbst dann zubilligt, wenn dieser zufällig Bürger eines feindlichen Landes ist.«

Und weiter: »Dass die Zerstörungskraft dieser Waffe keine Grenzen kennt, macht ihre bloße Existenz und die zu ihrer Herstellung erforderlichen Kenntnisse zu einer Gefahr für die gesamte Menschheit. Sie ist in jeder Hinsicht ein Ding von Übel.«

Und es sind diese Übel – thermonukleare Waffen, Wasserstoffbomben –, die bis zum heutigen Tag überall auf der Welt stolz in die Höhe ragen. Es gibt mehr als zwanzigtausend Gefechtsköpfe, und jeder einzelne verfügt über eine Sprengkraft, die mindestens zehnmal, manchmal tausendmal größer ist als die der Hiroshima-Bombe.

3.07

In den folgenden Wochen war ich weiterhin überzeugt, dass der Vorfall in Minot eine Simulation gewesen sei. Digitale Hexerei mithilfe des Filmmaterials, das Ingrid in Esrange gestohlen hatte. Manipulierte Satellitenbilder. Eine weitere Prüfung meiner Entschlossenheit und Loyalität.

Ich fragte sie nicht direkt, weil das sowieso nie Klarheit brachte. Und es fehlte immer noch jede Spur von unseren Verfolgern. Es gab keine Reaktion, keinen Gegenzug.

Bis Edelweiss anrief.

Ich wusste, dass er es war, sobald ich den Klingelton hörte. Es war 04:00 Uhr morgens.

In Edelweiss' Welt geschah nichts ohne Absicht. Der Zeitpunkt seines Anrufs kam exakt zur »Hexenstunde«. Dann sind – so hatten wir es gelernt – alle Menschen mit einem normalen Tagesrhythmus am wehrlosesten. Aktivität, Körpertemperatur, Blutdruck erreichen ihren niedrigsten Stand – und der Melatoninspiegel seinen höchsten. Deshalb sind Angriffe kurz vor Morgengrauen so beliebt geworden, seit unsere Militärforscher die Wirkung des Melatonins entdeckt haben. Vor allem, weil unsere Nachtkampftechnologie jener der verarmten Staaten, in die wir einmarschieren, so überlegen ist: Grenada, Irak, Afghanistan, wieder Irak.

Aber ich hatte schon eine Weile wach gelegen. Nach der nächtlichen Überprüfung des Koffers hatte ich nicht wieder einschlafen können. Ich lag da und lauschte dem Scharren der Geistermöbel auf dem Boden der Konferenzetage über mir. Starrte die Spinnen an, die es auch hier gab, trotz der Kälte.

Ich ließ den Klingelton, die Titelmelodie von *Dallas*, durch das Zimmer schrillen, vier-, fünf-, sechsmal ... Dann drückte ich den grünen Knopf und wartete schweigend, bis Edelweiss schwer atmend das Wort ergriff.

»Ah, Erasmus ... habe ich Sie aufgeweckt? Tut mir leid, man sollte wirklich auflegen, wenn das Telefon mehr als viermal geklingelt hat. Aber ich war mit den Gedanken ganz woanders. Ich fühle mich in der Raumzeit wohl ein bisschen verloren.«

Ich brachte kein Wort heraus. Es war lange her, dass ich Edelweiss direkt hatte sprechen hören. Dieser Mensch weckte starke und widersprüchliche Gefühle in mir: erbitterten Hass ebenso wie tiefe Bewunderung. Keine Wärme, sondern Hitze.

»Vielleicht ging es Ihnen in letzter Zeit ja auch so, mein lieber Freund. Seit dem Zwischenfall in Minot? Seit die Realität sich verschoben hat, wie eine Sanddüne langsam, aber sicher ihren Ort verändert? Haben Sie schon mal gesehen, wie eine sechsäugige Sandspinne aus einem tiefen Loch in der Wüste herauszuklettern versucht? Wie sie sich abrackert, wie sie um ihr Leben kämpft, obwohl sie für genau dieses Biotop geschaffen ist?«

Ich wollte ihm an keinen der seltsamen Orte folgen, zu denen unsere Dialoge oft führten.

»Sie wissen, dass es kein echter Raketenangriff war«, sagte ich.

»Kein *echter*?«

Ich ließ mir nichts anmerken. Auf keinen Fall würde ich in die Falle gehen. Sollte er einfach mit seiner sanften Stimme weiterreden.

»Ich denke, dass die Hinterbliebenen der Toten den Vorfall für echt genug halten. Die der vierzehn Schwerverletzten sicherlich auch. Wussten Sie, dass auf einundzwanzig Menschen ungefähr vierundachtzig Personen kommen, die ihnen sehr nahestehen? Dazu noch einmal die gleiche Anzahl nicht ganz so naher Verwandter. Das ist wie mit den Ringen, die sich im Wasser ausbreiten: Brüder und Schwestern, Cousins und Cousinen, Großeltern, vielleicht Stiefkinder. Ich schätze, wir sprechen von rund dreihundert Betroffenen. Natürlich sagen wir ihnen, dass sie nichts von dem Geschehenen verraten dürfen, weil das unsere Reaktionsmöglichkeiten einschränken würde. Das kostet uns eine Menge Geld. Aber wenn wir jetzt noch vorgeben wollten, dass alles nur eine erfundene Geschichte sei, sogar ihre toten Verwandten ... ich glaube, unser ganzes Militärbudget würde nicht ausreichen, um sie zu bestechen. Menschen sind sehr empfindlich, wenn es um ihre Sinneseindrücke geht. Sie können ziemlich wütend werden, wenn man ihre Wahrnehmung infrage stellt.«

Er verstummte und ließ mich mit meinen Zweifeln allein. Welche dieser beiden unzuverlässigen Personen war glaubwürdiger: Ingrid oder Edelweiss? Der Teufel oder das tiefe blaue Meer?

»Aber ich kann Ihre Gefühle verstehen, Erasmus. Ich weiß, was passieren kann, wenn man sich längere Zeit in der Nähe dieser Frau aufhält. Und ich weiß, was Sie damals, vor vielen Jahren, durchmachen mussten. Aber da war die Situation eine andere, Sie waren kein Gejagter auf der Flucht. Ich könnte Ihnen einiges über Oskarsson erzählen.«

Schließlich brach ich mein Schweigen. Ich redete.

Zuerst hörte er nur zu, dann übernahm wieder Edelweiss die Regie. Er sprach über Ingrid. Und er sprach auch über Amba. Amba und die Kinder. Mir wurde schwindelig. Als er auflegte, war es 06:00 Uhr, 20. November. Und nichts war leichter geworden. Sondern viel, viel schwerer.

Ich zog die Vorhänge zur Seite, entfernte eines der Bretter, betrachtete die Zeche im gelblichen Kunstlicht. Erst in drei Stunden und neunzehn Minuten würde die Sonne aufgehen. Und in drei Wochen, am 10. Dezember, würde die Polarnacht beginnen. Dann würde in Kiruna die Sonne am Horizont versinken und erst zu Neujahr wieder scheinen.

Ich wusste, dass dies das vereinbarte Signal war. Ein symbolisches Datum. Der Startschuss für unseren Aufbruch zur nächsten Station, nach dem Erfolg unserer Aktion bei Esrange.

Und so verging ein Tag nach dem anderen in nervenaufreibender Stille. Jesús María hielt sich an Bettan und die »Mädels«. Ingrid schloss sich jetzt seltener mit dem Terminal in ihrem Zimmer ein. Sie saß stattdessen immer öfter im Foyer vor dem Fernseher oder an der Bar – auch das ein Zeichen, dass sie ihre Angelegenheiten hier bald erledigt haben würde. Oft sah ich sie ihre Yogaübungen machen, während sie gleichzeitig die Quizsendungen ansah, die sie zu lieben schien – je stumpfsinniger, desto besser. Ihr Körper ragte in alle Richtungen aus dem Chesterfield-Sessel hervor. Manchmal sah es aus, als ob sie schwebte.

Ich versuchte, die Kontrolle zu behalten. Trainieren und duschen. Zweifel, Ängste, Träume unterdrücken. Jede Nacht das okkulte Kofferzeremoniell durchführen. Die haarigen Spinnen zählen, die jede Nacht in mein Zimmer kamen.

Wir warteten auf Sixten, Ingenieur im Ruhestand, der einst am schwedischen Atomwaffenprogramm mitgewirkt hatte. Weil er etwas zu Ingrids wahnwitzigem Vorhaben beisteuern konnte, was auch immer es war. Wenn man ihn einmal kennengelernt, seine zurückhaltende Herzlichkeit und vertrauenerweckende Art erlebt hatte, wusste man nicht mehr, wie man ohne ihn auskommen sollte.

Am 10. Dezember, dem ersten Tag der Polarnacht, war er immer noch nicht da. Ingrid saß schon am Morgen vor dem Fernseher. Nach einer ihrer geliebten Quizsendungen schaltete sie um zu einer Dokumentation über einen angeblichen schwedischen Massenmörder, der jahrelang in einer psychiatrischen Klinik eingesessen hatte, bis sich herausstellte, dass er unschuldig war.

Wider Willen wurde ich sofort von der Geschichte gepackt. Eine Therapeutin hatte den Mann dazu gebracht, Taten zu gestehen, die er niemals begangen hatte. Angeblich hatte er »unterdrückte Erinnerungen« wiedererlangt und war in eine Spiegelwelt geführt worden, wo er selbst die Regeln bestimmte und den Ermittlern angebliche Beweise lieferte, über die schon in den Medien berichtet worden war. So täuschte er das schwedische Justizwesen, die Polizei und mehrere der besten Anwälte des Landes.

Bei der Arbeit an meiner Dissertation hatte ich genug Schwedisch gelernt, um der Dokumentation folgen zu können. Den Großteil bildete ohnehin ein Interview mit einer amerikanischen Psychologin. Ihre These über »falsche Erinnerungen« war nach Darstellung der Filmemacher der Schlüssel zum Verständnis dessen, was geschehen war. Mit einem Experiment in den Neunzigerjahren hatte die Psychologin ihrer These zum Durchbruch verholfen. Damals hatte sie mehrere Versuchspersonen dazu bringen können, sich an ein Erlebnis zu erinnern, das keinem von ihnen widerfahren war: wie sie sich als Kinder in einem Einkaufszentrum verirrt hatten. Die Psychologin bezeichnete diesen Vorgang als »Implantation«. Es handelte sich um fiktive Erinnerungen, die tief im Gedächtnis einer Person verankert werden.

Während der Dokumentation schwiegen wir. Als der Abspann lief, sagte Ingrid, ohne vom Fernseher wegzuschauen: »Mit der neuen Frisur sieht sie jünger aus.«

»Wer?«

»Die Psychologin natürlich. Sie war meine beste Freundin. Damals, als ich an der Columbia studierte und mein Doppelleben aufzubauen begann – genau wie du einige Jahrzehnte später, mein Schatz. Wir studierten völlig verschiedene Fächer, aber viele Themen lassen sich nur interdisziplinär erfassen. Man muss Brücken bauen zwischen den einzelnen Forschungsgebieten.«

Gerade als sich mir diese unerwartete Möglichkeit

bot, mehr über Ingrids Lebensgeschichte in Erfahrung zu bringen, stand sie vom Sessel auf.

»Auf, auf, Erasmus. In einer Stunde beginnt die Polarnacht, und vorher habe ich noch etwas zu erledigen.«

3.08

Kurz darauf gingen wir zu dritt mit unserem vollständigen Sturmgepäck durch den Wald zum Berg Luossa. Ingrid ging voran, und ich hörte ihren Atem. Sie atmete wie ein Raubtier auf Beutejagd.

Noch schien die Sonne. Am Berg herrschte großer Andrang. Ohne Zögern bahnte Ingrid sich ihren Weg durch die Menge. Sie schien völlig auf ihr neues Gesicht zu vertrauen und sich sicher zu sein, dass niemand sie erkennen würde.

Der junge blonde Mann vom Skiverleih maß Ingrid mit Blicken.

»Das ist mein letztes Paar, aber von der Größe müsste es hinkommen.«

Dann prüfte er die Bindungen.

Ingrid drehte die Skistöcke um, legte die Hände in die Teller und prüfte ihre Länge in Verbindung mit ihrem Unterarm und Ellbogen.

»Denken Sie daran, dass die Skilifte gleich nach Sonnenuntergang schließen«, fuhr der junge Mann fort. »Das machen wir an diesem Tag immer so, weil dann das Après-Ski zur Polarnacht anfängt. Die Feier dauert bis Mitternacht.«

Ingrid reagierte nicht. Sie schaute durch das Fenster auf den Berg.

»Sie haben höchstens eine halbe Stunde auf der Piste, zehn Minuten ohne Sonne und zwanzig mit. Um 11:45 Uhr geht sie bis Jahresende unter.«

»Das reicht völlig«, sagte Ingrid.

»Und Sie beide wollen nicht fahren?«, fragte er mit Blick auf Jesús María und mich.

»Nein, nein, das sind nur meine Fans.«

»Na schön.« Der Mann lächelte in die Runde. »Waren Sie schon mal hier?«

»Auf dem Gipfel war ich schon vor Jahrhunderten, mein Freund. Aber auf der Piste bin ich noch nicht gewesen.«

»Dann kennen Sie vermutlich auch unser Sonnenritual nicht. Das war vor ein paar Jahren mal als Werbegag gedacht, um Leute anzulocken. Die Sache war dann so erfolgreich, dass wir es seither jedes Jahr machen. Das Wetter scheint in diesem Jahr auch mitzuspielen. Strahlend blauer Himmel.«

»Was ist das für ein Ritual?«

»Warten Sie's ab. Ich bin natürlich parteiisch, aber es ist wirklich ziemlich cool.«

Ingrid zog die Stiefel an. Ich flüsterte ihr zu: »Du willst Ski laufen? Zwischen all diesen Menschen? Ist das dein Ernst?«

»Habe ich jemals etwas nicht ernst gemeint, mein Schatz? Ich kann doch nicht einfach gehen, ohne wenigstens einmal die Piste getestet zu haben. Bettan meinte, heute sei der beste Tag überhaupt. Sixten holt uns erst nach dem Mittagessen ab. Es bleibt genug Zeit für ein paar Abfahrten, ehe der Lift schließt.«

Als sie sich in die Schlange am Lift stellte – ihren großen Rucksack hatte sie mir gegeben, den kleinen behalten –, knipste sie ihr unwiderstehlichstes Lächeln an.

»Außerdem will ich ein bisschen vor euch angeben. In den guten alten Zeiten war ich eine ziemlich gute Skiläuferin. Wenn ihr euch verteilt und die Augen offen haltet, fühle ich mich hier völlig sicher. Dies ist mein natürliches Element, ich habe hier einen Heimvorteil. Und je größer die Menschenmenge, desto geringer die Gefahr.«

Ohne weitere Diskussion – darüber, wo wir uns positionieren, wie wir strategisch vorgehen sollten – stapfte Jesús María den steilen unteren Teil der Piste hoch und blieb knapp vor der Waldgrenze stehen. Ich postierte mich neben der Seilbahn. Den Hybrid und Ingrids Rucksack stellte ich neben mich, weil sie sonst meine Bewegungsfreiheit zu sehr eingeschränkt hätten. Als ich die Menschenmenge musterte, meldeten sich meine Reflexe. Ich suchte nach verdächtig aussehenden Einzelpersonen und Gruppen, analysierte mögliche Bedrohungen und Fluchtwege.

Aber alles wirkte friedlich. Etliche Skifahrer – vor allem Jugendliche – machten sich schon auf den Weg zur Après-Ski-Party in der Skihütte. Sie tauschten lautstarke Kommentare mit ihren Freunden aus, die noch in der Schlange warteten. Niemand schien Jesús María zu beachten, die jetzt rund hundert Meter über mir stand und die Menge überblickte. Auch Ingrid schien keine Aufmerksamkeit zu erregen.

Außer meiner. Ich konnte meinen Blick nicht von ihr wenden. Wie sie mit ihren siebzig Jahre elegant und locker die Piste dominierte.

Als sie ein zweites Mal im Lift nach oben fuhr, nahm ich meine Suche unter den Skifahrern auf der Piste wieder auf. Ich kannte die üblichen Psychogramme. Vier Männer in den Fünfzigern stellten eine mögliche Bedrohung dar. Die meisten Skifahrer waren zu zweit unterwegs, nur ein Pulk von sechs jungen Leuten bildete eine Ausnahme. Fünf Paare bestanden aus zwei Männern, drei aus jüngeren Frauen, sechs waren gemischt.

Es war nicht leicht, bestimmte Merkmale auszumachen. Alle trugen Helme, Schutzbrillen und Skikleidung, ihre Gesichter schützten sie mit Sturmhauben vor der Kälte. Abgesehen von der Größe waren sie mehr oder weniger ununterscheidbar. Nicht einmal Jesús María und ich bildeten eine Ausnahme.

Nur drei Parteien stachen heraus. Die erste war ein Paar, das weiter oben auf der Piste, nicht weit von Jesús María entfernt stand und ganz mit sich selbst beschäftigt zu sein schien. Selbst auf diese Entfernung sah man die Intensität ihrer Umarmung: Die Frau verschwand fast im Körper des Mannes.

Dann war da natürlich Ingrid, die mit Leichtigkeit durch die Menge glitt. Sie vollführte einige gekonnte Drehungen, und man sah, dass sie noch etliche weitere hätte machen können. Der Schnee, die Sonne, das Skifahren schienen sie ganz in ihren Bann zu ziehen.

Der dritte auffällige Skifahrer war ein Koloss von einem Mann. Als er erneut an das Ende der Warteschlange am Lift glitt, wollte ich ihn genauer beobachten, doch das wurde durch die stetig anwachsende Menschenmenge immer schwieriger. Einige fuhren ohne Skier hoch und sprangen auf halber Höhe ab. Die Skifahrer, die die Piste hinabfuhren, hielten an der gleichen Stelle. Bald schon herrschte unterhalb der Stelle, wo Jesús María stand, große Aufregung. Zwei Pistenraupen, jede mit einem Kühlschrank im Schlepptau, hielten an. Die Fahrer sprangen ab und verteilten Bierflaschen.

In diesem Augenblick entsandte die Sonne ihre letzten Strahlen genau dorthin, wo die Menschenmenge zusammengekommen war. Ich stand plötzlich fast allein unten am Lift, der zwar immer noch fuhr, aber von niemandem mehr benutzt wurde. Alle Gesichter wandten sich dem Naturereignis am Himmel zu. Unwillkürlich musste ich an frühe Atomwaffentests denken: Wie die Zuschauer brav in einer Reihe dagesessen hatten, einige mit, andere ohne Sonnenbrille, und den Atompilz bewunderten, der in den Himmel wuchs. Jetzt hoben die Menschen am Hang ihre Flaschen und prostete dem versinkenden Gestirn zu. »*Skål!*«

Danach wummerte Musik aus den riesigen Lautsprechern am Fuß des Berges, und wildfremde Menschen umarmten und küssten einander wie an Silvester. Ich sah auf die Uhr. 11:21.

Das war also das Sonnenritual. Natürlich wurde die Sicherheitslage dadurch sofort viel unklarer, ließ sich viel schwieriger einschätzen. Ingrid fuhr jetzt fast als Einzige Ski und hatte eine klare Sicht auf beide Seiten der Piste. Aber um an der Menschenmenge in der Mitte der Piste vorbeizukommen, musste sie einen scharfen Bogen nach rechts einschlagen – in Richtung der Stelle, wo Jesús María sich jetzt unter den Bäumen zu verstecken schien. Dann setzte sie ihre Abfahrt im Slalom um die Liftmasten fort.

Nur eine einzige weitere Person befand sich auf der Piste: der Riese von Mann, den ich jetzt plötzlich wiedererkannte – an seiner bedrohlichen Art, sich zu bewegen, die selbst auf Skiern unverwechselbar war.

Als Ingrid erneut im Lift saß und nach oben fuhr – mit dem Zeigefinger gab sie mir zu verstehen: ein letztes Mal –, saß der Hüne nur drei Sitze hinter ihr. Ich zögerte keine Sekunde. Ich lief so schnell, wie ich es mit dem Hybrid auf dem Rücken und ihrem Rucksack auf der Brust vermochte, den Hang hinauf. Ich sah das Liebespaar abseits der feiernden Menge, ganz nah an der Stelle, wo Ingrid in wenigen Minuten vorbeikommen würde, aber ich war zu weit entfernt, um ihr eine Warnung zurufen zu können – die Musik war ohnehin viel zu laut.

Und so würde Ingrid gleich in die Falle tappen, die man ihr gestellt hatte, und ich konnte nur untätig zuschauen.

Als der junge Mann vom Skiverleih auf die Uhr sah und den Countdown zu zählen begann – von sechzig an abwärts, während »The Final Countdown« aus den Lautsprechern dröhnte –, versuchte ich mir einen Weg durch die Menschen zu bahnen, die dort mit zusammengekniffenen Augen zu den letzten Sonnenstrahlen schauten und in den Countdown mit einfielen. Doch die Menschenmenge war einfach zu groß, an ein Durchkommen war nicht zu denken.

Ich sah, wie das Liebespaar, sprich: Zafirah und Kurt – oder John –, zuerst Ingrid abfingen. Aus der Ferne wirkte es wie eine unbeholfene Umarmung. Und dann sah ich, wie etwas – oder vielmehr jemand – ihren Plan vereitelte.

Als Jesús María sich auf Kurt – oder John – warf, löste sich die Bindung an seinem rechten Ski. Dadurch kam Ingrid frei, die nun mit hohem Tempo bergab fuhr. Zafirah sah ihr nach, dann verschwand sie in der Menschenmenge. Der Countdown war inzwischen bei zehn angelangt, neun, acht … – und die Musik wurde immer lauter und übertönte auch den Schrei, der zweifellos folgte. Denn ich sah, wie Jesús María den verlorenen Ski von Kurt – oder John – packte und ihm damit quer übers Gesicht schlug, mit all ihrer aufgestauten Wut. Blut spritzte ihm aus Nase und Mund. Der Leibwächter stürzte rücklings zu Boden.

Jesús María hob erneut den Ski, postierte sich über Kurts – oder Johns – niedergestrecktem Körper. Noch einmal krachte der Ski auf Kurts – oder Johns – Schädel und gab ihm den Rest.

Unterdessen brüllte die Menge: »Drei … zwei … eins … null!« Aus dem Lautsprecher hörte man den Skiverleiher: »Auf Wiedersehen, und danke für ein weiteres Jahr!«

Ich drehte mich um. Die Sonne war vollständig hinter den Horizont gesunken, der jetzt glutrot aufleuchtete. Ich sah auf meine Uhr. 11:45. Die Menge fuhr auf ihren Skiern abwärts, um den Beginn des Après-Ski nicht zu verpassen. Niemand schien etwas von dem bemerkt zu haben, was sich ein paar Hundert Meter weiter oberhalb des Hangs zugetragen hatte.

Oben blieb nur eine einzelne, schemenhafte Gestalt zurück – Jesús María, die jetzt einen reglosen Körper bei den Armen packte und unter die Bäume schleifte.

3.09

Zurück im Hotel hatte Ingrid kurz geduscht, während Jesús María sich zu den »Mädels« im Arbeitsbereich verdrückte. Bettan hatte für mittags ein großes Abschiedsessen vorgesehen, war aber selbst nicht erschienen. Großen Hunger verspürten weder Ingrid noch ich.

Jesús María erschien schließlich ebenfalls am Tisch.

»Das war Rettung in höchster Not«, sagte Ingrid. »Anscheinend wussten sie ein bisschen zu viel über uns. Jemand muss unvorsichtig gewesen sein. Danke.«

»*Igualmente*«, lautete Jesús Marías Antwort.

Ehe ich Zeit hatte, Fragen zu stellen und wieder einmal zu versuchen, die Beziehung zwischen den beiden Frauen zu ergründen, kam Bettan ins Foyer.

»Er ist jetzt da«, sagte sie zu Ingrid.

Die nickte und gab den Befehl zum Aufbruch. Wieder einmal.

Der Nachmittag in Kiruna war stockfinster. Kleine Schneeflocken wirbelten durch die Luft, am Himmel stand kein einziger Stern, der Wind pfiff durch die niedrigen Birken.

Der Mann, der vor dem Hotel stand, trug einen Schneeanzug. Er mochte in Ingrids Alter sein. Er umarmte Ingrid unbeholfen, ehe er seine rechte Hand in dem riesigen Handschuh erst mir, dann Jesús María entgegenstreckte.

»Ich bin Niklas. Habt ihr die Besichtigungstour bestellt?«

»Ja, danke, mein Lieber. Das wird Bob und Mercedes gefallen«, sagte Ingrid, die nach dem Vorfall auf der Skipiste schnell ihre Ungezwungenheit wiedererlangt hatte. Jesús María stand schweigend da und sah vor sich hin. Sie schien immer noch oben auf dem Berg zu sein, mit Kurt – oder John – oder dem, was von ihm übrig geblieben war. Auch ich hielt mich zurück und versuchte herauszufinden, welche Rolle ich spielen sollte.

»Kein Problem, Inko. Ich wusste gar nicht, dass du da drüben einen Cousin und eine Cousine hast.«

»Schön, dass ich noch ein paar Geheimnisse vor dir habe. Mir kam plötzlich die Idee, meinen einzigen Verwandten in Amerika unsere kleine Welt zu zeigen. Ehe es zu spät ist und das Ganze im Abgrund versinkt.«

»Genau. Wie Atlantis.«

Damit wandte er sich dem Pick-up zu, der am Straßenrand stand, und öffnete für uns die Türen. Als alle saßen, startete er den Motor und fuhr überraschend langsam durch die Straßen Richtung Stadtzentrum. Nach einer Weile drehte sich Ingrid zu uns auf dem Rücksitz um.

»Niklas nimmt einen besonderen Platz in meinem Herzen ein. Und nicht nur, weil er meine erste unglückliche Liebe war. Er und ich haben in der guten alten Zeit auch ein großes Bauprojekt betreut, ehe ich beschloss, mein Glück in den Vereinigten Staaten zu versuchen, mit genau diesem Projekt als Referenz. Seit damals nennen wir ihn ›Niklas den Großartigen‹.«

»Ich glaube, da bist du die Einzige, Inko. Aber trotzdem danke.«

Ich sah verstohlen zu Jesús María, die immer noch vor sich hin brütete, während Ingrid ihre Farce spielte. Niklas zeigte auf das Thermometer an der Fassade des *Norrbottens-Kuriren*.

»37 Grad minus«, sagte er.

»Nein, nur 36,8«, sagte ich und tippte auf meine Armbanduhr.

Er warf mir einen Blick im Rückspiegel zu. Es ist leicht, die Sympathie von Menschen zu gewinnen, Vertrauen aufzubauen.

»Sie sind ja bestens ausgerüstet, Bob. Womit sollen wir anfangen, Inko?«

»Mit der Kirche. Gottes Werk.«

In der Kirche spielte sie wieder die Fremdenführerin. Sie erklärte, dass die Fassade in Falunrot gestrichen sei, das Dach mit Schindeln gedeckt sei, dass man in der Bauweise des Dachs und im Lichteinfall den Einfluss von Sami-Hütten erkennen könne.

Es war seltsam, Ingrid wieder dozieren zu hören, nach all den Jahren. Wir gingen hinaus in den kleinen Park, wo der Schnee auf dem Boden noch völlig unberührt war. Der Ort strahlte eine große Ruhe aus.

Ingrid sagte, dass die Kirche von Kiruna in einer landesweiten Umfrage von den Schweden zum schönsten Gebäude des zwanzigsten Jahrhundert gewählt worden sei. Und dass diesem architektonischen Meisterwerk der Abriss erspart bleibe, da man sie, komplett so, wie sie war, ins neue Stadtzentrum versetzen wolle.

»Aber das mit dem Rathaus ist eine Tragödie. Es ist dem Untergang geweiht«, sagte sie.

Während Niklas uns dorthin fuhr, versuchte ich zu verstehen, was Ingrid mit diesem Ausflug bezweckte. Ob es eine Verbindung zu unserem Auftrag gab oder ob es nur ein spontaner Einfall war, mit dem sie das Warten auf Sixten verkürzen wollte.

Doch als ich die riesige Eingangshalle des Rathauses betrat und meine Augen zur Decke wanderten – die Größe des Raums verschlug einem schier den Atem –, war mir egal, was Ingrid mit der Sightseeingtour bezweckte. Ehrfürchtig ging ich die breite Treppe hoch. Auf der Galerie im ersten Stockwerk blieb ich stehen und strich mit der Hand über das Porphyrgeländer. Wenige Schritte entfernt stand Jesús María. Sie seufzte. Schien, ähnlich wie ich, nicht begreifen zu können, wie man etwas derart Schönes in Friedenszeiten zerstören konnte, als ob es sich um ein feindliches militärisches Ziel handelte.

Ich ging hinab ins Untergeschoss und versuchte anhand der Bauskizzen zu verstehen, was die örtlichen Behörden die »Transformation Kirunas« nannten. Nichts schien zusammenzupassen: die Größe des riesigen Gebiets, das man umsetzen wollte, nicht mit dem kleinen neuen Stadtzentrum, das gebaut werden sollte.

Als Nächstes stand die Zeche auf dem Programm. Wir schlossen uns einer Führung an, der letzten an diesem Tag. In das fünfhundert Meter unter der Erde liegende Besucherzentrum drängte eine Gruppe amerikanischer Touristen. Die allseitigen »*Oh my god*«-Ausrufe hallten von den Felsen wider. Ich stand schweigend vor den Plänen und studierte sie. Als der Bus wieder an die Oberfläche fuhr, versuchte ich immer noch, ein Gefühl für die »Transformation« zu bekommen. Aber trotz der detaillierten Schaubilder, die den Verlauf der Erzader anzeigten – der Magnetitstollen zog sich über eine Meile hin –, und trotz der präzisen Luftaufnahmen verstand ich einfach nicht, warum ein so großer Teil der Stadt verschoben werden musste.

Ich musste an Edelweiss' »Szenarien« denken, seine falschen Fährten und Ablenkungsmanöver. Und an die Geisterstädte, die wir mitten in der Wüste hochzogen, nur um sie dann in Grund und Boden zu bomben.

Als wir wieder in Niklas' Pick-up saßen, fuhren wir erst auf kleinen Straßen, dann auf immer schmaleren, gewundenen Wegen den Berg hoch, geradewegs in die Dunkelheit. Nach einer Weile sahen wir leuchtende Totenköpfe in den Bäumen, hörten laute Musik.

Das Hauptquartier von Niklas' kleinem Tourismusunternehmen glich einem wüsten Festivalgelände. Als wir ausstiegen, machte die wild hämmernde Death-Metal-Musik jede weitere Kommunikation unmöglich. Die brutalen Klänge dröhnten über den ganzen Berg. Überall schlichen schwarz gewandete und zum Teil ebenso geschminkte Leute herum. Schädel, Knochen, grelle Plakate mit Aufschriften wie: »The Town of Death« oder »#kirunaisdyingfight«. Groteske Plastikköpfe, die auf Pfählen steckten, vielleicht als Anspielung auf die »innere Station« in *Apocalypse Now*. Ingrid hielt ihren Mund ganz dicht an mein Ohr und rief, dass die Köpfe die Mitglieder des Stadtrats von Kiruna darstellten.

Wir zogen Schneeanzüge an, die Niklas uns gab. Dann führte er uns zu einem bereitstehenden Schlitten. Bei der lauten Musik hörte man kaum das Bellen der Hunde, die bei der Aussicht auf eine Fahrt ganz aufgeregt waren.

Jesús María half Niklas, die zwölf Hunde anzuschirren, dann setzte sie sich direkt hinter die Tiere. Ich nahm hinter ihr Platz. Wir brachten meinen Hybrid und ihren Rucksack mit einiger Mühe zwischen uns unter. Schließlich kletterte Niklas auf die hinteren Kufen, und Ingrid, die ihr Gepäck immer noch auf dem Rücken trug, setzte sich neben ihn.

Die Hunde kläfften wie verrückt, ehe sie sich recht unkoordiniert in Gang setzten. Der Schlitten ruckelte und rutschte den steilen Hang hinter dem Lager hinab. Als wir die Talsohle erreicht hatten, hörten die Hunde auf zu bellen und fanden ihren gemeinsamen Laufrhythmus.

Es hatte angefangen zu schneien. Ich hatte keine Ahnung, wohin wir fuhren, und ich gab mich auch nicht der Illusion hin, dass man es mir sagen würde, wenn ich fragte. Der Schnee wurde heftiger. Durch die Schutzbrillen war bald kaum noch etwas zu erkennen. Ich schloss die Augen und versuchte etwas von Ingrids und Niklas' Unterhaltung aufzuschnappen, obwohl sie Schwedisch sprachen und der Wind heulte. Ich wackelte mit den Zehen in meinen Stiefeln, damit mein rechter Fuß nicht einfror. Selbst unsere Winterausrüstung konnte stundenlanges Sitzen bei minus siebenunddreißig Grad nicht ausgleichen.

»Und du bist sicher, dass du bei diesem Wetter da rauswillst, Inko?«, fragte Niklas.

»Allerdings. Schließlich sind wir dafür um die halbe Welt gereist. Für uns ist es ein Abenteuer. Wahrscheinlich ist es deine Schuld, dass ich Herausforderungen so sehr mag.«

»Stimmt. Wir sind ganz schön herumgekommen, auch abseits der Pisten. Aber das ist ewig her. Im Oktober fünfundvierzig Jahre …« Niklas hielt kurz inne, bevor er fortfuhr. »Und dieser Sixten … hast du zu dem noch Kontakt?«

»Von dem habe ich seit einer Ewigkeit nichts mehr gehört. Seit ich in die Staaten gegangen bin.«

»Tja, ihr wart so unterschiedlich, wie man nur sein kann. Yin und Yang. Daraus wäre sowieso nichts geworden.«

Eine Weile schwiegen die beiden. Der Schlitten änderte den Kurs und steuerte auf einen Waldsaum zu, der in einiger Entfernung sichtbar wurde. Beim Wald angekommen hielt Niklas die Hunde an.

Ich nahm die Schneebrille ab und sah die Hütte, die sich hier zwischen den Tannen verbarg. Sie machte einen verwahrlosten Eindruck. Im Dach, zum Giebel hin, klaffte ein großes Loch, das mit einer Plastikplane geflickt worden war, und keines der Fenster verfügte noch über intakte Glasscheiben. Doch das war offenbar unser Zielort, denn Ingrid machte mir und Jesús María Zeichen, das Gepäck zu entladen.

»Euch muss ich wohl nicht fragen, ob ihr die richtige Ausrüstung dabeihabt. Bobs Gepäck ist ja wirklich gewaltig. Die Schneeanzüge könnt ihr behalten, bis ihr ins Lager zurückkehrt.«

»Bestens, danke. Solange du uns morgen früh wieder abholst, ist alles in Ordnung«, sagte Ingrid.

Niklas wendete das Hundegespann. »Okay«, rief er den Tieren zu – das war ihr einfaches Kommando. Wenige Sekunden später waren sie im dichten Schneetreiben verschwunden.

Ingrid ging zur Hütte. Die Tür war stark verzogen, aber mit einem kräftigen Schulterdruck ließ sie sich öffnen. Ingrid ließ uns an sich vorbeigehen. Der Raum, den wir betraten, war bis auf einen Tisch und vier Stühle weitgehend leer. Immerhin gab es einen Kamin. Eine Tür im hinteren Teil zur Linken führte in einen kleinen Nebenraum, der vielleicht mal als Küche gedient hatte.

Ingrid, die die Haustür wieder geschlossen hatte, war zu uns getreten. »Hier haben wir schon gesessen und geknutscht, ehe wir lesen konnten. Niklas' Mutter war während des Kriegs an der ›Operation Sepals‹ beteiligt, meines Wissens eines der wichtigsten Rädchen im Getriebe. Die Deutschen haben die Lappen wie Rentiere die Grenze passieren lassen, sie waren perfekte Kuriere. Der Tourismusverband hat die Hütte nie zurückgefordert. Die Erzader verläuft genau hier unter der Hütte hindurch, und als die Gesellschaft den Tagebau aufgab und unter Tage zu fördern begann, wollte vermutlich niemand hier sitzen und sich durchschütteln lassen, wenn der Schicksalsberg auseinanderbricht. Außer mir und Niklas – und schließlich nur noch mir. Hier kann man schalten und walten, wie man will, ohne dass einen jemand sieht.«

Jesús María sagte kein Wort. Ich wartete darauf, dass Ingrid erklärte, warum wir hier draußen in der Wildnis waren. Aber sie sah bloß auf ihre Uhr.

»Natürlich müssen wir vor Niklas keine Geheimnisse haben. Ihr habt ja gesehen, wie das Lager oben am Berg aussieht. Er würde uns niemals bei den Behörden anzeigen, und beim Militär schon gar nicht.«

Fünf Minuten später sah Ingrid erneut auf ihre Uhr. Sie stand an einem der gesprungenen Fenster und sah hinaus. 21:52 Uhr. 10. Dezember. Der Beginn der Polarnacht und die Vergabe des Friedensnobelpreises. So viel Symbolik. Und unser verfallenes Häuschen war ein ideales Versteck, falls die Polizei anfing, die Leute zu befragen, die sich heute Vormittag in der Nähe der Skipiste aufgehalten hatten – wie zum Beispiel Bettan.

Schließlich wandte Ingrid sich zu uns um. »So. Niklas dürfte weit genug entfernt sein.«

Dann ging sie zur Tür, öffnete sie, ließ den eiskalten Wind herein. Schneeflocken wirbelten in den Raum.

»Und deswegen ist es jetzt an der Zeit, zu unserem eigentlichen Treffpunkt aufzubrechen.«

3.10

Ingrid führte uns geradewegs in den Sturm. Wir duckten uns vor dem Wind. Die Kälte drang mit jedem Atemzug stechend in unsere Lungen. Die Sicht war auf maximal drei Meter begrenzt. Das Einzige, was ich deutlich erkannte, war, dass wir von dichtem Wald umgeben waren. Die Äste der Fichten bogen sich unter der Last des Schnees.

Der Sturm wurde inzwischen stärker, und Ingrid sah sich mehrmals gezwungen anzuhalten und ein Stück zurückzugehen. Sie zählte ihre Schritte rückwärts und vorwärts, vergewisserte sich mehrmals, blieb schließlich bei einem Baum stehen und fuhr mit den Fingern über die Borke, als ob sie nach Markierungen suchte. Wir hielten uns dicht hinter ihr, um sie nicht aus dem Blick zu verlieren.

Nachdem wir eine knappe Stunde so gegangen waren, gab sie uns ein Zeichen, an einer etwas lichteren Stelle stehen zu bleiben. Sie ging mit auf den Boden gerichtetem Blick hierhin und dorthin – ehe sie sich plötzlich hinkniete und mit den Händen im Schnee zu graben begann. Jesús María und ich halfen ihr. Mit unseren unförmigen Winterhandschuhen keine leichte Sache, aber zweifellos gab es einen Grund dafür, dass Ingrid den Klappspaten aus ihrem Sturmgepäck nicht benutzen wollte.

Unter dem Schnee wurden zunächst nur Granitstücke sichtbar, dann zunehmend schwarzes, stark mit Magnetit versetztes Gestein. Erst als wir die dicke Steinschicht entfernt hatten, sahen wir im Licht unserer Stirnlampen den Schaltkasten. Deswegen also hatte Ingrid den Spaten nicht benutzen wollen.

Ingrid holte ein kleines Klappmesser aus ihrer Jacke und stemmte damit den Deckel des Kastens auf. Zum Vorschein kam das Bedienfeld, in das Ingrid ohne zu zögern den Code eingab. Im selben Moment hörte man ein metallisches Knirschen. Unter dem Schnee, etwa einen Meter vor uns, bewegten sich die Schneemassen, dann sackte der Schnee weg wie Sand, der durch eine Sanduhr rinnt. Ein Loch tat sich vor uns auf.

Wegen des heulenden Windes musste Ingrid uns mit einer Geste zu verstehen geben, dass wir vor ihr hinabsteigen sollten. Jesús María betrat als Erste die verrostete Leiter, ich folgte. Über mir sah ich, wie Ingrid versuchte, unsere Spuren zu beseitigen. Sie streckte eine Hand aus dem Loch, um möglichst viel Schnee an die ursprüngliche Stelle zu schieben, während sich der Eingang über uns schloss.

Unten angekommen nahmen wir unsere Sturmhauben ab. Im Licht unserer Stirnlampen erkannte man einen breiten Schacht, der in südliche Richtung steil bergab führte. Stalaktiten hingen wie uralte Drechselarbeiten von der Decke. Wir folgten dem Schacht bergab und erreichten nach einer knappen Viertelstunde ein erstes Schleusentor. Der Tiefenmesser meiner Uhr zeigte Daten an, die in schwindelerregendem Tempo stiegen: minus 150 Meter, 200, 250 …

Wie im Tunnelsystem von Ursvik bestanden auch hier die Schleusen vorschriftsmäßig aus drei roten Stahltüren: zwei gegen Schockwellen und eine Gassperre mit Überdruckventil. Ingrid schlüpfte an Jesús María vorbei. Ich sah, dass sie ein paarmal tief Luft holte und die Augen schloss. Dann gab sie schnell den Code auf dem Bedienfeld in der Felswand ein, eilte durch die Dekontaminierungsräume, vorbei an den Sauerstoffflaschen, den Ankleideräumen, ohne sie auch nur eines Blicks zu würdigen. Sobald wir die Ruhezone erreicht hatten, machte sie das Licht an, schaltete ihre Stirnlampe aus und ließ sich auf ein Sofa fallen, das hier herumstand – ein rundes orangerotes Ungetüm aus den Siebzigerjahren, das in dieser Umgebung wirkte wie etwas aus einem Gemälde von Dalí.

Ich sah wieder auf meine Uhr. 23:03. Und die Tiefe betrug 345 Meter. Weit mehr als in allen militärischen Einrichtungen, die ich bislang kannte.

»Willkommen auf Pluto. Dem versteckten Kern des Schicksalsbergs«, sagte Ingrid.

Mühsam zog sie ihre Stiefel aus und legte die Füße auf das Sofa. Wackelte mit den Zehen, um die Durchblutung anzuregen, während sie weitersprach.

»Wir wollten ihn erst Uranus nennen, nach dem Himmelsgott. Aber dann dachten wir, Pluto sei besser. Das genaue Gegenteil. Das römische Pendant zu Hades, dem Herrscher über die Unterwelt, das Königreich der Toten.«

Ingrid hielt inne und massierte ihre Füße. Ich beobachtete ihren Atem – Wolken menschlicher Wärme.

Hier war es entschieden wärmer als draußen, aber die Temperatur lag immer noch kaum über dem Gefrierpunkt. Diese nasskalte Höhle fühlte sich für mich sehr vertraut an: Schimmel und Spitzentechnologie, Moder in Neonbeleuchtung.

»Wir haben jede Menge Plutonium hergebracht, und auch Uran, das man damals ›atomare Asche‹ nannte. Jedes noch so kleine Überbleibsel unserer frühen Versuche im Zusammenhang mit dem Atomwaffenprojekt. Und bald auch schon andere Sachen – das, was von unserer Arbeit an der zweiten und dritten Stufe übrig geblieben war. Wir benutzten dieselbe Transportstrecke wie die Bergbauingenieure und Sprengfachleute, die wir jahrelang von Kiruna nach Ursvik gefahren hatten – immer nachts. Jene, die den inneren Kreis bauten.«

Ich hatte gelernt, in jeder Situation alle erdenklichen Zeichen zu lesen und alle verfügbaren Informationen aufzunehmen. Als Ingrid jetzt innehielt, um drei Hartkekse aus ihrem Sturmgepäck hervorzuholen und drei Schlucke Wasser zu trinken – was Jesús María und mich veranlasste, das Gleiche zu tun –, verriet sie damit, dass wir hier nicht sehr lange bleiben würden. Höchstens ein paar Tage, kaum eine Woche. Sonst hätte sie nicht auf einen Schlag so viel von ihren Vorräten aufgebraucht. Dann würden wir wahrscheinlich in irgendeine Form von Zivilisation zurückkehren, wenigstens lange genug, um richtige Nahrung zu uns zu nehmen.

»Kaum jemand hatte auch nur die geringste Ahnung von dem, was hier vor sich ging«, fuhr sie fort. »Nicht einmal unsere ranghöchsten Militärs, Politiker, Minister. Es war ganz allein meine Idee: Niemand außer mir sollte sich am Tag des Jüngsten Gerichts dafür verantworten müssen. Als ich Anfang der Sechzigerjahre für das Programm zu arbeiten begann – ich war noch ein Teenager, frisch und lebhaft wie ein Gebirgsquell –, las ich Sir Claude Gibbs Theorien über die optimale Lagerung von Atommüll. Er hielt alte, mit Zement versiegelte Kohlegruben für sicherer als den Grund der Nordsee.«

Ingrid aß ihren dritten Hartkeks auf. Auch Jesús María und ich verzehrten unsere Kekse.

»Und ich hatte ja in der Hütte drüben gesessen und buchstäblich am eigenen Leib gespürt, wie sich der Abbau immer tiefer in den Fels verlagerte. Deshalb dachte ich, dass die atomare Asche langsam, aber sicher unter dem Geröll begraben würde, das aus den höheren Ebenen herabfällt. Wir müssten nur eine geheime seitliche Verbindung zur untersten Arbeitsebene in den Fels sprengen und unser Vorgehen mit der Arbeit an einer neuen Hauptebene in vierhundert Metern Tiefe synchronisieren. Alles lief nach Plan. Wir glaubten, hier würde mit der Zeit ein großes Endlager für unsere Abfälle entstehen. Nicht nur Plutonium und Uran, sondern auch alles andere, was wir verstecken mussten. Alles, was mit dem ›Geheimnis der Lise Meitner‹ zusammenhing.«

Ihre Wortwahl ließ mich zusammenzucken.

»Aber die Sache nahm natürlich eine andere Wendung, wie es so oft geschieht. Ab dem Oktober 1968 wurde aus bestimmten Gründen kein Müll mehr hierher verbracht. Alle anderen Beteiligten waren viel älter als wir. Sie starben irgendwann weg, und Pläne in Papierform existierten nicht. Und so wurde Pluto genauso vergessen wie Pompeji, bevor die Archäologen es nach tausend Jahren wieder auszugraben begannen. Anfangs maß Sixten noch einmal jährlich die Werte. Aber dann kam auch er nicht mehr hierher.«

Ingrid stand auf und führte uns durch einen langen Tunnel zu einer weiteren roten Stahltür. An der Wand davor waren Messgeräte für Luftfeuchtigkeit und Radioaktivität angebracht. Sie sahen nicht aus, als ob sie noch funktionieren würden.

»Er liegt immer noch da drin: der Drachenschatz. Wir fingen mit dem Müll an, der schon vorhanden war – dem Produkt aus Meitners und Sigvard Eklunds allerersten Versuchen, Mitte der Fünfziger, das offiziell aus dem Versuchsreaktor R1 unter der Kungliga Tekniska Högskolan in Stockholm stammte. Größtenteils metallisches Uran, das mit Aluminium versiegelt war. Unglücklicherweise stellte sich heraus, dass das Aluminium bei Kontakt mit Wasser reagierte. Dann haben wir eingelagert, was wir selbst produzierten. Schicht auf Schicht, Jahr für Jahr, in dieser streng geheimen Kammer unter den gewaltigen Mengen von Schutt, die beim Bau der neuen Grundebene herunterfielen.«

Wir kehrten in die Ruhezone zurück, und Ingrid streckte sich auf dem Sofa aus. Jesús María und ich ließen uns auf niedrigen Sesseln nieder. Ingrid sprach weiter, und ich schloss die Augen und hörte zu. Den Umständen zum Trotz genoss ich die Märchenstunde.

»Und wir haben die Sache wirklich durchgezogen. Erst 2007, als Nya Ursvik geplant wurde und die letzten Reste radioaktiven Materials von hier fortgeschafft werden sollten, wurden die schwedischen Medien auf den sogenannten ›historischen Restmüll‹ aufmerksam. Jemand gab Greenpeace den entscheidenden Tipp, und es gelang ihnen, den Laster auf der Autobahn E4 abzufangen.«

Ich öffnete die Augen und sah, dass Jesús María etwas sagen wollte. Doch dann schwieg sie, sie wollte erst zu Ende hören.

»Aber die allerletzten Abfälle aus dem Atomprogramm wurden erst im vergangenen Jahr in die Staaten geschickt, am 27. März. Drei Kilo waffenfähiges Plutonium, fast neun Kilo natürlich angereichertes Uran und ein paar andere Sachen. Ein streng geheimes, seit Jahrzehnten geplantes Manöver. So professionell, als ob ich selbst es geplant hätte. Nun, um ehrlich zu sein – genau das habe ich getan. Aber diesmal auf der anderen Seite des Atlantiks.«

Ingrid zögerte einen Moment, ehe sie fortfuhr.

»Wie auch immer. Nachdem die Medien die Frage nach dem Restmüll aufgeworfen hatten, kam Sixten 2007 zum ersten Mal nach Jahren wieder hierher, um die Werte zu messen – und wurde daran erinnert, dass immer noch alles hier lag. Und er fand heraus, dass die Situation nicht nur so schlimm war, wie er befürchtet hatte, sondern noch viel schlimmer. Der Abfall aus den späteren Phasen des Programms war, wie sich herausstellte, weit giftiger, als wir uns das hätten träumen lassen. Außerdem hatte sich die Radioaktivität im Grundwasser ausgebreitet.«

Ingrid nahm wieder ein paar tiefe Schlucke aus der Flasche und räusperte sich.

»Aber wir hatten Glück. Die Grube gehört der LKAB, die ihrerseits dem schwedischen Staat gehört, sodass die Verbindung zwischen dem Atomwaffenprogramm und der Grube vertuscht werden konnte. Kiruna musste weichen. Aber wir konnten auch unser Atommüllproblem mit dem enormen Vorgang verbinden, der unter dem Stichwort ›Transformation‹ abläuft.«

Endlich sagte auch Jesús María etwas.

»Willst du damit sagen, dieser ganze Scheiß … dass Bettans Hotel nach drei Generationen im Familienbesitz dichtmachen muss, dass das Rathaus in die Luft gejagt wird … dass das alles bloß Fake ist? Dass es nur um Plutonium und diesen Dreck geht – und gar nicht um das Eisenerz?«

»Das habe ich nicht gesagt, Jesús María. Inzwischen kann wahrscheinlich niemand mehr wirklich unterscheiden, was wozu dient. Diese Vorgänge sind seit zu langer Zeit miteinander verknüpft.«

Ingrid holte einen Geigerzähler aus ihrem Rucksack, unser neuestes Modell, kaum größer als eine Streichholzschachtel. Er rasselte mehr, als dass er tickte. Wie eine Klapperschlange.

»Also habe ich Sixten versprochen, dass ich die Strahlung messe, wo wir schon mal in der Gegend sind. Wie du wahrscheinlich der Reaktion des Geigerzählers entnehmen kannst, sollten wir uns hier nicht allzu lange aufhalten. Ich würde sagen, genau neununddreißig Minuten … bis Sixten endlich kommt.«

Ich warf einen heimlichen Blick auf meine Uhr, auf der 23:21 stand. Neununddreißig Minuten bis Mitternacht. Immer diese Zeitsymbolik. Dann stellte ich die Frage, die mir die ganze Zeit schon auf der Zunge lag.

»Du sprichst über eure Entwicklungsarbeit an der zweiten und dritten Stufe … Kannst du mehr darüber sagen, Ingrid?«

»Die kurze Antwort lautet Nein, mein Schatz, und für die längere Antwort reicht die Zeit nicht aus. Aber ich kann dir sagen, dass unsere Träume von einer Atombombe nur der Anfang waren. Der allererste Höllenkreis.«

3.11

Als ich aufwachte und nachfühlte, ob das Sicherheitsarmband des Koffers noch um mein Handgelenk geschlungen war, saß Jesús María neben Ingrid auf dem Sofa. Der süßliche Geruch und die Stummel auf dem ovalen Siebzigerjahre-Teaktisch zeigten, dass Jesús María schon zu viel geraucht hatte. Ingrid sah bleich und erschöpft aus.

»Man konnte die Sterne nach Sixten stellen, das gesamte Universum, den Gang der Welt …«, murmelte sie.

00:51. Als die Uhr 01:00 anzeigte, setzte Ingrid ihre gewohnte entschlossene Miene auf und wurde wieder unsere Alpha.

»Na gut. Improvisation«, sagte sie tonlos und hob ihren Rucksack auf den Rücken. »Länger können wir hier nicht bleiben.«

Wir bewegten uns schweigend zurück an die Oberfläche. Alles in umgekehrter Reihenfolge, wobei es in dieser Richtung mühsamer war, den steilen Schacht hinauf. Aber bald waren wir oben und tasteten uns durch das dichte Schneetreiben. Um 02:14 Uhr waren wir zurück in der baufälligen Hütte.

Die Nacht verlief trotz der Kälte relativ angenehm.

Unsere Schlafsäcke waren für maximal dreizehn Kältegrade ausgelegt, und nachdem in dem offenen Kamin eine Stunde lang ein Feuer gebrannt hatte, war die Temperatur in der Hütte ungefähr auf minus zehn Grad gestiegen. Als ich meine Wache beendet hatte, fiel ich in einen tiefen, traumlosen Schlaf.

Um 08:30 Uhr tippte mir Ingrid auf die Schulter. Immer noch bleich, aber entschlossen und beherrscht.

»Niklas wird bald hier sein. Wir haben als Zeitpunkt Tagesanbruch verabredet, was immer das bei diesem Wetter und am zweiten Tag der Polarnacht heißt. Aber ich dachte nicht, dass ein genauer Zeitpunkt wichtig sei. Eigentlich sollte Sixten uns schon vor Niklas' Ankunft im Motorschlitten mitnehmen.«

Eine halbe Stunde später sah ich die Hunde und Niklas durch das gesprungene Fenster.

»Wunderbare Nacht gehabt?«, fragte Niklas, als er kurz darauf den Raum betrat.

»Himmlisch. Ein Erlebnis, das man nie vergisst«, sagte Ingrid.

»Ja, war toll, das nordskandinavische Klima so intensiv zu spüren«, sagte ich.

Niklas schüttelte bloß den Kopf, als er uns zu den Hunden hinausführte. Das Schneetreiben war womöglich noch schlimmer als gestern.

»Willst du wirklich nach Jukkasjärvi?«, rief Niklas gegen den heulenden Wind an. »Ganz sicher, Inko? Du weißt, dass ich in diese Touristenfalle keinen Fuß setzen werde«, erklang Niklas' Stimme irgendwo aus der weißen Wand vor mir.

»Du kannst uns in der Nähe absetzen, Niklas. Aber Bob und Mercedes würden es mir nicht verzeihen, wenn ich ihnen eine Übernachtung in einem echten Eishotel vorenthalten würde.«

Wir nahmen die gleichen Positionen wie tags zuvor ein. Niklas und Ingrid hinten auf den Kufen, Jesús María vorn bei den Hunden, ich hinter ihr. Zwar hörten die Hunde zu bellen auf, sobald sie das Kommando zum Ziehen bekamen – wie bereitwillig sie doch an ihrem Geschirr zerrten und zogen, genau wie ich –, aber der Wind verhinderte, dass ich das Gespräch zwischen Niklas und Ingrid hörte. Welche Lügen sie ihm jetzt auftischte.

Trotz der Polarnacht drang etwas Licht über den Horizont, und als die »Dämmerung« anbrach und sich der Tag seinem hellsten Moment näherte, färbte sich die Welt von Schwarzgrau zu Graugrau.

Wenige Meter von der Hauptstraße entfernt brachte Niklas den Schlitten zum Stehen. Wir befanden uns auf gleicher Höhe mit einer Holzkirche, die wir unter den Bäumen auf der anderen Seite ausmachen konnten.

»Meinst du nicht, dass wir zuerst dort hineingehen sollten, Inko? Der Priester ist normalerweise um die Mittagszeit da. Nur um es zu erledigen?«

Ingrid schüttelte den Kopf. »Ein andermal«, sagte sie.

»Na gut. Ruf mich an, wenn … Aber wir hätten ein hübsches Paar abgegeben, oder?«

Ingrid stieg vom Schlitten herunter, setzte sich den Rucksack auf und gab Niklas einen flüchtigen Kuss auf die Wange.

»Ja, Niklas. Wir hätten ein hübsches Paar abgegeben.«

Dann verschluckte der wirbelnde Schnee ihn, den Schlitten und die Hunde, und wir kämpften uns zum Eishotel durch. Obwohl es ein ganz normaler Werktag war, Mittwoch, 11. Dezember 2013, hatte sich eine lange Schlange vor der Hotelrezeption gebildet. Ingrid ging ungerührt bis ganz nach vorn und ergatterte die letzten drei Karten für die tägliche Besichtigung.

Edelweiss sagte immer, dass es nur zwei Wege gebe, sich wirkungsvoll zu verstecken. Entweder durch Abschottung – unterirdisch, auf einer einsamen Insel, in der Wüste. Oder in einer Menschenmenge.

Aus diesem Grund hatten Ingrid und Sixten diesen belebten Ort als alternativen Treffpunkt ausgewählt. Als der Führer mit fünfzehn Minuten Verspätung eintraf, konnte man sich in der Hotellobby kaum noch um die eigene Achse drehen. Die Touristen starrten verärgert auf unsere überdimensionalen Rucksäcke. Selbst der Führer warf einen besorgten Blick auf die Rucksäcke – doch dann kam er offenbar zu dem Schluss, dass die Gruppe so groß und er selbst bereits so verspätet war, dass es sich nicht lohnte, uns zur Gepäckabgabe zu schicken.

Die Führung begann in der Lobby. Sie erinnerte mich an die schönsten und schrecklichsten Geschichten meiner Kindheit – *Dornröschen, Narnia, Herr der Ringe*. Und an die *Harry Potter*-Romane, die ich später meinen Kindern vorgelesen hatte.

Gleichzeitig versuchte ich, meine beiden Begleiterinnen im Auge zu behalten. Ingrid schien auf ein Signal von Sixten zu warten und sah meist in eine andere Richtung als die, in die der Führer zeigte. Jesús María hatte die Gruppe verlassen und wanderte auf eigene Faust umher. Als sie glaubte, dass niemand hinsah, strich sie mit der Hand über den Wunschbrunnen aus Eis in der Mitte der Lobby und ließ verstohlen eine Münze ins Wasser fallen.

Dann ging sie zu dem großen Einhorn, das von Kopf bis Schwanz mindestens drei Meter lang war und den hinteren Teil der Lobby dominierte. Als der Rest der Gruppe bei der Skulptur angelangt war – und Jesús María sich bereits ein Stück weit entfernt hatte –, erläuterte der Führer, dass die Figur aus *snice* hergestellt sei. Einer speziellen Mischung aus Schnee und Eis, mit der man gefrorene Skulpturen erschaffen kann.

Mir fielen die Gobelins des »Meisters der Einhornjagd« ein, denen Ingrid eine ihrer vielen anregenden Vorlesungen gewidmet hatte. »Eines der rätselhaftesten Kunstwerke des Mittelalters«, hatte sie die sieben Wandteppiche genannt und ihre Dias an die Wand geworfen – die ganze Serie, die zeigte, wie das Einhorn erst angelockt und dann getötet wurde. Es mangelte nicht an grausamen Details: das Blut, das aus den Wunden des Tiers floss, die Speere, die alle in dem einen Körper steckten. Und dann die wilden Blicke der Jäger. Das schöne weiße Geschöpf wurde geopfert wie Christus.

Nach einer längeren Irrfahrt kamen die sieben rätselhaften Wandteppiche schließlich in das New Yorker Museum The Cloisters. Ziel vieler Spaziergänge, die meine Mutter und ich früher unternahmen.

Ich erinnere mich gut daran, wie wir in dem schönen Museumscafé saßen, das sich in einem Bogengang um den Innenhof des Museums befindet. Meine Mutter trank ihren schwarzen Kaffee und ich saß vor einer großen Tasse heißer Schokolade mit so viel Schlagsahne, dass sie schon überlief. Sie bestand immer darauf, dass es *zu viel* sein müsse. Sie redete angeregt über diese seltsamen Gemälde mit ihren Darstellungen primitiver Blutrünstigkeit, über die Jagd nach dem Einhorn und dass es wie ein Stier in einer Arena aufgespießt wurde. Eigentlich war ich dafür noch viel zu jung.

Die letzte und komplexeste Szene hieß: »Das Einhorn in Gefangenschaft«. Die große Statue aus *snice* im Eishotel von Jukkasjärvi befand sich ebenfalls in Gefangenschaft.

Ehe die Bar um sechzehn Uhr öffnete, durften wir auf eigene Faust durch die Hotelzimmer und künstlerisch gestalteten Suiten aus Eis streifen. Alles kam mir beängstigend und unbegreiflich vor, machte mich nervös. In der »Narcissus«-Suite wurde ein überdimensionaler Kopf aus Eis und Schnee von einem großen vereisten Spiegel reflektiert. »Future Ancestors« war ein Labyrinth von Anspielungen auf religiöse Riten, die noch nicht ihre Form gefunden hatten.

Dann wurde es wirklich ungemütlich. Ich konnte mir nicht vorstellen, in den Suiten »Solid Flow/Time Warps«, »It's Alive« oder »Before the Big Bang« zu übernachten. Aber die schlimmste von allen, Suite 325 im westlichen Giebel, hieß »The Martyrdom of Christ«. Sie bestand nur aus einem Doppelbett – vollständig aus Eis, wie alles andere auch – und einem raumhohen glänzenden Kruzifix, an dem sich eine mannshohe Christusfigur in Schmerzen wand.

Ich blieb nahe bei Ingrid, immer auf der Suche nach Anzeichen von Zafirah und dem überlebenden Kurt-oder-John-Zwilling. Aber an diesem schrecklichen Ort befand sich nur eine einzige weitere Person: Jesús María stand regungslos da und bewunderte das Kunstwerk.

»Hier würde ich gern wohnen«, sagte sie.

Wir ließen sie vor ihrem Namensvetter zurück und gingen zur Bar, die inzwischen geöffnet hatte und wo sich bereits eine Menschentraube vor dem Eistresen gebildet hatte. Ingrid brachte es irgendwie fertig, sich durchzudrängeln, und bestellte einen Wodka Cranberry. Ich nahm eine Virgin Mary, und als wir langsam tranken, spürte ich, wie eine fiebrige Energie sie erfüllte. Der Lärmpegel an der Bar stieg mit jeder Minute mehr an. Der Alkohol tat seine Wirkung, es wurde gescherzt und gelacht. Menschen umstanden unsere unförmigen Gepäckstücke von allen Seiten. Sie spielten Roulette an dem Tisch, der direkt aus dem Eis des Flusses Torne geschnitten worden war, und verloren hohe Summen. Jedes Mal, wenn die Kugel aus Eis zum Halten kam, erklangen laute Jubel- und Entsetzensschreie.

Ingrid hatte unterdessen immer wieder auf ihr Mobiltelefon gesehen. Ich spürte ihre Nervosität. Wir waren bei unserem zweiten Drink. Meine Uhr zeigte 17:05. Wir schwiegen, weil in dem Lärm keine Unterhaltung möglich war. Schließlich klingelte Ingrids Telefon. Ich nahm zumindest an, dass es geklingelt hatte, denn ich sah nur, dass sie zusammenzuckte und das Telefon hervorholte.

»Suite 325«, schrie sie mir dann ins Ohr.

Ich roch ihren Wodkaatem.

»Er wartet dort auf uns. Halleluja.«

Als wir in der Suite ankamen, war dort von Jesús María keine Spur. An der Tür hatte Sixten einen handgeschriebenen Zettel über den Namen der Suite geklebt. Darauf stand: THE MARTYRDOM OF ERASMUS.

Immer diese Spielchen. Sixtens Kaltblütigkeit, selbst in einer Situation wie dieser.

Dennoch musste ich unwillkürlich lächeln. Ich erinnerte mich an unser erstes Abendessen in Ursvik. Er hatte sich offenbar gut auf unser Gespräch vorbereitet, denn er erwähnte irgendwann Poussins Gemälde »Martyrium des heiligen Erasmus«. Er hatte es selbst gesehen, im Vatikanischen Museum. Das Bild verfolgte ihn, sodass er am selben Tag noch einmal ins Museum ging, und dieses Ritual hatte er während seines einwöchigen Urlaubs täglich wiederholt. Die Grausamkeit des Bilds hatte einen tiefen Eindruck bei ihm hinterlassen: Der heilige Erasmus, mein Namenspatron, lag auf einer einfachen Bank auf dem Rücken, und seine Eingeweide wurden, wie die Legende berichtet, mit einer Winde aus seinem Bauch herausgeholt.

Jetzt saß Sixten einsam auf dem Bett von Suite 325, im dunkelsten Teil des Raums, das Gesicht von uns abgewandt. Er fuhr fort, seine Spielchen zu spielen. Gab vor, ein Buch zu lesen und unsere Ankunft nicht einmal zu bemerken.

»Da ist ja mein Retter in der Not!«, rief Ingrid aus.

Aus der Nähe erkannte ich den Titel des Buchs: *Soft Spots.* Schwachstellen. Das Nahkampflehrbuch, auf das unser Ausbilder sich immer bezogen hatte.

Einen Moment war ich von dem Buch abgelenkt gewesen. Das sollte sich jetzt rächen. Plötzlich wurde ich von Händen ergriffen. Menschen zerrten aus verschiedenen Richtungen an mir. Verschwommene Konturen, fahrige Bewegungen, schlecht synchronisierter Druck auf meine Schläfen. Verwirrung, vielleicht eine Art von Kampf. Zafirahs Gesicht nur wenige Zentimeter über meinem, das Schwarz in ihren Augen, kalt und leer. Ich erstarrte. Ein scharfer Stich in meinem Hals, als die Nadel in eine Vene drang. Langsam verlor ich das Bewusstsein, spürte, wie mir der Hybrid abgenommen, wie mein

Rücken auf das bloße Eis des Betts gedrückt wurde. Ich hörte Schreie, aufgebrachte Stimmen, Kommandos. Ganz nah und dennoch weit entfernt. Als ob ich unter der Wasseroberfläche wäre und alles durch ein winziges Loch im Eis wahrnähme.

Es dauerte einige Augenblicke, bis das erste, kältebedingte Taubheitsgefühl nachließ und mein Gehirn den Schmerz registrierte. Dann erlebte ich am eigenen Leib, wie sich Haut auf Eis anfühlt – es war eher ein Gefühl der Hitze als der Kälte. Doch vorher warf ich Sixten ein schwaches, anerkennendes Lächeln zu. Weil er es geschafft hatte, Poussins Gemälde so genau nachzubilden. Ein lebendes Tableau.

Mein eigenes, schreckliches Martyrium.

4
SECOND DOWN

DEZEMBER 2013
PEER, BELGIEN

4.01

Die Nacht war ein langer Strom von Visionen, Halluzinationen, Bildern. Klarträumen. Jenseits der Realität.

Ich wurde fünfmal hintereinander einem Waterboarding im Wasser des Wunschbrunnens unterzogen, dessen Temperatur minimal über dem Gefrierpunkt lag. Dann wurde ich auf das fast einen Meter lange Horn des Einhorns gespießt und meine Innereien langsam darauf aufgewickelt.

Die Erfahrung, gestorben zu sein, auch wenn sie nur vorübergehend war, machte die Träume nur noch schlimmer.

Nicht einmal Edelweiss hatte uns erlaubt, bei unseren Übungen bis ans bittere Ende zu gehen. Wir konnten schließlich nie völlig sicher sein, dass die Wiederbelebungsmaßnahmen genauso wirkungsvoll waren wie die Tötungsmethoden. »Und sobald man tot ist, ist man nie wieder ganz derselbe«, hatte er ohne die Spur eines Lächelns verkündet.

Als ich mein Bewusstsein wiedererlangt hatte, träumte ich, dass ich unser hochgelobter Präsident war und bei einem wichtigen Treffen über Atomwaffen in den frühen Jahren des Kalten Kriegs eine Rede hielt.

»Heute muss jeder Bewohner unseres Planeten über den Tag nachdenken, an dem dieser Planet vielleicht nicht länger bewohnbar ist«, hob ich an. »Jeder Mann, jede Frau und jedes Kind leben unter einem atomaren Damoklesschwert. Der Faden, an dem das Schwert hängt, kann jeden Augenblick durch einen Irrtum, eine Fehleinschätzung oder durch bloßen Übermut reißen. Wir müssen die Waffen des Kriegs vernichten, ehe sie uns vernichten. Die bloße Existenz moderner Waffen – zehn Millionen Mal stärker als alle, die je auf Erden existiert haben, und nur wenige Minuten von jedem Ziel auf der Erde entfernt – ist bereits ein Quell des Schreckens, der Zwietracht und des Argwohns.

Ich spreche vom Frieden, weil der Krieg ein neues Antlitz hat. Wenn eine einzige thermonukleare Bombe über einer amerikanischen, russischen oder beliebigen anderen Stadt auf der Welt abgeworfen wird, sei es irrtümlich oder absichtlich, sei es von einem Wahnsinnigen oder einem Feind, von einer großen oder kleinen Nation, so wird diese Bombe größere Zerstörungen unter den Bewohnern jener hilflosen Stadt anrichten als alle Bomben, die im Zweiten Weltkrieg abgeworfen wurden.

Ein atomarer Schlagabtausch von weniger als sechzigminütiger Dauer, ausgeführt mit den jetzt schon vorhandenen Waffen, kann mehr als dreihundert Millionen Amerikaner, Europäer und Russen auslöschen. Und die Überlebenden, wie der Vorsitzende Chruschtschow die chinesischen Kommunisten warnte, ›die Überlebenden würden die Toten beneiden‹. Denn sie würden eine Welt erben, die durch Explosionen und Gifte und Feuer so sehr verwüstet ist, dass wir ihre Schrecken heute nicht einmal erahnen können.

In einem Zeitalter, da beide Seiten ausreichend atomare Stärke erlangt haben, um die Menschheit mehrfach vernichten zu können, sind die Welt des Kommunismus und die Welt der freien Wahlen in einem grausamen Kreislauf widerstreitender Ideologien und Interessen gefangen. Die Weltordnung ist erst dann gesichert, wenn die ganze Welt diese Waffen niederlegt. Sie scheinen uns gegenwärtig Sicherheit zu bieten, bedrohen aber das künftige Überleben der Menschheit.

So lasst uns denn auf der ganzen Welt dem Krieg abschwören. Lasst uns diese Gelegenheit, lasst uns jede Gelegenheit nutzen, um Spannungen abzubauen, das gefährliche atomare Wettrüsten zu verlangsamen und das Abgleiten in die Vernichtungsspirale zu verhindern.«

Der Applaus, der auf meine Rede folgte, wollte nicht enden. Ich verbeugte mich und machte eine Geste in Richtung des Präsidenten der anderen Supermacht, meines Gegners und gleichzeitig meines neuen Teilhabers am Traum der Abrüstung.

Als das angenehme offizielle Abendessen vorüber war, traf ich mich mit meinen Militärberatern in meinem Zimmer, um unseren Plänen für einen umfänglichen und unumkehrbaren Atomwaffenangriff auf die andere Supermacht den letzten Schliff zu geben.

Ich warf einen letzten Blick auf die Berechnungen. Spürte eine wohltuende Wärme durch meinen Körper strömen, berauscht wie nach einem langen Lauf.

4.02

Das war meine Gemütsverfassung, als ich schließlich mit einem Lächeln auf den Lippen erwachte.

Es dauerte nur wenige Sekunden, bis mein Mund zu einer Grimasse erstarrte und sich anstelle der Wärme eisige Kälte in meinem Körper ausbreitete. Die erleuchtete Jesusgestalt aus Eis starrte mir ins Gesicht – ebenso von Schmerzen gelähmt wie ich.

Der Geruch von Zafirahs schwerem Parfüm – er reichte schon unter normalen Bedingungen aus, um mir Kopfschmerzen zu bereiten – hing noch in der Luft. Die stahlgraue Kurzperücke lag ebenso wie Sixtens türkisfarbene Daunenjacke neben dem Eisbett. So zerrüttet mein Verstand auch war, wurde mir doch klar, dass er vermutlich gar nicht hier gewesen war.

Ich versuchte, meinen nackten Körper anzuheben. Doch wie ich schnell feststellte, war ich festgefroren. Mit einem heftigen Ruck wälzte ich mich schließlich zur Seite. Es fühlte sich an, wie wenn man ein Pflaster abreißt. Nur, dass dieses Pflaster meinen gesamten Rücken bedeckte.

Ich schwankte zwischen den über die Suite verteilten Gegenständen hin und her. Der Hybrid war immer noch da, aber ohne den Koffer. Meine Waffe, mein Feldmesser und die medizinische Ausrüstung mit den kostbaren Betäubungsmitteln und anderen Substanzen, mit denen man allem sofort ein Ende setzen konnte, waren auch fort. Gleiches galt für mein Notizbuch, die Hartkekse, das Mobiltelefon, meine Armbanduhr – alles, was mir Orientierung verschafft hätte. Und der Schlüssel, den Sixten mir gegeben hatte.

Aber sie hatten den größten Teil des Sturmgepäcks zurückgelassen, darunter meinen Feldstecher, den letzten Reisepass, Bargeld, eine passende Kreditkarte in einer Geheimtasche des Hybrid. Sie hofften wohl, mich elektronisch überwachen zu können, um zu sehen, wohin ich sie führte. Vielleicht hatten sie es auch nur eilig gehabt.

Mein Pullover und meine Daunenweste lagen im oberen Teil des Hybrid. Ich zog mich mit unendlicher Langsamkeit an, so vorsichtig, als ob ich aus Glas wäre. Mit Mühe schaffte ich es, in meine Stiefel und den schwarzen Schneeanzug zu kommen, auf dessen Brusttasche die Worte DIE INNERE STATION – NIKLAS' ABENTEUER stand.

Ich schnallte mir den jetzt merklich leichteren Hybrid so lose wie möglich auf den Rücken, öffnete die Tür von Suite 325, »The Martyrdom of Christ«, und ging hinaus in die spärlich beleuchtete Lobby. Ich hielt Ausschau nach Ingrid oder Jesús María. Als die Frau an der Rezeption mir mitteilte, dass sie ausgecheckt hatten, dankte ich ihr, wandte mich um und ging ohne zurückzublicken hinaus in die Polarnacht.

Unsere Psychologen hatten uns gesagt, dass niemand wirklich erklären könne, wie unser Lebenswille funktioniert. Warum er plötzlich enden könne. Oder warum nicht.

Also ließ ich das Hotel reflexhaft, instinktiv hinter mir, obwohl ich genauso gut in den Fluss hätte springen können. Die Uhr vor dem Andenkenladen zeigte 05:01, 12. Dezember 2013. Alles war kristallklar und unwirklich zugleich: der schwach beleuchtete Bereich, der das Hotel umgab, die Shuttle-Busse, die wie riesige Käfer am Rand der Hauptstraße schliefen.

Aber das große Restaurant auf der anderen Seite, das für massentouristische Großangriffe ausgelegt war, hatte zu dieser Zeit schon geöffnet, wohl als freundliche Geste gegenüber den vereinzelten Fernlastfahrern, die in ihren Kabinen geschlafen hatten. Einer von ihnen saß an einem der Tische und beendete gerade sein Frühstück.

»Kommen Sie am Bahnhof von Kiruna vorbei?«, fragte ich.

»Ganz recht, aber ich fahre jetzt los.«

»Haben Sie was Alkoholisches in Ihrem Wagen? Ich bezahl auch.«

Er nickte, stand langsam auf, und ich folgte ihm zu dem größten Sattelzug, der an der Straße stand.

Als ich am Bahnhof aus dem Führerhaus sprang, reichte er mir eine kleine, transparente Plastikflasche ohne Etikett. Offensichtlich Schnaps, vermutlich selbst gebrannt. Der Alkohol betäubte ein wenig den Schmerz. Langsam kehrte Wärme zurück in meinen Körper.

Auf der Zugtoilette zog ich den Schneeanzug aus und schlüpfte in die neutrale schwarze Ausrüstung aus meinem Rucksack. Dann starrte ich auf das Gesicht im Spiegel, das mir immer noch fremd war. Die neuen Lippen, die fleischige Nase: Jesús Marías Versuch, mich wie General Shubin aussehen zu lassen. Das Gesicht im Spiegel sah zurück, suchte nach etwas, das von dem Mann vor dem Martyrium übrig geblieben war. Ich ertrug den Blick nicht lange und wandte mich hastig ab.

Als der Zug vier Stunden später Luleå erreichte, erlag die Lokomotive der Kälte. Während des Wartens ging ich in den Bahnhofsladen und kaufte einen Kugelschreiber und ein Notizbuch. Später setzte ich mich in den Speisewagen des neuen Zugs, verstaute den Hybrid unterm Tisch und bestellte eine ungenießbare Pyttipanna, gebratene Kartoffeln mit Fleischstückchen, Rote-Bete-Scheiben und zwei Spiegeleiern. Dann schrieb ich nieder, was geschehen war, seit wir kaum zwei Tage zuvor das Hotel Schneeflocke verlassen hatten.

Als ich damit fertig war, brannte meine linke Schläfe. Mein Rücken schmerzte. Ich legte eine Pause ein. Dann begann ich mit einer umfassenden Analyse der Situation, die ich ebenfalls schriftlich formulierte.

Ich ging davon aus, dass das Kernteam jetzt im Einsatz war. Wenn nicht gleich nach dem Abschuss in Minot, dann auf jeden Fall seit dem Eishotel. Im Gegensatz zu Zafirah und Kurt – oder John – befand sich Edelweiss vermutlich wie immer im Hauptquartier in Washington. Außerdem hatten Teile der Leibgarde des Präsidenten vermutlich den Auftrag erhalten, uns zur Strecke zu bringen. Aber nur wenige andere Menschen waren informiert worden, nicht einmal der Vizepräsident.

Die vielen rivalisierenden Behörden, dieser ganze Wirrwarr aus unterschiedlichen Zuständigkeitsbereichen, hatten vermutlich auch keinen Schimmer. Die CIA wohl nicht. Vermutlich weder das FBI noch die NSA. Sehr wahrscheinlich auch nicht der Secret Service, den Edelweiss manchmal vielsagend als »SS« bezeichnete. Sie würden annehmen, dass der Nukleus wieder einmal zu einem streng geheimen Übungsmanöver irgendwo auf dem Globus unterwegs war.

Selbst ich kannte kaum mehr als Teile des Puzzles. Ich hatte keine Ahnung, in wessen Besitz sich jetzt mein Koffer oder Ingrids tragbares Terminal befanden. Wer die Jäger waren, wer die Gejagten.

Also schrieb ich die Namen der Personen auf, ohne ihre jeweiligen Rollen zu spezifizieren. In der Reihenfolge ihres Auftretens seit unserer Flucht: Jesús María, Ingrid, Sixten, Aina, Lisa, Bettan, Niklas. Ich fügte meine alte, demente Mutter sowie Amba und die Kinder hinzu.

Dann setzte ich ein Kreuz unter jene, die vielleicht tot waren. Das waren mindestens die Hälfte, vielleicht sogar alle. Stillschweigend beseitigt, wie immer während unserer geheimen Auslandseinsätze. Später würde man Gerüchte über Unfälle und Krankheiten hören, zufällige verhängnisvolle Begegnungen. Wir allein würden die ganze Wahrheit wissen, denn wir verfügten über genügend bezahlte Informanten.

Schließlich fügte ich unsere Atomwaffenstützpunkte in den Staaten und Europa hinzu, ebenso wie andere strategische Ziele, und begann die Verbindungen einzuzeichnen. Durchgezogene Pfeile zwischen den Quadraten stellten Bewegungen dar, die bereits stattgefunden hatten, solche mit gestrichelten Linien bedeuteten anstehende Bewegungen, Doppellinien zwischen Personen zeigten an, dass sie einander vertrauten, einfache Linien deuteten auf Ungewissheit hin. Bald ballte sich alles zu einer dichten Wolke.

Als der Zug in Stockholm eintraf, hatte ich die Analyse aufgegeben. Es gab nur eine einzige Möglichkeit, die Situation zu klären, und das war auf empirischem Weg. An einem bestimmten Ort, an einem bestimmten Tag. Es war nur eine Vermutung. Aber eine wohlbegründete.

Nachdem ich eine Fahrkarte für den Nachtzug gekauft hatte, besorgte ich mir Kopfschmerztabletten, Wasser und eine Ausgabe der *New York Times*. Mir blieb noch eine Viertelstunde bis zur Abfahrt, und so setzte ich mich zwischen die Geschäftsleute, die rauchend auf einer Bank weit draußen auf dem Bahnsteig saßen. Die Zeitung war vom Vortag, vom 11. Dezember. Ich fand, wonach ich suchte, ein kleiner Hinweis am unteren Rand der Titelseite. Ich blätterte zu der angegebenen Seite im Auslandsteil. Die Verleihung des Friedensnobelpreises in Oslo war anscheinend ohne Zwischenfälle abgelaufen. Und die Beurteilungen der Organisation für das Verbot von Chemiewaffen waren so überschwänglich wie eh und je.

Die öffentliche Meinung hatte sich weitaus erfolgreicher gegen chemische Waffen als gegen Atomwaffen mobilisieren lassen, da diese niemals eine unmittelbare Bedrohung unserer eigenen Militärmacht dargestellt hatten. Nervengas war schon vor langer Zeit verboten worden, noch zu Kriegszeiten.

Ich legte die Zeitung auf die Bank, um die Schmerztabletten hervorzuholen. Ich nahm zwei und spülte sie mit einem Schluck Wasser hinunter. Erst da fiel mir der Artikel ins Auge. Auf der Seite mit den Inlandsnachrichten.

Ein Bild von General Falconetti. Edelweiss' wichtigster Spielkamerad, in Ausgehuniform, die Brust voller glänzender Orden. Ein schmaler Kasten listete alle Bereiche auf, die Falconetti unterstanden. Volle operative Verantwortung für unsere atomwaffentragenden U-Boote, Flugzeuge und terrestrischen Abschussrampen. Höchste Befehlsgewalt über das militärische Weltraumprogramm und den gesamten Bereich der digitalen Kriegsführung.

Ich atmete tief durch. Offensichtlich hatte sich die ranghöchste Person unseres Atomwaffensystems – zumindest offiziell, außerhalb des Teams – beim Manipulieren von Spielautomaten erwischen lassen. Ein Hintergrundartikel listete alle weiteren Zwischenfälle auf, die offenbar allein in diesem Herbst ans Licht gekommen waren. Eine ganze Einheit von Raketenmaschinisten am Stützpunkt Malmstrom hatte während einer stichprobenweisen Sicherheitsprüfung versagt, und der operative Leiter von zwei weiteren, namentlich nicht genannten Atomwaffenstützpunkten war kürzlich nach ähnlichen Kontrollen entlassen worden.

In dem Artikel äußerte der Oberbefehlshaber sich über das moralische Versagen von Personal, das ständig in voller Bereitschaft sein muss, ohne jemals eingesetzt zu werden. Ein Psychoanalytiker pflichtete in einem Interview bei, dass Menschen, die »eines Zieles beraubt« seien, letztlich auch ihr Urteilsvermögen einbüßten.

Unten auf der Seite war ein Zeitstrahl dieser Enthüllungen abgedruckt. Als ich ihn las, war ich sprachlos. Denn nicht jetzt – als die Nachricht über diesen unvorstellbaren Zwischenfall öffentlich geworden war – hatte man General Falconetti aus dem Militärdienst entlassen.

Es war am 24. Oktober geschehen. Der Tag nach Ainas siebzigstem Geburtstag, nach dem Angriff während ihrer Feier, unserer Flucht aus dem brennenden Haus. Es konnte ein Zufall sein – aber vermutlich war es das nicht.

4.03

Ich war nur einmal zuvor im Brüsseler Hauptbahnhof gewesen. Während einer Übung im Stadtzentrum, bei der ein Terroristenangriff simuliert wurde, hatte das Double des Präsidenten in dem großen Bahnhofsgebäude Schutz gesucht und die Anweisungen zu seiner Evakuierung erwartet. Ich hatte unmittelbar neben ihm gestanden.

Nachdem wir in peinvoller Untätigkeit dagesessen hatten, hatte er angeregt, dass wir herausfänden, wer von uns am schnellsten die Anzahl der Scheiben in den riesigen Fensterflächen zählen konnte, die sich von den Eingangstüren bis zum Dach erstreckten. Ich hatte genickt: Einem Double ist genauso zu gehorchen wie dem Präsidenten persönlich.

»231!«, sagte er im nächsten Moment eifrig. Er hatte sie offenbar schon vorher gezählt. »Eine simple Rechnung: sieben Abteilungen mal elf Reihen zu je drei Scheiben«, fuhr er fort.

»Genau«, antwortete ich. »Abzüglich der zwei fehlenden Scheiben auf 3:7:2 und 5:2:1. Also insgesamt 229.«

Es waren Dinge wie diese, weswegen ich der Träger geworden war und er immer noch als Double arbeitete.

Weil ich verstanden hatte, dass das Bild immer aus Millionen von Pixeln besteht, dass das Ganze durch das Detail bestimmt wird und nicht umgekehrt.

Sonst erreichten wir Brüssel normalerweise direkt mit dem Hubschrauber des Präsidenten, Marine One. Nur Kurt und John und ich, zusammen mit dem Präsidenten und einigen ausgewählten Mitgliedern seiner eigenen Sicherheitstruppe in einer separaten kleinen Gruppe, die am weitesten vorn saß. Wir landeten auf dem Dach des NATO-Hauptquartiers, weit genug entfernt vom Stadtzentrum, und gingen direkt in das Büro des Oberkommandierenden der europäischen Streitkräfte, wobei uns die Wachen untertänig zunickten.

Der letzte Admiral war liebenswürdig und entspannt gewesen. Er hatte seinen Posten zur gleichen Zeit wie der Präsident angetreten, und beide waren ungefähr gleich alt. Sie begrüßten sich mit Scherzen und plauderten über dies und das – über gemeinsame Bekannte, die Freundin eines Kommilitonen damals an der Uni, die Sportergebnisse. Manchmal über den »Football«. Gelegentlich tat der Präsident so, als würde er ihn mir aus der Hand reißen und dem Admiral zuwerfen.

Ich hatte nur unbewegt dagestanden, hatte kaum mit der Wimper gezuckt. Während all dieser Jahre.

Bei den Übungen landeten wir stattdessen auf den abgesperrten Bereichen des Flughafens Zaventem, »Terminal X« genannt, wo wir später auch wieder abflogen. Ganze Kolonnen in voller Kampfmontur für die regelmäßig stattfindenden gemeinsamen Manöver mit unseren europäischen Verbündeten. Eine der vielen Generalproben, der physischen und psychologischen Vorbereitungen auf das Undenkbare, mit oder ohne Atomwaffen.

Aber jetzt war ich allein nach Belgien gekommen, ein Mann ohne Koffer und Waffe. Ich bestieg einen Regionalzug, wählte einen Sitz in der Mitte eines leeren Wagens und holte die andere Zeitung heraus, die ich am Bahnhofskiosk gekauft hatte. Die Uhr an der ersten Haltestelle zeigte 14:12 an. Es war diese ungenaue Zeitspanne nach dem Essen, an einem normalen Arbeitstag. Der perfekte Augenblick, um zuzuschlagen – oder anonym zu bleiben.

In der *Washington Post* wurde dem Thema ebenso viel Platz eingeräumt wie in der *New York Times* vom Vortag. Die Schlagzeile lautete: »Amerikanischer Atomwaffenskandal«.

Der Experte malte ein düsteres Szenario, schrieb aber, dies sei ein Klacks im Vergleich zu dem neuesten, bislang unbestätigten Gerücht. Dass ein weiterer der leitenden Militärs, die für das amerikanische Atomwaffensystem verantwortlich waren, bis zum Ausgang einer Untersuchung suspendiert worden sei. Der Hauptgrund war dem Vernehmen nach, dass er sich auf einer internationalen Konferenz unangemessen verhalten habe, sich betrunken und damit geprahlt habe, wie er die Welt jeden Tag, jede Sekunde vor der Zerstörung rette, einfach dadurch, dass er nicht den Knopf drücke. Er war im Verlauf der Konferenz außerdem in den Wohnungen einiger Frauen von fragwürdigem Sicherheitsstatus gelandet. »Wie in einem James-Bond-Film!«, schrieb der militärpolitische Experte.

Das überraschte mich nicht: Früher oder später zeigen wir alle unser wahres Gesicht.

Und für General Goldsmith hatte ich noch nie etwas übrig gehabt.

Und dennoch – all diese Parallelen. Dass das alles gleichzeitig ans Tageslicht kam.

Ich starrte aus dem Fenster, versuchte meine Gedanken zu sortieren. Wieder spürte ich die Schmerzen im Rücken.

Flandern rollte vorbei wie in einer »Wochenschau« aus dem Ersten Weltkrieg. Der gleiche Lehm, der die ungewöhnlich tiefen und haltbaren Schützengräben möglich gemacht hatte, die festgefahrene Situation an der Front. Der gleiche unablässige Regen. Er schlug gegen die Fenster, während der Zug weiter durch diesen gesichtslosen Teil der Welt fuhr. Diese Gegend schien wie gemacht dafür, einen unserer wichtigsten europäischen Atomwaffenstützpunkte zu beherbergen. Genau die Art von Einrichtung, deren Existenz wir niemals zugaben, egal wie viele Indizien es dafür gab.

Ich hakte die Namen der Bahnhöfe auf dem Klebenotizzettel ab, den mir die Frau am Fahrkartenschalter im Brüsseler Hauptbahnhof gegeben hatte. *Tienen, Landen, Sint-Truiden, Alken …*

Vor dem Bahnhof in Hasselt fand ich sofort ein Taxi. Trotz des Regens und trotz des bevorstehenden Großereignisses.

»Spotter's Day?«, fragte der Fahrer. »Zum Stützpunkt?«

»Nein«, sagte ich, »nach Peer. Zum Hotel 1815, bitte.«

Ich hievte meinen Rucksack ins Auto. Der Taxifahrer sprach Englisch so gut wie die meisten Menschen im Umkreis unserer Auslandsstützpunkte. Und er redete die ganze Zeit. Natürlich über den »Spotter's Day«.

»In diesem Jahr wird es wirklich besonders spektakulär. Die Leute sind total begeistert, dass sie diesmal nicht nur den NATO-Stützpunkt betreten dürfen, sondern auch den echten Stützpunkt im Innern. Die Amerikaner wollen wohl zeigen, dass sie da keine Atomwaffen lagern. Angeblich soll auch etwas völlig Neues vorgeführt werden. Die Besucher stehen schon seit Tagen Schlange – und die Demonstranten noch länger. Obwohl erst morgen Abend geöffnet wird.«

Ich warf einen Blick auf die Uhr am Armaturenbrett. Fast 16:00 Uhr. Kurz vor dem ersten Schild mit der Aufschrift *Vliegbas* erkannte ich, wo ich mich befand. Um die Zeit totzuschlagen, bat ich den Taxifahrer, den Stützpunkt einmal zu umrunden. Es hatte aufgehört zu regnen, und überall stand das Wasser in teichgroßen Pfützen. Der Bereich um den Aushang mit der Aufschrift *Kiezel Kleine-Brogel – Spotter's Corner* war an diesem Tag noch menschenleer. Spätestens morgen wäre er von Flugzeugbegeisterten bevölkert. Etwas abseits befand sich das Zeltlager der Demonstranten. Dahinter sah ich das Wachhäuschen, die hohen Mauern, den Klingendraht, der für Guantánamo entwickelt worden war und seither in allen unseren Atomwaffenstützpunkten zum Einsatz kam.

Vor gar nicht so langer Zeit war ich oft hier gewesen, und doch schien es eine Ewigkeit her zu sein. Der Atomwaffenstützpunkt Kleine-Brogel war einer unserer zentralen europäischen Truppenübungsplätze. Und auch einer der Schlüssel zu unserem komplexen Interkontinentalsystem für Angriff und Gegenangriff, falls aus der Simulation einmal Realität würde. Das, was in unserem derzeitigen Kriegsplan »Global Strike« hieß.

Als ich genug gesehen hatte, bat ich den Taxifahrer, noch einen kleinen Umweg zu machen. In der Mitte des Kreisverkehrs, wo wir abbogen, stand ein Kampfflugzeug – unsere alte F-16, eines unserer langlebigsten Modelle, Teil des klassischen alten Waffensystems, das im Zuge der »Revitalisierung« in naher Zukunft ausgetauscht werden sollte. Laut derzeitigem Plan mit Wirkung ab 2023.

Als wir uns dem Stadtzentrum von Peer näherten, hatte ich ein flaues Gefühl im Magen. Ich wusste nicht, was mich erwartete. Ob Ingrid und Jesús María den Angriff in Suite 325 überlebt hatten. Ob ich nur deshalb verschont geblieben war, um als das zu agieren, was wir »Garnrolle« nannten: einer, den man laufen lässt und dann ständig beschattet, um zu sehen, wohin die Spuren führen und wie viele Menschen beteiligt sind. Wie tief das Ganze geht. Wie hoch hinauf es reicht. Damit alle identifiziert werden können.

Das Hotel befand sich an dem mittelalterlichen Marktplatz des kleinen Städtchens. Ich gab dem Taxifahrer ein üppiges Trinkgeld und holte mein Gepäck aus dem Kofferraum.

Die Fassade des Hotels war ein Stück Kulturgeschichte, Militärdenkmal, Relikt einer versunkenen Zeit. Auf dem Neonschild stand »1815«. Der Name des Hotels gedachte der Schlacht bei Waterloo – eine Autostunde von hier entfernt. Wo Napoleon besiegt wurde.

Die Frau am Empfang kannte ich von früheren Aufenthalten. Ihrem Namensschild zufolge hieß sie Valeria. Mit unserem Soldatenhumor hatten wir sie hinter ihrem Rücken nur »die Walküre« genannt, wegen ihres langen blonden Haars und ihrer üppigen Figur.

Sie zeigte keine Reaktion, als ich ihr meinen Reisepass reichte. Ich wollte schon beleidigt sein, als mir bewusst wurde, dass sie mein Gesicht in der Tat noch nie gesehen hatte. Ich erkannte mich ja selbst kaum.

Die Lobby war voll mit Leuten, die zum Spotter's Day gekommen waren. Auf den ersten Blick waren sie nicht zu unterscheiden von den ebenfalls vorhandenen Spionen – nicht zuletzt unseren eigenen –, die immer dann auftauchen, wenn irgendwo auf der Welt ein Stützpunkt seine Tore öffnet. Doch ein untrügliches Merkmal verriet den wahren Spotter: Die Feldstecher der Flugzeugliebhaber waren riesig und ragten aus ihren Rucksäcken hervor wie ein Statussymbol – je größer, desto besser. Die Ferngläser der Spione waren deutlich kleiner. Sie wollten keine Aufmerksamkeit erregen – und verrieten sich genau dadurch.

Mit meinem großen schwarzen Hybrid fügte ich mich im Übrigen gut in die Gruppe der Enthusiasten ein. Sogar meine bunten Städteaufnäher passten zu den Rucksäcken der anderen.

»Sie sind wegen der Flugschau hier, Herr Gustafsson?«

Valeria riss mich aus meinen Gedanken.

»Flugschau? Was für eine Flugschau? Ach, das! Richtig. Ich habe die Plakate gesehen. Scheint ja ein richtiges Spektakel zu sein.«

Sie warf mir einen skeptischen Blick zu, als zweifelte sie an meinem Verstand. Dann gab sie mir wortlos den Zimmerschlüssel.

4.04

Ich checkte kurz nach 09:00 Uhr aus und ging dann in den Frühstücksraum. Der Speisesaal war leer, weil die Gäste schon im Morgengrauen aufgestanden waren, um sich am Stützpunkt in die Schlange zu stellen. Gut möglich, dass sich auch Ingrid unter ihnen befand. Falls sie noch lebte. Ich nahm mir einige Zeitungen und belud meinen Teller mit Würstchen, Schinkenspeck und Kartoffelpuffer. Ich hatte seit vierundzwanzig Stunden nichts Richtiges gegessen.

Nach dem Frühstück ging ich in das Fremdenverkehrsbüro, das sich direkt neben dem Hotel befand. Ich zeigte meinen Reisepass vor und bekam im Gegenzug einen klobigen schwarzen Audioführer und eine Broschüre mit Informationen zum Bruegelhuis.

»Sie mögen Bruegel, Herr Gustafsson?«, fragte die junge Frau am Tresen mit breitem flämischen Akzent.

»Eigentlich nicht. Er macht mir höllische Angst.«

Das Mädchen verzog keine Miene. Sie wusste nicht, ob ich scherzte oder nicht. Sie trug die traditionelle Tracht der Provinz Limburg: das seltsame weiße Kopftuch mit den Blumenposamenten, die schwarze Bluse und den lila gestreiften Rock mit aufgenähtem orangefarbenen Stoff. Mit ihrer einstudierten Höflichkeit, ihrer Tourismusausbildung an der Universität war sie auf einen Besucher wie mich nicht vorbereitet.

Ihre gute Laune kehrte zurück, als ich noch verschiedene Dinge aus ihrem Souvenier-Sortiment erstand: eine Schachtel mit Bruegel-Pastillen, einige Postkarten mit seinen düstersten Werken und einen Bruegel-Zauberwürfel, mit dem man zwischen mehreren berühmten Gemälden wechseln konnte – zum Beispiel, indem man die friedvollen »Jäger im Schnee« in den makabren »Sturz der rebellierenden Engel« verwandelte. Als ich ging, hörte ich das Mädchen vor Erleichterung seufzen.

Der Regen fiel jetzt wieder stärker, überschwemmte sintflutartig den mittelalterlichen Platz. Ich lief die paar Schritte bis zum Bruegelhuis. Als ich das Museum betrat, das die Stadt Peer ihrem berühmtesten Bewohner gewidmet hatte, strömte die Nässe von meiner Regenkleidung auf die knarrenden Holzdielen. Obwohl ich schon oft in der Stadt gewesen war, hatte ich doch nie die Zeit gefunden, dieses Haus zu besichtigen, das der vermutete Geburtsort von Pieter Bruegel dem Älteren ist.

Eine steile Holztreppe führte in den ersten Stock. Offensichtlich war ich allein in dem Museum. Für Ingrid wäre dies der Treffpunkt ihrer Wahl gewesen. Bruegel hatte sie schon immer fasziniert. Sie hatte ihre Eröffnungsvorlesung mit »Der Triumph des Todes« begonnen und unsere letzte Besprechung zu meiner Doktorarbeit mit der kleinen Version vom »Turmbau zu Babel« beendet.

Das war unmittelbar nach dem 11. September 2001 gewesen. Unsere Welt war gerade auf den Kopf gestellt worden. Ingrid schien gar nicht über meine Doktorarbeit sprechen zu wollen. Stattdessen zeigte sie mir die Bilder, die auf allen Fernsehkanälen liefen, mit dem Gesicht von bin Laden alias »der Teufel« in der Rauchwolke, die die Flugzeuge, die ins World Trade Center gekracht waren, verursacht hatten. Dann öffnete sie ein Bild von der kleinen Version des »Turmbau zu Babel« auf ihrem Computer. Vergrößerte das Bild, um zu zeigen, dass die schwarzen Wolken in der rechten oberen Ecke von Bruegels Gemälde tatsächlich aus dem Gebäude zu dringen schienen, wie Rauch oder Ruß. Als ob auch in dieses Gemälde seitlich etwas hineingekracht wäre, ehe es im Turm zu Babel explodierte.

Vor der Reproduktion des Gemäldes schaltete ich den Audioführer ein. Aber die nachdenkliche Stimme des Sprechers erwähnte die seltsamen schwarzen Wolken nicht.

Irgendwo hinter den schweren Samtvorhängen waren die Geräusche auf dem Platz zu hören, das Treiben zum Luciafest an einem Freitag, den dreizehnten, in dieser belgischen Kleinstadt, die berühmt war wegen Bruegel und eines Atomwaffenstützpunkts. Ich setzte den Kopfhörer wieder auf. Ein Signalton. Dann: *»Nummer dreiundzwanzig. ›Der Triumph des Todes‹. Bruegels prophetisches Meisterwerk …«* Ich stand stocksteif in dem dunklen Raum, vergaß alles um mich herum, verlor mich ganz in das Gemälde.

Als ich wieder zu mir kam und den Audioführer ausschaltete, vernahm ich ein Knarren der Bodendielen im Nebenraum. Jemand war dort und stimmte seine Schritte offensichtlich mit meinen ab. Wenn ich vor einem Gemälde stehen blieb, verhallten auch die Schritte des anderen. Ich atmete ruhig und gleichmäßig, lauschte. Doch nichts war zu hören. Ich fuhr herum, ging mit zügigen Schritten zu dem Nebenraum. Doch er war leer. Dafür hörte ich jetzt, wie die Eingangstür im Erdgeschoss mit einem leisen Klicken ins Schloss fiel.

Als ich wieder im Fremdenverkehrsbüro ankam, fragte ich die junge Frau: »Wie viele solcher Audiogeräte haben Sie?«

Sie sah mich verwundert an. »Zehn insgesamt.«

»Hat heute sonst noch jemand ein Gerät bekommen? Eine Frau? Oder ein Mann? Eher jung? Eher alt?«

Sie starrte mich so verängstigt an, als ob dies ein Polizeiverhör wäre.

»Niemand war nach Ihnen hier. Keine Menschenseele. Nicht bei diesem Wetter!«

Sie brachte ein kleines Lächeln zustande.

»Vielleicht war es unser Hausgeist, den Sie gehört haben. Wir nennen ihn ›Bruegel's geest‹.«

Ich sah sie intensiv an, diese naive junge Frau in ihrer Limburger Volkstracht. Ich wusste, dass jeder käuflich ist – oder eingeschüchtert werden kann.

»Ich will Ihnen das glauben«, sagte ich.

4.05

Nach einem langen und späten Mittagessen – ich hatte versucht, mir ein riesiges Entrecôte von einem Weiß-blaue-Belgier-Rind einzuverleiben – machte ich einen ausgedehnten Spaziergang durch das Städtchen und suchte verschiedene Geschäfte auf. Um kurz nach 18:00 Uhr holte ich mein Gepäck aus dem Hotel, das ich dort an der Rezeption deponiert hatte, und ließ ein Taxi kommen.

Auf dem Weg ins nahe gelegene Kleine-Brogel begann es wieder zu regnen. Die Fahrt dauerte nur wenige Minuten. Sobald ich mit meinem Gepäck ausgestiegen war, setzte ich mir im Schutz eines Gebüschs eine Perücke auf und klebte mir einen falschen Bart an. Dann begab ich mich zu der langen Warteschlange, die sich vor dem Eingang zur Flugbasis gebildet hatte, und stellte mich brav hinten an. Trotz des schlechten Wetters hatten sich Zehntausende eingefunden. Alte Leute, junge Leute, Familien mit Kindern, die Luftballons in Form von F-16-Flugzeugen in Händen hielten. Einige trugen Stofftaschen mit dem Aufdruck *Spotter's Day – Kleine-Brogel 2013*. Flugzeugfans und Spione mit ähnlicher Regenkleidung und in hohen Gummistiefeln.

Die Demonstranten hingegen hatten außer ihren Schildern und Spruchbändern fast gar keine Ausrüstung. Bislang durften sie tun und lassen, was sie wollten. Sogar ihre Plakate basteln mit Aufschriften wie: *Bomb Spotter's Day* und *Nuclear Spotter's Day*.

Alle offiziellen Beschilderungen, die sich auf Atomwaffen bezogen, waren vor der Veranstaltung abmontiert worden. Indem sie dem Publikum und den Medien zum ersten Mal den Zugang zu diesem amerikanischen Stützpunkt erlaubten, erreichte unsere Heeresverwaltung zwei Ziele: zu »beweisen«, dass es auf dem Stützpunkt keine atomaren Sprengköpfe gab, und gleichzeitig eine zusätzliche Sperre gegen die Demonstranten errichten zu können. Der Eingang war vor den Außentoren aufgebaut worden, und dort würde jeder aufgehalten, der keine Eintrittskarte vorzeigen konnte. Den Informationsschildern nach zu urteilen, würden die Sicherheitsabläufe strikter als an einem Zivilflughafen gehandhabt werden. Sicherheitsscan und Leibesvisitation bei jedem, ohne Ausnahme.

Ich stand immer noch im Regen, zog mir die Kapuze über den Kopf, während die Schlange langsam vorwärtskroch. Selbst die Demonstranten standen näher am Zaun als ich.

Ich begann mir ein verwegenes Szenario auszumalen.

Die PR-Situation war heikel. Die öffentliche Meinung war normalerweise unser bester Freund – vor allem während der letzten zehn Jahre, in denen die Medien kaum jemals über die fortwährende atomare Eskalation, unsere neue Generation von Waffen und Trägern, die »Revitalisierung« berichtet hatten. Aber die öffentliche

Meinung konnte jederzeit umschlagen, so wie es während des Vietnamkriegs geschehen war.

Die Wachen hätten die Demonstranten in null Komma nichts zusammentreiben können, und sie hätten dafür nichts Wirksameres als Schlagstöcke gebraucht. »Aber es existiert auch ein Gleichgewicht zwischen gesundem Menschenverstand und Empfindlichkeit«, pflegte Edelweiss zu predigen. Ein schnelles Vorgehen gegen die idealistischen jungen Menschen rund um den Eingrenzungszaun, von denen viele noch im Teenageralter waren, hätte negative Publicity zur Folge. Würde den positiven PR-Effekt der Veranstaltung auf einen Schlag zunichtemachen.

Die Anweisungen lauteten demzufolge mit an Sicherheit grenzender Wahrscheinlichkeit, dass die Wachen jede Eskalation vermeiden sollten. Dass sie in ihren Reihen stehen bleiben sollten, mit den Automatikwaffen im Anschlag. Sich von den Sprüchen, Gesängen und Gesten nicht provozieren lassen sollten. Es sei denn, die Demonstranten setzten sich in Bewegung und versuchten, den Stützpunkt zu stürmen.

Irgendwo auf dem Stützpunkt oder in dessen Nähe warteten vielleicht Ingrid oder Jesús María auf den entscheidenden Moment. Ein Welle, die durch die Menge geht – ein allgemeines Durcheinander – bestenfalls einige gewalttätige Szenen, aus welchem Grund auch immer – all das würde für die Mission einen Ansatzpunkt bieten, weil Verwirrung die beste Tarnung ist. Das Chaos würde Ingrid nutzen, um auf die Stammverzeichnisse der Server des Stützpunkts zuzugreifen, um sie zu ihrer »Kernfamilie« hinzuzufügen: jenem Netzwerk aus den weltweit verteilten Sprengköpfen.

Eines der letzten Puzzleteile in ihrem verrückten Plan.

Und es war durchaus möglich, dass Ingrid diesen Anlass gezielt ausgewählt hatte. Tag der offenen Tür, Spotter's Day. Freitag, der 13. Dezember. Das Luciafest, benannt nach der sizilianischen Märtyrerin, von der sie mir gesagt hatte, dass man sie in Schweden so ausgiebig feiere.

Ich suchte mit meinen Blicken die Menschenmenge ab, sah aber keine Spur von jemandem, der Ingrid oder Jesús María ähnelte. Ich sah auch keinen unserer Hauptverfolger: die untersetzte Zafirah oder den riesigen Kurt – oder John. Keinen von denen, die mir nicht erst seit meinem Besuch im Bruegelhuis auf den Fersen waren.

Endlich, um 19:24 Uhr, kam ich an das Kassenhäuschen, das zugleich Wachhäuschen und Personenkontrolle war.

»Ein Erwachsener«, sagte ich auf Flämisch und hoffte, als schwedischer Tourist durchzugehen.

Der Mann in dem Häuschen, ein Soldat in Uniform, sah mich eindringlich an. Ich war schwer einzuordnen mit meiner Perücke und dem falschen Bart – irgendwo zwischen Spotter, Spion, Hipster –, dem riesigen Rucksack.

»Dürfte ich einmal Ihren Pass sehen?«, sagte er schließlich.

Ich reichte ihm das gefälschte Dokument. Wie erwartet, entlockte mein Pass dem Computer nur ein freundliches *Piep*. Sowohl der Körperscanner als auch die Leibesvisitation waren unnötig.

»Herzlich willkommen, Herr Gustafsson. Hier Ihre Eintrittskarte.«

Unser eigener Stützpunkt war wie eine Insel in dem umgebenden NATO-Gelände, und diese Insel war heute eindeutig überbevölkert. Diplomatische Gesandte und Militärführer waren im Kontrollturm zusammengekommen, gemeinsam mit den Vertretern der Presse. Attachés und andere zugelassene Beobachter bildeten den innersten Ring, zwischen ihnen standen einige glückliche Fans, die einen VIP-Pass gewonnen hatten. Dann eine zunehmende Anzahl von Menschen in konzentrischen Kreisen, von denen jeder durch eine gelbe Linie auf dem Asphalt markiert wurde. Der äußerste, mindestens hundert Meter breite Ring umfasste Tausende von Menschen.

Meine Karte ermöglichte mir den Zutritt zum Epizentrum der Ereignisse. Und ich war kaum angekommen, als schon drei F-16-Jagdflugzeuge mit einem furchterregenden Brüllen abhoben. Ich hatte meinen Feldstecher aus dem Rucksack geholt und sah jetzt zu, wie die Flugzeuge in enger Formation eine »Fassrolle« vollführten, dann eine akkurate »koordinierte Rolle«. Als die Motoren ausreichend weit entfernt waren und die Flugzeuglichter leuchtende Balken vor den schwarzen Sturmwolken bildeten, konnte man den begeisterten Jubel der Fans in unserem inneren Stützpunkt hören. Mit einigen Sekunden Verzögerung erklang die Antwort der Demonstranten vor den Toren: Buhrufe und Geheul.

Doch dies war erst die Aufwärmphase. Obwohl die Schau mit »Cartwheels« und »Abschwüngen« fortgesetzt wurde, die auf ihre Art durchaus beeindruckend waren, schien jedermann mit Ungeduld, wenn nicht Beklommenheit auf »den neuen Trick« zu warten, von dem alle sprachen. Auch in Peer redete man von nichts anderem.

Ich blickte auf die Armbanduhr eines Offiziellen, der neben mir stand. 20:10 Uhr.

Und da geschah es.

Die Zuschauer wurden von den Wachen wie Vieh zur Seite getrieben. Dann öffnete sich der Boden genau an der Stelle, wo wir gestanden hatten, mitten im Asphalt. Ein oder zwei Meter unter der Oberfläche wurden leuchtende Kreise sichtbar. Der Kreis auf der Linken hatte einen Durchmesser von ungefähr fünfundzwanzig Metern, der rechte vielleicht von zehn.

Ich wusste, dass die Vermarktung ein immer wichtigerer Teil der Militärmaschinerie geworden war, weil der Bundesetat für das Militär nicht mehr ausreichte – obwohl er jetzt fünfzig Prozent höher war als vor dem 11. September. Dass selbst die astronomischen Kosten unserer neuen Generation von Atomwaffen vermutlich noch eine gewaltige Untertreibung waren. Und das war der Grund, weshalb man die Gelegenheit nutzte, um unser neues Raketenlenksystem vorzuführen, nicht nur vor den privaten Zuschauern, sondern auch vor den Investoren, die sich in diesen Minuten im VIP-Bereich aufhielten.

Herkömmliche Waffen sind genauer als atomare Gefechtsköpfe und Raketen, die wegen ihrer gewaltigen Sprengkraft normalerweise nur annähernd zielgenau sein müssen. Aber während der letzten Jahrzehnte hatte sich die Genauigkeit von Atomwaffen verbessert.

Und bald schon wäre die neue B61-12-Bombe einsatzfähig. Unsere bislang teuerste Atomwaffe.

Die Bombe wäre zwar nicht schlagkräftiger als andere derzeit vorhandene Atomwaffen – sogar deutlich *weniger* schlagkräftig: gerade mal die dreifache Stärke der Hiroshima-Bombe. Dennoch stimmten die meisten Beobachter darin überein, dass sie die gefährlichste Waffe sei, die der Mensch je konstruiert hatte.

Experten gingen davon aus, dass durch die Verwendung eines neuen, radargestützten Leitsystems die Fehlerspanne der B61-12 von durchschnittlich hundert Metern auf dreißig reduziert werden würde. Wie immer waren die Techniker sogar noch optimistischer gewesen. Sie hatten von zwanzig Metern geredet, bei günstigen Wetterbedingungen, oder gar von zehn bei besonders geschickter Bedienung. Das würde uns ermöglichen – so die übliche Phrasendrescherei – die Zahl der zivilen Opfer zu minimieren.

Unsere Kritiker sahen das anders. Mit der B61-12, so behaupteten sie, würden wir wieder eine Situation herstellen, wie wir sie in den Sechzigerjahren hatten. Als Kalte Krieger von taktischen Atomwaffen träumten, die so kompakt waren, dass man sie in der Tasche mit sich tragen konnte.

Laut Aussage immer noch unbestätigter Berichte hatten die Russen damals eine kleine Pistole mit Californium als atomarer Munition entwickelt. Offiziell waren wir niemals weitergekommen als bis zu unserer experimentellen »Davy Crockett«, einem kleinen Granatwerfer mit nuklearem Fissionssprengsatz.

Als also die F-16-Flugzeuge über Kleine-Brogel scharf eindrehten und in unsere Richtung zurückflogen, war offensichtlich die Stunde der Wahrheit gekommen.

Tatsächlich sprang jetzt niemand Geringeres als General Hughes in den roten Kreis zur Linken und postierte sich in dessen Mitte. Hughes war der einzig verbliebene unserer drei ranghöchsten Atomwaffenkommandeure, nachdem Falconetti und Goldsmith vom Dienst entbunden worden waren. Der Mann in dem Kreis zur Rechten war mir ebenfalls bestens bekannt: R. R. Maine, der praktisch über Nacht eingesetzte Ersatzmann für Falconetti, war in meiner Jugend ein Footballstar gewesen. Der Artikel in der *Washington Post* hatte sich nicht die Gelegenheit entgehen lassen, darüber zu witzeln, dass der Football nun in seinem Feld läge.

Mir dämmerte plötzlich, was Ingrid vorhatte. Es gab keine bessere Gelegenheit als hier und jetzt, um eine aktive atomare Ladung explodieren zu lassen. Das Ergebnis wären nicht nur etwa hunderttausend tote Zivilisten, zusammen mit zwei unserer ranghöchsten Militärs und zahlreichen Gesandten, Beobachtern und wichtigen Kapitalgebern. Sondern auch die schlimmstmögliche Publicity für das gesamte Atomwaffensystem.

Instinktiv versuchte ich, den Rückzug anzutreten, aber ich kam nicht weit. Die Menschenmenge war zu dicht.

Jetzt drang die aufgeregte Stimme des amerikanischen Kommentators aus den Lautsprechern.

»Meine Damen und Herren, liebe Kinder, Gäste und Ehrengäste, noch zehn Sekunden bis zum Bombenabwurf. Neun, acht, sieben, sechs, fünf, vier, drei, zwei, eins … null!«

Durch meinen Feldstecher sah ich die Bombe einen Augenblick lang in freiem Fall, ehe sich der Kevlarfallschirm öffnete und hin und her schwingend seinem Ziel entgegensank. Trotz der Nachtsichtfunktion meines Feldstechers ließ sich unmöglich feststellen, ob dies eine Attrappe oder eine echte Bombe war – und wenn ja, ob eine Atombombe.

Lärmende Beifallsrufe brandeten auf. Meine Gedanken rasten. Bruce Blair, der bekannte Experte in Sachen Sicherheitspolitik und Atomwaffen, hatte einmal gesagt, um von innen einen erfolgreichen Angriff auf einen Atomwaffenstützpunkt durchzuführen, müsse man nur eine Bombenattrappe gegen eine echte Ladung austauschen.

Alle starrten unverwandt durch den niederprasselnden Regen auf den fallenden Gegenstand in der Höhe. Dann explodierte die Bombe. Ein prasselndes Feuerwerk entlud sich am Himmel und ging auf die Menschen wie ein Sternenregen nieder.

General Hughes kostete die Situation aus. Er sah himmelwärts, schüttelte den Kopf und breitete die Arme aus, dann ließ er ein strahlendes, breites Lächeln aufblitzen, das sich in dem Propagandafilm, den man von diesem Ereignis in alle Welt schicken würde, bestimmt gut ausnähme. Die Botschaft war unmissverständlich: dass unsere militärischen Bestrebungen dem Wohl der Menschheit und dem Frieden dienten. »Krieg ist Frieden«, wie George Orwell es ausgedrückt hatte.

Dann machte General Hughes ein Zeichen, und R. R. Maine trat vor.

Beifall schwoll an, und als Maine demonstrativ den burgunderroten Helm der Washington Redskins aufsetzte, wurde begeistert gejohlt und gepfiffen. Es war unübersehbar, wie sehr er diese Erinnerung an die guten alten Zeiten genoss.

Der Kommentator versuchte, die Menge zu übertönen.

»Okay, ich weiß, dass ich ihn nicht vorstellen muss, also sage ich bloß – *R. R. …*«

»*Maine*!«, fiel die Menge ein.

»Kein Geringerer! Einer der berühmtesten amerikanischen Sportler aller Zeiten. Jetzt ist er verantwortlich für alle U-Boote, Flugzeuge und terrestrischen Abschussbasen unseres nuklearen Waffensystems. Er ist die höchste Kontrollinstanz des militärischen Raumfahrtprogramms. Unserer gesamten digitalen Kriegsführung. Meine Damen und Herren, ein wahrer Held Amerikas!«

Eine kurze Pause. Elektrostatisches Knistern.

»Und jetzt ist er bereit für den großen Moment. Habe ich recht, General?«

Der Mann mit dem Helm nickte und streckte beide Daumen in die Höhe, als wäre er selbst der Pilot.

»Und Sie, meine Damen und Herren, liebe Ehrengäste, liebe Kinder – sind Sie auch bereit? Denn hier kommt etwas, das es noch nie zuvor gegeben hat: Die erste Demonstration unseres neuen Leitsystems für Präzisionsbomben, die das Risiko menschlicher Opfer bei humanitären Konflikten drastisch reduziert. Bitte beachten Sie, dass der Kreis, in dem sich General Maine befindet, einen Durchmesser von nur sieben Metern hat und dass die Bombenattrappe aus einer Höhe von fast zehntausend Metern abgeworfen wird. Also bitte alle die Daumen drücken!«

Als das letzte noch in der Luft befindliche Flugzeug scharf abdrehte und auf uns zuhielt, konnte ich durch die maximale Vergrößerung meines Feldstechers deutlich die drei kleinen schwarzen Dreiecke auf gelbem Grund erkennen. Das internationale Strahlenwarnzeichen, das anzeigte, dass sich tatsächlich eine aktive Nuklearladung in der Bombe befand.

Verzweifelt blickte ich mich um – ich sah niemanden, der versucht hätte, die Vorführung zu unterbrechen, die Katastrophe zu verhindern. Vielleicht hatte kein anderer die verräterischen Markierungen auf dem Gefechtskopf bemerkt. Man sieht nur das, was man sehen will, nicht das, was jenseits der Vorstellungskraft liegt.

Die F-16 stieg rasch auf 9600 Meter Höhe, um die Attrappe, die in Wahrheit eine Bombe war, abzuwerfen. Begleitet wurde sie vom Countdown des Kommentators: »Fünf, vier, drei, zwei, eins … Abwurf! Passen Sie jetzt genau auf, meine Damen und Herren, liebe Ehrengäste, liebe Kinder … denn heute schreiben wir Militärgeschichte!«

Ich stand da, als die atomare Ladung herabfiel, langsam und traumgleich an ihrem akkuraten kleinen Fallschirm durch die Atmosphäre schwebte. Erwartete, dass sie auf der gleichen Höhe wie die Hiroshima-Bombe explodieren würde, in 602 Metern Höhe, als eine Art Hommage. Dachte an Ingrids dunkle Anziehungskraft. Wie teuflisch die Eleganz ihrer Vorbereitungen auf diesen pazifistischen Massenmord gewesen war. Jemanden die Attrappe austauschen zu lassen – oder sie vielleicht selbst auszutauschen –, um der Weltöffentlichkeit ein für alle Mal die Augen zu öffnen.

Der Kommentator war jetzt nicht mehr zu halten: »Freitag, der 13. Dezember 2013, der amerikanische Stützpunkt in Kleine-Brogel in Belgien. Und Sie können sagen, dass Sie dabei gewesen sind! Dies war nicht Ihr Unglückstag – sondern einer der aufregendsten Tage Ihres Lebens! Was für ein Erlebnis: an einem historischen

Ereignis wie diesem teilnehmen zu können! Neunhundert Meter ... achthundertfünfzig ... achthundert ... Sind Sie bereit, R. R.?«

Unser Zweisternegeneral, der Volksheld, streckte dem Kommentator im Kontrollturm noch einmal den Daumen entgegen. Richtete seinen Helm, zog das Visier vor sein Gesicht.

Ich schloss unwillkürlich die Augen. Dann hörte ich die Explosion – ein tiefes, dumpfes Grollen. Für den Bruchteil einer Sekunde dachte ich, die Bombe sei gezündet worden. Doch das war es nicht.

Verwirrt öffnete ich die Augen und sah, dass alles noch an seinem Platz war. Schaute zu dem kleinen roten Kreis hinüber, wo R. R. seinen sorgsam einstudierten Trick vorführte, einen perfekt ausgeführten Touchdown, der bewies, dass er noch gut in Form war. Gewandt vollführte er eine halbe Drehung, um den Aufprall zu dämpfen – ehe er die Bombenattrappe präzise in der Mitte des Kreises zu Boden brachte.

Doch kaum einer beachtete ihn. Alle Blicke waren auf den Bereich gerichtet, wo die Explosion stattgefunden hatte. Eine altmodische, konventionelle Explosion, die nichts mit einer atomaren Ladung gemein hatte. Dichter, dunkler Rauch stieg am nordöstlichen Rand des Stützpunkts auf. So weit wie nur möglich von dem Kreis entfernt, in dem R. R. Maine jetzt wieder auf die Beine kam, nach der erfolgreichen Demonstration des weltweit fortschrittlichsten radargestützten Bombenlenksystems.

Vielleicht hatte er den Knall gar nicht wahrgenommen, weil er so in seiner eigenen Blase aus Adrenalin und Euphorie gefangen war. Doch dann bemerkte er, dass der Applaus ausblieb, und er sah sich verwirrt um. Überall auf dem Stützpunkt begannen jetzt die Sirenen zu heulen, die Warnlichter aufzuleuchten. An die Stelle des Kommentators trat eine aufgezeichnete Durchsage, die in Dauerschleife lief: »Alle Besucher werden gebeten, das Gelände sofort zu verlassen und den Anweisungen der Wachen Folge zu leisten. Dies ist keine Übung! Ich wiederhole: Dies ist keine Übung!«

Ich versuchte, die Situation einzuschätzen. Hielt Abstand zu den Wachen, die damit begonnen hatten, die Ehrengäste durch die Evakuierungsausgänge zu leiten, die sich unter den leuchtenden roten Kreisen geöffnet hatten. Sie führten erst in ein Netzwerk aus unterirdischen Gängen, dann hinauf zu den verlassenen Feldern auf der anderen Seite der Hauptstraße.

Die Wachen am äußeren Tor waren sichtlich überfordert. Menschen wurden gegen die Zäune gepresst. Alles schrie. Eltern versuchten ihre Kinder zu retten, indem sie sie auf die Schultern nahmen. Die Demonstranten hatten im Gegenzug offenbar die äußere Absperrung überwunden und drängten auf das Gelände. Weitere Sicherheitskräfte stürmten heran, um die Aktivisten davon abzuhalten, noch näher zu kommen – näher heran an unser abgeriegeltes, aber möglicherweise immer noch verräterisches Lager für die aktiven Atomwaffensprengköpfe, aus dem jetzt Rauch quoll. Bald waren alle anderen eingeschlossen: Flugzeugfans, Demonstranten, Junge und Alte.

Ich hatte mich von der Masse nicht mitreißen lassen, deswegen stand ich jetzt ganz allein da – zwischen dem Chaos, das am Zaun herrschte, und dem Brandherd am nordöstlichen Ende des Stützpunkts.

Und da sah ich sie – Ingrid, die sich auf Jesús María stützte. Sie schien verletzt, kaum bei Bewusstsein. Jesús María schleppte sie mühsam zu einem der nicht für die Öffentlichkeit bestimmten Sicherheitstore. Das Tor schien in diesem Moment unbewacht zu sein. Ich rannte zu ihnen. Jesús María registrierte mich mit einem kurzen Kopfnicken, sagte jedoch kein Wort. Sie tippte nur eine Zahlenfolge in die Tastatur des Codeschlosses und ging dann mit der reglosen Ingrid durch das sich öffnende Tor, als sei dies das Selbstverständlichste der Welt.

»Was zum Teufel ist passiert?«, fragte ich, als sich das Tor hinter uns schloss.

Doch Jesús María antwortete nicht, sondern wies mit einem Kopfnicken stumm auf eine Reihe von Taxis, die an der Hauptstraße in etwa hundert Metern Entfernung warteten.

Zusammen trugen wir Ingrid zum Taxi.

»Bringen Sie uns zum Flughafen Zaventem. Und zwar schnellstmöglich«, sagte Jesús María, die auf dem Beifahrersitz Platz nahm.

Ich saß mit der leise stöhnenden Ingrid auf der Rückbank. Ihre Schutzkleidung musste gebrannt haben. Ihr Haar war an mehreren Stellen versengt.

Der Taxifahrer musterte uns skeptisch.

»Soll ich Sie nicht lieber zu einem Krankenhaus bringen?«

Jesús María warf ihm einen finsteren Blick zu. »Tun Sie einfach, was ich Ihnen sagen. Ich lege einen Hunderter drauf, wenn Sie es in einer Dreiviertelstunde schaffen.«

Am Flughafen angekommen setzten wir uns in die

hinterste Ecke eines Warteraums, der zu dieser Zeit menschenleer war. Jesús María gab Ingrid eine Spritze – vermutlich ein Beruhigungsmittel –, dann sah sie mir direkt in die Augen. Zum ersten Mal seit unserem Wiedertreffen. Sie schien fast zu lächeln, vielleicht wegen meiner kümmerlichen Verkleidung mit Perücke und Bart.

»Okay, Erasmo, wohin jetzt?«

Ich starrte sie an. »Hat Ingrid nichts gesagt?«

»Nada, null. Du kennst sie ja.«

Jesús María sah mein Zögern, warf einen Blick auf Ingrid und zuckte die Schultern.

»Dann triff eine Entscheidung, Erasmo. Spring über deinen Schatten.«

Ich erhob mich, ging die etwa zehn Meter zu dem Café, in dem die wenigen Gäste einen Bericht im Fernseher verfolgten über die Geschehnisse am Luftwaffenstützpunkt Kleine-Brogel: Offenbar war es zu einer Detonation gekommen, über deren Ursachen die Einsatzkräfte noch keine Angaben machen konnten. Materialschäden, keine Toten, aber einige Verletzte unter den Feuerwehrleuten.

Ich sah mich um und fand, was ich suchte. Eine Telefonzelle. Ich betrat sie, hob den Hörer ab – und zögerte einen Moment. Dann wählte ich die Nummer.

»Wir kommen. Sie ist leicht verletzt, schläft jetzt, wird wahrscheinlich nicht aufwachen, ehe wir eintreffen«, sagte ich.

Edelweiss atmete schwer am anderen Ende der Leitung. Ich hatte ihn wohl mitten in seinem obligatorischen Powernap geweckt. In Washington D.C. war es jetzt 15:12 Uhr.

»Sind Sie endlich zur Einsicht gekommen. Sie glauben also nicht mehr an Oskarssons Geschichten? Dass sie das ganze System kurzschließen will?«, fragte Edelweiss.

Ich hörte ihn durch das transatlantische Rauschen schnaufen. Rechnen, analysieren, seine Alternativen abwägen, ohne seine Gegner genau zu kennen. Die Kunst des Krieges.

»Und woher sollen wir wissen, mein Freund, dass Sie jetzt die Wahrheit sagen? Ihren eigenen kleinen Anteil an unserer Abmachung einhalten werden?«, fragte er.

»Woher soll ich wissen, dass *Sie* das tun?«, fragte ich.

Er schwieg, wartete auf meinen nächsten Zug – der sogleich folgte.

»Soll ich versuchen, Jesús María mitzubringen?«

»Ja, tun Sie das. Das wäre gut. Wir sorgen dafür, dass Sie für den Nachtflug Plätze bekommen.«

Abermals Schweigen, dann: »Die Nachwelt wird Ihnen auf ewig dankbar sein, Erasmus. Und Sie denken daran, den Koffer mitzubringen, nicht wahr?«

Mir wurde heiß und kalt. Er hatte es als Scherz gemeint und erwartete keine Antwort. Ich legte wortlos auf.

Natürlich war ich davon ausgegangen, dass Edelweiss längst im Besitz des Koffers war.

Ich setzte mich wieder zu Jesús María, mit der betäubten Ingrid zwischen uns.

»Wen hast du angerufen?«

»Sixten«, log ich.

»Sixten?« Sie sah mich überrascht an. »Was hat er gesagt?«

»Dass wir nach Washington D. C. kommen sollen.«

Jesús María wurde skeptisch. »Warum das?«, sagte sie dann.

Ich zuckte die Schultern, sah mich in gespielter Gleichgültigkeit um. »Er wollte es nicht sagen. Wir erfahren es, wenn wir dort sind.«

5
AUSWECHSLUNG

DEZEMBER 2013
DULLES INTERNATIONAL AIRPORT,
WASHINGTON D. C.

5.01

Als das Personal am Abflugschalter für den Nachtflug nach Washington D. C. meinen Pass sah, brauchte es nur ein Telefonat, um eine perfekt ablaufende Maschinerie in Gang zu setzen. Die schlafende Ingrid wurde in einen Rollstuhl gesetzt, dann führte man uns zum letzten Schalter im Terminal D. Von dort unterirdisch weiter zu Terminal X, dem geheimen Bereich, wo man uns Erste-Klasse-Flugtickets und neue Personaldokumente gab, für jeden von uns in einem eigenen gepolsterten Umschlag.

Meinem neuen Pass zufolge war ich jetzt Desmond Kern. Noch so eine Geistreichelei vom Großmeister. Wie oft hatte er darüber während unserer Strategiekurse gesprochen: dass wir immer die Hauptperson in dem Geheimdienstnetz ermitteln sollten, das wir zu entwirren hatten. Erst wenn alle Rollen zugewiesen waren, wären wir imstande, eine erfolgreiche Strategie zu bestimmen. Man muss *des Pudels Kern* kennen, hatte er immer wieder gesagt.

Und der Name auf meinem neuen Pass ließ wenig Zweifel zu, was Edelweiss in verschlüsselter Form sagen wollte: dass Ingrid nicht mehr die Hauptrolle in dem komplexen Drama zukam, das sich seit unserer Flucht abspielte – sondern mir. Im Alltagsgebrauch kann man Desmond Kern zu Des Kern abkürzen. Eine Anspielung auf *des Pudels Kern* aus Goethes *Faust*.

Sobald das Flugzeug abgehoben hatte, bestellte Jesús María drei Tequila, ohne Eis und Limette. Wir waren noch nicht mal auf Reiseflughöhe. Ich tat es ihr nach, weil ich hoffte, dann eine Weile schlafen zu können. Eine kurzzeitige Flucht.

Ingrid schlief immer noch tief, und Jesús Marías versicherte mir, dass ihr Puls bis kurz vor der Landung nicht steigen würde. Also war dies für Jesús María und mich die beste Gelegenheit, uns auszuruhen, die Beine in den freien Raum vor der ersten Reihe zu strecken – und eine gute Gelegenheit für mich, um Fragen zu stellen.

»Was ist eigentlich in Kleine-Brogel passiert?«, begann ich.

»Tja, was es auch war, es war todsicher nicht das, was Ingrid gesagt hat, was passieren würde. Eine Zeit lang hätte ich sie am liebsten da unten in dem eingestürzten Lagerraum sitzen lassen. Soll die Hexe doch auf ihrem Scheiterhaufen brennen … Aber dann habe ich es mir anders überlegt. Es gibt etwas, das ich noch erledigen muss. Ohne sie wäre das verdammt schwierig.«

Jesús María verstummte und leerte mit einem weiteren Schluck ihr erstes Glas.

»Trotzdem eine blöde Situation«, sagte sie.

Ich nahm meinen ersten Schluck und sah zu dieser undurchschaubaren Frau hinüber. Sie hatte eine Brandwunde auf der Stirn, wie ich erst jetzt bemerkte. Wir hatten Ingrid auf den Fensterplatz gesetzt und sie gegen die Wand gelehnt. Das Bordpersonal war offenbar informiert und stellte keine Fragen.

»Ich dachte immer, ich würde John als Ersten fertigmachen. Aber dann ist es anders gekommen.«

»Woher weißt du, dass es John war?«

»Und nicht Kurt?« Sie lachte bitter. »Glaubst du, ich kann meine Geschöpfe nicht unterscheiden?«

Sie hielt inne, und ich warf einen Blick auf Ingrids Uhr. Noch sieben Stunden bis zur Landung. Ich hatte Zeit, ich konnte warten.

»Kannst du dir vorstellen, Erasmo, dass es ausgerechnet Kurts Mentor war, der mir mal das Leben rettete?«

Ich schüttelte den Kopf.

»Er tötete meinen Freund Enrique auf die bizarrste Art, die man sich vorstellen kann.«

Sie nahm einen tiefen Schluck von ihrem zweiten Drink.

»Dieser Mann war die beste Wache auf dem Stützpunkt, brillant und brutal. Dann nahm er zwei begabte junge Männer unter seine Fittiche und machte aus ihnen etwas, das sogar noch besser – oder schlimmer – war als er selbst. Als er aus dem Dienst schied, nahmen sie seinen Platz ein.«

Wieder Stille, während sie ihr zweites Glas leerte.

»Das betraf auch den Umgang mit mir. Die machten alles genauso wie früher Enrique. Nur besser, also schlimmer. Selbst die Hölle hat Abstufungen.«

Ich sah sie nur an.

»Meine erste Anstellung hatte ich in einem Drecksloch von Kosmetiksalon, irgendwo am Arsch der Welt. Die ganz schlimme Sorte: Augenbrauen und Nagelhäute, Warzen, Achseln. Dann tat sich eine Schulfreundin mit mir zusammen und kaufte der Frau den Laden ab, sie hatte geerbt. Wir haben dem Geschäft dann eine neue Richtung gegeben, haben angefangen, Körpermodifikationen anzubieten. Meine Freundin war auch Textilkünstlerin, höllisch begabt. Wir wussten also, wie man näht – und Haut ist nicht schwieriger als Leder oder Leinwand. Wir waren jung und experimentierfreudig, stark beeinflusst von Orlan, der französischen Body-Art-Künstlerin. Das Geld kam von Leuten, die zu unserem kleinen Laden reisten, um sich runderneuern zu lassen: reiche Trottel, die wie Filmstars aussehen wollten. Wir nutzten sie aus, damit wir auch am anderen Ende der Skala arbeiten konnten – die zusammenzuflicken, die wirklich in Stücke gegangen waren, die ernsthaft Probleme hatten …«

Jesús María warf mir einen forschenden Blick zu und betrachtete meinen neuen blonden Bart. Versuchte abzuschätzen, ob ich ihr die Geschichte abkaufte.

»Dann bekam Enrique Wind von dem, was wir taten. Ich musste meine Freundin zurücklassen und um mein Leben laufen. Schaffte es schließlich, über die Grenze zu dem Armeestützpunkt zu gelangen – gerade als sie Ingrid dort abluden, die nach ihrer gewaltsamen Übergabe übel zugerichtet war. Also habe ich sie wieder zusammengeflickt. Habe eigentlich das Gleiche gemacht wie immer: zerfetzte Frauen repariert. Danach wollte Ingrid meine Blutsschwester werden, und sie konnten mich nicht mehr einfach so gehen lassen. Jemanden, der in vieler Hinsicht so nützlich war. Aber selbst auf dem Stützpunkt musste ich hinter den Kulissen arbeiten. Enrique konnte mich überall aufspüren. Er ist ein Scheißkerl, Erasmo.«

Sie stürzte ihren dritten Tequila hinunter, ich hatte gerade meinen ersten geleert.

»Den ganzen medizinischen Scheiß musste ich noch dazulernen. Dadurch hatte ich die Gelegenheit, verschiedene Sachen auszuprobieren, auch mal ohne Betäubungsmittel, aber letzten Endes schaffte es immer jemand, mir in die Quere zu kommen. Ein ganzes Aufgebot am Operationstisch, nur um mich davon abzuhalten, das zu tun, was ich eigentlich wollte. Selbst als ich Kurt den Chip eingesetzt habe, damit wir auch John im Blick behalten konnten, weil die beiden immer zusammen unterwegs waren, stand Ingrid daneben und hat mich angefeuert – aber weiter durfte ich nicht gehen. Sie redete dauernd darüber, dass sie mich für einen größeren Auftrag brauchte, dass sie mich nicht auf diese Art vergeuden wolle – das ewige Gerede. Du kennst ja diese Psychospielchen, Erasmo. Zum Kotzen, oder?«

Sie sah mich wieder an, schien auf etwas Bestimmtes hinauszuwollen. Ich starrte in mein zweites Glas Tequila, kippte es hinunter, während sie den Knopf drückte, um die Stewardess zu rufen. Ihre Geschichte war fast zu Ende. Aber der Höhepunkt stand noch aus.

»Ich habe sie überrascht. Als sie in dem Medizinschrank herumwühlte, zu dem eigentlich nur Ed und ich den Schlüssel hatten – der mit den wirklich starken Sachen. Sie hat vermutlich überlegt, die Eingriffe selbst vorzunehmen. Stell dir das mal vor. Ihr zwei wärt vermutlich nicht besonders hübsch geworden. Aber jetzt ließ ich mir von ihr versprechen, dass ich bei der Flucht dabei sein konnte. Dass ich John und Kurt zur Strecke bringen durfte – in dieser Reihenfolge –, sobald sich die Gelegenheit dazu bot. Sie hat mir das schließlich zugestanden, nachdem ich schon mein halbes Leben darangesetzt hatte – damit ich die Klappe hielt.«

Auch ich kippte mir jetzt meinen dritten Tequila hinunter, damit ich Nachschub bestellen konnte, wenn die Stewardess kam.

»Und das war wohl der Grund, warum sie neulich auf diesem Berg Ski gefahren ist. Es war wie ein Angebot – damit ich Kurt ausknipsen konnte. Mir zuliebe, Erasmo. Um ihr Versprechen zu halten.«

Dann griff sie in ihre Tasche und holte eine ihrer vielen Spritzen hervor. Mit einer geübten Bewegung stieß sie sich die Nadel in den Oberschenkel.

Ich hatte keine Ahnung, welches Mittel sich in der Spritze befunden hatte. Ob es etwas mit sofortiger Todeswirkung war oder im Gegenteil eine genusssteigernde Droge. Vermutlich war es nur ein Schlafmittel. Denn Jesús María schlief sofort ein. Ließ mich mit all meinen Fragen zurück.

Über sie, über Ingrid, Sixten, Lise Meitner. Die ganze Geschichte.

5.02

Die allgemeine Ansicht lautet, dass Meitners Gewissen es ihr nicht gestattete, sich an militärischen Forschungen zu beteiligen. Aber ein Brief in den Stockholmer Archiven zeichnet ein etwas anderes Bild.

Er ist auf Januar 1915 datiert und an ihren langjährigen Freund und Kollegen Otto Hahn adressiert. Als Hahn den Brief empfing, arbeitete er an einer Feldstudie über ein deutsches Kampfgasprojekt. Er scheint eine Antwort auf einen früheren Brief Hahns zu sein, der sich nicht erhalten hat und in dem er vermutlich Gewissensbisse über seine Arbeit zum Ausdruck bringt. Meitner schreibt:

»Ich denke, ich weiß ungefähr, woran Sie arbeiten, und kann Ihre Zweifel sehr gut nachvollziehen. Aber in diesem Fall bin ich mir sicher, dass Sie recht haben. Man muss anpassungsfähig sein. Zunächst einmal hat man Sie nicht nach Ihrer Meinung gefragt. Zweitens: Wenn Sie es nicht machten, machte es ein anderer. Vor allen Dingen: Alles, was hilft, diesen furchtbaren Krieg zu verkürzen, ist ein Akt der Barmherzigkeit.«

Ich habe den Brief von einem Grafologen analysieren lassen, um Meitner als Verfasserin zu verifizieren, und er hatte keine Zweifel an seiner Echtheit. Der Brief scheint ein anderes Licht auf Meitner zu werfen. Sie war zwar die einzige namhafte Forscherin, die sich nicht dem Manhattan-Projekt anschloss und zum Bau der Atombombe beitrug. Aber wenn Meitner Hahns Forschung für das Militär mit dem Argument rechtfertigte, dass er damit »diesen furchtbaren Krieg« verkürzen könne oder dass es sonst andere an seiner Stelle machen würden, hat sie die Entwicklung der Atombombe vielleicht ähnlich eingeschätzt.

Das, woran Hahn während des Ersten Weltkriegs arbeitete, muss als die zweitschlimmste Waffe in der Geschichte der Massenvernichtung angesehen werden: ausgeklügelte Gasgranaten mit zwei chemischen Komponenten. Teils eine Substanz, die in die Gasmasken eindringt und die Soldaten dazu bringt, sie panikartig herunterzureißen, teils ein tödliches Gift, das daraufhin ungehindert die Lungen und das Gewebe zersetzt.

Doch Meitner schrieb ihren Brief an Hahn vergleichsweise früh, im Alter von sechsunddreißig Jahren, und mit einer enormen Leidenschaftlichkeit, die in ihren Briefen in den Stockholmer Archiven oft alles andere zu beherrschen scheint. Im selben Jahr, 1915, äußerte sich Meitner gegenüber ihrer engsten Freundin wie folgt:

»Ich liebe die Physik, und ich kann mir ein Leben ohne sie nur sehr schwer vorstellen. Es handelt sich um eine fast intime Leidenschaft, wie für einen Menschen. Und obwohl ich sonst ein ausgeprägtes moralisches Empfinden habe, bin ich eine Physikerin ohne das geringste Schuldbewusstsein.«

Lange Zeit schienen sie und die Wissenschaft wie füreinander gemacht. Im Jahr 1906 war Meitner die zweite Frau, die an er Universität Wien einen Doktortitel in

Physik erwarb. Dann die erste Frau, die die Vorlesungen von Max Planck in Berlin besuchen durfte und einige Jahre später seine Assistentin wurde und im Jahr 1926 als erste Frau in Deutschland eine Professur in Berlin erhielt. Ihr Fachkollege Albert Einstein nannte sie des Öfteren »unsere Madame Curie«. Im Jahr 1935 waren Meitner und Hahn gemeinsam verantwortlich für das namhafte Transuranium-Projekt am Kaiser-Wilhelm-Institut in Berlin.
Danach ging es abwärts. Einige Forscher sprachen von Verrat. Es war zweifellos Hahn, der Meitner – die jüdischer Abstammung war – dazu brachte, die Berliner Forschungseinrichtung im Jahr 1938 zu verlassen, möglicherweise als Reaktion auf direkten Druck der deutschen NS-Regierung. Zudem akzeptierte Hahn, dass der Nobelpreis für Chemie im Jahr 1944 – für die Entdeckung und Erklärung des Prozesses der Kernspaltung – ihm allein verliehen wurde, ohne ihn mit Meitner zu teilen.
Kurz nach der Entdeckung des Neutrons im Jahr 1934 starb Marie Curie an den Folgen ihrer Versuche mit Radioaktivität. Meitner war nun die einzige lebende Frau auf dem Parnass der Nuklearforschung.
Zu jener Zeit war eine solche Position nicht frei von Schwierigkeiten. Zum Beispiel scheint Meitner nach ihrer Flucht in Schweden nie vollständig anerkannt worden zu sein – den meisten Darstellungen zufolge arbeiteten ihre Kollegen sogar dezidiert gegen sie. Vielleicht weil sie die einzige Frau zwischen all diesen Männern war. Möglicherweise schwang auch Antisemitismus mit. Jedenfalls scheint selbst Manne Siegbahn, ihr Vorgesetzter in Schweden, dem der Nobelpreis für Physik schon im Jahr 1924 verliehen worden war, besorgt gewesen

zu sein, dass Meitner eine bessere Stellung als er selbst bekommen könnte. Siegbahn scheint auch daran mitgewirkt zu haben, dass sie sich den Nobelpreis nicht mit Hahn teilen konnte.

In Meitners Briefen haben die Schilderungen ihrer Situation in Schweden während des Kriegs oft einen melancholischen Charakter:

»Wissenschaftlich bin ich völlig isoliert, seit Monaten habe ich mit niemandem über Physik gesprochen. Ich sitze in meinem Zimmer und versuche, mich zu beschäftigen. Man kann es eigentlich nicht als ›Arbeit‹ bezeichnen.«

Aber das ist nur ein Teil der Wahrheit. Man kann die Situation auch positiver sehen: Einer österreichischen Physikerin gelingt im Jahr 1938 die Flucht über Holland nach Schweden, wo sie über beträchtliche Möglichkeiten verfügt: Siegbahns eben gegründetes Institut »zur Förderung der Nuklearforschung und der Erleichterung der Herstellung medizinisch nutzbarer radioaktiver Nuklide« wurde sowohl durch die Nobelstiftung als auch die Wallenbergstiftung finanziell großzügig unterstützt.

Ausweislich des Gästebuchs ihrer Wohnung im Brahevägen in der Nähe ihrer Arbeitsstelle an der Tekniska Högskolan erhielt Meitner regelmäßig Besuch von Freunden. Aina Erlander, die Frau des späteren Ministerpräsidenten Tage Erlander, war eine gute Bekannte. Die Gästebucheintragungen lassen sich oft begeistert über das köstliche Essen aus und nehmen Bezug auf tiefschürfende Gespräche über Krieg und Frieden.

Im Frühling des Jahres 1946 wurde Meitner eine Gastprofessur an der Katholischen Universität in Washington D.C. angeboten, und sie galt vielen immer noch als »die Mutter der Atombombe«. Während ihrer Zeit in den

Vereinigten Staaten erhielt sie Hunderte von Briefen ihrer Bewunderer, wurde vom National Press Club zur »Frau des Jahres« gewählt, gab Seminare in Princeton und pflegte regen Austausch mit Einstein. Doch trotz dieser zahlreichen Würdigungen entschloss sich Meitner, weiterhin lieber in Schweden als in den Vereinigten Staaten zu leben. Folglich ließ sie ihre engen Freunde in führenden Wissenschaftlerkreisen zurück, sobald ihre Gastprofessur beendet war, sie lehnte alle Angebote ab, die ihr Einstein und andere gemacht hatten, und kehrte nach Stockholm zurück.

Dort verbesserten sich ihre Lebensumstände aufgrund der internationalen Aufmerksamkeit, die ihr zuteilgeworden war. Ein halbes Jahr nach dem Amerika-Aufenthalt wurde ihr eine Vollprofessur zuerkannt und ein nach ihr benanntes Versuchslabor zur Verfügung gestellt: das »Meitner-Laboratorium«, das mit der Tekniska Högskolan nur locker verbunden war.

Aber die Bombe warf ihren Schatten auch auf Schweden. Nicht einmal dieses weit von der Weltbühne entfernte Land konnte die neuen Entwicklungen ignorieren, sei es die Gefahr, mit der neuen Superwaffe angegriffen zu werden, oder die Möglichkeit, selbst eine zu bauen. Eine Tagebucheintragung von Premierminister Erlander im September 1945 ist bezeichnend:

»Der Bau der Atombombe kann nicht länger geheim gehalten werden, aber die rein technischen Voraussetzungen, die für ein solches Vorhaben nötig sind, fehlen immer noch in allen Ländern mit Ausnahme der Vereinigten Staaten. Es wird mindestens fünf Jahre dauern, bis die Russen mit den Amerikanern gleichziehen werden. Diese fünf Jahre werden für die Welt von entscheidender Bedeutung sein. Wenn uns gelingt, die Isolation und das Misstrauen der Russen zu durchbrechen, ist Frieden möglich. Wenn nicht, müssen wir uns auf eine Katastrophe vorbereiten.«

Es ist schwierig, in diesem Kontext nicht an Meitner zu denken. Es brauchte nur ein Wort ihrer Freundin Aina Erlander, um ein Treffen mit dem Ministerpräsidenten zu vereinbaren. Es scheint undenkbar, dass eine so bekannte Forscherin und Spezialistin nicht zumindest in einem informellen Gespräch über die Möglichkeiten und Schwierigkeiten des Baus einer schwedischen Atombombe um Rat gefragt worden ist.

Aber trotz umfangreicher Recherchen in den Stockholmer Archiven habe ich keinen Beleg für diese These gefunden oder auch nur einen Vermerk über ein Treffen mit dem Ministerpräsidenten. Auch in den Briefen finden sich keine Andeutungen, die auf eine konkrete Beteiligung Meitners am schwedischen Atomwaffenprogramm hinweisen.

Dennoch bleibt ein gewisser Zweifel. Wir wissen nicht viel über die letzten elf Jahre Meitners in Schweden. Dies war das Jahrzehnt, in dem mit der Massenproduktion und Stationierung von Wasserstoffbomben begonnen wurde und das globale Nuklearwaffensystem in seiner gegenwärtigen Form entstand. Lise Meitners Spur verläuft sich im Jahr 1949, als sie schwedische Staatsbürgerin wurde. In den verfügbaren Quellen heißt es zumeist, dass sie sich in der FOA und an der Tekniska Högskolan betätigt habe, wo sie am Ausbau von R1, dem ersten schwedischen Versuchsreaktor, beteiligt war.

Zusammenfassend lässt sich festhalten, dass es trotz all dieser Widersprüche nicht gelungen ist, eine genauere

Beschreibung für »das Geheimnis der Lise Meitners« zu finden. Im letzten Kapitel dieser Dissertation werde ich auf die tieferen Implikationen dieses Geheimnisses zurückkommen.

5.03

Ich wurde von Stimmen geweckt. Jesús María zu meiner Rechten. Und Ingrid zu meiner Linken … Als ich die Augen aufschlug, sah mich Ingrid mit rosigen Wangen an und wirkte, wie schon so oft zuvor, auf rätselhafte Art wiederbelebt.

»Erasmus, mein Schatz, du Wunder aller Wunder, du kannst dir gar nicht vorstellen, wie froh ich bin, dich zu sehen! Dass es dir gelungen ist zu überleben, nach allem, was du in Jukkasjärvi durchgemacht hast. Was ist geschehen? Was haben sie dir angetan, mein Freund?«

Ich starrte sie an. Offensichtlich hatte sie das Feuer in Kleine-Brogel unbeschadet überstanden. Phönix aus der Asche.

Ich sah mich im Flugzeug um. Sah die schlafenden Fluggäste im abgedunkelten Kabinenlicht. Schaute auf die Uhr: Es blieben immer noch einige Stunden bis zu unserer planmäßigen Ankunft.

Ingrid fuhr bereits fort: »Und danach erzähle ich dir, was wir durchgemacht haben. Wie wir ihnen im Wald aufgelauert haben, der ganze Tumult, ehe Jesús María und ich entkamen und uns pünktlich zum Spotter's Day nach Kleine-Brogel durchgeschlagen haben.«

Ingrid musste meine Unruhe bemerkt haben. Trotzdem redete sie weiter – sie sprach jetzt Schwedisch und hatte ihre Stimme gesenkt, sprach für meinen Geschmack aber noch immer zu laut.

»Und ich muss dir wirklich danken – für deine Fürsorge auf dem Weg hierher. Ich hätte mich nicht in besseren Händen befinden können.«

Auf Ingrids Aufklapptischchen stand ein fast leeres Glas Tequila. Jesús María ließ ein Gähnen vernehmen. Sie drehte sich auf ihrem Sitz um, schloss die Augen und schien im nächsten Moment wieder eingeschlafen zu sein. Offenbar wirkte das Schlafmittel noch.

Ingrid lächelte. »Jesús María hat mir von deinem Plan erzählt. Sie sagt, sie wolle John ausschalten. In der Höhle des Löwen, sozusagen. Um Ed zu zeigen, wer die Oberhand hat, den Finger auf dem Knopf. Wie groß die Risiken sind, die wir eingehen würden, sowohl für uns persönlich als auch für die Welt. Und dann wieder zu verschwinden. Wie der Wind.«

Ich nickte vorsichtig, vermied es, sie anzusehen. »Darum geht's. Das ist der Plan.«

»Ich bin beeindruckt, mein Schatz.«

Sie erhob sich, holte aus der Gepäckablage eine schwarze Tasche und stellte sie vor mich auf den Boden. Redete leise auf Schwedisch weiter.

»Übrigens, das hier möchtest du vielleicht zurückhaben …«

Sie warf mir einen amüsierten Blick zu. Ich zögerte, dann beugte ich mich vor und öffnete vorsichtig den Reißverschluss. Sah, dass sich der Koffer darin befand. Zumindest auf den ersten Blick schien er es zu sein.

»Er funktioniert noch. Ihn zurückzuholen hatte für

uns oberste Priorität. Wir haben ihnen im Wald aufgelauert, nachdem wir sie bereits im Raum deines Martyriums zurückschlagen konnten, Erasmus. Und wir waren sehr überzeugungsstark, als wir sie zur Herausgabe des Koffers überredet haben. Aber sie sind uns entkommen. Nicht nur Zafirah, auch John. Und der arme Hotelführer, ihr Sixten-Double. Egal wie viel sie ihm bezahlt haben, es war nicht genug. Wir verfolgten sie im Schnee – er war müde, quälte sich ab. Zafirah war zum Schluss nicht sehr nett zu ihm, unserem Erzähler von Einhornfabeln.«

Sie beugte sich vor und zog den Reißverschluss der Tasche weiter auf. Genug, dass ich etwas mehr von ihrem Inhalt sah: mein Feldmesser, mein Mobiltelefon, meine Armbanduhr, die Hartkekse, das Notizbuch, das Erste-Hilfe-Paket und meine Waffe.

Aber kein Schlüssel. Nicht der, den Sixten mir in Ursvik gegeben hatte: zu Meitners Labor unter der roten Falltür.

»Siehst du, alles ist da«, sagte Ingrid triumphierend.

Ich zog den Reißverschluss der Tasche zu und ließ sie neben meinen Füßen stehen, wo ich sie gut im Blick behalten konnte. Holte tief Luft – und stellte eine weitere Frage.

»Warum hat Sixten uns verraten?«

Ingrid schaute mich an und sah dann aus dem Fenster in das schwarze Nichts.

»Hat er das?«, fragte sie und hielt kurz inne. »Sie hatten Lisa, sein Kryptonit. Nahmen sie nach unserem Coup in Esrange als Geisel.«

Die Antwort war typisch für Ingrid. Kaum mehr als ein Anlass zu weiteren Fragen, die zu neuen, unbefriedigenden Antworten führen würden. Ich versuchte es mit einer anderen Taktik.

»Und was geschieht jetzt?«

»Du hast bestimmt die Schlagzeilen gelesen, mein Schatz. ›Der Atomwaffenskandal‹?«

Sie drehte sich zu mir um und sah mir in die Augen. Ich nickte.

»Deswegen kann Ed uns vorerst nichts anhaben. Ich habe meine Informanten angewiesen, das, was wir wissen, häppchenweise der Presse zuzuspielen, nur so viel, wie in jeder Phase nötig ist, um den einen oder anderen Kopf rollen zu lassen – wie auf einem mittelalterlichen Gemälde. Heute wird zum Beispiel der Verteidigungsminister seinen Hut nehmen müssen. Und Ed weiß, dass wir immer noch einen Trumpf in der Hand haben. Dass wir im nächsten Schritt die Existenz des Nukleus und seine eigene Rolle enthüllen werden, die unglaubliche Tatsache eines solchen Geheimauftrags.«

Ingrid hielt inne. Fuhr dann auf Englisch fort.

»Und sogar danach haben wir noch ein Ass im Ärmel. Denn den Tag, an dem du und ich an die Öffentlichkeit gehen, mein Schatz, wird nicht einmal der Präsident lange überleben. Diese zwei Personen, der Träger und jemand namens Alpha, hatten das gesamte Atomwaffensystem viele Jahre in ihrer Hand – und jetzt haben sie sich abgesetzt, den Finger auf dem roten Knopf. Die Zukunft der Welt hängt buchstäblich an einem seidenen Faden.«

Jesús María regte sich, gähnte. Ingrid sprach leiser, flüsterte fast. Ihre warme Stimme direkt an meinem Ohr.

»Abgesehen davon weiß Ed, dass ich alles, was man braucht, um die Vorbereitungen auf einem normalen

Computer zu Ende zu führen – Codes, Strukturen, Anweisungen bis zum kleinsten Detail –, bei einer unbekannten Person hinterlegt habe. Für den Fall, dass uns etwas zustößt. Eine einzige Person unter sieben Milliarden. Und Ed wird diese eine kleine Person, meine ›Nadel im Heuhaufen‹, niemals finden. Sie ist unser Plan B. Unsere Lebensversicherung.«

Jesús María setzte sich jetzt auf und warf mir ein seltsames Lächeln zu.

»Du musst dir keine Sorgen machen, Erasmo. Ich bin nicht die Nadel. Mich kannst du töten, wann immer du willst.«

Ich starrte Ingrid an.

»Ja, Jesús María weiß Bescheid. Sie hat mir in Ursvik geholfen. Hat alle Informationen in verschlüsselter Form auf Ainas Körper tätowiert, an einem Ort, wo niemand hinschaut, nicht einmal jemand, der einen über alles liebt. Deswegen waren wir so lange im Badezimmer, falls du dich noch erinnerst. Und deswegen musste sich Aina so schnell so viel Champagner einverleiben. Um mit den Schmerzen fertigzuwerden. Und das auch noch an ihrem Geburtstag! Sie, die sonst nie einen Tropfen Alkohol trinkt. Aber sie hat keinen Moment gezögert, als es darum ging, sich für die Sache zu opfern.«

Eine Welle unangenehmer Erinnerungen überrollte mich. Die Nachrichten von Edelweiss, die ich im Gäste-WC abgehört hatte, das Bild von Zafirah mit dem Kanister, das Feuer, unsere Flucht.

»Dafür müssen wir Jesús María also dankbar sein. Und für das, was heute Abend draußen auf dem Stützpunkt passiert ist. Sie musste, als es brenzlig wurde, deine Rolle übernehmen.«

»Genau. Und höllisch heiß war es auch«, sagte Jesús María.

»Ja, ich verstehe einfach nicht, was schiefgelaufen ist. Meine Helfer hatten die Sache perfekt eingefädelt. Es ging ja nur um eine simple Ablenkung. Hast du das Strahlenwarnzeichen auf der Bombenattrappe bemerkt? Und Jesús María hat mir dabei geholfen, dass alle einen Augenblick lang in die falsche Richtung sahen. Aber bei dem Feuerwerk ...«

Jesús María unterbrach sie brüsk. »Ach, hör auf. Wir sind sowieso bald alle tot und begraben.«

Eine Weile herrschte betretenes Schweigen.

Doch ich hatte zu viele Fragen. »Warum hast du Falconetti als Ersten geopfert?«

Ingrid sah wieder aus dem Fenster, ins Leere. Als ob sie in die Vergangenheit zurückblicken würde. Dann seufzte sie – als müsste sie weiter ausholen.

»Lange Zeit war Falconetti mein einziger Spielgefährte. Letztlich war er es, der mir nach dem 11. September freie Hand gab, um eine völlig neue Sicherheitseinheit zu schaffen. Da habe ich dann Verbindung zu meinem alten Lehrer aus West Point aufgenommen – Ed, wem sonst? – und ihn gebeten, ein verschworenes kleines Team zusammenzustellen, das anders als alle anderen war. Aber die ganze Zeit war es Falconetti, unser Viersternegeneral, der ranghöchste Befehlshaber unseres Atomwaffensystems, der das geheime Bindeglied zwischen mir und dem Präsidenten bildete. Er ließ sich von General LeMay inspirieren. Du weißt schon – diese Kalte-Krieger-Mentalität aus den Fünfzigerjahren. Für Falconetti befanden wir uns permanent im Kriegszustand. Er verlangte, dass wir jederzeit bereit sein müssten, in großem Stil sowohl anzugreifen als auch zurückzuschlagen. Dass die Mittel dazu immer verfügbar sein müssten. Und es war Falconetti und nicht ich, der als Erster die Vision hatte, dass man das gesamte Atomwaffensystem sogar dann steuern können sollte, wenn Centcom und der Präsident ausgeschaltet wären. Auf der Flucht, völlig mobil. Aber auch in einer solchen Situation mussten wir der Grundregel unserer Sicherheitsphilosophie folgen, dem ›Vier-Augen-Prinzip‹. Wir mussten uns gegen einen verrückten Einzelgänger absichern – also sollte niemand jemals allein sein mit der Entscheidung und der Prozedur, unsere Waffen abzufeuern.«

Ingrid hielt inne. Jesús María nutzte die Unterbrechung, stand auf und ging zur Toilette, die sich keine zwei Meter von uns entfernt befand. Ich hörte, wie sie sich heftig erbrach. Vielleicht als Folge des Medikaments, das sie sich gespritzt hatte, oder der Tequilas, oder alles zusammen.

Dann sagte Ingrid: »Auf *zwei* verrückte Einzelgänger waren wir nicht gefasst.«

Ich schluckte. Mir wurde flau im Magen. Vielleicht weil ich Jesús María gehört hatte. Oder wegen der Situation, in der wir uns befanden.

»Deshalb brauchte ich dich, mein Schatz, als es so weit war. Ich musste Falconetti den Wölfen zum Fraß vorwerfen – genauso wie Goldsmith, der ihn immer verteidigt hat. Einige Anrufe zur rechten Zeit und ein paar heimlich zugespielte E-Mails – mehr brauchte es nicht. Nachdem sie uns in Ursvik angriffen hatten, ließ ich alles durchsickern, als kleine Rache.«

5.04

Als es mir, nach einem weiteren Tequila, endlich gelang, in meinem Sitz wegzudämmern, träumte ich, dass ich der letzte Überlebende der Besatzung des B-29-Bombers *Enola Gay* sei und während eines Urlaubs in Tokio einen schweren Herzinfarkt erlitten hätte. Neben mir in dem kleinen Krankenhaus saß meine sehr alte Ärztin – sie hatte das Rentenalter längst erreicht – und wollte mir erzählen, wie es wirklich gewesen war. Ehe es zu spät wäre. Denn sie glaubte, dass ich nur noch wenige Tage zu leben hätte.

Sie sagte, dass sie das Licht gesehen habe, den silbernen Blitz, den gespenstischen Schimmer. Dass sie, mit anderen Worten, nicht einer der siebzigtausend Menschen sei, die auf der Stelle starben, was sie, wie sie sagte, jede Minute ihres restlichen Lebens bedauert habe. Und auch nicht einer aus der gleich großen Anzahl derer, die an den Nebenwirkungen starben, was bedeutete, dass die Hälfte der Einwohner von der Bombe getötet wurde.

Stattdessen wurde sie zu einer der vielen *hibakusha*, jener Zehntausenden von Überlebenden, die nach dem Krieg unsichtbar wurden. »Die meisten Menschen können uns weder sehen noch hören«, sagte sie. »Können Sie es?«, fragte sie mich mit ernster Miene, neugierig und freundlich. Als ob sie es wirklich nicht wüsste.

Ich setzte mein eigenes Erleben dagegen. Dass es als Navigator des Flugzeugs meine Aufgabe gewesen sei, genau jene Koordinaten anzusteuern, die erst kurz vor dem Start als eines unter mehreren möglichen Zielen ausgewählt worden waren – mehr oder weniger zufällig. Die willkürliche Wahl sollte verhindern, dass Informationen durchsickerten. Der Zufall wollte es, dass die Wahl auf ihre Stadt und ihr Leben fiel.

Ich erzählte ihr auch, dass ich mich immer noch daran erinnern könne, wie das Flugzeug taumelte, auch an das ungewöhnliche metallische Klicken, als die Bombe abgeworfen wurde, und daran, wie der Atompilz den ganzen Himmel auszufüllen schien. Als die Rauchsäule schließlich herabsank, sahen wir, dass sich die Fläche, wo vorher die Stadt gewesen war, in eine schwarze, formlose Masse verwandelt hatte. Ein Anblick, auf den niemand uns vorbereitet hatte.

Die alte Ärztin saß vollkommen regungslos da, als ich ihr dies erzählte, wie eine schöne Statue. Dann nickte sie und setzte ihre Erzählung fort. Sagte, dass der Morgen ungewöhnlich schön gewesen sei, dass sie nur in Unterwäsche im Garten gelegen habe, müde und benommen nach einer Spätschicht im Krankenhaus. »Es sind immer solche bedeutungslosen Details«, sagte sie, »an die man sich mit großer Genauigkeit erinnert.« Sie habe sich zum Beispiel gefragt, ob es ein Funke von einer vorbeifahrenden Straßenbahn gewesen sein könnte, der in der steinernen Schmucklaterne plötzlich ein so magisches Licht entzündet hatte. Einen Augenblick später waren alle Schatten im Garten verschwunden. Die Sonne, die eben noch so stark geschienen hatte, ließ sich nicht mehr von dem stechenden weißen Licht unterscheiden, das den ganzen Himmel ausfüllte.

Die alte Frau wurde immer lebhafter, gestikulierte mit den Armen. Versuchte anschaulich zu machen, wie die Luft sich im selben Augenblick mit Rauch und Staub füllte, dass das Einzige, was sie von ihrem alten Haus noch sah, ein einzelner Balken war, der ein Stück weiter aus dem Boden ragte. Als sie an ihrem eigenen Körper hinabschaute, bemerkte sie, dass sie nackt war. Als rationaler Mensch überlegte sie – »komischerweise«, wie sie sich jetzt ausdrückte –, wohin ihre Unterwäsche verschwunden sein könnte, wie sie sich hatte verflüchtigen können, ohne dass sie selbst verletzt worden war. Dann befühlte sie ihr Gesicht und erkannte, dass ihr Mund nichts als ein offenes Loch war. Dass ihre Unterlippe wie ein Lappen herabhing und eine zwölf Zentimeter lange Glasscherbe aus ihrer Schulter ragte.

Mit dem seltsamen Empfinden, als ob sie dies alles in einem Film sähe, rief sie nach ihrem Mann und den Kindern. Als sie keine Antwort von ihnen bekam, ging sie wie eine Schlafwandlerin los und reihte sich in eine der langen Schlangen ein, die zum Krankenhaus führten. Bei vielen Menschen standen die Arme merkwürdig vom Körper ab. Sie sahen wie Vogelscheuchen aus, was die Medizinerin in ihr verblüffte. Bis sie verstand, dass sie die Arme so hielten, um die Berührung mit ihren verbrannten Körpern zu vermeiden.

Aber am auffälligsten war, so erzählte sie, wie still alle gewesen seien. Dass niemand vor Schmerz oder Leid geschrien oder laut nach seinen verschollenen Angehörigen gerufen habe. Nichts als die geisterhafte, tödliche Stille – die von diesem Augenblick an nie mehr aufhörte.

Ich sagte zu der alten Ärztin, dass die Bombe für mich immer noch mit einer gewissen Erleichterung verbunden sei, da sie meiner Meinung nach den Krieg beendet und dadurch das Leben vieler Hunderttausender Soldaten gerettet habe, amerikanischer wie japanischer. Dass ich, wenn ich meine Augen bald zum letzten Mal schlösse, dies in der Gewissheit tun würde, dass das, was wir getan hatten, *barmherzig* gewesen sei.

Sie nickte wieder. Dann stand sie auf und ging zu meiner Pritsche. Kniete nieder, küsste leicht meine Stirn, sagte, dass sie mir verzeihe. Dass sie uns allen verziehen habe.

Da nahm ich ihren Kopf – ihr Gesicht ähnelte dem von Amba, selbst die Schädelform war gleich – und schlug ihn gegen das Kopfende des Betts. Er zerbarst sofort, ergoss sich über mein Kissen und das Bettlaken. Wie ein weich gekochtes Ei.

5.05

Um Mitternacht Ortszeit landeten wir in Dulles. Wir hatten fünfzehn Minuten über dem Flughafen Kreise gedreht, ehe man uns die Landeerlaubnis erteilt hatte. Kein Zweifel, Edelweiss wollte seine Macht demonstrieren, wollte zeigen, dass er alles in der Hand hatte. Wir standen, zusammen mit unserer Eskorte, neben der Schlange vor der Pass- und Visakontrolle.

Alles wirkte irreal. Edelweiss hatte seine Leute sowohl beim Personal als auch unter den Passagieren. Die Menschen neben uns hatten Schuhe und andere Kleidungsstücke ausgezogen. Erniedrigende Rituale hinter halb geschlossenen Vorhängen, Menschen, die man zu vorgeschriebenen Leibesvisitationen beiseitegenommen hatte. Wir hingegen mussten nicht einmal unser sperriges Gepäck auf das Laufband legen. Weil wir einen Pakt mit dem Großmeister geschlossen hatten, dem eigentlichen Erfinder eines Konzepts namens »Kriegsspiel«.

Ich sah einen Mann mit einem Schild. MR. KERN stand darauf in handgeschriebenen Großbuchstaben. Als ob wir eine Gruppe Geschäftsreisender wären. Während Ingrid und Jesús María zu den Damentoiletten gingen, um ihr neues Aussehen anzunehmen, ging ich auf den

Mann zu. Er wirkte vertraut, auch wenn ich mich nicht mehr an seinen Namen erinnern konnte. Es gab so viele von ihnen, und sie waren alle so austauschbar. Und der hier war nicht der Hellste. Sein Alter deutete darauf hin, dass er zu denen zählte, die für eine Beförderung nicht mehr infrage kamen, aber für diesen Auftrag war er vermutlich bestens geeignet. Ausreichend qualifiziert, um es nicht zu vermasseln. Ausreichend beschränkt, um nicht zu verstehen, was tatsächlich vor sich ging.

Er begrüßte mich mit kräftigem Händedruck und warf einen Blick auf den Hybrid. Wir standen eine Weile da und plauderten miteinander, während wir auf die »Damen« warteten, wie er sich ausdrückte. Streiften die üblichen Themen: Wetter, Football, Interna. Alles außer Politik.

Als Ingrid und Jesús María nach ziemlich langer Zeit die Toilette verließen – Jesús María mit einer leuchtend roten Perücke, Ingrid mit silbergrauen Haaren und einer dunkleren Gesichtsfarbe, um die Brandmale aus Kleine-Brogel zu kaschieren –, tauchten aus dem Nichts Wachen auf und forderten sie auf, ihnen zur Sicherheitskontrolle zu folgen. Der Eskorte und mir blieb nichts anderes zu tun, als dazustehen und zuzuschauen. Ich wusste, dass dies nichts als eine weitere Machtdemonstration von Edelweiss war.

Und dennoch pochte mir das Herz bis zum Hals, als der Metalldetektor anschlug. Ein dumpfes rhythmisches Summen, das durch die gesamte Ankunftshalle dröhnte. Jesús María schien nicht zu verstehen, wedelte auf ihre jetzt übertrieben irische Art mit den Armen herum, ihr rotes Lockenhaar flog in alle Richtung. Laut ihrem Pass hieß sie ab sofort Scarlett O'Hara.

Nach einem kurzen theatralischen Zwischenspiel wurde der Fehler schnell und diskret korrigiert und Jesús María nach einer nur sehr flüchtigen Leibesvisitation der Durchgang erlaubt. Ich war verwirrt. Ich hatte angenommen, dass der Austausch in abgetrennten Gängen und verborgenen Passagen stattfinden würde, ohne dass wir einander sehen konnten. Amba und die Kinder frei und Ingrid endlich in Gewahrsam. Ich, der ich den Koffer an Edelweiss übergebe – und im Gegenzug die Zusage erhalte, dass meine Familie nie wieder bedroht wird. Und dass ich ab sofort mein Schicksal selbst in die Hand nehmen kann – tief unter dem ewigen Eis des Vergessens.

Als die Frauen sich unserem Begleiter näherten, der seit dem Zwischenfall am Metalldetektor keine Miene verzogen hatte, schüttelte die nun viel ältere Frau mit dem silbergrauen, zum Dutt hochgesteckten Haar ihm so kräftig die Hand, als ob sie damit eine Botschaft übermittelte. Ingrid wollte ihm und mir wohl zeigen, dass sie ihre Kraft wiedererlangt hatte. Die schwere Betäubung und der Zwischenfall in Belgien schienen keine Spuren hinterlassen zu haben. Mein Plan kam mir bereits schwach und unsicher vor. Ich hatte das unbehagliche Gefühl, dass Edelweiss seine eigenen Ziele verfolgte. Dass sich alles auf irgendeine Weise um mich, nicht um Ingrid drehte. Desmond »Des« Kern. Des Pudels Kern.

Nachdem Jesús María zu uns gestoßen war, immer noch wild gestikulierend wegen der Kränkung, die ihr als inoffiziellem Gast zuteilgeworden war, machten wir uns auf den Weg. Unser Begleiter bog in Richtung der Visa-Warteschlange ab, führte uns aber, ohne Aufmerksamkeit zu erregen, geschickt durch die überraschend große Menge von Fluggästen.

Dann wurden wir vom Nichts verschlungen. Nur eine hauchdünne Linie in der Wand deutete an, wo die versteckte Sicherheitstür war, die sich jetzt hinter uns schloss. Sobald wir die Luftschleuse passiert hatten, war alles still, als ob jemand das Durcheinander und den Lärm da draußen in der Ankunftshalle abgeschaltet hätte. Wir befanden uns in dem abgeriegelten Teil des ausgerechnet nach John Foster Dulles benannten Flughafens – unseres Außenministers während einer der angespanntesten Phasen des Kalten Kriegs, Mitte der Fünfzigerjahre, als die Wasserstoffbombe sich vom Prototypen zur einsatzfähigen Waffe entwickelte. Und der Mann hinter einem der wichtigsten Konzepte des atomaren Kriegs, der »massiven Vergeltung«, sowie der systematischen Stationierung unserer Interkontinentalraketen.

Wir hatten hier sehr oft geübt, Verhöre simuliert, die mit der Zeit zunehmend rauer geworden waren. Von meiner Zeit in West Point bis hin zu den realistischsten Simulationen umfassender Terrorangriffe mit Nuklearwaffen, die wir im Team zu bewältigen hatten.

Schweigend führte unser Begleiter uns den langen Gang entlang, vorbei an zahlreichen Verhörräumen. Ich zählte die Türen, um mich besser orientieren zu können: neunzehn, zwanzig, einundzwanzig … Spürte die Leichtigkeit des Hybrid auf meiner Schulter, das Schwingen der ganzen Ausrüstung in ihrer Halterung. Versuchte nicht auf die optisch verwirrende Auslegeware mit dem Muster einer verfremdeten amerikanischen Flagge hinabzusehen. Ich wusste schon jetzt, wo er stehen bleiben würde. Dennoch fuhr ich mit dem Zählen fort. Es war eine Art des Meditierens. Dreiunddreißig, vierunddreißig, fünfunddreißig, sechsunddreißig …

Schließlich erreichten wir das, was offiziell auf den unauffälligen Namen »Befragungsraum« hörte. Nur für unsere schärfsten Verhörübungen benutzt, mit oder ohne Folter, und für echte Befragungen mutmaßlicher globaler Terroristen. Ehe sie nach Guantánamo oder in eine unserer streng geheimen Einrichtungen irgendwo auf der Welt geschickt wurden.

Wir nannten ihn »Fort Knox« – weil es hieß, dass die Wände mindestens ebenso dick seien.

Der Anführer unsere Eskorte öffnete die Schutztür und ließ uns eintreten.

Wir wurden schon erwartet. Er stand da, mit verschränkten Armen, fast zwei Meter groß, mehr als hundertzwanzig Kilogramm schiere Muskelkraft. Dann kam er auf uns zu. Streckte uns seine riesige Pranke entgegen, um uns die Hand zu schütteln. Als ob wir immer noch im selben Team wären.

»Willkommen in unserer kleinen Höhle«, sagte John.

Ich hatte Edelweiss vieles zugetraut. Eigentlich alles. Aber das hier, ehrlich gesagt, nicht.

5.06

John hatte uns bedeutet, auf der Bank an der rechten Seite des Raums Platz zu nehmen – gegenüber der Wand mit dem Spiegel. Dann hatte er wieder die Arme verschränkt, den Blick starr auf unsere Dreiergruppe gerichtet und sich nicht vom Fleck gerührt.

Da es zwecklos gewesen wäre, Fragen zu stellen, unterließ ich es. Ich schloss die Augen und versuchte, an nichts zu denken, nicht an das, was hinter uns lag, nicht an das, was uns erwartete – der Austausch. Denn es würde doch immer alles anders kommen, als ich es mir ausmalte.

Schließlich hörte ich, wie die Tür geöffnete wurde. Ich schlug die Augen auf. John ging zur Tür und nahm die Neuankömmlinge in Empfang. Amba und die Kinder! John führte sie zu der Bank auf der anderen Seite des Raums, wo sie sich ebenfalls setzen mussten.

Unter der Tarnung meines neuen Gesichts verschlang ich Amba mit Blicken. Ihr stark geschminktes Gesicht konnte nicht verbergen, wie blass sie war. Sie wirkte aufgewühlt. Man konnte den Kampf sehen, der sich in ihrem Innern abspielte, weil sie nicht die nötigen Informationen besaß, um die Situation zu verstehen. Seit ich verschwunden war, hatte sie vermutlich auf die ihr eigene Art versucht, alles zu »deuten«, eine Vorstellung von dem zu entwickeln, was geschehen war, einen Sinn in die Sache zu bringen. Doch das war unmöglich. Denn schon ihre Prämissen waren ja grundfalsch. Für sie waren wir noch immer das perfekte Akademikerpaar: sie die Kunsthistorikerin, Spezialistin für Fälschungen barocker Malerei, ich der Moralphilosoph mit dem besonderen Schwerpunkt Atomwaffen. Dass ich seit meinem ersten Studienjahr ein Doppelleben geführt hatte, davon konnte sie nichts ahnen.

Ich fuhr fort, Amba anzusehen, da ich es nicht über mich brachte, die Kinder anzuschauen. Sie war auffallend schick gekleidet, wie für eine Dinnerparty. Sie trug einen grellroten Sari. Ich wusste nicht, was diese Inszenierung bezwecken sollte, dennoch tröstete mich ihre Kleidung, wenn in einer solchen Situation von Trost die Rede sein konnte. Der Sari sah zumindest nicht nach Gefängniskleidung aus. Obwohl Edelweiss seine Schachfiguren natürlich ganz nach Gusto hätte kostümieren können.

Bald sah auch sie uns an, wie wir da – eine kleine, anonyme Gesandtschaft – auf der gegenüberliegenden Bank saßen: eine sehr kleine Frau mit rotem Haar und einem Faltenrock, eine große Frau mit grauem Haar und einer gewissen Ähnlichkeit mit Greta Garbo, und ein athletischer Mann mit blondem Vollbart.

Dann warf sie wieder einen Blick auf die Kinder, die sie aufmerksam daraufhin beobachtete, ob sie eine andere Reaktion als jene seltsame Apathie zeigten, die aus Todesangst erwächst.

Ich vermute, dass Amba uns so wahrnahm, wie man

das beabsichtigte: als Kriminelle, vielleicht Spione, möglicherweise sogar Terroristen, ohne Verbindung zu ihr und den Kindern, abgesehen davon, dass man uns in denselben Raum gesteckt hatte.

Was sollte sie machen? Diese Frau, die immer alles so präzise analysierte, die bei einem gefälschten Gemälde noch das geringste verräterische Indiz ausfindig machte, sie hatte nie herausgefunden, dass ich ein falsches Spiel spielte.

Wir hatten uns bei einer Begrüßungsfeier für Neudozenten an der katholischen Universität kennengelernt. Amba arbeitete nicht an der Uni, sonst hätte ich sie unmöglich so lange täuschen können – mit Lügen, Ausreden, erfundenen Forschungsreisen oder Konferenzen, bei denen ich anderswo übernachten musste. Stattdessen bekam sie gleich nach ihrem Examen eine Stelle als Expertin für Fälschungen bei einer amerikanischen Zweigstelle von Christie's. Weil Amba außerdem völlig uninteressiert an Gesprächen über die Arbeit war – sie fand, dass es wichtigere Gesprächsthemen gebe –, akzeptierte sie es, wenn sich meine Pläne ständig änderten, weil ich zu Sondereinsätzen beordert wurde. Sie stellte nicht viele Fragen, sondern genoss vielmehr ihre eigene Freiheit, unternahm Reisen und spontane Besuche bei Freunden und machte überdies oft Überstunden im Auktionshaus.

Nach den Invasionen im Irak und in Afghanistan nahm mein Doppelleben weniger Zeit in Anspruch, da wir uns nicht länger im sogenannten »direkten Krieg« befanden. Mit jedem weiteren Jahr wurde er immer *indirekter*. Gleichzeitig wurden unsere Staatsbesuche kürzer, sie waren manchmal kaum vierundzwanzig Stunden lang. Im digitalen Zeitalter verlor unsere physische Präsenz zunehmend an Bedeutung. Edelweiss' extravagante Manöver fanden oft an einem einzigen langen Tag statt, an dem die Welt ebenso gut einem atomaren Angriff zum Opfer fallen wie in letzter Minute gerettet werden konnte.

Wenn ich nach einer solchen Simulation heimkam, fiel ich sofort ins Bett, blendete die echte – oder unechte – Welt aus und hatte kaum genug Kraft, den Kindern einen Gutenachtkuss zu geben. Amba gegenüber schob ich es auf die Studenten, die mir in unseren Abendseminaren angeblich Löcher in den Bauch gefragt hatten. In Wahrheit hatte ich nie Studenten unterrichtet. Aber ich wusste, dass Amba das nicht überprüfen würde. Sie begrenzte ihr Misstrauen, ihren berühmten analytischen Blick, auf ihr Berufsleben.

Jetzt saß sie da und grübelte, als ob sie sich an etwas lange Vergessenes zu erinnern versuchte. Unity saß direkt neben ihr. Sonst war sie immer die Vorlaute, jetzt wirkte sie verängstigt. Sie sah trotzdem hübsch aus wie immer. Sie trug ein rotes Kleid, das sie wohl nach meinem Abflug gekauft hatten. Sie schien gewachsen zu sein, seit ich sie zuletzt gesehen hatte – zum allerletzten Mal, wie ich damals glaubte, als ich in jener Nacht des 4. September 2013 in die Kinderzimmer gespäht und den dreien durch den Türspalt ein leises »Lebewohl« zugeflüstert hatte. Nun sah ich deutlich die Schweißtropfen auf ihrer Stirn. Im Verhörraum war es warm, aber sie hatte schon immer leicht geschwitzt, und mit der Pubertät war es nicht weniger geworden. Als Unity noch klein gewesen war und ganz im Mittelpunkt unserer Aufmerksamkeit gestanden hatte – während der zwei

Jahre, ehe unser Sohn zur Welt kam –, hatten wir sie »Dampfmaschine« genannt.

Und in diesem Moment begriff ich, warum meine frühere Familie so festlich gekleidet war. Wie schnell man doch die wichtigsten Dinge vergisst.

Ich schaute auf meine Armbanduhr. Es war 01:14 nachts, gestern war der 21. Dezember gewesen – sowohl der Tag der Wintersonnenwende als auch Unitys zwölfter Geburtstag. Sie hatten sich schick gemacht und gefeiert: ein Haus voller Gäste, nur Daddy fehlte. Dann hatte das Fest jäh geendet, vermutlich genau in dem Moment, als die Torte hereingebracht wurde. Das ließ zumindest Edelweiss' unfehlbares Gespür für Dramatik vermuten.

Duality, unser Sohn, trug einen adretten blauen Anzug und wirkte so in sich gekehrt wie immer. Er war eine große Begabung, hatte schon lange vor der Einschulung dicke Bücher verschlungen, aber hatte keinerlei Ehrgeiz, seine Begabung auch zu zeigen.

Trinity, unsere Jüngste, war das genaue Gegenteil von Duality. Sie saß neben ihrer Schwester und wirkte so furchtlos wie immer. Sie war die Wilde. Nur wenige Siebenjährige waren so kühn wie sie. Mir fiel auf, dass sie die linke Hand in der Tasche ihres geblümten Kleides verbarg. Ich fragte mich, ob sie sich vielleicht irgendwie verletzt hatte, und mich befielen die üblichen Sorgen eines Vaters.

John hatte für einen Moment den Raum verlassen. Jetzt kam er wieder herein. Offensichtlich mit neuen Instruktionen.

»Mrs Levine! Kinder! Sie haben jetzt die Möglichkeit, jene Personen zu befragen, die unseren Erkenntnissen zufolge als Einzige etwas über das Verschwinden von Erasmus Levine wissen. Ihr solltet diese Chance nutzen, Kinder. Und Sie natürlich auch, Mrs Levine.«

Als mich in diesem Moment Ambas Blick traf – sie sah mir tief in die Augen –, knickte ich innerlich ein, auch wenn ich mir nach außen hin nichts anmerken ließ. Ihr Blick durchdrang meine Tarnung wie ein Röntgenstrahl, so wie die Schichten eines gefälschten Kunstwerks. Es war dieser seltsam durchdringende Blick, in den ich mich an unserem ersten Abend verliebt hatte.

Sie musste mich erkannt haben. Doch wenn es so war, dann verriet sie es nicht. Vielleicht wollte sie mir einen Vorsprung verschaffen. Sie wandte sich müde, doch entschlossen an John.

»Nein, ich glaube nicht, dass wir Fragen haben, Mister ...?«

»Smith. Peter Smith«, antwortete John.

»Um ehrlich zu sein, es interessiert mich nicht, Mr Smith, wo Erasmus jetzt ist. Dieser Polizeikommissar mit dem komischen Namen – Edelweiss, glaube ich – hat mir gesagt, dass Erasmus mit seiner früheren Doktormutter durchgebrannt ist. Dass sie ihm den Kopf verdreht hat. So wie er immer über diese Frau gesprochen hat, lag das eigentlich auf der Hand. Ich hatte schon immer den Verdacht, dass da etwas läuft.«

Ich blieb ruhig sitzen und schloss die Augen. Was Amba als Nächstes sagte, dürfte sogar Edelweiss überrascht haben, der das Ganze zweifellos auf dem Bildschirm in seinem Büro verfolgte.

»Und wir zählen sowieso schon seit Langem nicht mehr auf ihn. Wir vier.«

Die Kinder nickten brav. Höflich, aber traurig.

Dann, als Trinity sich bewegte und das Lampenlicht auf ihre Tasche fiel, bemerkte ich ein Funkeln und begriff, was sie während dieser ganzen unerträglichen Episode in der Hand gehalten hatte: ein Stück Trinitit. Das ist künstliches Glas, das bei dem ersten Atombombentest im Wüstensand von New Mexico entstanden ist und das zu einer gesuchten Rarität wurde. Ich hatte ihr zu jedem Geburtstag einen kleinen Teil des Stücks geschenkt, das Edelweiss mir einst gegeben hatte. Als ich floh, ließ ich als letzten Gruß alle verbliebenen Stücke in einem Geschenkkarton unter ihrem Bett zurück.

Ich vermied es, Trinity in die Augen zu schauen, als meine Familie jetzt aufstand, erst Amba und dann zögernd die Kinder. Ich schloss die Augen und lauschte den letzten Worten, die ich je aus Ambas Mund hören würde.

»Wenn Sie uns also bitte entschuldigen wollen, Peter. Wir würden jetzt gern gehen und unser Leben weiterleben. Wir werden morgen erst einmal einen Geburtstag zu Ende feiern. Es sind jede Menge Süßigkeiten und Knabbereien übrig geblieben – stimmt's, Kinder?«

5.07

Nachdem sie von zwei Sicherheitsleuten hinausbegleitet worden waren, veränderte sich die Szenerie. Sechs Wachleute kamen herein und bauten sich vor uns auf: zwei für jeden, jeweils ein Mann und eine Frau.

Meine Gedanken waren noch ganz bei Amba. Hatte sie uns etwas vorgespielt? Oder hatte sie gar ihre wahren Gefühle mir gegenüber zum Ausdruck gebracht? Hatte mein plötzliches Verschwinden echten, tiefen Hass in ihr ausgelöst?

Nach und nach gelang es mir, meine Gedanken an Amba und die Kinder auszublenden. Ich sah an den Wachen vorbei zu John, der, nachdem er die Tür geschlossen hatte, seine alte Position in der Ecke des Raums wieder eingenommen hatte, die Arme verschränkt, die Augen halb geschlossen, als würde er meditieren.

Als ich mich weiter nach rechts lehnte, um ihn besser sehen zu können, folgten meine beiden Wachleute – schlichte Gesellen vom Secret Service, Bauern auf Edelweiss' Spielfeld – meiner Bewegung und griffen nach ihren Waffen. Als sie merkten, dass nichts zu befürchten war, bewegten sie sich wieder zurück in ihre Ausgangsposition.

Auch ich richtete mich wieder auf. Ich presste die Fersen gegen den Hybrid. Ich musste spüren, dass der Koffer noch dort war, der wichtigste Gegenstand der Welt, mein Ass im Ärmel. Alles andere war mir entglitten: mein Job, meine Familie, mein Leben. Die einzige Rolle, die mir noch blieb, war die Rettung des Universums. Sobald alle Karten ausgespielt waren, würde ich meiner Familie die wahre Geschichte meiner Flucht erzählen: Wie ich von Anfang an von Ingrid hinters Licht geführt worden war.

Doch noch immer war mir nicht klar, wie es weitergehen sollte. Was hatte Edelweiss mit uns vor? Warum ließ er sich nicht blicken?

Irgendwann muss ich eingeschlafen sein. Denn ich erwachte, als ich Jesús María neben mir mit lauter Stimme sagen hörte: »Verzeihen Sie, Sir … Mr Smith!«

Ich war auf der Bank zusammengesunken und rappelte mich müde auf.

John sah zu Jesús María. »Ja, Ma'am?«, fragte er.

»Ich müsste mal die Toilette aufsuchen.«

John trat schwerfällig vor – theatralisch, als wäre er eine Statue, die aus jahrhundertelanger Starre erwacht. Er legte einer der Wächterinnen seine riesige Pranke auf die Schulter.

»Das hier ist Mrs Jones. Die wird Sie gern zur Toilette begleiten.«

Jesús María sah erst die Frau und dann John an.

»Ehrlich gesagt … nichts für ungut, Mrs Jones … wäre mir wohler, wenn jemand wie Sie mich begleiten würde, Mr Smith. In dieser Situation.«

Es dauerte ein paar Sekunden, bis John antwortete. Ich zählte innerlich mit: *sechs, sieben, acht* … Dann verwandelte er sich von einem psychologischen Rätsel – diesem gespenstisch stillen Menschen – in ein offenes Buch. Mit zwei kurzen Sätzen.

»Tja, dann komme ich natürlich mit Ihnen, Ma'am. Wenn Sie das möchten.«

Und dann fügte er hinzu: »Was tut man nicht für eine Dame in Not.«

5.08

Die Asymmetrie im asymmetrischen Krieg lässt sich selten an etwas Bestimmtem festmachen. Hauptsächlich geht es darum, dass die Ereignisse keinem Muster folgen, keiner Regelmäßigkeit, keiner Norm. Das bedeutet, dass sich der Begriff auf fast alles beziehen lässt, was man nicht versteht. Wichtig ist, strategisch zu handeln, selbst wenn die Motive aller anderen – Verbündete und Feinde – undurchschaubar oder einfach irrational erscheinen.

Jesús María hatte mit John kaum den Raum verlassen, als eine Wächterin hereinkam und Essen auf einem Servierwagen brachte. Sie schöpfte gelbbraune Pampe aus einem großen Kochtopf in Suppenteller, die einer der Wächter an alle Anwesenden verteilte. Es ließ sich schwer sagen, ob dies ein Frühstück, Mittag- oder Abendessen sein sollte. Es roch nur nach ranzigem Fett.

Alle schienen Hunger zu haben. Ingrid hatte ihren Teller schon geleert – genau wie die Wachleute, abgesehen von der Frau, die den Servierwagen hereingeschoben hatte und wusste, woraus dieses Zeug wirklich bestand –, ehe ich einen ersten Löffel von der Pampe probierte. Ich sehnte mich nach unseren Hartkeksen zurück. Mit Mühe brachte ich es fertig, die Hälfte meiner Portion hinunterzuwürgen.

Meine Uhr zeigte 06:01 an. John und Jesús María hatten den Raum vor zehn Minuten verlassen. Ich warf Ingrid einen vorsichtigen Blick zu. Mehr denn je war ich überzeugt, dass all das hier nicht Ingrid galt, sondern mir. Dass für Edelweiss nicht Ingrid die Bedrohung darstellte, sondern ich – der Mann mit dem Koffer. Und dass womöglich Ingrid diejenige war, die einen Pakt mit dem Meister der Finsternis geschlossen hatte, lange vor meinem eigenen jämmerlichen Versuch.

Es war 06:10 Uhr, als eine hochgewachsene Wächterin zur Tür hereinkam.

»Direktor Edelweiss wird Sie nun empfangen«, sagte sie. »Folgen Sie mir!«

Bevor wir den Raum verließen, fesselte einer der Wächter mit Handschellen seine rechte an meine linke und meine rechte an Ingrids linke Hand, ein weiterer Wachmann sicherte Ingrids rechte Flanke. Eine klassische Formation: zwei Gefangene in der Mitte, außen jeweils ein Wächter. Jetzt noch fliehen zu wollen wäre eines Houdini würdig gewesen. Es hätte enorme Körperkraft und perfektes Timing erfordert. Hinzu kam noch das sperrige Sturmgepäck auf unseren Rücken.

Es gab natürlich auch für diese Situation Lösungen. Die einfachste hieß »Krocket«: Die beiden Gefangenen schleuderten ihre jeweiligen Wächter in Richtung Mitte. Idealerweise prallten dabei ihre Köpfe gegeneinander.

Der Flur war leer und nach der Wärme im Verhörraum angenehm kühl. Ich versuchte, Geräusche aus Richtung der Toiletten zu vernehmen – irgendein Lebenszeichen von Jesús María. Aber ich hörte nichts, und wir entfernten uns in eine andere Richtung. Der Teppichboden schluckte unsere Schritte.

Als wir das Büro erreichten – eine weiße Tür ohne jede Beschriftung –, brachte die Wächterin unsere Formation zum Stehen.

»Wir sind jetzt da, Direktor!«, sprach sie in ein winziges Mikrofon, das für Uneingeweihte unsichtbar war.

Das Schloss gab ein Klicken von sich und die Tür sprang auf. Ingrid und ich wurden von unseren beiden Begleitern hineingeführt, der Rest der Wachleute – einschließlich der Frau, die offenbar das Kommando hatte – blieb draußen stehen. Edelweiss saß an seinem großen Schreibtisch. Er hatte uns den Rücken zugewandt. Schwer und mysteriös wie eine Buddha-Statue saß er da. Der Schreibtisch bestand aus grafitgrauem Metall und sah aus, als hätte man ihn aus einem einzigen Guss gefertigt. Auf seiner Oberfläche lagen ein Blatt Papier, vielleicht ein Dokument, und ein schwarzer Füller.

Schließlich drehte Edelweiss sich in seinem Stuhl um. Er würdigte Ingrid keines Blicks.

»Willkommen, mein lieber Erasmus«, sagte er.

Vier Stühle im gleichen Grafitgrau waren vor dem Schreibtisch aufgereiht. Edelweiss nickte den Wachen zu. Offenbar sollten wir uns setzen, was als Viererkette nicht ganz einfach war. Dennoch gelang es uns. Wir schafften es sogar, unser Gepäck vor uns abzustellen, den »Football« ebenso wie Ingrids mobiles Terminal: das Komplettpaket für den Tag des Jüngsten Gerichts. Die Wächter holten die Waffen aus unseren Rucksäcken und legten sie außerhalb unserer Reichweite auf den Tisch.

Ich schielte zu Ingrid hinüber. Die Art, wie Edelweiss, ihr langjähriger Waffenbruder, mit uns umging, schien sie völlig kaltzulassen.

Im Kopf spielte ich drei verschiedene Szenarien durch. Im ersten akzeptierte Edelweiss, dass ich meinen Teil der Abmachung erfüllt hatte, und hielt im Gegenzug auch sein Versprechen: Meine Familie würde nicht mehr behelligt werden, und ich bekäme freies Geleit.

Das zweite Szenario sah ähnlich aus, nur mit umgekehrten Vorzeichen. Es endete damit, dass Ingrid freies Geleit erhielt, nachdem sie mich ausgeliefert hatte. Dazu musste sie mich als den eigentlichen Drahtzieher hinstellen.

Im dritten und wahrscheinlichsten Szenario kamen weder ich noch Ingrid lebendig hier heraus. Edelweiss würde die beiden Spezialagenten ausschalten, die auf so spektakuläre Weise aus dem Team geflohen waren und damit die Zukunft der Menschheit aufs Spiel gesetzt hatten. Sogar den Rücktritt des Präsidenten nahm er dabei in Kauf, der im Falle, dass etwas von der Existenz unserer streng geheimen Einheit an die Öffentlichkeit drang, unvermeidlich war.

Mit allen drei Szenarien gab es ein Problem: Sie ließen Ingrid als Akteurin außer Acht. Ihre Fantasie, ihre Vorstellungskraft, ihr Improvisationstalent waren Edelweiss' Fähigkeiten mindestens ebenbürtig.

Ich ließ sie daher auch nicht aus den Augen, als Edelweiss das Papier zu mir herüberschob. Damit ich unterschreiben konnte, mussten wir alle vier aufstehen. Erst als Edelweiss mir den Stift gab und ich mich nach vorn über das Papier beugte, erkannte ich den Namen: INGRID OSKARSSON, in Großbuchstaben. Das Dokument war ein Auslieferungsauftrag für Alpha.

Plötzlich spürte ich eine Bewegung. Ingrid zog leicht an unseren gemeinsamen Handschellen, und ich hörte ihre melodische Stimme.

»Ich bin bereit.«

Sofort waren alle meine Sinne geschärft. Ich musste Ingrid nicht einmal ansehen, als sie fortfuhr: »Du auch, Erasmus? Dann lass uns beten.«

Sie hatte die zweite Option gewählt, die wir »Gebet« nannten. Sie zerrte den rechten Arm ihres Wachmanns nach hinten und stieß ihn gegen den Tisch. Sein Gesicht prallte gegen das scharfkantige Metall und platzte auf wie ein Ei. Ich tat unterdessen dasselbe mit meinem Wachmann.

Augenblicklich stürmten Wachen, die das Ganze auf den Überwachungskameras beobachtet haben mussten, mit schwerem Geschütz herein. Schriller Alarm ertönte. Sofort hob Ingrid die rechte Hand über den Kopf, um anzuzeigen, dass es vorbei sei. Ich machte die gleiche Bewegung. Edelweiss saß regungslos da und beobachtete uns mit einem seltsam amüsierten Blick.

Er schob drei Umschläge über den Tisch zu mir herüber. Dann nahm er mir wortlos den Füller ab, beugte sich vor und stieß der Wache, die am nächsten beim Tisch stand, das nadelspitze Ende durch die Nase in den Kopf. Die silberne Feder verschwand vollständig – der Secret-Service-Agent sackte wie vom Schlag gerührt in sich zusammen und fiel zu Boden.

Edelweiss saß wieder regungslos da. Die verbliebenen Wachleute verstanden genauso wenig wie wir, was geschehen war.

Aber wir verschwendeten kcine Zeit mit Fragen und legten sofort los: fischten die Schlüssel zu den Handschellen aus den Hosentaschen der toten Wachen, öffneten sie und schnappten uns unsere Waffen, die Umschläge auf dem Tisch und die Rucksäcke. Edelweiss saß weiterhin buddhagleich da und sah zu.

Ich spürte seinen bohrenden Blick im Nacken, als wir durch die Sicherheitstüren liefen und den Flur hinabrannten. Im Treppenhaus hielten wir an, und ich öffnete Edelweiss' Umschläge. Wir hatten unsere Pässe – ich war immer noch des Pudels Kern –, unser Geld und die Kreditkarten zurückbekommen.

Die Ausreiseprozedur am Flughafen Washington-Dulles verlief dank Edelweiss' langem Arm so leicht wie jene am Flughaften Brüssel-Zaventem. Mit breitem Grinsen passierten wir das Gate. Noch im Flugzeug nach Paris waren wir wie berauscht.

»*Skål!* Auf Ed! Darauf, dass er sich nie an die Spielregeln hält!«, sagte Ingrid.

»Warum bloß hat er uns gehen lassen?«, fragte ich.

»Weiß der Himmel. Vielleicht will er noch ein bisschen mit uns spielen. Oder er hat die Seiten gewechselt.«

Sie schloss die Augen. Ich glaubte, dass ihr der Schweiß übers Gesicht liefe, doch dann stellte ich fest, dass es gar kein Schweiß war.

»Warum weinst du?«, fragte ich.

Ingrid wandte sich zu mir um, öffnete die Augen und sah mich durch einen Tränenschleier an. Ich hatte Schwedisch gesprochen, aber das schien sie nicht im Geringsten zu überraschen.

»Ich trauere um Jesús María«, antwortete sie, ebenfalls auf Schwedisch.

»Woher weißt du, dass sie tot ist?«

»Das ist sie nicht, mein Schatz, noch nicht. Aber es wird nicht mehr lange dauern.«

»Wie meinst du das?«

»Ich selbst habe den Apparat an ihr befestigt. Auf der Frauentoilette bei unserer Ankunft in Dulles.«

»Apparat?«

»Eine Höllenmaschine. Ich bin ihren makabren Anweisungen gefolgt, weil ich ihr schon vor unserem Flug nach Stockholm versprochen hatte, dass sie die beiden töten dürfe. Aber doch nicht sich selbst, nicht sich selbst …«

Sie brach ab und trocknete ihre Tränen mit dem Handrücken. Ich sah mich in der Kabine um.

Als sie weitersprach, umspielte ein Lächeln ihre Lippen: »Und ausgerechnet John wird es auslösen.«

Mir gefror das Blut in den Adern, obwohl ich nicht vollkommen verstand, was Ingrid meinte und wie sich das Duell zwischen Jesús María und John letztlich abspielen würde. Nur eines war klar: Am Ende dieses Todestanzes wären beide im Jenseits.

Ich sah sie an und versuchte das Geschehene zu rekapitulieren.

»*Skål*, auf Jesús María! Meine Blutsschwester bis zum bitteren Ende …«

Die Wolkendecke lag noch über uns, eine dichte, grau-weiße Masse, so undurchsichtig wie alles andere in diesem Moment. Doch bald schon würde das Flugzeug sie durchbrechen, und das Sonnenlicht würde die Kabine durchfluten.

Plötzlich leuchtete etwas auf, hell wie die Sonne, doch wir hatten die Wolkendecke noch nicht durchbrochen.

Das silbrig-weiße Licht kam vom Boden, nicht vom

Meer, sondern vom Festland. Was dann geschah, kannte ich aus meinen schlimmsten Albträumen: Auf das grellweiße Leuchten folgte die unverwechselbare Pilzform, die daraufhin von der Wolkendecke verschluckt wurde. Kurz bevor wir außer Sichtweite waren, sah ich weit unten den gesamten Flughafen in Flammen stehen.

Schließlich traf uns die Druckwelle, erschütterte das Flugzeug und riss das Bordpersonal zu Boden. Die Passagiere schrien hysterisch.

»Was zum Teufel war das?«, rief ich Ingrid zu.

Sie erwiderte meinen Blick nicht, sondern starrte nur aus dem Fenster, obwohl dort jetzt nichts als ein dichter weißer Wolkenschleier zu sehen war. Unablässig murmelte sie denselben Satz vor sich hin: »Ja … was war das, mein Schatz. Was, in Gottes Namen?«

6
THIRD DOWN

DEZEMBER 2013 BIS FEBRUAR 2014
SIZILIEN

6.01

Der Flug nach Palermo verspätete sich wie alle Flüge am Flughafen Charles de Gaulle. Nach dem Vorfall am Dulles International Airport waren die Sicherheitskontrollen überall verschärft worden: wahrscheinlich Alarmstufe Orange oder sogar Rot.

Tatsächlich war es wohl eher Violett, die höchste Alarmstufe, seit Ingrid und ich uns im September vom Team abgesetzt hatten: »unmittelbar bevorstehender weltweiter Atomkrieg«.

Es war der 23. Dezember, aber von Weihnachtsstimmung keine Spur. Die meisten Passagiere in der Transitzone verfolgten gebannt die CNN-Liveübertragung und versuchten zu verstehen, was geschehen war. Auch wir standen an der Bar und starrten auf den Bildschirm.

Neun Stunden waren seit der gigantischen Explosion vergangen. Die Spekulationen in den Medienberichten reichten von einem riesigen Leck in mehreren Treibstofftanks bis zu einem geplanten Terroranschlag. Immer wieder wurden Aufnahmen der pilzförmigen Wolke, die die Passagiere verschiedener Maschinen gemacht hatten, abgespielt. Die Kommentatoren, sogenannte »Terrorismusexperten«, waren jedoch der Meinung, dass man zu viel in die Detonation hineinlese, dass die Pilzform nur eine optische Täuschung sei. Sie zogen einen Vergleich zu den Aufnahmen, die nach dem 11. September in den Medien erschienen waren und angeblich das Gesicht des Leibhaftigen in einer Wolke aus Asche und Staub zeigten.

Unterdessen stieg die Opferzahl in dem Newsticker am unteren Bildschirmrand. Um 13:12 Uhr gab es 72 Tote und 412 Verletzte. Vierzehn Minuten später waren es 75 Tote und 409 Verletzte.

In diesem Moment meldete sich mein Handy. Es summte tief im Innern des Hybrid.

Ich holte es hervor, schaute auf das Display. Edelweiss.

Ich drückte den grünen Knopf und sagte zur Begrüßung: »Sie sind noch am Leben?«

»Sieht so aus, mein Freund. Ich dachte, Sie würden das wissen wollen.«

»Aber niemand überlebt so etwas. Nicht in dem Radius … Das war eine Atomexplosion«, erwiderte ich.

»Sagen wir mal so, Erasmus, wir haben hier im Sperrbereich einige Vorkehrungen getroffen haben, seit Sie in West Point anfingen. Nach dem 11. September, der Invasion in Afghanistan, dem Irakkrieg … Wir mussten den Selbstmordattentätern etwas entgegensetzen. Seit der letzten Renovierung halten das Verhörzimmer und das Büro eine Druckwelle von fünfzehn Bar und einen Volltreffer von bis zu drei Bar aus. Diese Explosion war noch vergleichsweise harmlos, wenn auch beeindruckend für eine Mikrozündung. Wir haben sie auf jeden Fall zu spüren bekommen!«

Ich hörte zu, ließ ihn reden.

»Andererseits hat sie fast den ganzen Flughafen in Schutt und Asche gelegt. Die internationale Abflughalle, Teile der Ankunftshalle, den Duty-free-Bereich, die Gastronomie. So gesehen ist ihre Explosionskraft ein wissenschaftliches Rätsel. Eine erste schnelle Analyse erbrachte einige Erkenntnisse, die gleichzeitig neue Fragen aufwerfen. Aber ich dachte, vielleicht könnten Sie ja ein wenig Licht in die Sache bringen.«

»Was für Erkenntnisse?«, fragte ich.

»Es fanden sich Spuren von Californium auf der Toilette und im Atomstaub, und zwar nicht nur die mikroskopischen Rückstände, die sich nach nuklearen Explosionen immer finden, sondern beachtliche Mengen. Als ob die gesamte Ladung aus Cf-251- oder vielleicht sogar Cf-252-Isotopen bestanden hätte.

»Californium?«, entfuhr es mir.

Ingrid zuckte zusammen. *»Californium?«*, wiederholte sie.

Ich sah mich um, ob jemand von den anderen Passagieren an den Bartischen mitbekommen hatte, worüber wir sprachen. Niemand zeigte irgendeine Reaktion.

Edelweiss seufzte hörbar, nahm dann den Faden wieder auf.

»Ansonsten verstehen wir recht gut, was geschehen ist. Die Überwachungskameras auf den Toiletten haben eine Art Blackbox. Mit den Aufnahmen können wir den Ablauf rekonstruieren. Anfangs sah das Ganze wie ein kompliziertes Paarungsritual aus, aber am Ende war von beiden nicht mehr viel übrig. Wie Sie sich bestimmt lebhaft vorstellen können.«

Ich schloss die Augen und schob die aufsteigenden Bilder beiseite. Jahrelang hatte Zafirah versucht, mich von den Vorzügen der Ultragewalt zu überzeugen, von ihrer besonderen Macht und reinigenden Wirkung: von der Katharsis durch Brutalität. Sie sagte immer, das sei ihr einziger Trost gewesen, nachdem ihre Mutter sie in ihrem Heimatdorf in Bahrain zurückgelassen und sich den Mudschahedin im Kampf gegen die Russen in Afghanistan angeschlossen hatte. Als kleines Mädchen saß sie nächtelang neben ihrem Vater und sah sich Boxkämpfe auf einem ausländischen Kanal an. So ertrugen sie stumm ihren Schmerz.

Doch dieser Versuchung war ich nie erlegen. Ich hatte Gewalt immer nur als Mittel zum Zweck betrachtet, nie als Selbstzweck. Also schwieg ich und wartete auf die Informationen, die noch kämen.

»Schließlich haben sie es getan, das, wofür der Mensch geschaffen ist. Dabei hat er den Mechanismus ausgelöst, den sie bei sich trug. Eine hübsche kleine Konstruktion, das muss ich schon sagen, obendrein mit dem teuersten Element der Welt als Aktivsubstanz. Der Preis für Californium liegt bei 80 Millionen Dollar pro Gramm, wie mir unsere Experten bestätigen.«

Er hielt kurz inne.

»Einer von den Experten sagte noch: ›Fragt sich bloß, wo die so viel herbekommen haben.‹«

6.02

Auf dem Flug nach Palermo holte ich meine Dissertation hervor. Ich fand schnell die Stelle, die sich mit Californium beschäftigte.

Die Überschrift von Kapitel drei lautete: »Der beschwerliche Weg zu den transuranischen Elementen«. Ich begann zu lesen. Es war wie eine Zeitreise.

> Lange war die Menschheit auf der Suche nach ihnen und prophezeite ihre mögliche Existenz. In der Welt der Wissenschaft brodelte die Gerüchteküche. 1935 wurde Meitner und Hahn die gemeinsame Verantwortung für das sogenannte »Uranprojekt« in Berlin übertragen.
>
> Theoretisch sind »transuranische Elemente« ein Oberbegriff für alle Elemente, die schwerer als Uran sind, also mehr Protonen als dieses im Atomkern haben und eine höhere Ordnungszahl als 92 besitzen. Praktisch gesehen waren und sind sie viel mehr als das. Transuranische Elemente sind von Natur aus instabil, existieren meist nur für Sekundenbruchteile und werden auch »synthetische« Elemente genannt, weil das einzige Transuran, das auf der Erde natürlich vorkommt – und das auch nur in verschwindend geringen Mengen –, Pluto-

nium ist. Außerhalb von Labors hat man die anderen Transurane lediglich in Atomreaktoren oder nach Kernwaffentests entdecken können.

Die beiden Elemente, die später als Neptunium und Plutonium bekannt wurden, trugen wegen ihrer mutmaßlichen Ordnungszahlen lange die Bezeichnungen Element 93 und 94. Man ahnte zwar, dass sie existierten – alle theoretischen Berechnungen deuteten darauf hin –, doch unter den damaligen Bedingungen war es nicht möglich, solche Elemente herzustellen.

Mit dem Krieg und dem Manhattan-Projekt ergaben sich neue Möglichkeiten und Motive. Erst jetzt bemühte man sich ernsthaft, die neuen Elemente herzustellen und die Transmutation von einem Element zum anderen in Gang zu setzen. 1940 wurde Neptunium generiert, bald darauf auch Plutonium, die Substanz, die gemeinsam mit Uran die Atombombe ausmacht.

Plutonium wurde jedoch nicht von Meitner und Hahn entdeckt, obwohl sie länger als andere mit transuranischen Elementen gearbeitet hatten. Dieses Verdienst kommt vielmehr Glenn Seaborg zu, einem schwedischstämmigen Amerikaner. Das galt nicht nur für Plutonium, das Seaborg später in Los Alamos auf ein waffenfähiges Maß anreicherte, sondern auch für eine Reihe weiterer neuer Elemente, die er in kurzer Folge entdeckte.

Curium und Americium wurden 1944 und 1945 entdeckt, hatten jedoch keine praktischen Auswirkungen auf den Krieg. Nach dem Friedensschluss, in der kurzen Zeitspanne zwischen heißem und Kaltem Krieg, wurde Seaborg eine Chemieprofessur an der Universität von Kalifornien in Berkeley zugesprochen. Zu Beginn der Fünfzigerjahre stellte sein Team dort fünf verschiedene transuranische Elemente in ebenso vielen Jahren her: zuerst Berkelium und Californium – benannt nach ihrer Geburtsstätte –, danach Einsteinium, Fermium und Mendelevium.

Die Fotografie auf der gegenüberliegenden Seite (Abb. 13) zeigt eine historische Sonderausgabe der *Chemical & Engineering News*. Darauf sind Seaborg und sein Kollege Stanley Thompson vor einem dunklen Hintergrund zu sehen, wie sie gebannt auf ein Reagenzglas mit einer glitzernden, hellen Substanz schauen. Die Bildunterschrift unterstreicht die Bedeutung der Entdeckung: »Magier. Die Forscher Thompson und Seaborg posieren 1948 wie Alchemisten, kurz vor der Entdeckung des Californiums.«

Im Abbildungsteil (s. Anhang) findet sich eine weitere Fotografie des Californiums (Abb. 36). Sie zeigt eine Petrischale mit einer silbrigen Substanz. Die ursprüngliche Bildunterschrift besagt, dass das Gefäß einen Durchmesser von kaum einem Millimeter aufweist. Das überrascht wenig, wenn man bedenkt, dass Californium als eines der teuersten Materialien der Welt gilt. Zum Zeitpunkt dieser Arbeit liegt der Preis bei etwa 60 Millionen Dollar pro Gramm.

Im folgenden Kapitel werde ich das Californium und seine unterschiedlichen Verwendungsmöglichkeiten näher betrachten. Es geht nicht nur um seine Rolle als »Neutronenkanone« zum »Zünden« von Atomreaktoren oder zur Erschaffung weiterer neuer Elemente, sondern auch um seine Anwendung in der Behandlung von Krebs oder bei der Suche nach Gold oder Öl.

Im folgenden Abschnitt werde ich mich ebenfalls mit einigen spekulativeren Theorien über den Einsatz von Californium als aktiver Komponente in nuklearen Kleinstwaffen beschäftigen, von Atombomben in der Größe eines Rucksacks bis hin zu einer Atompistole mit Californium-gefüllten Patronen, deren Existenz jedoch nie nachgewiesen wurde.

Zunächst möchte ich mich jedoch ein wenig näher mit dem Forscher und Nobelpreisträger Seaborg beschäftigen. Auf den folgenden Seiten finden sich weitere Fotografien von ihm. Die erste, ein wenig unscharfe (Abb. 14), zeigt Seaborg umgeben von Studenten auf dem Weg in den Hörsaal bei einem seiner vielen Besuche in Schweden. Seaborg liebte Schweden und reiste oft in diese zweite Heimat, sei es als Ehrengast bei schwedisch-amerikanischen Treffen oder um Vorlesungen in seinem Fachgebiet zu halten. Nicht zum Nachteil dürfte ihm gereicht haben, dass er auf diese Weise seine Kontakte zum Nobelkomitee pflegen konnte. Im Jahr 1951 wurde ihm und seinem Kollegen Edwin McMillan der Nobelpreis für ihre »Entdeckungen in der Chemie der transuranischen Elemente« zuerkannt.

Auf der gegenüberliegenden Seite (Abb. 15) sind Seaborg und Meitner beim Nobelpreis-Dinner in Stockholm zu sehen. Seaborg lächelt stolz in die Kamera, Meitner macht, wie so häufig, einen verschüchterten Eindruck. Die eine Seite ihres Gesichts wirkt überglücklich, die andere blasser, beinahe kränklich.

Ihr seltsam zwiespältiges Gesicht ist auch auf weiteren Fotografien auf den folgenden Seiten zu sehen, etwa auf Abb. 41, dem einzig bekannten Bild von Lise Meitner und Edward Teller, dem Vater der Wasserstoffbombe. Ebenfalls im Bild ist Enrico Fermi, der eine zentrale Rolle bei der Entwicklung der Atombombe in Los Alamos spielte.

Auf der Rückseite ist vermerkt: »Treffen, Chicago, Juni 1946«. Das Foto wurde demnach gegen Ende der Gastprofessur aufgenommen, die Meitner an der Katholischen Universität Amerikas in Washington D.C. innehatte.
Es findet sich jedoch kein Hinweis darauf, worum es bei diesem Treffen ging. In ihrem Tagebuch notiert Meitner lediglich, dass es von »erdrückenden Sicherheitsmaßnahmen« begleitet worden sei. Und fügt hinzu: »Man fühlte sich eher wie das Mitglied eines Geheimbundes denn als Teilnehmerin an einer wissenschaftlichen Diskussion.«
Gegenüber dieser Fotografie findet sich eine spätere (Abb. 42). Sie zeigt Seaborg bei Meitner zu Hause in Cambridge, wohin er gereist war, um ihr den prestigeträchtigen Enrico-Fermi-Preis für ihre »weitreichenden experimentellen Studien, die zur Entdeckung der Kernspaltung führten« zu übergeben. Der Preis war eine verspätete Wiedergutmachung für den entgangenen Nobelpreis und all die anderen Auszeichnungen, die Meitner nicht erhalten hat. Als die Ehrung publik wurde, teilte Meitner mit, dass sie nicht über den Atlantik zu reisen gedenke, um den Preis entgegenzunehmen. Dies wurde zunächst so interpretiert, dass sie nicht mit der Bombe in Verbindung gebracht werden wollte. Als Seaborg anbot, stattdessen zu ihr nach Cambridge zu reisen, willigte sie jedoch ein und empfing ihn, so heißt es, mit Freude und Stolz.
Auf dem Foto nimmt die fast neunzigjährige, sichtlich glückliche Meitner eine kleine schwarze Schachtel entgegen. Darin kann nicht die Medaille selbst enthalten gewesen sein, denn diese liegt bereits in einer samtenen Schatulle neben der laminierten Urkunde auf ihrem Schoß.

Trotz intensiver Recherchen konnte ich nicht in Erfahrung bringen, was sich in dieser Schachtel befand. In meinem Fazit (Kapitel 10) umreiße ich dennoch einige Thesen zu dieser Frage und ihre Bedeutung für unsere Sicht auf diese Frau und das Rätsel, das sie umgibt.

6.03

Ich legte die Dissertation beiseite und versuchte zum ersten Mal seit über vierundzwanzig Stunden, ein wenig zu schlafen.

Aber mir schwirrten zu viele Fragen im Kopf herum.

Warum hatte Ingrid der Rückkehr nach Washington zugestimmt? Warum hatte Edelweiss uns laufen lassen? Was genau war auf der Toilette am Flughafen geschehen und wodurch war die gewaltige Explosion ausgelöst worden? Wer hatte gewonnen, wer verloren? Was hatte das Californium mit all dem zu tun?

Ich verzichtete darauf, diese Fragen an Ingrid zu richten, da ihre Antworten ohnehin nur selten einen Sinn für mich ergaben.

Als ich schließlich doch noch in einen unruhigen Schlaf versank, träumte ich von dem Atompilz vor dem Flugzeugfenster. In meinem Traum betrachtete ich entsetzt und fasziniert zugleich die unermessliche Kraft, die sich da Bahn brach. Ich war wie ein Drogensüchtiger, der seinen Flash erlebt.

Diese Sucht, diese Sehnsucht nach der schlimmsten denkbaren Katastrophe war ein universelles Symptom. Die Psychologen hatten sogar einen Namen dafür: »Weltuntergangssyndrom«.

Edelweiss hatte sich in West Point viel Mühe gegeben, uns zu zeigen, was auf dem Spiel stand. Er hatte uns die Tragweite und Verantwortung unserer Aufgabe verdeutlichen wollen und stets den großen Unterschied zwischen Atom- und Wasserstoffbombe, Kernspaltung und Kernfusion, nuklearen und thermonuklearen Waffen betont. Er hatte uns darauf hingewiesen, dass die allererste Wasserstoffbombe bei ihrem Test bereits eine Sprengkraft von 10,4 Megatonnen entfaltet hatte, das Tausendfache der Hiroshima-Bombe.

In den Seminaren in West Point las er uns diese Fakten mit seiner schrecklich sanften Stimme vor: die Beschreibungsversuche, die Augenzeugenberichte.

»Ich dachte, die ganze Welt steht in Flammen. Die Hitzewellen brannten mir im Nacken, obwohl unser Schiff fünfzig Kilometer von der Abwurfstelle entfernt war. Der blendend helle Lichtkegel hatte einen Durchmesser von etwa fünf Kilometern und schien reglos über dem Boden zu schweben, bis er sich in den Himmel erhob wie ein gigantischer Gasballon, ein fremder Planet, eine zweite Sonne.«

Dies schrieb ein Marinesoldat, ein ehemaliger Literaturstudent aus Harvard, nach dem ersten Wasserstoffbombentest in einem Brief nach Hause.

Dann ging Edelweiss in unserem Hauptquartier zu echten Aufnahmen und Simulationen über. Das bedeutete für uns stundenlanges Sitzen in einem Hörsaal, der vier Stockwerke unter der Erdoberfläche lag. Das Licht wurde gedimmt und eine große Leinwand von der Decke heruntergefahren. Ein Vortrag begann mit der

Demonstration, wie es ausgesehen hätte, wenn die »Bikini Baker«-Atombombe direkt über Manhattan explodiert wäre, mit derselben Sprengkraft wie die Nagasaki-Bombe.

Die Wolke breitete sich langsam, wie in Zeitlupe, aus und erreichte schließlich eine Breite von einigen Hundert Metern über unserer schmalen Insel. Als sich die Druckwelle näherte, erzitterte die tonlose Aufnahme kurz, dann folgten Feuer und Zerstörung. Als dieser Teil der Simulation endete, blieb der Raum dunkel. Eine erdrückende Stille umgab uns.

Dann tauchte aus der Dunkelheit erneut die Skyline von Manhattan auf. Die Zeitanzeige in der unteren Ecke des Bildes bewegte sich in Tausendstel Sekunden. Doch diesmal war der Himmel über den Wolkenkratzern in gleißendes weißes Licht getaucht und der Feuerball verschluckte ganz Manhattan. Dann trat die eigentliche Wirkung ein, ganze Wolkenkratzer knickten ein wie Streichhölzer.

Niemand sagte etwas, wir versuchten das gerade Gesehene zu verarbeiten. Nach einer Minute völliger Stille erklärte Edelweiss – noch immer durch den Lautsprecher und im Halbdunkel, damit ja keine Behaglichkeit aufkam –, dass sich der Unterschied zwischen einer Atombombe und einer Wasserstoffbombe auf diese Weise am deutlichsten demonstrieren ließe.

Die erste Simulation, fuhr er fort, zeige eine Atombombe alten Typs, die zweite das Szenario mit »Mike«, dem ersten getesteten Modell der Wasserstoffbombe. Dieses hätte die gesamte Innenstadt New Yorks mit einem einzigen Wimpernschlag hinweggefegt, und den größten Teil der restlichen Metropole obendrein.

Es folgten die sekundären Auswirkungen: Brände, geschmolzener Asphalt, der sich mit glühenden Menschenleibern zu einem neuartigen organischen Gemisch verband. Kochendes Wasser im New Yorker Hafen. Unvorstellbare Strahlenmengen.

Edelweiss wollte wohl, dass wir uns die Situation bildhaft einprägten und uns bewusst machten, wie fragil die Welt seit dem ersten Atombombentest geworden sei, als sich allen anderslautenden Prognosen zum Trotz gezeigt hatte, dass diese Technologie praktikabel war. Umso mehr galt das für die Wasserstoffbombe.

Und er wollte uns vielleicht auch zeigen, dass es immer ein ganz gewöhnlicher Mensch war, der die anonyme Maschinerie in Gang setzte, der die erforderlichen Vorbereitungen autorisierte und am Ende womöglich den Knopf drückte. Verantwortlich war immer ein Mensch – ein fehlbarer, verführbarer Mensch.

Über die Lautsprecher des stockdunklen Hörsaals hatte Edelweiss verkündet, dass das »Gleichgewicht des Schreckens« nicht länger eine Frage von Staaten, militärischen Allianzen, politischen oder religiösen Ideen sei. Dass es in Friedenszeiten vielmehr von jeder einzelnen Person abhinge, die in die Nähe von atomaren Waffen kam. Dass diejenigen von uns, die ins Innere des Systems gelangten, allem voran sich selbst misstrauen mussten. Zu jedem Zeitpunkt.

Dann spielte er die echten Filmaufnahmen ab. Zuerst: »Greenhouse-Dog, 81 Kilotonnen, Eniwetok-Atoll, April 1951«. Noch keine thermonukleare Bombe, aber der letzte Test einer Mark-6-Atombombe, die noch ein Jahrzehnt lang in Verwendung blieb. Im Vordergrund sah man etwa dreißig VIP-Gäste in einem tahitianischen

Inselparadies. Sie hatten es sich auf den weißen Liegestühlen des Offiziers-Strandclubs bequem gemacht, gerade außerhalb der Gefahrenzone. Alle mussten dunkle Schutzbrillen tragen, während sie zusahen, wie der Feuerball den Himmel erleuchtete. Wie im Freiluftkino.

Danach kamen die Wasserstoffbombentests. »Erie, 15 Kilotonnen, Eniwetok-Atoll, Mai 1956«. Edelweiss hielt das Bild an genau der Stelle an, wo die gesamte Gruppe sich wegdrehte, um die Augen zu schützen. »Stokes, 19 Kilotonnen, Nevada-Wüste, August 1957«, eine Qualle mit Tentakeln aus Sand und Feuer, die sich nach den Dünen ausstreckten. »Oak …«, auf demselben zersprengten Atoll, »8,9 Megatonnen, Mai 1958«: Die Soldaten sitzen wie Schulkinder bei einem Picknick am Rand einer Klippe. So ging es immer weiter durch die Geschichte der Atomwaffentests – bis zum Kernwaffenteststopp-Vertrag von 1996.

Eine thermonukleare Waffe war imstande, den Atomkern nicht nur zu spalten, sondern ihn mit einem anderen zu verschmelzen. Sie konnte die Natur manipulieren, die inneren Prozesse der Sonne simulieren, die eigentlichen Vorbedingungen des Lebens – und von nun an auch des Aussterbens.

Wir versuchten, das Unbegreifliche zu begreifen.

6.04

Kurz bevor wir in Palermo landeten, war Ingrid wieder erwacht. Als wir uns im Menschengetümmel der Ankunftshalle befanden, löcherte ich sie mit Fragen – zur Sicherheit auf Schwedisch –, doch sie wich wie immer elegant aus. Schließlich gab ich es auf.

Wenn ich sie recht verstand, war dies die letzte Phase ihres A-Plans, die zu dem Punkt führen würde, an dem diese gestörte Frau und ich buchstäblich das Schicksal der Welt in unseren Händen halten würden. Eine unmenschliche Last würde allein auf unseren Schultern liegen, und all die Dreiecke und Kreuze auf ihrer Weltkarte wären ein für alle Mal vereint. Unser globales Atomwaffensystem wäre entweder kurzgeschlossen oder scharfgemacht.

Aus irgendeinem Grund war ich ihr bis hierher, bis zu dieser letzten Station, gefolgt. Vielleicht, um etwas zu verhindern. Vielleicht auch nur, um zu sehen, wie das Ganze ausging. Wie bei einem Film.

Ich folgte ihr wie ein Hund an der Leine oder eine Puppe dem Marionettenspieler. Keine von Ingrids Handlungen war vorhersehbar. Und so stiegen wir am Flughafen Falcone-Borsellino nicht in den Zug, sondern nahmen den Bus. Der Flughafen ist nach zwei Richtern benannt, die Anfang der Neunzigerjahre der Mafia zum Opfer fielen. Sie flogen in die Luft und kamen als säkulare Märtyrer in den Himmel.

Wieder mischten wir uns unter die Menge. Wir drängten uns in einen voll besetzten Bus, der ins Stadtzentrum fuhr. Der Verkehr war höllisch zu Beginn des *riposo*, und wir kamen nur schleichend voran.

Vermutlich rechnete Ingrid damit, dass wir beobachtet wurden, dass eine oder mehrere Personen uns gefolgt waren und uns hier erwarteten, dass Edelweiss uns nur deshalb freigelassen hatte, um unserer Spur zu folgen. Sie würden abwarten, um zu sehen, wie weit die Verschwörung vorangeschritten war – Ingrids Werk, an dem sie, wie sie sagte, seit Jahrzehnten arbeitete.

Ich sah sie an, während sie sich mit dem sperrigen Rucksack zwischen den Füßen leicht an mich lehnte. Ich betrachtete ihr neues Gesicht: mehr Garbo als Bergman. Diese Frau hatte mich mein gesamtes Erwachsenenleben hindurch als Leitfigur und Mentorin begleitet, zuerst als faszinierende Dozentin, dann als Doktormutter, schließlich als Alpha. Danach als eine Art Expeditionsleiterin – eine von der Art, die einen nicht aus dem Sumpf herausführt, sondern immer weiter hinein. Tief in mein Inneres, in das Herz des gesamten Systems. *Wir zwei gegen die Welt*.

Sie erwiderte meinen Blick nicht, sondern sah aus dem Fenster: neugierig, wie eine Touristin. Ich wandte den Blick von ihr ab, sah ebenfalls hinaus.

Ich war schon oft hier gewesen, war direkt in Sigonella, im Südosten der Insel gelandet. Dort starteten unsere Bomber, aber auch die unbemannten Drohnen in den

Nahen Osten. Dort stand unser Bollwerk gegen die Islamisten.

Ich hatte noch nie den Flughafenbus genommen und die Insel vom Boden aus erkundet. Einerseits wirkte nun alles weniger Angst einflößend, andererseits aber umso mehr. Hoch oben in der Luft oder auf den Bildschirmsimulationen sah man keine Menschen, da gab es niemanden zu schützen oder zu eliminieren. Hier sah man sie überall, drinnen im Bus und draußen: wimmelnd, schwitzend, brüllend, hupend. Der menschliche Faktor.

Als wir am Hauptbahnhof von Palermo ausstiegen, sprach Ingrid die erste Person, die uns über den Weg lief, in perfektem Italienisch an. Anscheinend war es nicht mehr weit bis zu unserem Ziel. Wir machten uns mit unseren schweren Gepäckstücken auf den Weg. Durch die Straßen blies ein für die Jahreszeit ungewöhnlich heißer Wind, und ich kam bald ins Schwitzen. Man sah das Mittelmeer glitzernd am Ende einiger schmaler Gasse, malerisch wie ein Postkartenmotiv.

Mir war nicht bewusst, wohin wir gingen – bis wir vor dem braunen Mauerwerk des Palazzo Abatellis standen, in dem das regionale Kunstmuseum untergebracht ist. Ich war noch nie dort gewesen. Es beherbergte ein Fresko, das – wie das Bruegel-Gemälde – den Titel »Triumph des Todes« trug. Ingrid hatte mir einst eine Reproduktion zum Geburtstag geschenkt, und ich hatte das Bild in mein Büro gehängt, neben die bekanntere Version des Niederländers. Vor meiner Flucht hatte ich sie aus dem Rahmen genommen und in meinem Rucksack verstaut.

»16:48 Uhr. Uns bleiben zwölf Minuten, mein Schatz«, sagte Ingrid.

Wir überquerten den schönen Innenhof und gingen dann direkt in Halle zwei. Und da war es: riesig, eindrucksvoll, überwältigend.

Obwohl ich alles gelesen hatte, was es über das sechs mal sechs Meter große Fresko zu lesen gab, verschlug mir der Anblick die Sprache. Während des Kriegs war es in vier Teile zerlegt worden, damit man es aus dem Palazzo Sclafani herausschaffen konnte. Eine immense Kraft ging von dieser burlesken Weltuntergangsvision aus dem 15. Jahrhundert aus. Sie war eins der vielen Vorbilder für Bruegels eigene Version, angeregt durch die Pest, die seit dem 14. Jahrhundert in Europa wütete. Der Schöpfer des Werks war unbekannt.

Dieser Version von »Der Triumph des Todes« fehlte das Apokalyptische des Flamen, der giftgelbe Hintergrund, wo alles kahl und verbrannt war. Die Menschen hier wurden auch nicht in Eisenbahnwaggons oder ähnlich moderne Transportmittel geladen, wie in Bruegels visionärem Meisterwerk.

Im Mittelpunkt des Freskos stand der Tod persönlich, in Form eines Totengerippes hoch zu Ross. Ich konnte den Blick kaum von seinem irren Grinsen lösen.

»Ist es nicht wahnsinnig schön?«, fragte Ingrid und legte eine Hand auf meine Schulter.

»Ja, wahnsinnig«, sagte ich.

Schließlich führte sie mich wieder in den Hof. Wir gingen zurück zum Bahnhof, kauften Fahrkarten und schafften es gerade noch rechtzeitig, unseren Zug in Richtung Süden zu besteigen.

Als wir einige Stunden später in Sigonella Station machten, war es bereits dunkel. Da sich der Mond hinter dichten Wolken versteckte, waren nicht einmal die

Konturen der Radaranlagen oben auf den Bergkämmen zu sehen.

Offiziell hatten wir niemals zugeben müssen, dass auf italienischem Boden US-amerikanische Stützpunkte existieren. Das galt auch für Sigonella, denn unsere hiesigen Garnisonen befanden sich auf dem Gelände des NATO-Stützpunkts. Edelweiss' strategischen Präsentationen zufolge verfügten wir jedoch allein in Italien über vierundsechzig eigene Einrichtungen. Insgesamt waren hier mehr als zehntausend amerikanische Soldaten und über einhundert nukleare Sprengköpfe stationiert.

Niemand sollte sich vor uns verstecken können. Der Schlüssel dazu war eine neuartige Erfindung namens MUOS, »Mobile User Objective System«. Kaum jemand kannte seine genaue Funktion oder wusste, warum wir so horrende Summen in die riesigen Parabolantennen steckten, die nachweislich große Mengen schädlicher elektromagnetischer Strahlung in der Sicherheitszone verursachten, also quasi auf ganz Sizilien. Es wusste auch niemand, warum wir so viel Mühe darauf verwandten, den Protest der Anwohner zu unterdrücken.

Das System sollte einmal fünf Satelliten und vier gigantische Bodeninstallationen umfassen, in denen die Antennen untergebracht waren. Schon bald würde der letzte Satellit in Cape Canaveral auf den Weg gebracht werden – und ebenfalls bald, nämlich Anfang 2014, sollte die vierte und letzte Basis hier auf Sizilien in Betrieb genommen werden –, der letzte Punkt der Linie, die quer über den Globus von Westaustralien über Virginia und Hawaii bis hierher führte.

Nirgendwo sonst waren die Satellitenschüsseln auf

so viel Protest wie hier auf Sizilien gestoßen, vor allem in und um die Kleinstadt Niscemi, etwa sechzig Kilometer südlich von Sigonella. Deshalb war noch unklar, wann diese letzte MUOS-Basis eröffnet werden würde.

Wir fuhren durch Sigonella und stiegen in Niscemi aus dem Zug. Die Abendbrise war noch immer warm, meine Armbanduhr zeigte zwanzig Grad an, um 19:39 Uhr, am 23. Dezember 2013.

Der Countdown hatte begonnen.

6.05

Gauben heißt nicht wissen. Das Einzige, was ich wusste, war, dass es völlig unerheblich war, was ich glaubte. Zum Beispiel, was Ingrid als Nächstes vorhatte.

Jetzt lief sie mit schnellen Schritten über den festlich geschmückten Bahnhofsvorplatz, und ich folgte. Wir kamen an einem blauen, neonbeleuchteten Weihnachtsbaum vorbei, betraten einen Supermarkt und steuerten die Fleischtheke an. Sie fragte in ihrem makellosen Italienisch nach dem vorbestellten Truthahn und ließ dann den Jungen in der Gemüseabteilung die restlichen Zutaten in den Einkaufswagen legen: Kartoffeln, frischen Rosenkohl, zwei Sorten Zwiebeln. Dann nahm sie noch eine Konfitüre mit, die nach Cranberry aussah, außerdem Butter und Mehl, Gewürze für die Bratensoße, Weißbrot und getrockneten Salbei für die Füllung. Ich kannte das alles von den Weihnachtsvorbereitungen meiner Mutter. Noch einen Panettone, die zu hohen Pyramiden gestapelt herumstanden, gefüllt mit Pistazien und Schokoladensplittern, und ein paar Flaschen edlen Grappa.

»Genug für die erste Woche«, verkündete sie. »Damit wir uns in diesem Jahr nicht mehr zeigen müssen. Bis die Sache mit Jesús María verraucht ist.«

Es war schon nach Ladenschluss, und ein genervtes junges Mädchen in Weihnachtsmannverkleidung komplimentierte die letzten Kunden hinaus. Wir überquerten den Vorplatz, schwerer bepackt denn je. Trotz unserer sperrigen Rucksäcke beachtete uns kaum ein Mensch, als Ingrid und ich entlang der Via Dante Alighieri in einen der ärmeren Stadtteile gingen. Unsere Tarnung schien glaubwürdig: Der Sohn stapfte mit dem Großteil der Weihnachtseinkäufe einige Schritte hinter der Mutter her, die mit merklich leichterer Tasche voraneilte.

Schritt für Schritt wurde es stiller um uns herum, verriegelte Fensterläden und immer dunklere Häuserzeilen. Die Weihnachtsdekorationen wurden seltener, nur hie und da blinkte noch ein Baum.

Wie schon auf dem Weg vom Bahnhof hierher hingen von vielen Balkons regenbogenfarbene Plakate herab. »No MUOS« stand darauf. Als ich die Einkaufstüten absetzte, um kurz meine Arme zu entspannen und auf die Uhr zu schauen, 20:42, sah ich auf einer der bröckelnden Fassaden das erste Graffito: MAFIA + USA = MUOS. Ein paar Meter weiter folgte die nächste Botschaft in demselben ominösen, tropfenden Blutrot: *»Ein einziger Funke kann einen Aufstand von der Größe eines Blauwals auslösen«*, wie Ingrid mir übersetzte. Auf unserem Weg entlang der steil ansteigenden Via Dante Alighieri folgten weitere düstere Botschaften.

Seit ein paar Jahren kam es zu direkten Konfrontationen zwischen Demonstranten und amerikanischen Sicherheitskräften. Zuerst hatten sich nur die lokalen Medien für die Ereignisse interessiert, aber dann war das Thema auch in die überregionalen Medien vorgedrungen und hatte schließlich sogar die Aufmerksamkeit bestimmter strategischer Militärkommandos erregt – zu diesem Zeitpunkt erfuhr auch der Nukleus von dem lokalen Widerstand.

Die Aktivisten wussten, wie sie größtmögliche Wirkung erzielen konnten. Sie beließen es nicht bei Sprüchen an den Wänden und Plakaten an den Balkonen. Auch der berühmte Streetart-Künstler Blu war eigens in diesen kleinen, entlegenen Bergort gereist, um zwei riesige Wandbilder beizusteuern.

Ingrid blieb jetzt vor einem der beiden stehen. Es hatte sich schnell zu einem Symbolbild entwickelt, nicht nur für die hiesige Widerstandsszene, sondern für die gesamte bunte, rasant anwachsende Friedensbewegung. Amba besaß eine Einkaufstasche mit dem Motiv.

Das Bild war so provokativ wie effektvoll: Ein grinsender Tod spielte auf dem MUO-System wie auf einem Xylophon, und aus den Tasten kamen Raketen anstelle von Tönen. Das war General LeMays Traum im Kalten Krieg gewesen – und offenbar auch der von Ingrid und Falconetti: Kontrolle über alle Kommandozentralen, als seien sie ein einziges Instrument. Die Möglichkeit, all unsere Atomwaffen in einem einzigen historischen Augenblick abzufeuern – oder kurzzuschließen.

Selbst leitende Militärs hatten öffentlich über den genauen Zweck des MUO-Systems spekuliert. Was steckte hinter diesen horrenden Investitionen? Warum reagierten wir auf den Protest der jungen Aktivisten so nervös, ja übertrieben heftig? Nicht nur »Verteidigungsanalysten« in Wirtschaftszeitschriften befassten sich mit dem Thema, sondern auch die Leitartikler der Massenmedien, die sich üblicherweise nicht für uns interessierten. Selbst im Militärapparat gab es anscheinend überraschend viele Personen, die über kaum mehr als die grundlegenden Informationen verfügten.

Die meisten Leute ahnten, dass MUOS in absehbarer Zeit GPS als weltweites Kommunikationsnetzwerk ersetzen würde und dass dieses System, wie so viele andere Alltagstechnologien, zunächst militärisch angewendet und anschließend der Öffentlichkeit zugänglich gemacht werden würde. GPS war schon in den Siebzigerjahren von unseren Verteidigungsbehörden entwickelt worden, auch wenn es erst 1994 zum Einsatz kam. Das Netzwerk war also schon zwanzig Jahre alt – und dennoch fiel uns die Kommunikation mit unseren gefährlichsten Einheiten immer noch lächerlich schwer.

Denn das gesamte Atomwaffensystem war hinter den Kulissen ein Flickenteppich aus kaum funktionierenden Verbindungen. Es wurde immer noch mit Diskettenlaufwerken und anderen veralteten Technologien gearbeitet, oft sogar ohne Back-up. Unsere schwer bewaffneten U-Boote waren das drastischste Beispiel. Sie wurden regelmäßig von Fachleuten und Journalisten als Argument für ganz gegensätzliche Standpunkte ins Feld geführt: entweder für eine umfassende Abrüstung oder für eine dringend benötigte Aufrüstung.

Die *USS Rhode Island* und unsere siebzehn anderen atomaren U-Boote der Ohio-Klasse, die wie moderne Seeungeheuer unsichtbar durch die Tiefen der Weltmeere pflügten, tauchten jetzt nur noch selten an der Oberfläche auf. Jedes einzelne war imstande, ganze Kontinente zu vernichten. Doch wenn wir mit ihnen kommunizieren mussten, während sie sich im »Tarnkappen«-Modus – ihrer Stand-by-Position bei höchster Alarmstufe – befanden, dauerte es bis zu fünfzehn Minuten, um mittels zweier sieben Hektar großer Antennenstationen in Michigan und Wisconsin drei verschlüsselte Buchstaben vom Sender zum Empfänger zu übertragen.

Obendrein verfügte der Kommandant des U-Boots über keinerlei technische Möglichkeiten, um zu bestätigen, dass er die Nachricht erhalten und korrekt verstanden hatte – ob er also beispielsweise auftauchen oder sämtliche Sprengköpfe abfeuern sollte.

Diese Defizite dienten als Rechtfertigung für die neue Kommunikationslösung. Tests in der Arktis und Antarktis hatten gezeigt, dass sich derartige Probleme mit MUOS lösen ließen, da das System über die spektakuläre Fähigkeit verfügte, Kontakt selbst zu vorher unerreichbaren Gebieten herzustellen – nicht nur unter der Meeresoberfläche, sondern auch unter dem Packeis beider Pole, was eine neue Kolonisation dieser Regionen denkbar machte.

MUOS würde über kurz oder lang GPS ersetzen und ganz neue Kommunikationsmöglichkeiten eröffnen. Aber das war nur die halbe Wahrheit. Tatsächlich würde die Technologie auch unser Atomwaffensystem revolutionieren. MUOS fügte sich bestens in unser nukleares Aufrüstungsprogramm ein, die sogenannte »Revitalisierung«. Edelweiss hatte es gern mit unserer überlegenen Nachtgefechtstechnologie verglichen, die gerade rechtzeitig zum ersten Irakkrieg entwickelt worden war. Er prophezeite MUOS eine ähnlich bahnbrechende Bedeutung. Mit diesem Billionen-Dollar-System konnten wir uns das Potenzial der nächsten Generation nuklearer Waffen zunutze machen und all diese kleinen Wunderwerke miteinander synchronisieren. Im Fokus standen die radargesteuerte B61-12-Wasserstoffbombe und unsere neue Generation atomwaffentragender U-Boote mit enorm verbesserter Schlagkraft und Präzision – Raketen mit einer zuvor unvorstellbaren Leistungskraft.

Deshalb also waren wir hier, an dem Ort, wo sich dieses System bewähren sollte, in einer gottverlassenen Stadt in unmittelbarer Nähe unserer letzten MUOS-Basis. Hier war es, das fehlende Bindeglied. Wir marschierten über die steilen Straßen, mit unseren Einkäufen und unserem explosiven Gepäck – und die Graffiti am Wegesrand zeigten mit dem Finger auf uns und schickten uns ihre Verwünschungen hinterher.

An einem menschenleeren Platz am äußersten Rand der Stadt, hoch oben auf dem Bergkamm, lotste mich Ingrid auf einen kleinen Weg, der an einer barocken Kirche vorbeiführte. Im Schutz einer Pinie holte sie ihre Taschenlampe heraus und beleuchtete damit eine laminierte Landkarte, die jemand an einem Torpfosten befestigt hatte. Darauf wurde die Reichweite der Radiofrequenzstrahlung dargestellt, die von den großen Antennen ausgehen würde. Die rote Zone erstreckte sich fast über ganz Sizilien.

Dies war eins der Hauptargumente gegen die Einrichtung. Nachdem der Militärarzt der MUOS-Station an Leukämie gestorben war – was nur durch einen informellen Informationsaustausch zwischen Aktivisten und der Lokalpresse ans Licht kam –, erhielten die Proteste gegen die Gesundheitsrisiken des Systems Schützenhilfe von internationalen Ärztevereinigungen und Bürgerinitiativen. Bald darauf schlossen sich ihnen auch die Mütter der Soldaten an, die auf dem Stützpunkt ihren Dienst leisteten.

Die andere Gruppe von Gegnern bestand aus Friedensaktivisten, die sich gegen dieses militärische Kommunikationssystem stellten, weil es die Kriegsführung erleichterte. Dies wiederum verband die Proteste hier in Niscemi mit der weltweiten Friedensbewegung.

Ingrid wartete also wohl auf den Aufruhr, den das Graffito-Gemälde versprach: einen Aufstand von der Größe eines Blauwals. Sie würde unser Vorhaben mit der Eröffnung der letzten MUOS-Basis koordinieren, genau wie sie es bei den Protesten in Kleine-Brogel getan hatte. Sie würde zuschlagen, wenn sich alle Augen auf den falschen Gegner richteten.

Das Problem war, dass niemand aus unserem Team, nicht einmal Alpha, herausgefunden hatte, wann die offizielle Eröffnung stattfinden würde. Das Datum war ein seit Jahren gut gehütetes Geheimnis. Vielleicht gab es noch gar keinen Termin. Vielleicht würde man einen Termin spontan wählen, um sich die Demonstranten vom Leib zu halten.

Nachdem sie eine Weile vor der Landkarte gestanden hatte, wandte Ingrid sich ab und strebte einem unscheinbaren Gebäudekomplex zu. Kein einziger Lichtstrahl drang durch die Fenster, obwohl es erst halb zehn war. Die schmutzig gelbe Fassade war von Rissen durchzogen und mit Graffiti bedeckt. Nur an einem einzigen Treppenhauseingang brannte Licht – aber das war nicht der unsere.

Wir betraten einen dunklen Flur, und Ingrid holte ihre Taschenlampe hervor. Dann stiegen wir in den obersten Stock.

Selbst wenn sich eine der Türen geöffnet hätte, was für einen Unterschied hätte das schon gemacht? An Orten wie diesen stellt man keine Fragen. Hier beäugten die Nachbarn Fremde wie uns – Soldaten, Zivilpolizisten, amerikanische Agenten? – allenfalls schweigsam durch den Türspion.

Das kleine Eckapartment bot keine Überraschungen. Uns empfing muffiger Schimmelgeruch, im großen Zimmer lagen zwei mottenzerfressene Matratzen auf dem Boden, die offene Küche war nach südländischer Art halb ausgeräumt. Ofen und Kühlschrank waren funktionstüchtig, wobei Letzterer so geräuschvoll brummte, als stünde er kurz vor dem Kollaps. Vom Spülbecken fehlte die Hälfte. Ein uralter Schwarz-Weiß-Fernseher stand neben den Matratzen auf dem Boden – und auf diesem ein zweiter. Bei dem einen funktionierte das Bild, bei dem anderen der Ton.

Kurzum, hier fanden wir das Allernötigste für einen Einsatz: vier Wände, eine abgeschiedene Lage, Ausblick in drei Richtungen.

Die Aussicht war in der Tat der große Pluspunkt des Apartments. Die Konturen der Berge zeichneten sich sanft gegen den nachtschwarzen Himmel ab, an den gewundenen Straßen hinunter zum Meer leuchteten einzelne Lichter, die Sterne funkelten uns an wie geheime Nachrichtencodes, über das Wasser hatte der Mond seinen langen Schleier geworfen … Hier war sie: die Welt, um die bald schon die letzte Schlacht gekämpft werden sollte. Die einzige, die wir haben.

Ingrid verfrachtete den Truthahn in den Kühlschrank und schaltete den Fernseher ein.

CNN berichtete über 97 Todesopfer und etwa dieselbe Anzahl Schwerverletzter bei der Explosion in Dulles, die der Untersuchungskommission zufolge durch ein Leck in den Treibstoffvorratstanks verursacht worden war. Unter den Verantwortlichen rollten bereits die Köpfe. Zwei leitende Angestellte waren zur Kündigung gedrängt worden. Im Studio äußerte ein Experte die Ansicht, der Flughafenchef selbst könne nicht länger im Amt bleiben.

Viele Menschen klagten nach dem Unfall über Unwohlsein, aber dafür hatte sich eine einfache Erklärung gefunden. Mitglieder des Untersuchungsteams hatten bestätigt, dass derlei nach der Explosion großer Kerosinmengen durchaus üblich sei.

Das war die Lage kurz vor Weihnachten. Alles vertuscht, erfunden, verzerrt, in Erwartung irgendeiner Lösung.

6.06

Am Abend des ersten Weihnachtstags – nachdem wir zwei Tage lang immer wieder den Hybrid und das mobile Terminal überprüft und die Nachrichten verfolgt hatten, alles in einer Atmosphäre paradoxer Friedlichkeit – schenkte sich Ingrid, die am Herd stand und kochte, noch einen Grappa ein und verkündete, dass der Truthahn fertig sei.

»Geh und wasch dir die Hände, mein Schatz.«

Ich ging ins Badezimmer, schloss die marode Tür und drehte den Wasserhahn auf.

Ich sah auf die Uhr. 21:29 hier in Südeuropa, höchste Zeit für den Truthahn zu Hause oder – wie ich es nennen sollte – auf der anderen Seite des Atlantiks. Ich wählte Ambas Nummer. Wartete, zögerte, ehe ich den grünen Knopf drückte.

Nachdem es zweimal geklingelt hatte, legte ich wieder auf. Ich hatte es mir selbst versprochen: Ich würde nie wieder Ambas Stimme hören, nicht einmal auf dem Anrufbeantworter.

Stattdessen tätigte ich einen weiteren Anruf. Die Frau am anderen Ende der Leitung war sehr freundlich, wusste sofort, wen ich sprechen wollte, und ging sie holen. Als sie ans Telefon kam, klang ihre Stimme verwirrt – wie jedes Jahr.

»Hallo? Bist du das?«

»Wer sonst, Mom? Das Jahr ist schon wieder um. Ich wünsche dir frohe Weihnachten! Und falls es dich interessiert, ich habe in diesem Jahr wieder gewonnen.«

Sie zögerte, und ich bemerkte bei ihr eine diffuse Angst, eine böse Vorahnung.

»Unsere Wette! Ich habe auch diesmal als Erster zu Weihnachten angerufen, Mom.«

Nur ihr Atem war zu hören. Die Stille war wie eine brüchige Wand.

»Wir wollen gleich Truthahn essen, nach deinem tollen Rezept. Mit der einfachsten Füllung der Welt. Du weißt ja: Salbei, Zwiebeln und Semmelbrösel.«

»Truthahn?«, brachte sie langsam hervor, als jener irrationale Zorn wieder aufkeimte: »Bei uns gab es nie Truthahn, Erasmus. Ich habe Geflügel gehasst!«

Ich ließ ihren Ärger an mir abprallen. Mich ergriff immer ein beklemmendes Gefühl, wenn sie von sich in der Vergangenheitsform sprach.

»Ich muss jetzt Schluss machen. Ich habe hier noch einiges zu erledigen, Mom. Aber ich wünsche dir ein schönes Weihnachtsfest.«

Sie schwieg, vermutlich auf der Suche nach einer ihrer Standardfloskeln. Sätzen aus der Vergangenheit.

»Ich verstehe ... Das wünsche ich dir auch, mein Sohn. Pass auf dich und deine wundervolle Familie auf«, erwiderte sie.

»Natürlich. Ich soll dir auch ganz liebe Weihnachtsgrüße von ihnen ausrichten. Wir sprechen uns bald wieder, Mom.«

»Aber ja, Erasmus. Und vergiss nicht, bestell allen liebe Grüße.«

Ich drückte den roten Knopf, ließ kaltes Wasser ins Waschbecken laufen und nahm so viel Sauerstoff in meine Lunge auf, wie ich konnte. Dann tauchte ich den Kopf unter Wasser. Ich zählte – dreißig Sekunden, vierzig, fünfzig, sechzig –, bis ich wieder auftauchte und die Toilettenspülung betätigte, um meinen Schmerzensschrei zu übertönen.

Als ich das Badezimmer verließ, legte Ingrid gerade ihr Handy neben den Herd.

»Ich habe die Gelegenheit zu einem Anruf genutzt, solange du da drin verschwunden warst.«

Ihre Bewegungen wirkten seltsam schwerfällig. Vielleicht lag es am Grappa. Vielleicht steckte auch mehr dahinter.

»Sixten lässt dir schöne Weihnachtsgrüße ausrichten, Erasmus.«

»Sixten?«

»Er sagte, er kommt her, wenn es so weit ist. Persönlich, kein Alias diesmal. Er hat Ainas ausdrückliche Erlaubnis, sich dem Endkampf zwischen Gut und Böse anzuschließen. Vielleicht um gekreuzigt und zum Märtyrer zu werden wie wir, mein Schatz. So hat er es mir gesagt. Aina wird zu Hause bleiben. Dieses Unschuldslamm.«

»Und Lisa? Ist sie in Sicherheit?«, fragte ich.

Sie antwortete nicht, sondern bückte sich, um den Truthahn aus dem Ofen zu holen, mindestens dreieinhalb Kilo, nur für uns. Sie sprach nicht, sondern konzentrierte sich darauf, ihn auf den Tisch zu bringen – und dann passierte das Unglück. Zuerst geriet sie aus dem

Gleichgewicht und schwankte, wodurch das Bratenfett vom Backblech auf den Boden spritzte. Dann rutschte sie auf dem Fett aus. Der Truthahn flog in hohem Bogen durch die Luft, wie in Zeitlupe, prallte einige Male vom Boden ab und blieb schließlich mit in die Luft gestreckten Beinen liegen.

Ich wäre wahrscheinlich in schallendes Gelächter ausgebrochen – zum ersten Mal seit unserer Flucht im September –, wenn Ingrid nicht angefangen hätte zu weinen. Sie zitterte und bebte wie ein kleines Kind.

Ich ging zu ihr, versuchte, sie in den Arm zu nehmen, zu trösten. Sie schüttelte bloß mit Nachdruck den Kopf und schloss die Augen. Als sie sie wieder öffnete, waren sie vom Alkohol und einem unbestimmten Kummer getrübt wie ein beschlagener Spiegel.

»Es tut mir leid«, brachte sie hervor.

»Was denn?«

Sie antwortete nicht, hockte sich bloß hin und versuchte, den glitschigen Vogel aufzuheben, ließ ihn dabei jedoch ein weiteres Mal fallen. Erst als sie es geschafft hatte, den Truthahn auf den Tisch zu stellen, wandte sie sich zu mir um.

»Dass ich unser Weihnachtsessen verdorben habe.«

Sie hantierte mit den Tellern, rückte das Besteck zurecht und holte tief Luft, ehe sie mich fragte: »Könntest du dich dazu durchringen, den Truthahn trotzdem zu essen?«

Ich nickte. »Warum denn nicht?«

Sie setzte sich, goss Wasser in eins der Gläser und leerte es in einem Zug, blinzelte, öffnete wieder die Augen. Die Tränen bildeten immer noch einen glasigen Film auf ihrer Netzhaut.

»Danke, mein Schatz.«

Ich setzte mich ihr gegenüber, und sie tranchierte den Vogel, als ob sie eine Autopsie durchführen würde.

»Aber um deine Frage zu beantworten … Lisa ist wieder frei und in Sicherheit, Gott sei Dank. Sie kommt aber nicht her. Obwohl Sixten sagte, dass sie sich unbedingt an ihren Geiselnehmern rächen will.«

»Warum kommt sie dann nicht mit?«

Ingrid ging zu einem der Küchenschränke, öffnete ihn und starrte in sein Inneres. Vielleicht wollte sie ihren Gesichtsausdruck verbergen, als sie endlich antwortete: »Sixten hat mir versprochen, dass ich sie nie wiedersehen muss.«

6.07

Ingrid holte die Weinflasche aus dem Schrank, schob den Truthahn beiseite und stellte die Flasche mit Schwung in die Mitte des Tischs.

»Château Latour. Der war schon sieben Jahre alt, als ich ihn in den Sechzigern kaufte, auf Empfehlung einer Frau in einem kleinen Weinladen in Cambridge. Heutzutage wird dafür auf Auktionen viel Geld gezahlt. Möchtest du ein Glas?«

Mir blieb keine Zeit, meine Hand über das Glas zu halten. Ich hatte eigentlich vorgehabt, bis zu unserem Einsatz keinen Tropfen Alkohol zu trinken, und ich wusste noch immer nicht, ob er heute Abend oder in einem Jahr stattfinden würde. Sie füllte mein Weinglas bis zum Rand. Es sah aus wie ein Zaubertrank. Tief dunkelrot, fast schwarz.

»Ursprünglich wollte ich ihn Sixten schenken. Aber dazu kam es nie.«

Sie goss sich selbst ein und hob ihr Glas mit dem Anflug eines Lächelns.

»Ich finde, wir sollten ihn gleich probieren. *Skål*, Erasmus! Auf die Ironie und den tödlichen Ernst der Menschheitsgeschichte.«

Ich hob mein Glas. Die Flüssigkeit rann langsam meine Kehle hinunter. Der Wein war göttlich – und passte überhaupt nicht zu unserer Situation: dem heruntergekommenen kleinen Unterschlupf, der schrecklichen Aufgabe, die vor uns lag, meiner Abhängigkeit von dieser Frau.

Dann begann sie, Truthahnstücke und Beilagen auf meinen Teller zu heben. Ich sah einfach zu: helles und dunkles Fleisch, die stark nach Salbei duftende Füllung, Kartoffeln, gekochte kleine Zwiebeln, Rosenkohl und schließlich noch die Cranberry-Konfitüre und die Soße, in der das Bratenfett glänzte.

Ingrid widmete sich ihrer Aufgabe mit Präzision und Sorgfalt. Weil sie die Bedeutung des Details für das Ganze betonen wollte.

Ich nahm einen Bissen, dann einen weiteren und versank in Weihnachtserinnerungen.

»Schmeckt's?«, fragte sie.

»Hervorragend. Gratuliere. Genau wie bei meiner Mutter!«

»Ich bin deinen Beschreibungen genauestens gefolgt, mein Schatz. Deshalb habe ich auch die Kartoffeln ein bisschen zu lange gekocht, wie du gewiss bemerkt haben wirst.«

Als sie ihr Glas geleert hatte, griff Ingrid nach der Flasche. Sie betrachtete versonnen das Etikett, beugte sich vor und las: *Grand Vin de Château Latour, Premier Grand Cru Classé ... 1961.*

»Siehst du? Nicht der kleinste Kratzer auf dem Etikett. Obwohl die Flasche einiges durchgemacht hat, das kannst du mir glauben. Meistens hatte ich allerdings etwas zum Einwickeln zur Hand. Ich habe sie um die halbe Welt getragen, durch die Tore der Hölle, ganz dicht an meinem Herzen. Fast wie ein Kind, Erasmus.«

Sie leerte das halbe Glas auf einen Schluck. Ich nippte bloß an meinem und blieb wachsam, weil ich spürte, dass der Augenblick der Wahrheit gekommen war.

»Ich habe immer geglaubt, dass ich ihm die Flasche schenken würde, wenn der richtige Zeitpunkt gekommen ist. Ich hielt sie die ganze Zeit versteckt. Fast ein halbes Jahrhundert lang hatte ich sie fast vergessen. Vom 2. März 1970 bis zum letzten Herbst habe ich keinen Tropfen Alkohol getrunken. Bis ich Sixten und Aina wiederbegegnet bin, oben in Ursvik.«

Als sie innehielt, nahm ich erstmals Geräusche aus der Wohnung unter uns wahr. Es klang wie ein gebetsartiges Murmeln, Musik, ein Chor – eine Wiederholung der vorabendlichen Mitternachtsmesse im Fernsehen, wie ich hoffte. Vielleicht waren es auch meine eigenen Geister.

»Aber auch dort fand ich keine Gelegenheit, sie ihm zu schenken. Also dachte ich mir, dass wir beide die Flasche heute Abend köpfen könnten. Zusammen. Ich habe dich immer als meinen himmlischen Sohn angesehen, Erasmus. Einen Schatz, den mir der Himmel geschickt hat.«

Ich sah auf meinen Teller herab, suchte nach einer Antwort auf ihr kleines beschwipstes Melodram. Aber mir fiel nichts ein.

»Wir waren ja noch so jung. Ich war gerade siebzehn, als wir uns das erste Mal in den Tunneln begegneten, die zu unserem geheimen Treffpunkt wurden, und er war bloß zwei Jahre älter. Beide waren wir völlig von unserer Vision gefangen. Vom ersten Tag an hatten wir einen

Plan, der unser ganzes Leben bestimmte – nicht nur für uns selbst, sondern für das Land, den Kontinent, die ganze Welt. Bis ans Ende aller Zeiten.«

Ich sah sie an. Sie erwiderte meinen Blick nicht, nahm einen kleinen Bissen von ihrem Truthahn, den sie ansonsten noch nicht angerührt hatte. Sie kaute gedankenverloren, konzentrierte sich auf ihre Erzählung, versuchte angestrengt, sich zu erinnern.

»Und du musst eins verstehen, Erasmus – die Nachkriegszeit war unbeschreiblich, überall Trompetenstöße und Himmelfahrtsfanfaren. Du hast natürlich so gut wie alles gelesen, was es darüber zu lesen gibt, aber du hast trotzdem keine Vorstellung davon. All diese Träume von Dingen, für die der Mensch niemals bestimmt war. Und als Schwedens Atomwaffenprogramm gegen Ende der Vierzigerjahre ins Leben gerufen wurde, dachte man natürlich, dass wir in Schweden auch eine Atombombe bauen sollten. Die Idee war die Konstruktion einer Waffe, die auf Kernspaltung basiert, wie sie die USA und die Sowjetunion bereits besaßen.«

Sie schaute an mir vorbei. Sie setzte offensichtlich zu einem ihrer längeren Monologe an.

»Doch wir hatten Meitner. Sie war *unsere* Geheimwaffe. Sixten hat sie einmal persönlich getroffen, tief im Felsen, während er die rot leuchtenden Dioden installierte, die man uns als Prototypen gegeben hatte. Die erste Aufgabe eines neunzehnjährigen, frischgebackenen Absolventen der Ingenieursschule. Meitner war gerade dabei, Schweden und ihr unterirdisches Labor zu verlassen. In diesem historisch wichtigen Moment – zu Beginn der Sechziger – liefen sie sich über den Weg, ganz in der Nähe der roten Falltür.

Sixten hat es als kurze, höchstens fünfzehn Minuten lange, aber intensive Begegnung beschrieben. Nur die beiden allein im unwirtlichsten Teil des Felsens. Meitner fand dennoch die Zeit, ihm alles in groben Zügen zu erklären. Vielleicht wollte sie es sich von der Seele reden, bevor sie nach Cambridge floh.

Meitner erzählte ihm also, dass sie seit ihrem Aufenthalt in den USA mit ihren Kollegen in schriftlichem Kontakt geblieben war. Diese Korrespondenz haben wir ja leider nie gefunden. Sie korrespondierte natürlich mit ihrem Neffen Otto Robert Frisch, außerdem mit Hahn, Fermi, Teller, Seaborg, sogar mit Oppenheimer.

Niemand verstand, woran sie arbeitete. Beinahe alle Beteiligten dachten, es ginge um das Atombombenprojekt. Dass dies das Geheimnis sei, das es zu hüten galt, selbst gegenüber der Regierung. Und tatsächlich blieb es ganze fünfunddreißig Jahre lang ein Geheimnis – bis ein Wissenschaftsmagazin damit prahlte, das schwedische Atomwaffenprogramm der Achtzigerjahre *enthüllt* zu haben.

Doch das war bloß ein Ablenkungsmanöver, mein Schatz. Denjenigen, die all das für sie arrangiert, die dieses streng geheime, hochmoderne Untergrundlabor für sie eingerichtet hatten, erzählte Meitner, dass wir in Schweden die Kernspaltungsbombe einfach überspringen und gleich mit der Fusionstechnologie einsetzen könnten.

Als Amerika 1952 die erste Wasserstoffbombe zündete, herrschte im inneren Kreis Unmut. Man war ihnen zuvorgekommen! Doch selbst die Wasserstoffbombe war ein Ablenkungsmanöver, denn Meitner war längst einen Schritt weiter. Bei ihrer geheimen Forschung unter der roten Falltür ging es nicht um die Wasserstoffbombe, die Fusionstechnologie, sondern um transuranische Elemente. Es ging um den dritten und vielleicht letzten Schritt. Damit hatte sie schon Mitte der Dreißigerjahre in Berlin begonnen, zusammen mit Otto Hahn, lange bevor der Krieg ausgebrochen war …«

Ingrid holte weit aus. Sie redete jetzt über Dinge, die ich schon seit Jahrzehnten wusste: Details, Daten, wissenschaftliche Bemühungen. Ich erinnerte mich an dieses schlafwandlerische Gefühl in unseren früheren Arbeitssitzungen. Als ich das nächste Mal einen Blick auf die Uhr warf, war es 22:49. Sie beleuchtete mehr als eine Stunde lang die historischen Umstände, ehe sie wieder zu ihrer eigenen Geschichte zurückkehrte.

»Kurz bevor ich 1960 ins schwedische Programm einstieg, zog Meitner plötzlich nach Cambridge. Der innere Kreis nahm an, dass ihre Arbeit gescheitert sei und dass sie, die geniale Wissenschaftlerin, mit dieser Schmach nicht umgehen könne.«

Ingrid hielt kurz inne, sah mir für einen Moment in die Augen.

»In Wahrheit war es das genaue Gegenteil. Wie Meitner mir bestätigte, als wir uns viele Jahre später zum ersten und einzigen Mal trafen, war sie nicht geflohen, weil ihre Experimente gescheitert waren – sondern weil sie erfolgreich gewesen waren. Weil sich herausgestellt hatte, dass es tatsächlich möglich war, mithilfe von transuranischen Elementen die ultimative Waffe zu entwickeln, und weil sie nicht wollte, dass die Welt jemals davon erfuhr. Lise entschied sich also dafür, ihre Erkenntnisse mit zu ihren Verwandten nach Cambridge zu nehmen und sie dort für immer zu begraben. Keine

Menschenseele sollte jemals ein Sterbenswörtchen davon hören.«

Wieder ruhte ihr Blick einen Moment auf mir, bevor sie weitersprach.

»Deshalb waren Sixten und ich all die Jahre auf der Suche nach dem ›Geheimnis der Lise Meitner‹: Wir wollten in ihre Fußstapfen treten, auch wenn sie unsere Versuche ignorierte, Kontakt zu ihr aufzunehmen.

Wir arbeiteten also an drei ineinander verschachtelten Projekten. An Projekt eins, dem ›Traum von der schwedischen Atombombe‹, arbeiteten alle Beteiligten mit. Innerhalb der Gruppe gab es eine kleine Gruppe, der wir den Eindruck vermittelten, dass wir eigentlich die schwedische Wasserstoffbombe entwickelten. Das war Projekt zwei. Wir behaupteten, Meitner hätte genau daran gearbeitet und das sei der Grund, weshalb wir ihre Forschungsarbeit zu rekonstruieren versuchten.

In Wahrheit steckten Sixten und ich jedoch all unsere Energie in Projekt drei: die Entwicklung der ultimativen Waffe. Unserer Meinung nach würden transuranische Elemente Schweden zu einer Weltmacht machen – erstmals wieder seit dem Tod von Karl XII. zu Beginn des 18. Jahrhunderts.

Deshalb ist das Tunnelsystem so weitläufig geworden: weil wir das Projekt während des Baus dauernd verstecken mussten. Ständig wurden neue Notausgänge benötigt – geheime Orte wie der Atombunker, in dem wir uns nach unserer Flucht getroffen haben.« Sie sah mich an und lächelte. »Verrückte kleine Spielwiesen, auf denen wir die kurz- und langfristigen Auswirkungen transuranischer Elemente testen ließen. Zum Beispiel in den Prüfräumen.«

Stille. Erneut ein schwaches Lächeln. Dann fiel ihr mein leerer Teller auf.

»Möchtest du noch etwas essen?«

Ich nickte matt, und sie tat mir erneut auf. Ich begann zu essen, und sie begann wieder zu erzählen.

»Eines Tages kam alles zum Stillstand. Die üppigen Forschungsmittel, die die ganze Entwicklungsarbeit überhaupt nur ermöglicht hatten, blieben aus, offensichtlich weil unsere kleine Geheimtruppe keine konkreten Ergebnisse auf den Tisch legen konnte. Das betraf nicht nur die verschlüsselten Überweisungen der schwedischen Regierung, wo man glaubte, dass wir immer noch an Projekt eins, der Atombombe, arbeiteten. Es betraf auch den weitaus größeren Teil unserer Finanzierung, der direkt auf Sixtens Bankkonto landete und von einem mysteriösen Finanzier mit den Initialen J. E. stammte.

Als ich schon einige Jahre in den USA gelebt hatte und diesem Sonderling namens Edelweiss ein paarmal begegnet war, verriet er mir, dass es sein Name sei, der sich hinter den Initialen verberge, und dass der Großteil unserer Forschungsgelder aus dem amerikanischen Atomwaffenprogramm stamme.

Edelweiss erklärte mir, dass unser Projekt selbst für ihre Maßstäbe eine relativ hohe Ausgabe gewesen sei. Die Amerikaner hätten sich gefragt, was ein Genie wie Meitner während all der Jahre in Schweden wohl ausgetüftelt und warum sie alle Einladungen abgelehnt habe. Man habe überall in Stockholm, sogar an der Tekniska Högskolan, Spione lanciert – ohne Erfolg. Doch man wollte unbedingt herausfinden, was sie tatsächlich erreicht hatte, bevor es jemand anderem gelang. Meitners Name allein reichte aus, um die horrenden Summen zu rechtfertigen.«

Sie hielt inne. Sie schien meine Zweifel zu spüren.

»Du musst verstehen, Erasmus, dass seit der Erfindung der Wasserstoffbombe fast ein Jahrzehnt ins Land gegangen war, als Sixten und ich Anfang der Sechziger unsere Arbeit aufnahmen. Beide Supermächte waren auf der Suche nach einer neuen Weltuntergangswaffe und taten alles in ihrer Macht Stehende, um der Apokalypse näherzukommen. Nun, Edelweiss war dann dreiunddreißig Jahre lang mein direkter Vorgesetzter – danach wurden unsere Rollen vertauscht und ich wurde zu Alpha. Doch erst nach unserer glorreichen Flucht fand er heraus, dass ich es war, die hinter diesem Codenamen steckte.«

Ich holte tief Luft. Als Nächstes würde ich also die Bühne betreten – die vielleicht größte Nebenrolle des Stücks. Sie sah an mir vorbei aus dem Fenster, in die Dunkelheit. Als ob sich dort die Vergangenheit zeigte.

»Als unsere Mittel zur Neige gingen, erreichte uns die Nachricht, dass Lise Meitner in Cambridge im Sterben lag. Das war im Oktober 1968, wie du weißt. Also bat Sixten mich, hinzufahren, ehe es zu spät war, und irgendwie doch noch an den Heiligen Gral zu kommen. Den Stein der Weisen. Er war sich sicher, dass Meitner das Geheimnis noch immer bei sich trug, wenn auch nur in ihrem Kopf, und er glaubte, dass ich die Einzige sei, die es aus ihr herausbekommen könne. Weil ich seit meiner Kindheit die Gabe besitze, Menschen zu manipulieren.«

Sie fing an, nervös mit dem Fuß zu wippen. Offensichtlich kam jetzt der heikle Teil.

»Eigentlich wollte ich zum damaligen Zeitpunkt nicht reisen. Ich war im fünften Monat schwanger, auch wenn man es mir kaum ansah. Aber ich konnte Sixten noch nie etwas abschlagen. Also flog ich nach England und gab mich gegenüber Meitner als eine Studentin aus ihrer Zeit an der Tekniska Högskolan aus. Eine große Bewunderin.

Es kostete mich viele Stunden, einen Tag und eine Nacht zäher Diskussionen. Letztlich konnte ich sie davon überzeugen, dass ich genauso für den Frieden brannte wie sie. Irgendwann setzte sie sich auf, griff unter ihr Kissen und übergab mir zwei Dinge: erstens den Schlüssel zu ihrem Geheimlabor, zweitens die schwarze Schachtel, die ihr Seaborg bei seinem Besuch im Jahr 1966 überreicht hatte.

Ich erkannte die Schachtel sofort wieder, von dem Bild aus der Zeitung. Sie war nur etwa zwei Zentimeter breit, höchstens fünf Zentimeter lang und so schwer, als wäre sie mit Blei oder Gold gefüllt.

Lise gab mir den Schlüssel und die Schachtel unter der Bedingung, dass ich keine weiteren Fragen stellte und die beiden Gegenstände so bald wie möglich vernichtete. Was es mit dem Schlüssel auf sich hat, erfuhr ich erst neulich in Ursvik von Sixten. Ich versprach Meitner, den Schlüssel und die Schachtel in den Schicksalsberg zu werfen – sprich: in den Schutt fünfhundert Meter unter Kiruna.«

Ich spürte die Hitze in meinem Gesicht. Mein Puls beschleunigte sich.

»Diese beiden Gegenstände besiegelten mein Schicksal – die Schachtel und der Schlüssel. Sie beendeten die damalige Phase meines Lebens, sowohl im Programm als auch in Schweden. Meine Beziehung zu Sixten. Liebe und Tod.«

Sie musterte wieder das Etikett auf der Weinflasche. »Die habe ich gekauft, damit wir feiern konnten, wenn ich wieder daheim wäre. Damals war man noch nicht so vorsichtig. Frauen tranken und rauchten während der Schwangerschaft, als wäre nichts dabei. Ich hoffte, dass wir sie möglichst bald öffnen konnten.«

Es war inzwischen fast Mitternacht. Ich leerte mein Glas und wartete auf das Finale. Schließlich sprach sie weiter.

»Ich wurde am Flughafen Arlanda vom Zoll aufgehalten. Obwohl ich die beiden Gegenstände gut versteckt hatte – in einem Geheimfach meines Koffers –, fanden die Beamten sie. Sie beschlagnahmten die Schachtel und den Schlüssel.«

Sie verstummte wieder, wartete, schien mit ihren Erinnerungen zu kämpfen.

»Kurz darauf stand ich vor einem Militärgericht, und mir wurde klar, dass alles verloren war. Mein Leben mit Sixten. Unsere Träume von der Weltuntergangswaffe ... Ich gestand sofort, wenn auch mit einigen wichtigen Abweichungen von der Wahrheit. Ich sagte dem Gericht, dass ich große Mengen Californium – schon damals die wertvollste Substanz der Welt – von Professor Meitner gestohlen hätte. Was hätte ich auch sonst sagen sollen? Es befand sich in der Schachtel, weitere Beweise brauchten sie nicht. Außerdem sagte ich, dass ich in Cambridge den Schlüssel zu Meitners Geheimlabor mitgenommen hätte. Dort werde das Californium hergestellt. *Wie* – davon hätte ich nicht die geringste Ahnung. Um Meitner zu schützen, verzichtete ich auf meine Verteidigung. Mein sogenannter Anwalt hatte nicht viel zu tun.

Im Gegenzug blieb mir das Militärgefängnis erspart. Dafür wurde ich faktisch verbannt. Sie hatten das alles sehr geschickt eingefädelt. Im Auto auf dem Weg zum Flughafen sagte man mir, dass meine Aktivitäten als Teil des schwedischen Beitrags zu einer gemeinsamen Verteidigungsstrategie mit den USA angesehen werden konnten, dass ich nun also zu einer Art amerikanischer Agentin geworden sei. In gewisser Weise war das schmeichelhaft, eine Art Anerkennung meiner Fähigkeiten. Aber ich habe mich immer gefragt, was passiert wäre, wenn damals, am 25. Oktober 1968, nicht ausgerechnet Aina die Richterin am Militärgericht gewesen wäre. Ob sie mich dann einfach ausradiert hätten. So etwas kommt vor, sogar in zivilisierten Ländern. Dafür habe ich mich also bei ihr bedankt, als ich endlich die Gelegenheit dazu hatte: in Ursvik, beinahe fünfundvierzig Jahre später, an ihrem siebzigsten Geburtstag. Dafür, dass sie mich in die Verbannung geschickt hat statt ins Jenseits.«

Sie warf mir mit ihren eisblauen Augen einen Blick zu, der mich erschauern ließ.

»Aber es fiel mir selbst damals nicht schwer, meine Wachen abzuschütteln. Ich entkam ihnen gleich am Flughafen und bin direkt in die Unterwelt abgetaucht. Der Bau der neuen Autobahn nach Arlanda bot mir gewissermaßen ein Schlupfloch. Sie war in Wahrheit für die Tanklaster gebaut worden, die die amerikanischen Bombenflugzeuge befüllten – und die wir von nun an bei uns landen lassen mussten. Ein weiterer Dienst, den Schweden im Gegenzug für den atomaren Schutz der Vereinigten Staaten zu leisten hatte.

Wochenlang, monatelang lebte ich wie ein Tier an der Peripherie des Tunnelsystems. Aber ich hatte Glück. Ich lernte eine Frau namens Sireen kennen, die nach dem Sechstagekrieg im Jahr 1967 aus Jordanien geflüchtet war. Sie hatte eine Stelle als Putzfrau und reinigte die Hütten der Bauarbeiter im Wald. Von dort brachte sie mir jeden Morgen etwas zu essen. Ihretwegen habe ich überlebt, bis es so weit war.«

Sie schloss die Augen. Ihre Augenlider flatterten, als ob sie einen Albtraum hätte.

»Es war eine schreckliche Geburt. Ich hatte das Gefühl, es würde mich zerreißen. Sireen hatte während des Kriegs als Lazaretthelferin gearbeitet und wusste ungefähr, was während der Entbindung zu tun war. Danach blieb mir keine Wahl. Ich war entsetzlich geschwächt. Außerdem konnte ich mich ja nicht frei bewegen. Deshalb habe ich Sireen mein kleines Mädchen gegeben und sie gebeten, alles in ihrer Macht Stehende zu tun, um das Baby zu einem gewissen Bo Sixten Lundberg an der FOA in Ursvik zu bringen.

Seit meinem Besuch in Cambridge hatte ich das Baby ›Lise‹ nennen wollen, wenn es ein Mädchen würde. Dann dachte ich, dass das vielleicht zu offensichtlich war, dass es Verdacht erregen würde. Wahrscheinlich war ich da unten in der Einsamkeit der Tunnel ein bisschen paranoid geworden. Also schrieb ich LISA auf das Etikett, band es um ihr kleines Handgelenk und überließ sie Sireen.

Nur Stunden später flog mein Versteck auf, und ich wurde mit einem Rettungsflugzeug über den Atlantik geflogen und direkt zum Stützpunkt gebracht. Jesús María musste mich auf der Stelle zusammenflicken, der gefallene Engel, meine Blutsschwester. Sie hat mich restauriert, als ob ich ein Kunstwerk wäre. Ihr erster Auftrag beim Militär.«

Ich sah auf meine Armbanduhr. 00:37 Uhr. 26. Dezember 2013. 18,7 Grad in unserem Zimmer. Daten, an die ich mich klammerte.

»Ich stellte nur eine einzige Bedingung, als Sixten fragte, ob wir sein Haus in Ursvik als Unterschlupf benutzen wollten: dass ich unter keinen Umständen Lisa begegnete. Dass ich sie nie mehr wiedersehen würde.«

Unvermittelt stand sie auf und räumte unsere Teller ab. Dann ging sie zur Spüle und packte den Nachtisch aus: den Panettone mit Pistazien und Schokoladensplittern. Sie hatte mir den Rücken zugewandt, als sie weitersprach.

»Man kann also Sixtens Verhalten verstehen, mein Schatz, warum er tat, was er tat, als sie Lisa gefangen nahmen.«

Auch bei diesem Satz hatte sie mich nicht angesehen. Ihm war eine Pause von ungefähr zwölf Sekunden vorangegangen.

»Sie ist nämlich auch *mein* Kryptonit.«

6.08

Am nächsten Tag fühlte ich mich erschöpft und ausgelaugt. Als ob ich die Flasche Wein allein geleert hätte. Angst durchströmte meinen Körper. Zweifel.

Als Ingrid gegen Abend duschen ging, rief ich Edelweiss an. Ich kam gleich zur Sache.

»Ein Kind? Ingrid Oskarsson?«, sagte er.

Als ich wenig später auflegte, war ich verunsicherter denn je. Das Apartment schwankte. Als Ingrid im Bad fertig war, musste ich sie einfach fragen. Sie saß da, geduscht, duftend, in ihrer langen Unterwäsche und in einer vertrackten Yogapose, während sie gleichzeitig auf ihrem mobilen Terminal herumtippte.

»Hast du eigentlich jemals Zweifel?«, fragte ich.

»Zweifel, mein Schatz?« Sie zögerte und antwortete schließlich mit einer Gegenfrage: »Und du?«

»Immer«, brachte ich heraus. »Vom Aufwachen bis zum Einschlafen. Und dann fangen die Albträume an.«

Sie nahm meine Hand, zog mich sanft zu sich herab.

»Es tut mir so leid für dich, mein Schatz.«

Als ich neben ihr auf der Matratze saß, öffnete sie ein neues Bild auf dem Terminal.

»Und mir geht es genauso«, sagte sie. »Jede einzelne Sekunde.«

Ich sah die Weltkarte mit ihren gelben, durch rote Linien verbundenen Dreiecken. Unsere sieben einheimischen Nuklearstützpunkte. Ihre Initialen, die Drei-Buchstaben-Folgen, wurden reflexhaft von meinem Reptiliengehirn aufgerufen: SJN CWM BLM NDW WMM KW. Seymour-Johnson in North Carolina, Whiteman in Missouri, Barksdale in Louisiana, Minot in North Dakota, Warren in Wyoming, Malmstrom in Montana und Kitsap in Washington.

Dann weiter mit acht europäischen Atomwaffenstützpunkten, von Ost nach West in der Abfolge ITG TIA IRG BGK BBV NLE. Incirlik in der Türkei, Ghedi Torre in Italien, Aviano in Italien, Ramstein in Deutschland, Büchel in Deutschland, Kleine-Brogel in Belgien, Volkel in den Niederlanden und Lakenheath in England.

Jetzt fiel mir auf, dass die roten Linien nach Kleine-Brogel nicht mehr gepunktet, sondern durchgezogen waren. Das, was wir dort getan hatten, war offensichtlich erfolgreich gewesen, obwohl oder gerade weil Ingrid dabei fast verbrannt wäre.

Selbst eine der vormals blau gepunkteten Verbindungen von Esrange in Kiruna hier nach Niscemi auf Sizilien, die einen weit gespannten Bogen über einen großen Teil der Welt beschrieb, verlief jetzt durchgehend. Aber der andere Bogen in dem Kreis, derjenige von Niscemi zurück nach Kiruna, war noch gepunktet. Deswegen waren wir hier. Um die Erzählung zu einem Ende zu bringen.

Ingrid vergrößerte das schwarze Kreuz auf Sizilien, und auf dem Bildschirm klappte ein Fenster auf. Eine

Filmsequenz erschien. Es war eine Szene aus *Mata Hari* mit Greta Garbo, dem Film, den ich mir im vergangenen Jahr immer und immer wieder angesehen hatte, nachdem man ihn mir auf DVD anonym zugeschickt hatte. Die Szene hier zeigte Mata Hari, wie sie versucht, Lionel Barrymore in seiner Rolle als General Shubin den Telefonhörer abzunehmen – die beiden Gegenspieler, in die uns Jesús María später mit ihren kosmetischen Operationen zu verwandeln versucht hatte. Ob aus Spaß oder in tödlichem Ernst – ich wusste es nicht.

Als ich die Szene sah, formte sich ein neuer Code in meinem Unterbewusstsein: bohrend, nagend, eine Empfindung, die man mit Worten nicht beschreiben kann. Zwanzig Ziffern und zwei Buchstaben wirbelten durch mein Gehirn. Sieben jeweils dreistellige Sequenzen, ähnlich dem Nuklearwaffencode, dazu noch eine weitere Ziffer. 318 115 518 N33 181 1C9 311 5.

Ich entschlüsselte die Nachricht, wieder einmal unter Verwendung des seltsamen Schlüsselsatzes aus den dunkelsten Tagen meiner Kindheit. *Ich liebe dich genauso sinnlos wie meinen ziemlich obskuren und echt höllischen Vater, so auch jetzt und alle Zeit und in Ewigkeit, Amen.*

Der Klartext war einfach, viel unkomplizierter, als ich erwartet hatte, und ganz ohne Ingrids übliche kryptografische Finesse. DIES SIND DIE CODES – das war alles. Nicht mehr und nicht weniger.

Ich hörte Ingrid zu, die mit stolzer Stimme, fast wie ein Kind, zu mir sprach. Ich sah sie nicht an, sondern schaute auf den Bildschirm.

»Elegant, nicht wahr, mein Schatz? Die geheimste Kunst der Antike wird zum Gegenstand eines unserer modernsten Systeme. Sie umspannt damit 2500 Jahre technologischer Entwicklung. Es hat lange gedauert, bis ich all das perfektioniert hatte. Aber sicherer geht es nicht mehr, zumal das RSA-Kryptosystem wahrscheinlich geknackt wird, wenn unsere digitalen Sicherheitsmaßnahmen das Zeitliche gesegnet haben.«

Sie drückte eine Taste, und das Bild fror ein. Der Code, die Sequenzen, die mir mit unterbewussten Techniken suggeriert worden waren, war in einem einzigen Phasenbild untergebracht gewesen. Es hatte nur einen Sekundenbruchteil gedauert und war seinerseits in einem Filmklassiker versteckt.

Ich war wie immer beeindruckt, aber nicht überzeugt.

»Du weißt, dass früher oder später auch diese Art von hoch entwickelter steganografischer Datei durchschaut wird.«

»Aber natürlich, mein Schatz. Deswegen habe ich ein paar Vorkehrungen getroffen. Vorsicht ist die Mutter der Porzellankiste.«

Ingrid spulte vor, bis fast ans Ende. In der letzten Szene stellte sich das seltsame Empfinden erneut ein – als ob etwas in den entlegensten Winkeln des Gedächtnisses jucken würde. Gerade war Mata Hari abgeführt worden und sah sich nun dem Erschießungskommando gegenüber. Ingrid spulte ein wenig zurück und ließ den Film dann in extremer Zeitlupe ablaufen.

Mir fiel auf, dass Greta Garbo in dem Film seltsamerweise gar nicht »Ich bin bereit« zu den Wachen sagte. Die letzten, so passenden Worte, die die echte Mata Hari gesagt haben soll, als sie in Frankreich am 15. Oktober 1917, auf dem Höhepunkt des Ersten Weltkriegs, zu ihrer Hinrichtung abgeholt wurde. Man hatte sie als deutsche Spionin zum Tode verurteilt, obwohl sie in Wahrheit für die Franzosen arbeitete.

Dann hielt Ingrid den Film an genau der Stelle an, wo Greta Garbo aus der Gefängniszelle tritt. Ich glich die Zahlen in dem Phasenbild mit dem Schlüsselsatz aus meiner Kindheit ab – aber das brachte mich nicht weiter. Wie sehr ich mich auch bemühte, die Sequenz zu entziffern, sie ergab keinen Sinn. Ingrid legte Stift und Papier vor mir auf den Boden, und ich schrieb die Zahlen und Buchstaben genauso auf, wie ich sie in meinem Unterbewusstsein sah. 325 263 252 6CO 326 122 6R1 226 TZ2 6N.

Ich fühlte förmlich ihren Blick, als sie mich von der Seite fixierte. Meine Wangen begannen zu glühen, als ob sie jederzeit Feuer fangen könnten.

»Lass deiner Fantasie freien Lauf, Erasmus. Bemühe dein gusseisernes Gedächtnis. Denk an unsere gemeinsame Vergangenheit. Was hast du geschrieben, als du mir ein Exemplar deiner Doktorarbeit gewidmet hast? Daran wirst du dich doch erinnern, oder? Der Satz auf dem vorderen Umschlag, den ich herausriss und sicherheitshalber sofort verbrannte, aber an den ich mich für den Rest meines Lebens erinnern werde.«

Reflexe und Assoziationen sind etwas Seltsames. Plötzlich sprach ich den Satz einfach aus, obwohl ich seit mehr als einem Jahrzehnt kaum einen bewussten Gedanken darauf verwendet hatte. *Meiner geschätzten Doktormutter und Mentorin, die mir half, an der unerbittlichen Suche nach Lise Meitners fünfzig Jahre altem Geheimnis Gefallen zu finden – auch wenn ich es nie enträtselte.*

Ich musste nicht einmal Ingrids Reaktion abwarten. Ich begann sofort den Code mithilfe des neuen Schlüsselsatzes zu dechiffrieren. Der erste Buchstabe des dritten Worts: ein »D«. Dann der erste Buchstabe des zweiten oder fünfundzwanzigsten Wortes im Schlüsselsatz: entweder ein »G« oder ein »I«. Ich schrieb die Buchstaben und Wörter auf und unterschied schnell zwischen den möglichen und den weniger wahrscheinlichen Alternativen. Was der Klartext bald enthüllte, war keine eigenständige Botschaft, sondern eine Fortsetzung der vorangegangenen.

Ich las sie Ingrid laut vor, wie ein Schüler vor der Lehrerin.

DIES SIND DIE CODES – DIE DIE CODES ERSETZEN.

Ingrid nickte still. Dann sagte sie, in einem fast verträumten Tonfall: »Eine ganz neue Verschlüsselungsform, mein Schatz. Die Dateigröße ändert sich nicht, wenn die Information hinzugefügt wird, was bislang der Schwachpunkt der digitalen Steganografie war. Aber das weißt du ja.«

»Ja. Aber was bedeutet es?«, fragte ich.

»Oh, ich denke, das wird zu gegebener Zeit klar.«

Sie schloss die Grafik der Weltkarte und damit auch die von Wachen umringte Greta Garbo in der eingefrorenen Szene aus *Mata Hari*.

»Dies ist unsere Lebensversicherung, deine und meine, falls sich keiner von uns im entscheidenden Augenblick an den Code erinnern kann. Wenn wir dastehen und das Gewicht der Welt auf unseren Schultern lastet. Jetzt hast du die Gelegenheit, ihn zu lernen. An einem Tag, in einer Woche, vielleicht in einem Monat – bis die Zeit für den Endkampf gekommen ist. Dem Kampf um unsere Seelen. Um die Zukunft der Menschheit. Bis dahin musst du ihn auswendig kennen, mein Schatz.«

Ingrid klappte das mobile Terminal zu und entspannte sich. Ich spürte immer noch ihren brennenden Blick von der Seite, aber ich sah weiter starr geradeaus. Ich versuchte meine Übelkeit unter Kontrolle zu bringen, die übliche Nebenwirkung, wenn jemand sich an meiner Großhirnrinde zu schaffen macht.

»Weil der Mensch glaubt, dass er es ist, der das Atomwaffensystem kontrolliert. Aber ich muss dich sicherlich nicht an Computer erinnern, Erasmus, an das ›Kriegsspiel‹-Phänomen, das Weltraumprogramm, die Atomkraft, die erst mehr als zwanzig Jahre nach den Nuklearwaffen ins Spiel kam. Alles, was wir ursprünglich zum Nutzen des Systems und nicht zu unserem eigenen entwickelt haben. Deshalb sind nicht wir es, die die Atomwaffen kontrollieren. Es sind immer noch die Waffen, die uns kontrollieren.«

Sie nahm meinen Arm, drehte mich behutsam zu sich herum. Erst jetzt sah ich sie an, schaute ihr direkt in die Augen.

»Und ja, mein Schatz, ich zweifle in der Tat, ob wir, du und ich, uns der Herausforderung gewachsen zeigen werden. Ich zweifle jeden Tag und jede Nacht. Ob wir wirklich gegen unsere dunkle Seite gewinnen können. Gegen das Weltuntergangssyndrom.«

6.09

Danach warteten wir ab.

Ich schrieb Ingrids Geschichte in meinem Notizbuch nieder und hielt alle Einzelheiten ihrer Schilderung fest. Ich fuhr außerdem mit meinen knochenharten Trainingseinheiten auf der Matratze fort und duschte jeden Morgen eiskalt. Ingrid machte sich mit ihren Asanas immer mehr im Raum breit, wie eine Spinne, die ihr Netz webt.

Zwischendurch beschäftigte ich mich mit dem Bruegel-Zauberwürfel aus Peer. Ich verwandelte »Der Turmbau zu Babel« in die anderen Gemälde bis hin zu »Der Sturz der rebellierenden Engel« – und dann wieder zurück. Ich kontrollierte zweimal täglich die Funktionsfähigkeit des Koffers: den Startmechanismus der Tastatur, die Sicherheitsmaßnahmen, den ganzen Ablauf. Die uralten Informationen, die der Präsident im Fall eines Atomangriffs zurate ziehen sollte. Den »Keks«. Und am späten Abend, wenn das Gebäude über Nacht schloss, lebte ich draußen mit zehrenden Dauerläufen meinen Freiheitsdrang aus. Manchmal hörte ich auf die Geräusche, die aus dem Apartment unter uns kamen: klingende Gläser, Musik, gedämpfte Stimmen.

Ich las auch meine Doktorarbeit ein weiteres Mal. Manchmal holte ich die zusammengerollte Kopie von »Der Triumph des Todes« aus dem Rucksack und betrachtete sie. Ich versuchte, eine Erklärung für das Rätsel zu finden, mit dem ich konfrontiert war.

Dann war da noch die »Hausarbeit«, die Ingrid mir aufgegeben hatte. Immer wieder schauten wir uns die Schlussszene von *Mata Hari* an und ließen den unterschwelligen Einfluss der steganografischen Botschaft auf uns wirken: DIES SIND DIE CODES – DIE DIE CODES ERSETZEN. In langen, seltsamen Zusammenkünften, wie damals bei der Arbeit an meiner Doktorarbeit, gaben wir uns der geheimen Nachricht hin und prägten uns die Codes ein.

Ansonsten saß Ingrid vor allem vor dem Terminal, verließ niemals den Raum und stand von der Matratze auf dem Boden höchstens auf, um sich etwas zu essen zu machen oder auf die Toilette zu gehen. Als die Reste des Weihnachtsessens, der Truthahn und der Panettone sich dem Ende zuneigten, blieb uns noch die gut gefüllte Vorratskammer. Ingrid kochte Suppen mit Linsen und Bohnen und fade Nudelgerichte. Essen zum Sattwerden, nichts weiter.

Und dann starrten wir aus dem Fenster. Ich betrachtete das Meer, den Horizont, und überlegte, warum ich nicht zu fliehen wagte, obwohl ich bei meinen langen abendlichen Läufen jede Möglichkeit dazu hatte. Ich betrachtete die Welt, als ob jeder Blick der letzte sein könnte. Ingrids Blicke schienen zweckgerichteter zu sein – beobachtend, erkundend, immer auf der Hut vor unseren Verfolgern.

Letztlich blieb uns nur noch die Zuflucht zum Fernseher. Bald ließen wir den ganzen Tag lang CNN laufen. Der Sender berichtete vom Gang der Welt auf eine lärmende, theatralische Art, die ebenso tröstlich wie bedrohlich war. Das galt umso mehr, als jetzt unser eigenes Thema zunehmend in den Fokus der Nachrichten rückte.

Das Abendprogramm brachte immer öfter Beiträge zum Thema »Atomwaffenskandal«. In einer Sondersendung ließ man in einer Chronik die Ereignisse des vergangenen Jahres Revue passieren:

APRIL 2013:

In einem bislang beispiellosen Vorgang hat der Kommandant der U. S. Air Force siebzehn Offizieren die Befugnis entzogen, Atomraketen zu kontrollieren und zu starten.
Die in Minot, North Dakota, stationierten Offiziere hatten bei einer Inspektion schlecht abgeschnitten. Ihnen wurde befohlen, sich einer intensiven Nachschulung zu unterziehen.

AUGUST 2013:

Ein Raketenverband am Luftwaffenstützpunkt Malmstrom fiel bei einer Sicherheitsinspektion durch, weil er »taktische Fehler begangen« habe, »die nicht mit der Kontrolle von Nuklearwaffen in Zusammenhang stehen«, gab die Air Force bekannt.

Das 341. Raketengeschwader steuert nach offiziellen Angaben ungefähr 150 der 450 ballistischen Interkontinentalraketen des Typs Minuteman III, die mit Atomsprengköpfen bestückt sind.

OKTOBER 2013:

Ein hochrangiger Offizier, der für das Atomwaffenarsenal der Vereinigten Staaten Verantwortung trug, verlor seine Stellung. Er wurde offiziell von seinen Pflichten als stellvertretender Leiter des strategischen Kommandos der Vereinigten Staaten befreit. Ein Armeesprecher teilte mit, seine Degradierung stehe im Zusammenhang mit Anschuldigungen, dass er in einem Spielkasino gefälschte Jetons verwendet habe.

OKTOBER 2013:

Nur wenige Tage später wurde nach offiziellen Angaben ein US-General, der mit der Überwachung von Nuklearwaffen betraut war, seines Amtes enthoben, weil er während eines offiziellen Besuchs in Russland durch übermäßigen Alkoholkonsum, Umgang mit Prostituierten und Respektlosigkeit gegenüber seinen Gastgebern aufgefallen war. Der General führte die 20. US-Luftflotte an, die für drei atomare Geschwader verantwortlich ist.
Einem Bericht des Generalinspekteurs der Air Force zufolge prahlte er während einer Zwischen-

landung in der Schweiz mit seiner Stellung als Kommandant einer Nuklearstreitmacht und behauptete, er »bewahre die Welt jeden Tag vor einem Krieg«.

DEZEMBER 2013:

Der Verteidigungsminister musste infolge des Atomwaffenskandals seinen Rücktritt einreichen.

JANUAR 2014:

Am Stützpunkt Montana werden vierunddreißig mit der Wartung von Atomraketen betraute Luftwaffenoffiziere beschuldigt, während einer Kompetenzprüfung getäuscht oder Täuschungen zugelassen zu haben.

Ende Januar wurde ein Beitrag ausgestrahlt, den die Nachrichtensprecherin mit einem süffisanten Lächeln anmoderierte. Sie kündigte an, dass einer Reporterin nach monatelangen Verhandlungen endlich Zugang zu einem unserer Raketenstützpunkte gewährt worden sei. Die Reporterin habe im Gegenzug versprochen, den Namen des Stützpunkts nicht zu nennen. »Doch unseren Informationen zufolge«, sagte die Sprecherin, »herrschen an allen Stützpunkten ähnliche Bedingungen.« Sie fuhr fort: »Sehen Sie nun, was unsere Reporterin zu Gesicht bekam. Sie werden Ihren Augen nicht trauen.«

Es folgte ein fast schon satirischer Beitrag über die rückständige Technologie auf dem Atomwaffenstützpunkt. Die Reporterin fand die Zustände ebenso lachhaft wie beängstigend: die riesigen Flugkörper, die sinnlose Dauerbereitschaft, die enormen Risse in der Fassade.

Sie machte sich vor allem darüber lustig, dass die buchstäblich lebenswichtigen Informationen des Raketenlenksystems immer noch auf Disketten gespeichert wurden und dass alle Codes und Abläufe nur mit dieser betagten Technologie kompatibel waren, ohne dass die Möglichkeit einer Synchronisation mit anderen Systemen bestünde. Mit vielsagender Miene enthüllte die Reporterin weiterhin, dass es nur einen einzigen funktionsfähigen Schraubenschlüssel gebe, um die Muttern an den Gefechtsköpfen unserer vierhundertfünfzig Minuteman-III-Raketen anzuziehen. Und dass dieser Schraubenschlüssel per Kurier zwischen den unterirdischen Raketenbasen in North Dakota, Wyoming und Montana hin- und hergeschickt werde.

Sie konnte nicht wissen, dass dies genauso beabsichtigt war. Edelweiss hatte es letztlich geschafft, uns im Team von der zunehmenden Überlegenheit technisch rückständiger Technologien zu überzeugen. Das Fehlen eines Industriestandards und erkennbarer Strukturen erschwert es Außenstehenden, mit hochtechnologischen Mitteln in unsere Systeme einzudringen. Unsere ranghöchsten Kommandeure hatten einige Jahre zuvor endlich damit begonnen, ihre Kritiker ernst zu nehmen. Diese warnten, dass ein System von mehreren Tausend Atomraketen, das immer »online« oder im »Stand-by-Modus« war und unsere gesamte Zivilisation in wenigen Minuten zerstören konnte, ein hochattraktives Ziel für die besten Hacker der Welt sei, aus welchen Motiven sie auch handeln mochten.

Dieses amorphe System erschwerte zugleich Ingrids Unterfangen, alle Teile miteinander zu verbinden. Doch sie selbst hatte einst eine probate Antwort auf die Klagen ihrer Studenten gehabt. Diese hatten sich beschwert, dass die Verbindungen zwischen verschiedenen Disziplinen und Jahrhunderten, die den historischen Bezugsrahmen der Moralphilosophie bildeten, alles so kompliziert machten. Ihre Antwort lautete: »Und warum sollte es einfach sein?«

Die Nachrichten schwiegen sich immer noch über unsere Flucht aus. Auch das Verschwinden des Koffers und eines der beiden mobilen Terminals wurde nicht erwähnt. Kein Wort über den verhängnisvollsten aller Gegenstände.

Eines Abends nahm ich all meinen Mut zusammen und fragte Ingrid nach dem Grund. Sie wandte den Blick vom Fernseher ab und erklärte es mir, als ob ich ein Kind wäre.

»Ed und ich sind immer noch aneinandergefesselt, mein Schatz. Er weiß nur zu gut, dass ich die ganze Sache auffliegen lasse, sobald er uns ernsthaft festzunehmen versucht. Er weiß auch, dass ich einen Plan B habe, der von einer einzigen Person auf diesem Planeten abhängt – und er hat keine Ahnung, welche Person das ist, wer unter den sieben Milliarden Menschen auf diesem Erdball die Nadel im Heuhaufen sein könnte. Es stimmt, dass diese Person nicht so viel Schaden anrichten könnte wie du und ich, aber es würde immerhin reichen, um Atomwaffen als strategisches Mittel auf Jahrzehnte von der Agenda zu streichen.«

»Hat Edelweiss uns deshalb in Dulles gehen lassen?«, fragte ich.

»Vielleicht. Oder er will herausfinden, wohin all dies führt, und dem Faden bis ans Ziel folgen. Möglicherweise will er sich auch nur Zeit verschaffen, um unser irrationales Vorgehen zu verstehen und warum wir bereit waren, Jesús María gegen John auszutauschen – einen schwarzen Springer für einen Bauern zu opfern.«

Dann schwieg sie, und ich fragte nicht weiter.

Als auf CNN endlich das Thema gewechselt wurde, schalteten wir zu den Lokalnachrichten um. Ingrid musste jetzt nicht mehr die Beiträge zur MUOS-Basis übersetzen, die, wie ich wusste, nur fünf Kilometer von hier entfernt war. Die Bilder sagten alles. Die Proteste und Übergriffe, der Widerstand insgesamt, nahmen täglich zu. Gleiches galt für die Heftigkeit der Reaktionen. Auf dem Bildschirm sah man, wie vordringende Demonstranten und ein loser Verband aus sizilianischen Polizisten, NATO-Truppen und amerikanischem Sicherheitspersonal aneinandergerieten. Junge Frauen wurden mit Schlagstöcken krankenhausreif geprügelt. Ein Soldat trat dreimal auf einen am Boden liegenden Demonstranten ein, der seinen Kopf mit den Händen zu schützen versuchte.

Der nächste Beitrag zeigte einen Ausbruch des Ätna. Wir saßen gebannt da und sahen zu, wie die zähflüssige, glühende Masse alles vernichtete, was ihr in den Weg kam. Dies war eine natürliche Waffe, vor der man sich noch immer nicht schützen konnte. Ich erkannte Parallelen zu unserem Auftrag – das unerbittliche Schneckentempo, die nagende Panik, den Schrecken und das Schicksal der Vernichtung oder Versteinerung.

Als das Signal uns Ende Februar schließlich erreichte, war es unmissverständlich. Ich wusste es im selben Augenblick, als ich die Nachrichten auf CNN sah. An diesem Punkt würde Ingrid ansetzen, und das Gleiche galt für die militärische Führung der MUOS-Basis. Der Moment war gekommen, wo alle in die falsche Richtung schauten.

Die verschwommenen Bilder zeigten Soldaten, die sich mit schnellen Bewegungen im Dunkel voranbewegten. Sie trugen schwarze enge Kleidung, so dunkel wie die sie umgebende Nacht. Spezialkampfanzüge. Theoretisch hätten sie beliebige Söldner sein können. Doch Eingeweihte wussten nur zu gut, woher sie kamen und dass hartnäckige Gerüchte, die das Gegenteil besagten, nichts als Desinformation, Cyberangriffe, Ablenkungsmanöver waren. Dies war genau die Art von hybrider Kriegsführung, auf die wir uns viele Jahre lang vorbereitet hatten.

Es hatte – auch von unseren eigenen Beobachtern – Warnungen gegeben, dass Russland die Ukraine besetzen und dabei wahrscheinlich den Weg über die Krim wählen würde. Warnungen von unverbesserlichen Russenhassern, die glaubten, dass Russland auch weiterhin unser Hauptgegner sein werde, selbst wenn es in den Schlagzeilen vor allem um al-Qaida, Iran, den IS ging.

Die Kommentatoren auf CNN wirkten geradezu erleichtert, dass die natürliche Ordnung der Dinge wiederhergestellt war, dass es wieder um »Wir gegen die« ging, Westen gegen Osten. Einer der Moderatoren verwendete dafür den Ausdruck »Kalter Krieg 2.0«.

Und wenn die Ukraine nach dem Fall der Berliner Mauer nicht all ihre Nuklearwaffen an Russland ausgeliefert hätte, um im Gegenzug das zu erhalten, was man seinerzeit »Schutz« nannte, dann hätten sich die jetzigen Spannungen schnell ins Apokalyptische hochschaukeln können. Man sah Aufnahmen aus Moskau, auf denen Soldaten sich aus Zugfenstern lehnten und ihren jubelnden und weinenden Liebsten zuwinkten, und auf denen Männer in Kneipen die Krise wie ein Sportereignis auf Breitbildfernsehern verfolgten. Ich musste an die Menschenmengen denken, die im Ersten Weltkrieg an Kais und auf Bahnsteigen gestanden und den Soldaten hinterhergewinkt hatten. Man hatte an einen schnellen Sieg geglaubt und das Ganze für eine Art Spaziergang gehalten.

Die Experten im Fernsehstudio sagten, Russland habe eine Woche zuvor seine neuen SS-27-Langstreckenraketen in Stellung gebracht. Nur wenige Tage nach einem großen russischen Schulungsmanöver mit simuliertem Atombombenangriff, das normalerweise im Herbst durchgeführt wurde, hatten unsere Streitkräfte mit einer umfassenden »Global Lightning«-Übung reagiert. Das Spiel war also schon in vollem Gang.

Der CNN-Moderator befragte die Experten nach ihren Meinungen zu dem, was die Russen selbst schlicht »Status 6« nannten: ihren Plänen für eine neue, mit einer starken thermonuklearen Waffe bestückten Unterwasserdrohne, die einen besonders hohen Strahlungsgrad erreichte und mit der man zum Beispiel den Hafen von New York angreifen konnte, um die Stadt auf Jahrzehnte unbewohnbar zu machen. Das Ganze erinnerte an eine von Edelweiss' Simulationen, bei der man auf dem Bildschirm sah, wie eine Wasserstoffbombe langsam über Manhattan erblühte.

Einige der Experten im Studio wiesen auf eine andere, zwar entlegene, aber einleuchtende Verbindung hin, nämlich die zwischen dem anhaltenden »Atomwaffenskandal«, bei dem psychisch labile Raketenmaschinisten in Sicherheitstests systematisch gepfuscht hatten, und der sich verschärfenden Krimkrise. Es wurde spekuliert, dass »das Gefühl mangelnder Sinnhaftigkeit«, das sie verspürt hatten, nun vielleicht bald kuriert werde. Einer der Experten sagte, dass »unsere Jungs« aufgrund der Krimkrise ein neues Ziel vor Augen hätten. Das betreffe nicht nur die Mannschaften der unterirdischen Raketenanlagen, sondern auch die Männer, die Fliegerbomben und Nuklearwaffen auf U-Booten handhabten. Dies würde sie zumindest dazu bringen, sich zusammenzureißen.

Ich versuchte, seine Mimik zu deuten und herauszufinden, ob er es ernst meinte oder bloß witzig sein wollte.

Der Wind war in den vergangenen Tagen immer stärker geworden. Der erste Schirokko des Jahres rüttelte an den Fensterscheiben. Ich schlug mir den Gedanken aus dem Kopf, einen letzten Lauf durch die Gegend zu unternehmen, eine sinnlose Erkundungstour. Stattdessen machte ich Anstalten, zu Bett zu gehen, als Ingrid den Fernseher ausschaltete und zu ihrem Terminal zurückging.

»Es gibt eine Bestätigung«, sagte sie. »Die Einweihung der MUOS-Basis findet morgen statt.«

6.10

Ich träumte, ich sei General Curtis LeMay im Jahr 1954, dem Jahr, für das er den Weltuntergang vorhergesagt hatte. Damals sahen wir uns erstmals seit Einführung von Nuklearwaffen dem vollen militärischen Potenzial der Sowjetunion gegenüber.

Wir, die kleine, aber mächtige Befehlsgruppe des Strategischen Luftkommandos saßen versammelt vor einer Frühform des Computers. Es war mir endlich gelungen, ihnen den Gedanken einzupflanzen, an dem mir so viel lag – wenigstens das: Es war der Gedanke, unsere Spionageflugzeuge so nah an die Grenze fliegen zu lassen, dass sie die russische Bereitschaft bis zu dem Punkt provozierten, wo ein Angriff auf sie gerechtfertigt erschiene.

Es gibt eine historische Gelegenheit, sagte ich, die Stille durchbrechend, einen nuklearen Konflikt mit Russland zu gewinnen. Diese Gelegenheit ist jetzt. Nicht früher, nicht später. Die Russen werden einen Monat Zeit benötigen, um ihre insgesamt 150 Wasserstoff- und Atombomben zu stationieren. Wir brauchen für unsere 750 nicht mehr als wenige Stunden.

Der klobige Computer half mir dabei, das Undenkbare zu verdeutlichen, die Ereignisse Schritt für Schritt darzulegen. Mithilfe einer für die damalige Zeit erstaunlich ausgefeilten Technologie zeigten aufeinanderfolgende Lagepläne, wie die Entwicklung sich im Stundentakt vollziehen würde und die Sowjetunion von immer dickeren Linien bedeckt wurde. Jede Linie stellte eine separate Flanke unseres Angriffs dar. Alles deutete direkt auf Moskau, das Herz Russlands, und auf dem Weg dorthin wurde der Rest des Landes als Kollateralschaden eliminiert.

Das letzte Bild war kein Plan, sondern ein manipuliertes Foto. Es stellte das feindliche Territorium als eine rauchende, steinige, radioaktiv verseuchte Wüste dar. Über dem Foto lief eine einzige Zeile. In leuchtend gelben Großbuchstaben stand dort: *Die Sowjetunion, 1922 – 1954, RIP.*

Dann drückte ich den Knopf und verwandelte die Simulation in Realität. Eine warme Ruhe durchströmte meinen Körper.

6.11

Mein Mobiltelefon weckte mich auf. Ich wurde von einer schwedischen Nummer angerufen, die ich nicht kannte. Nach einer Weile entschloss ich mich, den Anruf anzunehmen, doch in diesem Moment legte der Anrufer auf.

Ich wartete, ob der Anrufer eine Nachricht hinterlassen würde. Ich sah auf meine Armbanduhr. 02:32. Aufgrund des Schirokko war es furchtbar schwül im Zimmer.

Ich lauschte, schaute und lauschte wieder, aber auf meiner Mailbox ging keine Sprachnachricht ein. Ingrid saß von mir abgewandt am Küchentisch. Vor ihr standen die Töpfe mit Theaterschminke auf dem Wachstischtuch. Sie hatte kein Licht angemacht, das Mondlicht war hell genug. Das ganze Apartment war in seinen bläulichen Schein getaucht, und das Wimmern des Südwinds bildete eine schaurige Klangkulisse.

»Wer war das?«, fragte sie, ohne sich umzudrehen.

»Ich habe keine Ahnung.«

Ich erhob mich von der Matratze und zeigte ihr das Mobiltelefon. Die Nummer wurde noch angezeigt.

»Das ist Aina«, sagte sie.

»Was sollte sie von mir wollen? Eine Nachricht hat sie auch nicht hinterlassen.«

»Frauen aus unserer Generation tun das nicht gern. Vielleicht war der Grund ihres Anrufs auch zu heikel. Warum rufst du nicht zurück, mein Schatz?«

Als ich den grünen Knopf mit der Rückruffunktion drückte, stellte ich mir vor, wie Aina in Ursvik allein in ihrem Bett lag, weil Sixten sich auf den Weg zu uns gemacht hatte, nachdem er die Nachrichten über die Krim gehört und ihre Bedeutung verstanden hatte. Aina war das Alleinsein nicht gewohnt und konnte vielleicht nicht schlafen. Und so hatte sie aus dem Fenster in das Schneetreiben gestarrt und sich schließlich entschieden, mich anzurufen.

Ich rief zurück, doch ich drückte den roten Knopf, ehe sie abnahm. Auch ihren nächsten und übernächsten Anruf nahm ich nicht an. Ich wollte mich einfach nicht mit Ainas Sorgen belasten – um Sixten, um die Welt, vielleicht um uns.

Ich legte das Mobiltelefon beiseite, setzte mich auf die andere Seite des Küchentischs und sah Ingrid zu. Mit jedem Tupfer Theaterschminke wirkte sie älter. Sie hatte ihr wahres Alter längst hinter sich gelassen. Dann setzte sie die Luciakrone auf, schaute in ihren Taschenspiegel und verzog das Gesicht.

Der Schirokko hat eine einzigartige Kraft. In Sizilien gilt er als strafmildernd für Frauen, die unter seinem Einfluss ihren Ehemann töteten.

»Ich würde zu gern wissen, was du gerade denkst, Erasmus.«

Die plötzlich gealterte Frau sah im blassblauen Mondlicht zu mir auf. Vielleicht bildete ich mir auch nur ein, dass sich ihr Aussehen geändert hatte. Mir war, als ob auch ich die Wirkung des Schirokkos, seine okkulte Macht, die verhexende Wirkung des Winds spürte, der an den Fensterläden riss und zerrte.

»Nichts, Ingrid. Überhaupt nichts«, sagte ich.

Sie ließ ihren Blick auf mir ruhen und wartete. Dann lächelte sie. »Du bist mir sofort aufgefallen, mein Schatz, schon bei der ersten Vorlesung. Ich habe gleich dein Potenzial erkannt. Und jetzt ist es Zeit für dein Examen. Wir zwei gegen die Welt.«

Sie stand auf und setzte sich den Rucksack auf. Dann reichte sie mir den Hybrid. Ich nahm ihn schweigend entgegen, sah auf meine Armbanduhr. Um 04:00 Uhr, zur Hexenstunde, verließen wir unsere konspirative Wohnung zum letzten Mal und tauschten eine gewisse Sicherheit gegen eine elementare Ungewissheit ein – nicht nur für uns, sondern für die gesamte Menschheit.

Draußen zeigte meine Uhr 21 Grad an. Meine Wangen glühten, als ich Ingrid auf einem mir unbekannten Weg in die Berge folgte. Wir hielten uns unterhalb des Gebirgskamms, abseits des Mondlichts, und bewegten uns viel schneller voran als während meiner ruhigen abendlichen Läufe. Das Gewicht des Hybrid war – Jesús María sei Dank – gleichmäßig auf meinem Rücken verteilt. Keine einzige Wolke stand am Himmel, und das Licht war magisch. Ich sah hinauf ins All und kostete die Schwere und die Leichtigkeit des Augenblicks aus. Ich kam mir vor wie ein Halm im warmen, starken Wind, oder wie ein Insekt – eine Zwergspinne.

Wir erreichten eine Schlucht, in die wir hinabstiegen, bis Ingrid durch eine kleine Felsspalte in Richtung Süden abbog. Diese führte zu sanft abfallenden Weizenfeldern, die sich bis ans Meer erstreckten. Das war natürlich nur ein Ablenkungsmanöver. So etwas taten Menschen wie wir, ohne nachzudenken. Dann schwenkte Ingrid wieder auf unsere ursprüngliche Route zurück. Wir liefen im Zickzack und passten uns dabei den geologischen Gegebenheiten an.

In der Senke nahe der MUOS-Basis sahen wir schließlich die riesige Antenne, die uns durch die Beschaffenheit des Terrains bislang verborgen geblieben war. Wir legten eine Pause ein, tranken etwas, aßen jeder einen Hartkeks und betrachteten unsere Umgebung im Schutz des letzten kleinen Olivenhains oberhalb der Anlage. Wir musterten die unüberschaubare Menge an Zelten, die hier aufgeschlagen waren und kaum noch eine freie Fläche in der steppenartigen Landschaft ließen.

Der Hang vor uns hatte eine Fläche von etwa zehn Quadratkilometern, was knapp zweitausend Footballfeldern entsprach. Strategisch war es in der Tat sinnvoll gewesen, die Basis hier zu errichten. Dadurch entging man der Gefahr, im Fall eines Angriffs umzingelt zu werden, wie es in einem Talkessel leicht geschehen konnte. Die Basis hatte uns häufig als Schauplatz großer gemeinsamer Manöver der Luft- und Bodentruppen gedient. Sie bot genug Platz, um Fußsoldaten weitflächig aufzustellen. Manchmal waren es ganze Divisionen mit Zehntausenden Infanteristen, die chaotische Gefechtseinsätze mit Drohnen über ihren Köpfen übten.

Aber die riesige Freifläche vor dem Stützpunkt bot auch den Demonstranten einen idealen Versammlungsplatz. Bis morgen, dem Eröffnungstag, wurden eine halbe Million Aktivisten hier erwartet, in diesem entlegenen Winkel der Insel.

So viele waren noch nicht da. Aber schon jetzt herrschte reges Treiben. Man bereitete sich vor. Wenn die Behörden geglaubt hatten, die Friedensbewegung würde sich auf die Krimkrise, auf den »Kalten Krieg 2.0« konzentrieren und nicht auf diesen Ort, dann hatten sie sich getäuscht.

Viele Demonstranten campierten offensichtlich schon seit Tagen hier. Im hellen Licht des Vollmonds sah man, wie sie sich häuslich eingerichtet hatten. Handtücher und Badekleider hingen zum Trocknen auf Leinen, die zwischen den Zelten gespannt waren, und bildeten ein Punktemuster auf den umliegenden Hängen.

Wenn Edelweiss seine Vorträge hielt, hatten wir uns oft gewundert über das taktische Denken – besser gesagt: das fehlende taktische Denken von Friedensaktivisten. Aber Edelweiss machte deutlich, dass dies nicht eine Frage kurzfristiger Taktiken, sondern langfristiger Strategien sei. Dass es für die Aktivisten mitunter wichtiger sei, einfach Masse zu zeigen, um so mit Bildern in den Medien die öffentliche Meinung zu beeinflussen, als gezielte Aktionen durchzuführen, zum Beispiel gewaltsam in den Stützpunkt einzudringen.

Mit ihren verschiedenen Kostümen konnten die Demonstranten zudem ihre widerstreitenden Ziele auf heitere Weise miteinander in Einklang bringen, weil sie sowohl Aufmerksamkeit erregten als auch der Tarnung dienten. Diese Art der Kostümierung hatte sich in den vergangenen Jahren bei internationalen Demonstrationen entwickelt und war zu einer Art pazifistischer Haute Couture geworden. Hier auf Sizilien waren die Kostüme obendrein mit der jahrhundertealten Karnevalstradition der Insel verschmolzen.

Als die Sonne um 06:41 Uhr aufging und die Demonstranten in rotes Licht tauchte, konnten Ingrid und ich die aus antiken Dramen entliehenen Antihelden erkennen: Da waren Dutzende Lysistratas und ebenso viele Medeas. Dazu kamen die historisch verbürgten Gestalten: Mahatma Gandhi, Alva Myrdal, Eleanor Roosevelt in reichlicher Zahl. Edelweiss hatte uns versichert, dass es Kalkül sei, wenn viele Einzelpersonen, vom überzeugten Idealisten bis zum echten Terroristen, exakt die gleiche Kleidung trugen, da dann die Mächtigen nie wissen konnte, wer sich hinter welcher Verkleidung versteckte.

Wie in Kleine-Brogel fanden sich auch hier zahlreiche Beispiele für das, was Edelweiss in seinen Vorträgen als »Kleidung der Liebe« bezeichnet hatte: rosa Perücken und Glitter auf den Wangen, überall Piercings, grotesk große Lippen und Brüste, falsche Penisse und viel nacktes Fleisch bei Frauen wie Männern.

Dazu kamen noch Gestalten aus der Bhagavad Gita. Eine deutliche Anspielung auf Robert Oppenheimer, auf seine Äußerung beim ersten Atombombentest in der Wüste von New Mexico am 16. Juli 1945, nur Wochen, bevor seine Erfindung in Hiroshima zum Einsatz kam: *»Jetzt bin ich zum Tod geworden, zum Zerstörer der Welten.«*

Vishnu hatte diese Worte ausgesprochen, als er seine vierarmige Gestalt annahm, um den Prinzen an seine Pflicht zu erinnern.

Außerdem gab es Verkörperungen des Feindes: Skelette, Dämonen, Zombies. Viele davon waren eindeutig inspiriert von der Gestalt des Todes auf Blus Wandgemälde in Niscemi, jener makabren Figur, die mit dem MUO-System spielte, als wäre es ein Xylophon.

Noch beeindruckender als die vielen fantasievollen Kostüme war jedoch die schiere Masse an Menschen, die sich um die Basis versammelt hatte. Waren es bei Kleine-Brogel bereits mehrere Zehntausend Aktivisten gewesen, mochten es hier wohl über hunderttausend sein.

Die Friedensaktivisten waren seit Kurzem wieder im Aufwind. Neben dem Atomwaffenskandal berichtete CNN laufend über die neuesten Entwicklungen in der UN-Generalversammlung. Einige kleinere Staaten hatten einen Antrag abgegeben, in dem sie Verhandlungen über ein Abkommen zum Verbot von Nuklearwaffen forderten. Diesem Antrag war überraschenderweise stattgegeben worden.

Die Argumente dieser Staaten waren so einfach wie überzeugend. Der Resolution zufolge gab es zwei Möglichkeiten: Entweder wurden nukleare Waffen im Kriegsrecht geächtet und durch internationale Konventionen verboten oder sie wurden als legitime Waffen akzeptiert. Letzteres würde bedeuten, dass alle Staaten eigene Atomwaffen besitzen durften, da es der UN nicht zustand, eine fundamental ungleiche Weltordnung zu vertreten.

Die Experten im Studio waren sich einig, dass die Resolution trotzdem keine Chance hatte. Aber allein, dass der Antrag angenommen worden war, bedeutete schon einen Sieg. Dies war das erste öffentliche Lebenszeichen der Friedensbewegung seit Jahren.

Kurz darauf war es zu riesigen Demonstrationen gegen die von Großbritannien geplante Erneuerung des Trident-Atomraketensystems gekommen, der britischen Variante der »Revitalisierung«. Mit fünfundsiebzigtausend Teilnehmern bildete sich am Trafalgar Square die größte britische Kundgebung seit den friedensbewegten Tagen von 1983. Damals waren im Hyde Park dreihunderttausend Menschen zusammengekommen, um gegen die Entwicklung von Marschflugkörpern in Greenham Common zu protestieren.

Das neuerliche Interesse an der Atomwaffenproblematik hatte sogar die großen amerikanischen Fernsehstationen veranlasst, Reporter in das kleine Niscemi zu schicken. Die vom Weißen Haus widerwillig zugelassenen Pressebusse standen ordentlich aufgereiht in sicherem Abstand zur Basis.

Alles war also bereit. Die Eröffnung der vierten und letzten MUOS-Basis würde dank der Zeitverschiebung das Hauptthema der morgendlichen Nachrichtensendungen im amerikanischen Fernsehen sein, inklusive der gewalttätigen Auseinandersetzungen, die die Eröffnung begleiten würden.

Das war Ingrids Kalkül. Die Aufmerksamkeit würde sich auf die falschen Akteure richten, und so konnte sich das eigentliche Schauspiel woanders entfalten, vermutlich an einem Ort tief unterhalb der Anlage.

Es war nun 07:49 Uhr, bei 25,3 Grad im Schatten. Die Sonne schien gnadenlos auf die kostümierten Aktivisten und ihre uniformierten Gegenspieler. Es gab nicht annähernd genug Wachen, um die Demonstranten von der Erstürmung der Basis abzuhalten. Ich konnte keinen unserer Verfolger ausmachen. Weder Zafirah – die in solchen Situationen zwar am liebsten allein operierte, aber jetzt vermutlich von ausgewählten Sicherheitsleuten des Präsidenten unterstützt wurde – noch Edelweiss, der wahrscheinlich in Washington geblieben war, um aus der Ferne Regie zu führen.

Die Verfolgung musste ebenso heimlich ablaufen wie in den vergangenen fünf Monaten. Unsere Verfolger mussten sich – so wie wir auch – der Bewegung der Masse anpassen. Weder wir noch sie durften es riskieren, die Aufmerksamkeit der Medien auf sich zu ziehen. Das Thema »Atomwaffenskandal« würde ganz neue Dimension annehmen. Niemand durfte erfahren, dass eine derart kleine Gruppe von Menschen eine derart große operative Macht besaß.

Ingrid und ich blickten hinab auf dieses bizarre Karnevalsfest. Auch von Sixten fand sich keine Spur. Er hatte angekündigt, dass er sich uns erst im letzten Moment anschließen wolle, wenn der Aufruhr bereits in vollem Gang war. Ingrid wiederum wollte nicht Gefahr laufen, von den amerikanischen Drohnen entdeckt zu werden, mit deren Hilfe die Lage analysiert wurde.

Sie sah auf ihre Armbanduhr und wandte sich zu mir um.

»Könntest du Aina bitte noch einmal anrufen?«

Ich holte mein Mobiltelefon hervor, sah, dass fünf Anrufe von Aina eingegangen waren. Ich hörte meine Mailbox ab.

»Sie hat keine Nachricht hinterlassen«, erklärte ich.

»Dann war es wohl nichts Wichtiges.«

Sobald die Sonne auf den Olivenhain schien, holte Ingrid einige der von Jesús María gefertigten Requisiten aus ihrem Gepäck, letzte Zeugnisse ihres schwarzen Humors. Wortlos legte ich den Vollbart, die schwarz gelockte Perücke und das zerrissene braune Hemd an. Es war mir klar, worauf sie anspielen wollte.

Meine Mutter hatte mir diese Geschichte erzählt, zu einer Zeit, da ich die Einzelheiten noch gar verstehen konnte. Sie betonte immer, dass sie mich nach Erasmus von Rotterdam benannt habe, dem großen europäischen Humanisten. Erasmus, der mit Martin Luther über den freien Willen stritt – er war das Symbol einer neuen Zeit. Doch auch die bewegte Geschichte des heiligen Erasmus, der von 240 bis 303 lebte und den Christenverfolgungen unter Kaiser Diokletian zum Opfer fiel, erzählte sie mir. Das Symbol dieses Heiligen war eine Winde, weil er durch das langsame Aufwickeln seines Darms gefoltert worden war. Jesús María hatte dieses Symbol so elegant wie diskret in meine Verkleidung eingearbeitet: Auf Höhe des Bauchs war mit blutrotem Garn eine Winde in den Stoff gestickt.

Ingrid warf mir einen prüfenden Blick zu, als versuchte sie, in meiner neuen Verkleidung etwas zu erkennen. Ich wich ihrem Blick aus. Daraufhin zog sie ihre eigene Verkleidung über ihre Kampfmontur: ein weißes Nachthemd – über den Knien abgeschnitten, um ihre Beweglichkeit nicht einzuschränken –, eine blonde Perücke und eine Luciakrone im Haar. Genau wie in Belgien. Wir würden zusammen mit den Aktivisten auf das Gelände vordringen. Dort konnten wir dann mit unserer eigenen Mission fortfahren.

Selbst ohne Feldstecher sah ich mindestens dreißig weitere Lucias unter den Demonstranten. Der Legende nach stammte die heilige Lucia von der Insel Syrakus, etwa hundertfünfzig Kilometer südöstlich von Sizilien, und starb nur ein Jahr nach dem heiligen Erasmus. Die Legende besagte, dass man Lucia zur Prostitution zwingen wollte. Als sie sich standhaft weigerte, folterte man sie. Man hatte sie mit kochend heißem Öl übergossen und ihr ein Schwert in die Kehle gestoßen, doch sie überlebte beides. Erst als ihr die letzte Salbung gewährt wurde, fand sie Frieden und starb.

Ingrid zündete die Kerzen mit einem scheinbar normalen Feuerzeug an, ehe sie sich die Krone auf den Kopf setzte. Es roch ein wenig nach Gummi oder Erdöl. Die Kerzen verlöschten selbst im Wind nicht. Vermutlich waren sie mit irgendeinem chemischen Hexengebräu präpariert.

Dann gingen wir zur Anlage hinunter. Keiner der Sicherheitsleute, die sich unter die Aktivisten gemischt hatten, stellte sich uns in den Weg. Wir nahmen unseren Platz neben einem Schild mit der Aufschrift MÄRTYRER FÜR DEN FRIEDEN ein.

Nicht alle Aktivisten waren verkleidet. Es gab auch jede Menge Normalbürger, Neugierige, Familien, idealistisch gesinnte Bewohner aus dem Dorf, die sich freigenommen hatten oder in dieser strukturschwachen Gegend sowieso arbeitslos waren. Da waren Friedensaktivisten aus aller Welt, die schon an vielen solcher Demonstrationen teilgenommen hatten. Wegen der Kostüme war es schwierig, die Profis von den Amateuren zu unterscheiden. Banner mit der Aufschrift »No MUOS« hingen an dem Zaun, der die Basis umgab, wie weiße Klebebänder, die alles zusammenhielten. Die Wachleute waren entschieden in der Unterzahl und rührten sich nicht von der Stelle. Langsam, wie bei einem Erdrutsch in Zeitlupe, rückten die Demonstranten vor.

Plötzlich erhob sich ein dumpfes Grollen. Zuerst dachte ich, es wäre weit entfernter Donner, der übliche Höhepunkt des Schirokkos. Ich sah zum strahlend blauen Himmel auf – und erblickte unzählige Drohnen.

Gleich darauf erschienen Geländebusse zusammen mit einem Luftkonvoi. Der Marine-One-Helikopter wurde von etwa zehn weiteren des HMX-1-Schwadrons aus Quantico in Virginia begleitet. Die Sondereinsatztruppen strömten aus den Bussen und postierten sich in Gefechtsstellung vor den Toren: das tiefe Gebrüll Tausender Soldaten, denen das Adrenalin durch die Adern schießt, noch ehe etwas passiert ist, gegen die helleren Rufe der Demonstranten.

Durch den Feldstecher sah ich, wie sich die Tür von Marine One öffnete und unser neuer Verteidigungsminister hinaustrat – vorausgesetzt, dass er es selbst war und kein Double, das die Wichtigkeit des Ereignisses unterstreichen sollte, während der echte Minister in Washington an unserer Strategie für die Krimkrise feilte.

An seiner Seite ging ein Träger, einen Koffer in der Hand. Es konnte sich nur um einen Bluff handeln, denn der Mechanismus war jetzt laut Ingrid vom System abgekoppelt und nutzlos.

Dann ertönte ein weiteres dumpfes Grollen ringsum, doch diesmal stammte es von Menschen, nicht von Maschinen. Die Menge teilte sich wie das Rote Meer, und eine kleine Figur mit einer Teufelsmaske ging langsam, aber entschlossen auf das Tor zu.

»Blu«, sagte Ingrid.

Ich betrachtete ihn: ein Messias, dem die Menschen ermutigend auf die Schulter klopften, während er durch die Menge schritt. Selbst meine zwölfjährige Tochter Unity kannte ihn und hatte mir von seinem Werdegang erzählt: wie er in den Vororten Bolognas den Durchbruch geschafft hatte und anschließend durch die ganze Welt gezogen war. Es gab von ihm nie mehr als eine Wandmalerei oder Ausstellung zugleich. Unbekannte Identität, abgeschirmter Computer, alle Vorkehrungen gegen eine Verfolgung. Das Gesicht hinter wechselnden Masken versteckt.

Hier in Niscemi hatte er erstmals zwei Wandmalereien an einem Ort geschaffen. Als Blu am Haupttor angekommen war, drehte er sich um und rief etwas, das ich nicht verstand. Daraufhin geriet eine lange Reihe von Frauen in schwarzen Kleidern in Bewegung. Auch sie wurden von der Menge durchgelassen und postierten sich an der Spitze der Demonstranten. Stille. Es war, als ob alle die Luft anhielten.

Ingrid sah auf die Uhr, und ich tat es ihr gleich: 12:51, 35,8 Grad unter dem Schein der glühenden Sonne. Der Schweiß juckte schon jetzt unter meiner Kleidung. Sie sah mich an, mit diesem ganz besonderen Blick. Noch immer trug sie die brennende Lichterkrone.

»Es geht los, Sankt Erasmus«, sagte sie mit erwartungsvoller Stimme.

Als wären wir im Kino. Oder Zuschauer einer klassischen Tragödie.

6.12

Es begann damit, dass Blu den Maschendrahtzaun hochkletterte. Als er fast die Stacheldrahtkrone erreicht hatte, hielt er sich mit der Linken am Zaun fest wie ein Trapezkünstler und winkte mit der Rechten der Menge zu. Durch meinen Feldstecher sah ich, dass die Soldaten ihn angespannt beobachteten, um herauszufinden, ob er eine Waffe bei sich trug. Schließlich entschieden sie, dass er dort oben bleiben und sich der Menge zeigen durfte. Eine strategisch schlechte Entscheidung.

Denn es sah so aus, als ob Blu den Takt für dieses Ereignis vorgäbe – und genau das war der Fall. Mit seinem langen Arm schien er die Menschen zu dirigieren.

Die schwarz gekleideten Frauen gaben ein tiefes Summen von sich. Vielleicht hatten sie sich von den Müttern der Plaza de Mayo in Argentinien anregen lassen und demonstrierten gegen die Gefährdung ihrer Kinder und Enkelkinder durch die Strahlung, die von den Parabolantennen ausging. Der Ton war so dumpf und rhythmisch wie der Chor eines antiken Dramas und verbreitete sich über das gesamte Gelände. Erst als er Ingrid und mich in der Mitte der Menge erreicht hatte, verstand ich die beiden Wörter. Sie erinnerten mich an meine opernbegeisterte Mutter. Die Botschaft hätte direkter nicht sein können.

»*Maledetto, malfatto*«, skandierte die Menge, wieder und immer wieder.

»Der Bau ist verflucht und missraten«, murmelte Ingrid.

Doch die Show musste weitergehen: die Rede des Verteidigungsministers, die Einweihung, die offizielle Kundgebung. Er spielte seine Rolle perfekt, gab vor, den Sprechgesang der Frauen nicht zu hören, der sich nun schnell in der gewaltigen Menge verbreitete. Die Sicherheitstruppen standen regungslos, während die Drohnen über unseren Köpfen schwebten.

Der Minister oder sein Double sagte, was von ihm erwartet wurde. Gab hohle Phrasen für die Presse von sich über globale Sicherheit und den Kampf gegen den Terror. Dass MUOS nicht nur die globale Koordination von Truppen ermögliche, sondern auch die Überlebenschancen für die Soldaten bei komplexen Einsätzen erhöhe.

Doch die Antwort der Menge entsprach nicht dem, was zu erwarten war: kein zorniges Buhen, Schreien oder Heulen wie in Kleine-Brogel. Nur dieser fortgesetzte dumpfe, dunkle Sprechgesang: zwei Wörter mit sieben rhythmischen und unheilvollen Silben. *Ma-le-det-to … Mal-fat-to … Ma-le-det-to …*

Bis der Gesang plötzlich verstummte, exakt zu dem Zeitpunkt, als der Minister seine Rede beendet hatte. Das war das Zeichen. Blu sprang wieder herab auf den Boden vor dem Zaun.

Als er vor den speziell ausgebildeten Truppen stand, unseren am härtesten gedrillten Soldaten, brauchte ich keinen Feldstecher, um ihre Angst zu erkennen, trotz ihrer hochtechnisierten Ausrüstung und der Maschinengewehre, die sie vor die Brust hielten. Man erkannte an ihrer Körperhaltung, wie sie innerlich vor dem kleinen Mann zurückzuckten, dessen einzige Waffe eine Teufelsmaske war. Dann setzten die Soldaten selbst ihre Masken auf: Sie klappten die Visiere ihrer Helme herunter.

Jetzt brach der Sturm los. Ein ohrenbetäubendes Brüllen der Begeisterung von Zigtausenden Aktivisten. Ein triumphierender Urschrei.

Und wenn mir nicht schon vorher klar gewesen wäre, welche Strategie das Militär verfolgen würde, wäre dies spätestens jetzt offensichtlich geworden, als die Kommandanten der Sondereinheiten zur Seite traten, damit Blu als Erster den Stützpunkt betreten konnte.

Wenn eine Menschenmenge dieser Größenordnung vereint in eine Richtung drängt, ist das wie eine Naturgewalt, die man nur aufhalten kann, wenn man bereit ist, unschöne Bilder in den Medien zu riskieren.

Als die vordersten Reihen durch die Tore strömten, musste ich an Bilder anderer historischer Ereignisse denken: Bilder vom Fall der Berliner Mauer, von der Orangen Revolution in der Ukraine, dem Arabischen Frühling. Ereignisse, bei denen das Ungleichgewicht mindestens ebenso groß gewesen war und die Waffen ebenso ungleich verteilt.

Die fast schon pazifistische Strategie wurde dem Militär durch die Anwesenheit der Medien erleichtert. Denn die Journalisten und Fotografen hatten sich unter die Demonstranten gemischt, liefen mit ihren Kameras und Notizblöcken umher, drangen immer tiefer in das burleske Chaos aus Verkleidungen und schwer bewaffneten Spezialkräften ein.

Ingrid und ich ließen uns von der Welle mittragen. Wir liefen schnell, aber vorsichtig über einen umgerissenen Zaun. Er hatte schon mehrere Menschen verletzt, die seine Mehrfachfunktion nicht kannten und nicht ahnten, dass er nicht nur festhielt, sondern auch schnitt. Das Blut aus den aufgeschlitzten Beinen von Demonstranten war überall auf dem blassgrauen Betonboden im Innern der Anlage zu sehen. Doch der Menschenstrom wälzte sich weiter. Er überflutete alles und verbreitete sich in sämtliche Richtungen zugleich.

Während seiner Vorträge hatte Edelweiss die Filme zum Thema Massenpsychologie immer wieder angehalten, hatte vor- und zurückgespult, um uns zu zeigen, dass es in den seltensten Fällen so etwas wie koordinierte Bewegungen gab. Viele ließen sich einfach mittragen, ohne eine klare Vorstellung von ihrem Tun zu haben. Viele wären wahrscheinlich sogar gern umgekehrt, wenn das denn möglich gewesen wäre. Nicht jeder Demonstrant war gewillt, sich für seine Überzeugungen in Gefahr zu begeben, andere hatte schon der Ansturm in Panik versetzt. Viele verfolgten allerdings auch persönliche Ziele – etwa eine Trophäe vom Stützpunkt zu ergattern.

Es ist klar, dass sich in einer Menge, die in eine bestimmte Richtung steuert, immer auch Menschen befinden, die sich gegen den Strom bewegen. Das Geheimnis besteht darin, dass man herausfindet, *wie* sie das tun, und dann die eigenen Bewegungen haargenau auf dieses Muster abstimmt.

Ingrid erwies sich als Meisterin dieser Taktik. Wir konnten uns deshalb sowohl mit dem Schwarm als auch gegen ihn in Richtung der östlichen Peripherie der Anlage bewegen, während die große Flut in den westlichen Teil brandete, wo die geheimnisvollen und unheilverkündenden Parabolantennen standen. Eine Lucia unter Hunderten. Ein bärtiger Märtyrer unter vielen. Niemand schien Notiz von uns zu nehmen.

Der Schweiß juckte unter meinem Bart und dem Kostüm. Ich nahm mir nicht die Zeit, auf meine Uhr zu sehen, sondern blickte stur geradeaus und folgte Ingrids untrüglichem Kurs durch das Menschenmeer.

Der heiße Wind trieb uns voran – als ich durch die kostümierte Menge weniger als hundert Meter vor uns das Ziel erblickte.

Die Lufteinlassöffnungen der Anlage.

Wir hatten stets unsere Techniker darauf hingewiesen, dass die Ventilatoren nicht klein genug waren und eine empfindliche Angriffsfläche für den Feind boten. Unsere Techniker hatten bloß den Kopf geschüttelt und gesagt, dass man sie nicht kleiner machen könne. Wenn wir immer größere Mengen von Menschen unterirdisch unterbringen wollten, und – entsprechend unseren zunehmend undurchsichtigen Szenarien – für immer größere Zeiträume, mussten die Lufteinlässe eher noch größer sein.

Das war also Ingrids Plan. Und das war offenbar auch den beiden Frauen klar, die ich jetzt in einiger Entfernung seitlich von uns ausmachte. Sie fixierten uns mit Blicken. Die eine von ihnen war eine weitere Alva Myrdal, die Symbolfigur des schwedischen UN-Abrüstungskomitees der Sechzigerjahre. Es musste Zafirah sein, die sich als diese ehrwürdige Staatsfrau verkleidet hatte. Ihr Körper war klein und kompakt, ihr Körperschwerpunkt lag tief. Die andere war eine von den vielen Eleanor Roosevelts, groß und sehnig, deren Muskeln sich deutlich unter den langen Ärmeln ihres Kleids abzeichneten. Es konnte eigentlich nur unsere Nahkampflehrerin sein. Eine namenlose, melancholische Frau aus Ruanda, die ihre unkonventionellen Techniken während des Bürgerkriegs vervollkommnet hatte. Die Einzige, die Zafirah im Training besiegen konnte.

Die beiden Frauen verständigten sich mit Blicken, dann marschierten sie los. Eleanor Roosevelt verfolgte Ingrid, die etwa zehn Meter vor mir lief. Alva Myrdal strebte in meine Richtung. Als sie fast bei mir war, stieß sie einen martialischen Laut aus. Ich sah den geöffneten Mund, sah ihre Bewegungen wie in Zeitlupe. Wie in Trance erwartete ich ihren Angriff. Mein Körper hatte automatisch in den Kampfmodus umgeschaltet.

Viel leichter, als ich mir vorgestellt hatte, fast traumgleich, kam ich an sie heran. Ich packte Alva Myrdals welliges Haar und schaffte es, ihren Kopf zu drehen. Dabei entstand ein ähnlich knirschendes Geräusch, wie wenn man einem Hecht den Kopf abreißt. Anscheinend hatte sie mir etwas sagen wollen. Ihr Mund stand noch weit offen. Doch es kam kein Laut mehr heraus. Sie sackte zu Boden, wo sie reglos liegen blieb.

Um mich her strömten weiterhin die Menschen. Niemand schien uns beachtet zu haben. Als ich zu der leblosen Gestalt hinabblickte, glaubte ich einen bekannten Duft wahrzunehmen. Ein Parfüm. Aber im nächsten Moment war es verflogen, verdrängt vom Geruch des heißen Zementbodens, dem Blut und dem Schweiß der Menschenmassen.

Ich ließ die leblose Frau hinter mir zurück und stürzte auf die beiden Frauen am Lüftungsschacht zu, bei den

Schutztüren. Ich sah, wie Eleanor Roosevelt sich kopfüber auf Santa Lucia stürzte, und ich hörte das überraschend tiefe Brüllen der Nahkampfausbilderin über dem Summen der Menge, als sie Ingrid zu Fall brachte.

Aber Santa Lucia hatte eine Waffe. Flach auf dem Boden liegend, hob sie ihren Oberkörper mit leichtem Schwung zu der Ausbilderin, die auf ihr saß, und setzte Eleanor Roosevelts Perücke mit ihrer chemisch präparieren Lichterkrone in Brand.

Obwohl unsere zähe Trainerin mit enormer Tapferkeit weiterkämpfte, während die Flammen ihre Perücke erfassten, hatte sie letztlich keine Chance, wie fest sie Ingrid auch packte und ebenfalls in Brand zu setzen versuchte. Denn diese Lucia trug ein Nachthemd aus einem besonderen, imprägnierten Stoff, hergestellt von Jesús María.

Dann war ich gelähmt, mitten in der Bewegung eingefroren, als hätte jemand eine Simulation angehalten.

Denn gerade als die Ausbilderin schreiend wie eine Todesfee über den Stützpunkt lief, als sie andere Menschen ringsum in Brand setzte und die Flammen ihre Kopfhaut erreichten, gelang es mir plötzlich, den Geruch zuzuordnen, der von Alva Myrdals totem Körper aufgestiegen war.

Es war ein Damenparfüm, vielleicht das bekannteste von allen. Aber ich hatte in meinem ganzen Leben nur zwei Frauen kennengelernt, die tatsächlich Chanel No. 5 benutzten. Die eine war meine Mutter, die sich jetzt in einem idyllisch gelegenen Heim für Demenzkranke im nördlichen Connecticut befand.

Und die andere war Aina.

6.13

Es war also doch ein klassisches Drama. Eine Verwechslungstragödie.

Ich unterdrückte die Gedanken an Aina, während wir uns schweigend durch das dunkle Labyrinth der unterirdischen Gänge bewegten, vom Notausgang nach innen, statt andersherum.

Ich stutzte nicht einmal, als Ingrid acht Symbole auf dem Bedienfeld des verborgenen Schaltkastens eingab und sich die Türen öffneten.

Die Alarmanlage und die Überwachungskameras waren wohl schon lahmgelegt worden, das Gleiche galt für die Notbeleuchtung. Ingrids Luciakrone leuchtete uns den Weg. Ihr Schein warf meinen unruhig flackernden Schatten an die Wand. Der beißende Geruch nach Rohgummi und Benzin, den sie verströmte, erfüllte den stickigen Tunnel.

Ein Szenario wie dieses hatten wir nur selten proben können. Es beruhte auf der Annahme, dass ein Spion den Weg in die fragliche Einrichtung vorbereitet hatte, meist einen unserer Raketenstützpunkte im Mittleren Westen. Ingrid musste hier in Niscemi etwas Ähnliches gelungen sein, als Resultat ihrer jahrelangen Planungen – jahrzehntelang, wie sie sagte –, die auf genau diesen Moment abzielten.

Ich spürte, dass die Bürde unserer Aufgabe mit jedem Schritt schwerer auf mir lastete. Der Hybrid schien wie mit Blei gefüllt. Nach einigen Minuten erreichten wir eine Tür. Sie war mit KOMMANDOZENTRALE beschriftet. Gedanken rasten durch meinen Kopf. Auf der anderen Seite der Tür lag der Raum, wo sich nicht nur unser Schicksal entscheiden würde, sondern das Schicksal aller künftigen Generationen.

Reflexhaft machte ich mich für den Nahkampf mit den Wachen im Innern der Kommandozentrale bereit, die zur Eröffnung zweifellos verstärkt worden waren. Ich spannte die Muskeln an und zog meine Waffe. Falls dort drinnen überhaupt genug Platz war, um sie zu benutzen.

Aber Ingrid blieb fünf Meter vor der Tür stehen und tastete an der Decke herum, bis sie den Schaltkasten für den Eingang fand. Ich konnte sehen, was sie auf den kleinen Tasten unter der Abdeckung eingab – nicht die eigentlichen Zeichen, aber die Bewegung ihrer Finger. Es war derselbe Code wie in Ursvik. Alles ist einfach, wenn man eingeweiht ist. Als sie ihr »LISA 1969« eingetippt hatte, öffnete sich rechts in der Metallwand geräuschlos eine Schiebetür.

Sofort lief Ingrid mit höchster Geschwindigkeit die Wendeltreppe auf der anderen Seite der Tür hinab, und ich hatte Mühe, ihr zu folgen.

Als ich am Fuß der Treppe angelangt war, sah ich gerade noch, wie Ingrid eine weitere Tür öffnete, mit demselben Code und dem gleichen Ritual. Auch hier glitt die Schiebetür geräuschlos auf. Als sie sich wieder schloss und uns von der Welt abschottete, drehte sich Ingrid zu mir um und gestikulierte vage in Richtung des Steuerpults.

»*Ecco*. Damit habe ich mir die Zeit vertrieben, als MUOS über unseren Köpfen gebaut wurde. Weil ich als Alpha zugleich in der Nähe und unsichtbar bleiben musste. Dieselben Arbeiter, die an der Oberfläche zu tun hatten, halfen mir auch hier unten. Hinzu kamen einige andere, die sich weltanschaulich mit der Sache identifizierten. Aktivisten, verdeckte Ermittler, Abenteurer. Menschen, die sich beim Militär verpflichtet hatten, um es zu unterwandern. Deren Schweigen musst du nicht erkaufen.«

Auch hier war die Beleuchtung defekt, aber Ingrids Wunderkerzen spendeten mehr Licht als genug. Sie zog einen der zwei Stühle vor das Pult für mich heran und setzte sich auf den zweiten.

Ich ließ mich auf den Stuhl sinken, musterte die Bedienelemente, bedachte ihre möglichen Funktionen und ging in Gedanken die Abläufe des techno-okkulten Rituals durch, während Ingrid weitersprach.

»Das Einzige, was wir den hiesigen Kommandanten klarmachen mussten, war die enorme Wichtigkeit der Einrichtung und dass das Projekt um jeden Preis fortgeführt werden musste, selbst wenn der Himmel auf die Erde fiel. Weitere Details erfuhren sie nicht – nur, dass die Arbeit nicht blockiert werden durfte und dass Proteste gegen MUOS um jeden Preis unterdrückt werden mussten. Deshalb brauchte ich mich denen nie zu erkennen zu geben, sondern konnte hier unten wie ein unterirdischer Geist herumspuken, eine Alpha, die ihre orakelhaften Anweisungen in digitaler Form gab, überall und nirgendwo.«

Ich stellte den Hybrid auf dem Boden ab, entsperrte die Tastatur, bereitete die Apparatur für den Einsatz vor. Ich schloss die Augen und lauschte Ingrids melodischer Stimme.

»Doch keiner unserer geheimen Helfer verstand, was ich in all den Jahren hier unten gemacht habe. Jeder von ihnen kannte nur ein einziges Teil des Puzzles, und manchmal nicht einmal das. Deshalb wusste niemand außer mir, nicht einmal Ed, dass diese Anlage etwas viel Größeres darstellt als die Fertigstellung des MUO-Systems. Dass sich der Schlüssel zu unserem Atomwaffensystem hier unten befindet – 55,81 Meter unter der oberen Kommandozentrale.«

Sie nahm ihren Computer, das mobile Terminal, heraus, öffnete ihn und tippte die Zugangscodes ein. Ich tat es ihr gleich, wobei ich exakt ihrem Rhythmus folgte. Das kaltblaue Licht des Bildschirms vermischte sich mit dem hellen Schein ihrer Lichterkrone.

»Wir glaubten, dass niemand außer Sixten und mir die Codes hier unten benötigen würde. All die Jahre habe ich geglaubt, dass jetzt er und ich hier unten sitzen würden. Vereint in diesem Moment. Nur deshalb bin ich nicht verrückt geworden.«

Ich sagte nichts, sondern tippte einfach weiter meine Codes ein. Vervollständigte die erste komplizierte Abfolge – das, was nötig war, damit der Bildschirm im Deckel sichtbar wurde, damit die Trennwand aus Stoff langsam zur Seite glitt. Dann folgte ich Alphas zunehmend komplexem Sicherheitsritual. Die Puzzleteile der Weltkarte schoben sich Stück für Stück ineinander – ein Beweis dafür, dass die Zeichenreihen korrekt waren.

Erst als die gesamte Karte sichtbar geworden war,

erschienen nacheinander die gelben Dreiecke, denn jedes benötigte eine eigene Sequenz aus mindestens einundzwanzig, maximal neunundzwanzig Symbolen. Zuerst unsere Atomstützpunkte in Europa, die jetzt mit durchgezogenen roten Linien verbunden waren. Dann schwenkte die Darstellung über den Atlantik, auf die amerikanischen Festlandstützpunkte. Die Zahlen flimmerten vor meinen Augen. Ingrids Worte waren ein Teil des Rituals, alles schien sich zu einem Ganzen zu vereinen.

»Es war wichtig für mich, unsere Sicherheitsabläufe einzuhalten, für den Fall, dass einer von uns der Versuchung nicht widerstehen konnte – dem Weltuntergangssyndrom. Deshalb müssen hier zwei von uns sein, wir zwei: um dem Vier-Augen-Prinzip Genüge zu tun. Du musst Sixten vertreten, mein Schatz, mein bester Ersatzmann. Sixten steht jetzt wahrscheinlich am Fuß der Wendeltreppe vor dieser Tür Wache. Darauf hatten wir uns an Weihnachten jedenfalls verständigt.«

Ich hackte mich immer tiefer in das System ein und hörte synchron das gedämpfte Geräusch von Ingrids Tastatur: ihr mobiles Terminal und mein »Football«. Der Mann mit dem Koffer – der Träger mit seiner Alpha. Schließlich waren die blauen Linien überall auf der Welt miteinander verbunden – von Esrange in Kiruna bis hier in Niscemi. Die nukleare Familie, mit all ihren Korrespondenzen unter und über der Erde, war vollständig. Der Mensch hatte endlich die Kontrolle über seinen eigenen Untergang erlangt.

Ich sah ehrfurchtsvoll zu, wie Ingrid aufstand und einen USB-Stick in eine der Buchsen auf dem Pult schob. Das Schaltpult erwachte zum Leben, die verschiedenen

Bildschirme leuchteten blau und grün auf, der Monitor zeigte das gleiche Bild wie das, was auf ihrem Computer und in der Abdeckung meines Koffers zu sehen war: die Weltkarte, die Stützpunkte, die gelben Dreiecke.

Dann rückte sie ihren Stuhl näher an meinen heran. Ich sah zu hier hinüber – und sie schaute zurück, sah mich an, ehe sie den Blick wieder auf ihre Tastatur heftete. Sie wartete auf mich, zählte den Takt.

Eine Filmszene flackerte in meinem Unterbewusstsein auf: wie Mata Hari an General Shubins Ärmel zupft, um ihn davon abzuhalten, dass er ihren geliebten Rosanoff als Spion enttarnt. Dann sah ich den Klartext vor meinem geistigen Auge: DIES SIND DIE CODES …

Ich tippte die Sequenz in exakt demselben Rhythmus wie Ingrid ein: 318 115 518 N33 181 1C9 311 5.

Auf allen Bildschirmen – ihrem und meinem ebenso wie dem großen runden Monitor über dem Schaltpult – begann der rote Kreis, der all unsere Atomwaffenstützpunkte weltweit miteinander verband, rhythmisch zu blinken. Die Worte ALARMSTUFE ROT verdeckte gleich darauf die Weltkarte.

Mein Gesichtsfeld verengte sich. Ich bekam Ohrensausen, als befände ich mich im freien Fall. Gleichzeitig war ich wie gelähmt. Meine Hände lagen bleischwer auf meinen Oberschenkeln. Ich konnte sie nicht mehr bewegen.

Ingrid warf mir einen auffordernden Blick zu, wartete, dass ich mit dem nächsten Schritt unserer Mission fortfuhr, den Code eintippte, der unverschlüsselt lautete: … DIE DIE CODES ERSETZEN, sodass sie ihre eigenen Bewegungen mit meinen synchronisieren und das Gleiche tun konnte.

Aber da ich bewegungslos dasaß und überhaupt nichts tat, schaltete der Alarmstatus kurz danach auf ABSCHUSSMODUS um. Unsere Gefechtsköpfe waren jetzt überall auf der Welt miteinander verbunden und abschussbereit.

Den Text, der nun auf dem Bildschirm erschien, hatte ich noch nie zuvor gesehen. Nie hätte ich gedacht, dass eine konzeptuelle Möglichkeit wie diese tatsächlich in das System integriert sein könnte. WARNUNG: VERNICHTUNGSMODUS stand da.

Dennoch lagen meine Hände immer noch da wie tote Materie. Die Kreise über der Weltkarte begannen in einem undeutlichen, fluoreszierenden Violett zu blinken. Das war die Schönheit der Apokalypse. Ein sanftes Zwitschern erklang im Raum. Vielleicht war es auch ein gellend lauter Alarmton – ich konnte es in meinem Zustand unmöglich beurteilen.

Die gelben Dreiecke auf dem Monitor stachen mir in die Augen, eine unbegreifliche Bedeutsamkeit schien sie zum Leuchten zu bringen: Dörfer, abgelegene Gegenden, denen ihre vorbestimmte Rolle in dieser klassischen Tragödie zugewiesen worden war.

Ich hörte eine geisterhafte Stimme im Raum. Es dauerte einen Moment, bis mir klar wurde, dass ich selbst es war, der diese Namen wie eine mittelalterliche Zauberformel herunterratterte: »Incirlik, Araxos, Aviano, Ghedi Torre, Ramstein, Büchel, Volkel, Kleine-Brogel, Lakenheath, Kings Bay, Whiteman, Barksdale, Minot, Warren, Malmstrom, Kitsap. Und dann Niscemi … Niscemi … Niscemi.« Der Schlüssel zum ganzen System. Das Geheimnis aller Geheimnisse.

Erst als Ingrid meine rechte Hand mit ihrer linken ergriff – wie eine Klavierlehrerin, die einen begriffsstutzigen Schüler bei einer Fingerstellung helfen will (wieder waren wir Lehrerin und Schüler, Mentorin und Novize) –, erinnerte sich mein Körper an den restlichen Code.

Jedes Mal wenn Ingrid meinen rechten Zeigefinger auf die Tastatur drückte, während sie dieselbe Sequenz gleichzeitig mit ihrem eigenen rechten Zeigefinger eintippte, erschien ein größerer Teil des Codes vor meinem geistigen Auge. Gemeinsam vollendeten wir die Sequenzen: 325 263 252 6CO 326 122 6R1 226 TZ2 6N. Ingrid war getrieben von ihrem Ziel und konzentrierte sich gleichzeitig auf meine und ihre Tastatur und den Monitor des Schaltpults.

VERNICHTUNGSMODUS AKTIVIERT. Der Koffer blinkte, das mobile Terminal blinkte. Die Konsolen ringsum blinkten leuchtend rot.

Sie packte meine Hand und zog sie von der Tastatur fort. Das Licht der Bildschirme tauchte ihr Gesicht abwechselnd in tiefen Schatten und grelles Weiß. Ihre Augen funkelten wild. Sie kam ganz nah an mich heran. Ich roch ihren sauren Atem, spürte die Hitze der Kerzen auf ihrer Krone.

»Erasmus, mein Schatz, wir haben die Kontrolle. Genießen wir unser stilles, einsames Glück«, sagte sie und rückte noch näher. »Aber vielleicht ist es gar nicht so einsam.«

Ingrid zog meine Hand zu ihrem Terminal und benutzte meinen Zeigefinger, um einen unbekannten Code einzugeben. Eine neue Karte erfüllte alle Bildschirme: Russland, China, Iran, mit roten Linien verbundene gelbe Dreiecke in einem Netz, das sich über die riesige Landmasse Eurasiens erstreckte.

»Ich hatte ein bisschen Hilfe in all den Jahren, Erasmus. In den entlegenen Winkeln der Erde. Du verstehst, Erasmus? Bist du bereit?«

Da ertrug ich es nicht länger. Ich erinnere mich, dass ich mich heftig erbrach, dass mein Körper sich innerlich wand, um sich selbst zu entkommen, dass mir die Augen aus dem Schädel zu platzen drohten. Ich fiel, stürzte zu Boden, um mich herum wurde es schwarz. Ingrid beugte sich zu mir herab, strich mir mit ihrer freien Hand tröstend über das Haar, während ihre schlanke, knochige Linke immer noch meine Rechte umklammerte.

Dass sie so sehr mit mir beschäftigt war, erklärt wohl, warum sie die beiden anderen kostümierten Gestalten im Raum nicht bemerkte. Vielleicht hatten sie bereits bei unserer Ankunft dort gestanden und den rechten Augenblick abgewartet, während wir so konzentriert unsere Codes eingegeben hatten. Vielleicht waren sie uns aber auch die ganze Zeit gefolgt. Ich selbst bemerkte sie erst, als der Druck auf mein Handgelenk so stark wurde, dass er nicht mehr von Ingrid stammen konnte. Ich nahm Zafirahs starkes Parfüm wahr – das ich zuletzt in dem Eishotel gerochen hatte –, spürte ihren geballten Druck auf die Arterien an meinen Handgelenken.

Mir blieb kaum Kraft, mich umzudrehen. Ich sah nur kurz Zafirahs geschminktes Gesicht: Auch sie hatte sich Blus Gestalt des Todes auf dem Wandbild in Nascemi zum Vorbild genommen.

Als sie im nächsten Moment die versteckte Hauptsicherung durchtrennte, erloschen sämtliche Lichter, das Schaltpult war tot. Dann nahm Sixten meinen Koffer und Ingrids Terminal an sich. Er wusste genau, was zu tun war, und zögerte keinen Augenblick. Eine freie Hand und das Licht von Ingrids Luciakrone reichten ihm aus.

Ohne innezuhalten, öffnete er die Schutztüren – ruhig gab er den Code ein: LISA 1969. Dann führte er Ingrid zur Wendeltreppe. Er hielt seine Waffe an ihren Hals gedrückt, in einem Würgegriff, aus dem sie sich unmöglich lösen konnte. Beide waren erfahrene Kämpfer, beide trugen Kostüme: Mahatma Gandhi und Santa Lucia, ineinander verschlungen und zum letzten Mal miteinander vereint.

Keiner von uns sprach ein Wort, als wir gemeinsam die Treppe hochstiegen. Als wir durch die Schiebetür ins obere Kommandozentrum gelangten, übernahmen die Sondereinsatzkräfte: sechs Soldaten in voller Montur. Sixten – Mahatma Gandhi, der Pazifist – blieb stehen und deutete mit seiner Pistole auf Ingrid.

»Diese Frau wird wegen Gefährdung der nationalen Sicherheit vor ein Militärgericht gestellt.«

Dann drehte er sich zu mir um und sah mich zum ersten Mal, seit wir uns hier wiederbegegnet waren, mit seinen stahlblauen Augen an. Ich sah deutlich, dass er Tränen vergossen hatte. Seine Stimme bebte.

»Aber dieser Mann ist ein anderer Fall. Er hat da oben vor wenigen Minuten meine Lebensgefährtin getötet. Sie war seit fünfundvierzig Jahren mein Ein und Alles. Und er hat sie auf die grausamste Weise umgebracht.«

7
FINAL QUARTER

FEBRUAR/MÄRZ 2014
NISCEMI, ITALIEN

7.01

Es war kein Verhör im eigentlichen Sinn. Aber eines in Edelweiss' Sinn.

»Na, da wären wir also. Endlich vereint!«

Edelweiss schien zu übersehen, dass sich zwar alle sechs aus dem Nukleus, Alpha inbegriffen, in dem Hörsaal befanden, aber zwei neue Gesichter unter uns waren. Die Ersatzmänner für Kurt und John waren deutlich zu unterscheiden – einer war groß und dunkelhaarig, der andere klein und rothaarig –, aber im Übrigen glichen sie sich: Tiere ohne evolutionäre Finesse. Muskeln und Reflexe, darauf abgerichtet, auf die geringsten Reize zu reagieren.

Sie waren zwei der Sicherheitsleute, die uns in den Tiefen der MUOS-Basis unter Bewachung genommen und an einen entlegenen Unterschlupf gebracht hatten. Die beiden Leibwächter standen hinter mir und Ingrid. Auch diese Menschen hatten vermutlich Namen und echte oder erfundene Lebensziele. Aber da ich ihre Namen nicht kannte, nannte ich sie für mich einfach »Kurt« und »John«. Wir saßen auf drehbaren Edelstahlhockern, die im Boden des Podiums befestigt waren. Um einen ähnlichen Vorfall wie am Flughafen Dulles zu vermeiden, waren wir nicht an die Wächter gefesselt. Stattdessen hatte man uns an die Hocker gekettet und unsere Hände hinter dem Rücken mit Handschellen gesichert. Eine Flucht war auf diese Weise unmöglich.

Edelweiss hatte sich in Erwartung großer Ereignisse aus dem Hauptquartier in Washington hierherbegeben. Jetzt saß er auf dem Stuhl in der Mitte der vordersten Reihe des Auditoriums. Auf dem Stuhl zu seiner Linken befand sich der Koffer, schwarz und unscheinbar. Das Sicherheitsarmband war um sein linkes Handgelenk geschlungen, ganz wie es die Vorschriften verlangten. Ingrids Rucksack mit dem mobilen Terminal stand daneben.

Zafirah, das andere überlebende Mitglied unseres früheren Teams, saß ebenfalls in der vordersten Reihe, gleich neben dem Koffer und dem Rucksack. Links und rechts von ihr und Edelweiss waren gerahmte Fotos auf den Stühlen postiert. Das Porträt zur Linken zeigte einen dunkelhaarigen jungen Mann mit einem ausgeprägten Grübchen am Kinn, das zur Rechten einen jungen Mann mit auffallend scharf geschnittenen Gesichtszügen und blondem, kurz geschorenem Haar. Kurt und John – wer auch immer welcher war – wirkten auf diesen Porträts seltsam erwartungsvoll. Neugierig und zukunftshungrig.

Und es war eine weitere Person da. Nicht im Auditorium, sondern bei uns auf dem Podium, zwischen mir und Ingrid. Diese Person wirkte sogar noch stärker in sich zusammengesunken als wir. Sie schien alle Hoffnung aufgegeben zu haben. Aber keine Ketten fesselten sie an ihren Hocker, und es stand auch kein Wächter hinter ihr.

Dieser Person galt die erste Frage von Edelweiss.

»Würden Sie uns von den Ereignissen an der Basis erzählen, Sixten? Bitte beschreiben Sie, was dort wirklich vorgefallen ist. Ich weiß, wie höllisch schwer Ihnen das fallen muss.«

Sixten antwortete nicht gleich. Ich sah in den Augenwinkeln, wie er mir und Ingrid einen kurzen Blick zuwarf. Dann räusperte er sich mehrmals, und als er ins Mikrofon sprach, klang seine Stimme belegt.

»Ja, höllisch ist das richtige Wort, Joseph. Es ist fast unmöglich.«

Wieder räusperte er sich. Sekunden verstrichen. Schließlich begann Sixten zu sprechen. Er beschrieb die Ereignisse in Niscemi, detailliert und präzise, doch seine Trauer über Ainas Tod verlieh allem einen unverkennbaren Mollton.

Als das eigentliche Verhör begann, zeichnete sich Sixtens Rolle mit jeder Frage deutlicher ab. Ohne Zögern sagte er aus, dass er seit 16:03 Uhr am 23. Oktober 1988 auf Ingrids Rückkehr gewartet habe.

Damals hatte Edelweiss sich mit Sixten in Verbindung gesetzt, weil sich Ingrid wegen der Recherchen zu meiner Doktorarbeit erstmals auf den Weg nach Stockholm gemacht hatte. Seitdem hatte Sixten auf Edelweiss' Gehaltsliste gestanden.

Anscheinend hatte er fünfzig Jahre lang in Schweden für Edelweiss die Augen und Ohren offen gehalten. Nicht erst während der zwanzig Jahre seit Ingrids Flucht, nachdem man sie am Flughafen Arlanda mit Meitners Californium erwischt hatte. Schon lange zuvor hatte man Sixten angeworben. Damals hatte er, gerade achtzehn Jahre alt, seine Arbeit beim FOA in Ursvik begonnen und war zu Amerikas wichtigstem Beobachter der besorgniserregenden Entwicklungen in Schweden geworden. Mit Meitner konnte er sich obendrein auf die weltweit führende Physikerin außerhalb des Manhattan-Projekts berufen. Eine unschätzbare Quelle.

Edelweiss fragte ihn – nur aus Neugier, wie er sagte, oder vielleicht, um Sixtens Loyalität zu unterstreichen –, wie viel Zeit er in den letzten Jahrzehnten auf die Beobachtung Oskarssons verwendet habe.

Ehe man ihn 1988 wegen Ingrid kontaktierte, hatte Sixten als Mitglied schwedischer Delegationen diverse internationale Abrüstungskommissionen infiltriert. Deren Arbeit war eingestellt worden, als die weltweite Entspannung zum Fall der Mauer und dem Zusammenbruch der Sowjetunion führte.

Sixten schloss die Augen und rechnete nach. Dann öffnete er sie wieder und sagte: »Meine auf Oskarsson bezogene Tätigkeit dürfte während der vergangenen fünfundzwanzig Jahre ungefähr vierzig Prozent meiner Zeit in Anspruch genommen haben. Vielleicht sogar fünfundvierzig Prozent.«

Ich musste angesichts dieser sinnlosen Präzision unwillkürlich lächeln. Edelweiss hatte ein Bein über das andere geschlagen und begann mit seinem rechten Fuß Kreisbewegungen zu beschreiben. Aber es dauerte einige Zeit, bis Sixten dieses untrügliche Zeichen der Ungeduld bemerkte. Einstweilen zählte er detailliert seine Aufgaben auf.

»Der Großteil meiner Arbeit bestand darin, Sie, Joseph, auf der anderen Seite des Atlantiks über Levines und Oskarssons Arbeit an der Dissertation auf dem Laufenden zu halten, indem ich mir einen genauen Überblick verschaffte: welche Archive sie aufsuchten, mit welchen Menschen und Institutionen sie sich in Verbindung setzten, und so weiter. Ich denke, damals arbeitete ich Vollzeit am Fall Oskarsson. Ich würde sagen, ungefähr 110 bis 115 Prozent ab dem Zeitpunkt, als sie mich am 25. Oktober 2008, auf den Tag genau vierzig Jahre nach unserer Trennung, endlich kontaktierte. Als sie den Köder schluckte, den ich zuvor auf einigen Internetseiten von Aktivisten der Friedensbewegung ausgelegt hatte.«

Ich sah Sixten an und fragte mich, ob er diesen ganzen Aufwand wohl aus Überzeugung betrieben hatte.

Jetzt meldete sich Zafirah zu Wort. Sie kam gleich zur Sache.

»Und warum haben Sie Aina geopfert?«

Sixten starrte sie an. »Geopfert?«, sagte er.

Er wiederholte das Wort ein paarmal, als sei es ihm gänzlich unbekannt. »Ich dachte, es würde ausreichen, wenn ich ihr eine Schlaftablette in den Tee gebe und sie in der Küche einschließe.«

Wir saßen schweigend da. Sixten beugte sich vor und trank aus dem Plastikbecher, der auf einem Tischchen neben ihm stand. Dann fuhr er fort.

»Es waren genug Vorräte da, zu essen und zu trinken. Und sie konnte auf der Küchenbank schlafen. Ich dachte ja, dass ich nur ein paar Tage fort sein würde.«

Zafirah warf einen kurzen Blick auf Edelweiss, bevor sie nachhakte.

»Ich fürchte, ich verstehe nicht ganz, Sixten. Klären Sie uns auf.«

»Nun ja … Es fällt mir nicht leicht, wissen Sie.«

»Versuchen Sie es.«

»Na gut. In der Nacht vor meinem Aufbruch gab es da ein Verlangen zwischen uns, zum ersten Mal seit vielen Jahren. Als ob Aina gespürt hätte, dass dies für uns womöglich die letzte Nacht war. Da sah ich die Tätowierung auf der Innenseite ihres linken Oberschenkels. Es war nicht schwierig, eins und eins zusammenzuzählen und herauszufinden, dass meine geliebte Frau der Schlüssel zu Ingrids Plan B war. Die ›Nadel im Heuhaufen‹, wie sie es nannte.«

Ingrid räusperte sich. Ihre Miene war reglos.

»Aber ich musste frühmorgens los, und spontan fiel mir nichts Besseres ein, als sie in der Küche einzuschließen, nachdem sie mir bei einer schnellen Tasse Tee Gesellschaft geleistet hatte. Ich bin mir ziemlich sicher, dass es nur einen Schlüssel zu der Küche gibt. Und die Fenster sind wegen des Sicherheitsglases, das ich eingesetzt habe, nicht so leicht zu zerschlagen – jedenfalls nicht ohne Spezialwerkzeug. Trotzdem hat sie es irgendwie geschafft, sich zu befreien. Meine sture kleine Aina.«

Seine Stimme war zu einem Flüstern herabgesunken. Er holte tief Luft, bevor er mit kräftigerer Stimme fortfuhr.

»Was dann kam, wissen Sie, Zafirah, die schrecklichen Dinge, die Levine tat und deren Zeuge ich werden musste, ehe wir uns auf den Weg ins Tunnelsystem machten. Ich habe meine Liebste auf den ersten Blick erkannt, selbst in ihrem Kostüm. Meine eigene Alva Myrdal …«

Ich spürte Sixtens ohnmächtige Wut. Ich wagte nicht, ihn anzusehen. Ich wusste nur zu gut, wie man beide Seiten eines Doppellebens mit gleicher Hingabe lebt.

Dann wurde Ingrid befragt. Edelweiss übernahm.

»Zunächst möchte ich Ihnen danken, meine liebe Ingrid, dass Sie uns geholfen haben, hier in Niscemi noch einmal neu zu beginnen. Wir können Ihren kleinen Plan umkehren, den digitalen Fußabdruck Ihrer Codes rekonstruieren, die Muster finden. Ich denke, wir werden nicht allzu lange brauchen, um die Codes zu entschlüsseln und das Waffensystem neu zu installieren. Vielleicht schaffen wir es sogar ohne Ihre Hilfe, den Koffer zu deaktivieren. Nun können wir uns also mit den ultimativen Mitteln verteidigen, wenn wir nochmals auf diese Weise angegriffen werden.«

Falls Ingrid verunsichert war – nach Sixtens Bericht über seine Spitzeltätigkeit –, ließ sie es sich jedenfalls nicht anmerken. Sie saß kerzengerade da und brachte es immer noch fertig, völlig ungerührt zu wirken.

»Sie werden von mir keine Namen erfahren. Leute wie Sie, Ed, gibt es überall auf der Welt. Sollen die doch die Drecksarbeit machen.«

Einen Moment schien sie sich zu besinnen. Dann setzte sie noch einmal neu an. Sie sagte, dass »das Geheimnis der Lise Meitner« nie existiert habe, jedenfalls nicht im Wortsinn. Dass es nur eine Illusion gewesen sei, ein jahrzehntelanger, fester Bestandteil ihres Plans.

Edelweiss schluckte den Köder sofort.

»So? Wollen Sie etwa sagen, dass die seltsamen Ereignisse am Flughafen Dulles – eine atomare Explosion mit Californium als Sprengstoff – in Wahrheit gar nichts mit Meitner zu tun hatten?«

»Lassen Sie es mich so ausdrücken: Kausale Verbindungen sind in den seltensten Fällen ausschließlich kausal. Ja, Lise Meitner besaß – relativ betrachtet – große Mengen von Californium: ein schwarzes Kästchen, kaum größer als eine Streichholzschachtel, das mit der teuersten Substanz der Welt gefüllt war. Glenn Seaborg hatte es ihr gegeben, als er sie im Jahr 1966 in Cambridge aufsuchte, um ihr den Preis zu überreichen. Als ich Meitner einige Jahre später, kurz vor ihrem Tod, kennenlernte, wusste sie immer noch nicht, warum Seaborg das getan hatte – ob er hoffte, seine Entdeckung vor der Welt verstecken zu können oder ob er ihr ein Zeichen seiner Bewunderung zukommen lassen wollte oder ob er ihr – der einzigen Person, die er als intellektuell ebenbürtig anerkannte – die Weiterentwicklung seiner Idee überantworten wollte.

Meitner sagte mir, dass Seaborg eine neue Methode zur Produktion von Californium gefunden habe und dass er es mit flüssigem Ammoniak und einer anderen, streng geheimen Verbindung so stabilisiert habe, dass es in ein solches Behältnis passte. Das Kästchen war in Wahrheit eine kleine, mit Kupfer ausgekleidete, batteriebetriebene Klimakammer, die monatelang eine sehr niedrige Temperatur aufrechterhalten konnte. Eine echte ›Wunderkammer‹, wie sie es ausdrückte.

Ich vermute, dies war ein Prototyp für transportable nukleare Munition. Gut möglich, dass wir schon damals den Russen weit voraus waren, denn erst Ende der Siebzigerjahre gelang es ihnen, etwas Vergleichbares für die Munition ihrer berühmten Californiumpistole zu entwickeln. Aber der Kühlmechanismus, den sie benötigten, wog mehr als neunzig Kilogramm. So stand es in unseren Berichten. Das war einer der Gründe, warum diese Waffe niemals zum Einsatz kam.«

Ingrid sprach wie jemand, der schlicht Bericht erstattete, was in einem seltsamen Kontrast stand zu der Tatsache, dass sie an einen Metallhocker gekettet war und eine fast zwei Meter große Wache unmittelbar hinter ihr stand.

»Aber Meitner konnte Seaborgs Californium nicht testen und somit auch nicht herausfinden, ob es entwicklungsfähig war – selbst wenn sie das gewollt hätte. Sie hätte nicht einmal das Behältnis öffnen können, ohne eine tödliche Strahlendosis zu riskieren. Deshalb musste ich Meitner vor meiner Rückkehr nach Schweden versprechen, das Kästchen mit dem Californium zu vernichten. Sie glaubte, dass man mit transuranischen Elementen eine noch gefährlichere Vernichtungswaffe zu bauen vermag, als wir uns vorstellen können, und befürchtete, dass die Menschheit der Versuchung, sie zu benutzen, nicht widerstehen werde.«

Sie räusperte sich erneut, bevor sie fortfuhr.

»Das war der Augenblick, der den Samen des Pazifismus in mein Herz pflanzte. Meitner demonstrierte mir anhand einer einfachen Skizze, wie man die Atomwaffen miteinander verbinden konnte, um das Netzwerk anschließend umzuleiten. Vielleicht war es für sie nur eitle Fantasie, ein Tagtraum. Aber von diesem Moment an arbeitete ich daran. Das war das Projekt, das ich ›das Geheimnis der Lise Meitner‹ nannte.«

Stille, eine dramatische Pause. Ich musste unwillkürlich lächeln. Selbst in einer solchen Situation setzte Ingrid auf dezente theatralische Effekte.

»Ich wollte das Kästchen nach Kiruna mitnehmen, um es im Schicksalsberg, in der Tiefe des Bergwerks, zu begraben – zusammen mit den Abfallprodukten aus all unseren fruchtlosen Bemühungen, eine neue Atomwaffe auf der Grundlage transuranischer Elemente zu entwickeln. Aber ihr habt mich beim Zoll aufgehalten und mir das Kästchen und den Schlüssel zu Meitners unterirdischem Labor in Ursvik abgenommen.«

Edelweiss nickte. »Ja, wir müssen dem großartigen Sixten dafür danken, dass wir unsere Leute direkt in Arlanda postieren konnten, als Sie nach Ihrem Besuch in Cambridge dort landeten.«

Edelweiss grinste selbstzufrieden. Als Ingrid schwieg, fuhr er fort.

»Ihr Schweden seid immer so flexibel. Erst versucht ihr, eure eigene Atomwaffe zu entwickeln, und als das nicht klappt, wollt ihr auf keinen Fall, dass jemand anders welche hat. Für euch scheinen Aufrüstung und Abrüstung zwei Seiten derselben Medaille zu sein. Ich wäre ganz zufrieden, wenn ich ausschließlich Schweden auf meiner Gehaltsliste hätte.«

Ingrid schien unbeeindruckt von Edelweiss' Versuch, Salz in die Wunde zu streuen. Sie kannte die Wunden ihres Gegners viel zu gut.

Sie ergriff wieder das Wort. »Danach dauerte es einige Zeit, bis Sie mich plötzlich baten, mich noch einmal näher mit dem Californium zu befassen, *Joseph*. Ich verstehe natürlich, dass das damals, Mitte der Achtzigerjahre, als alles möglich zu sein schien, wie eine vernünftige Idee wirkte. Damals schaufelte man allen Ernstes Milliarden in ein Projekt wie ›Star Wars‹ und ging davon aus, dass wir einen nuklearen Krieg draußen im All führen würden. Deshalb war der Gedanke, dass Californium als Sprengstoff in unserer neuen Generation von Atomwaffen dienen könnte, nicht verrückter als viele andere Ideen, die man damals hatte. Stimmen Sie mir zu, Joseph?«

Edelweiss schwieg. Die Mikrofonanlage übertrug nur seinen schweren Atem. Es klang wie ein Keuchen.

Ingrid wartete seine Antwort nicht ab. »Aber mir wurde bald klar, dass die wissenschaftlichen Grundlagen nicht solide waren, dass es kaum möglich sein würde, in der näheren Zukunft etwas Funktionstüchtiges dieser Art zu entwickeln. Dennoch habe ich ordentlich Wind gemacht, weil ich merkte, wie sehr diese alte Vision immer noch fasziniert: die dauernde Lockung und Drohung der transuranischen Elemente, die Möglichkeit, Atomwaffen im Hosentaschenformat herzustellen, winzige Bomben, die zugleich eine unvorstellbare Explosivkraft entwickeln können. Die moderne Form einer Lieblingsfantasie aus den Zeiten des Kalten Kriegs. Auch bei der Arbeit an Erasmus' Doktorarbeit kamen mir neue Ideen zur Desinformation. Ihr habt daher jahrzehntelang in die falsche Richtung geschaut. Gleichzeitig habe ich langsam, aber sicher das gesamte System unterwandert, direkt vor euren Füßen, während ihr da oben standet und in die Luft gestarrt habt. In den Feenstaub, den ich verstreut habe.«

»Ja, Gratulation, Ingrid«, sagte Edelweiss jetzt. »Ich vermute, es gibt nur einen Menschen auf der Welt, der wirklich weiß, wie Sie wirklich denken, der selbst Ihre dunkelsten Geheimnisse kennt. Und wie es der Zufall will, sitzt dieser Mensch direkt neben Ihnen.«

Ingrid ließ sich nicht beirren. Sie sah Sixten an, als sie fortfuhr.

»Und natürlich hatte Aina das Kästchen mit Californium in Ursvik die ganze Zeit bei sich. Es befand sich die ganze Zeit in deinen eigenen vier Wänden, Sixten. Fünfundvierzig Jahre lang. Irgendwo in eurer Gefriertruhe, das erstbeste Versteck, das Aina in den Sinn kam, weil sie das Kästchen nie wieder berühren wollte. Aina hatte es damals geschafft, das Californium ganz beiläufig einzustecken, als sie als Richterin am Militärgericht meine hastig anberaumte Voruntersuchung in Arlanda leitete.« Sie sah in die Runde. Ihr Blick blieb schließlich auf mir ruhen. »Sixten wiederum bekam den Schlüssel zu Meitners Labor. Aber was er dort fand, sagte ihm nichts. Deshalb wollte er mit dir hinuntergehen, Erasmus, denn du warst ja angeblich der Experte für Meitners geheime Forschung. Aber dann haben Zafirah und Kurt das Haus in Ursvik mit einer Brandbombe angegriffen, und wir mussten Hals über Kopf fliehen. Wahrscheinlich war das der einzige Grund, weshalb er dir half, mein Schatz, und uns allen den Fluchtweg aus dem Fenster wies. Er brauchte dich noch.«

Sie warf einen kurzen Blick auf Sixten, bevor sie sich wieder mir zuwandte.

»Stell dir meine Überraschung vor, als ich den Schlüssel im Eishotel in deinem Hybrid fand. Wir haben dich dort schlafend zurückgelassen, Jesús María und ich. Aber wir haben uns natürlich Fragen gestellt: Was hatte sich mein Schatz dabei nur gedacht?«

Ich schaffte es nicht, ihr in die Augen zu sehen. Aber sie erwartete auch keine Reaktion vor mir. Sie fuhr bereits fort.

»Jesús María, mein kleiner, dunkler Engel, hat bei Ainas Geburtstagsfeier im letzten Herbst das schwarze Kästchen mit Californium in ihren Besitz gebracht. Während wir die Codes auf ihren Körper tätowierten, verriet uns Aina, dass sie es in ihrer Gefriertruhe versteckt hatte, eingewickelt in schlichtes Butterbrotpapier. Sie wusste, dass es bei dieser Temperatur gelagert werden musste, und sie wusste auch, dass Sixten dort niemals nachsehen würde. Aina sagte, sie habe es für einen Explosivstoff gehalten, aber über die Details ließ sie sich nicht weiter aus. Das Kästchen war mit ihnen nach Ursvik umgezogen und hatte unbehelligt in der Gefriertruhe gelegen, bis Jesús María es während des Angriffs auf das Haus an sich gebracht hatte, weil sie dachte, dass es ihr irgendwann nutzen könne. Dann hat sie eine Apparatur dazu gebastelt, vielleicht während unseres Aufenthalts in Belgien. Sie hat das Kästchen mit einem einfachen Zünder versehen, den sie aus meinem Sturmgepäck gestohlen haben muss. Dann hat sie ihr textiles Talent ausgespielt und das Ganze in Kevlar verpackt.«

Wieder eine Pause. Wir hielten den Atem an.

»Ich hatte also keine Ahnung, was für eine Apparatur sie mit meiner Hilfe in dem Toilettenraum am Flughafen Dulles in ihrem Körper versteckte. Selbst meine blühende Fantasie reichte dafür nicht aus. Aber ich glaubte, dass es ausreichen würde, um John zu töten, wenn er es auslöste, indem er tat, was er mit Jesús María immer tat. Ich habe versucht, sie von ihrem Vorhaben abzubringen, aber da ich ihr als meiner Blutsschwester vor unserer Flucht aus dem Nukleus ein Versprechen gegeben hatte, fehlten mir die zwingenden Argumente. Sie ahnte wohl selbst nicht, mit welch fürchterlicher Kraft sie ›geschwängert‹ war. Der dritte operationelle Kernwaffeneinsatz in der Geschichte der Menschheit. Und eine, die ich mein gesamtes verbleibendes Leben bereuen werde.«

Ingrid lehnte sich auf ihrem Hocker zurück. Offensichtlich hatte sie gesagt, was sie zu sagen bereit war.

Edelweiss schien vorerst keine weiteren Fragen an sie zu haben. Er wandte sich mir zu.

»Erasmus, mein Freund, könnten Sie uns die Vorgänge aus Ihrer Sicht schildern?«

Edelweiss' fast kindliche Neugier war nicht gespielt, das wusste ich aus Erfahrung. Ich holte etwas weiter aus.

Ich sagte, dass ich mein Studium an der Uni mit der ungewöhnlichen Kombination aus mittelalterlicher Geschichte als Hauptfach und Moralphilosophie als Nebenfach begonnen hätte. Als ich sah, dass ich dieselbe Dozentin für diese beiden ganz unterschiedlichen Fächer haben würde, sei mir das zuerst seltsam erschienen, als ob die Universität die beiden Fächer nicht besonders ernst nähme oder unter Personalmangel leide. Aber dann habe die Dozentin die beiden Themen auf faszinierende und einleuchtende Art miteinander in Verbindung gebracht.

Danach kam die Rekrutierung durch West Point, die bereits während der ersten Vorlesungen stattgefunden hatte. Zuerst fiel es mir schwer, die vorsichtigen Nachfragen der Anwerber ernst zu nehmen – warum waren sie ausgerechnet auf mich verfallen, einen Pazifisten, einen ziemlich orientierungslosen jungen Mann, der sich für Kulturgeschichte ebenso leidenschaftlich interessierte wie für Kryptografie? Aber dann ging ich ihnen auf den Leim.

Die Wendeltreppe, die zum Hubschrauberlandeplatz auf dem Dach der Universität führte, bildete das Grenzland zwischen der durch und durch humanistischen Welt und der durch und durch inhumanen in dem Geheimtrakt in West Point. Der schweigsame Flug über den Hudson war das Initiationsritual.

Ich sagte ihnen, dass »Ingrid Bergman« mich gefragt habe, ob ich ihr erster Doktorand werden wolle. Dass sie einfach verschwunden sei, als meine Dissertation wider Erwarten angenommen worden war. Ich schilderte ihre und meine unbestimmte Suche nach dem »Geheimnis der Lise Meitner«, während ich an der Katholischen Universität in Washington zwischengelagert worden war.

Jetzt, hier im Hörsaal, fühlte es sich absurderweise wie eine Erleichterung an, all dies vor meinem eigenen Team zu bezeugen, den Überlebenden dessen, was Edelweiss einst den Nukleus genannt hatte – unsere Eliteeinheit gegen Barbarei, Terrorismus und die innere Dunkelheit. Denn jetzt war alles einerlei. Weil das System uns alle verschluckt hatte und viel größer war als jeder Einzelne von uns. Sogar größer als eine Ingrid Oskarsson.

Edelweiss hatte wieder angefangen, seinen Fuß kreisen zu lassen. Schließlich kannte er meinen offiziellen Werdegang seit jener ersten Befragung in West Point, die mein Schicksal besiegelte. Er sagte daher: »Und zu diesem Zeitpunkt kamen Sie zum Nukleus, mein armes verlorenes Schaf – nur um später abzuspringen, egal um welchen Preis. Um Haus und Heim aufzugeben. Ihre geliebte Frau, die kleinen Kinder mit den seltsamen Namen. Ihr Land und Ihre Aufgabe. Und das alles, um mit dem Schicksal der Welt und unserer Zivilisation zu spielen. Was kann einen Mann dazu bringen, so etwas zu tun? Helfen Sie uns, das zu verstehen, Erasmus.«

Ich warf einen verstohlenen Blick auf Ingrid. Einen Moment zögerte ich, dann sprudelten die Worte plötzlich aus mir heraus: »Weil ich langsam, aber sicher den Weg zurück zu meinem wahren Ich fand, zu dem Pazifisten, der sich einst an der Universität eingeschrieben hatte, weil er sich verzweifelt nach einem moralischen Kompass sehnte. Weil ich innerlich völlig ausgehöhlt worden war, bis nur noch eine dünne Hülle übrig blieb. Weil man nur selten die Gelegenheit bekommt, die Welt, in der man lebt, zu retten.«

Die folgende Stille war ohrenbetäubend. Edelweiss betrachtete mich aufmerksam, fast ein bisschen amüsiert. Er schien darauf zu warten, dass ich weiterredete. Ich holte tief Luft – aber Ingrid kam mir zuvor.

»Es tut mir leid, mein Schatz.« Sie schüttelte den Kopf. »Aber das waren nicht *deine* Worte. Es waren meine«, sagte sie.

Ich drehte mich zu ihr um. Unsere Blicke trafen sich.

»Ich habe dich umgedreht, Erasmus, mühsam, behutsam, in langen Wochen und Monaten. Ich war es, die die Zeitungsausschnitte in den braunen Umschlägen in dein Büro geschickt hat. Ich habe dich mit allen Methoden, die mir zur Verfügung standen, bearbeitet und dich schließlich dazu gebracht, den letzten Schritt zu gehen: mit dem Koffer zu fliehen und alles hinter dir zu lassen, den Finger am Abzug.«

Ich blickte verstohlen zu Edelweiss und spürte eine innerliche Wärme. Ingrid versuchte mich zu verteidigen, um zumindest einen von uns beiden zu retten. Also unterbrach ich sie nicht. Ich lauschte ihrer melodiösen Stimme, wie schon so oft zuvor.

»Nach diesem Vorfall in deinem ersten Offizierslehrgang hatte man dich für den Dienst bei der Raketenwaffe gesperrt. Du erinnerst dich, mein Schatz?«

Ich nickte. Aus dem Auditorium drang kein Laut zu uns.

»Einer deiner Ausbilder, mit dem ich an dem CIA-Projekt ›MK-Ultra‹ zusammengearbeitet habe – es ging dabei um Gedankenkontrolle –, hat mich nachher zutiefst beunruhigt angerufen. Er sah natürlich dein Potenzial: die Körperkraft, die Aggression, die Verrücktheit. Aber er hatte keine Ahnung, wie er das in Bahnen lenken sollte. Also meinte er, ich solle es versuchen.

Ich hatte dein Potenzial schon während der ersten Vorlesung erkannt. Das Gewalttätige in dir, kaum verdeckt durch dein obsessives Interesse daran, es irgendwie in den Griff zu bekommen – durch Moralphilosophie, die Geschichte des Mittelalters, bedeutende Gemälde aus allen Epochen, die glänzendsten Errungenschaften der Menschheit. Das genaue Gegenteil von Krieg und Zerstörung. Deine Fragen zum ›Triumph des Todes‹ zum Beispiel – wie angeregt du das Gemälde betrachtet hast! Genau wie ich, mit einer Mischung aus Faszination und Furcht. Ich war davon überzeugt, dass wir uns wunderbar ergänzen würden. So kam ich zu dem Schluss, dass aus dir ein perfekt getarnter Auftragsmörder werden könnte.«

Ingrid holte tief Luft. Mir hingegen stockte der Atem.

»Ich habe dich unter meine Fittiche genommen, habe geglaubt, dass du der Auserwählte wärst, mein Waffenbruder in meinem Kampf, den Plan umzusetzen, der in mir gewachsen war, seit ich Lise Meitner in den Sechzigerjahren kennengelernt hatte. Ich habe geglaubt, dass du mein wahrer ›Schatz‹ werden würdest.

Während unserer Arbeit an der Dissertation – in meinem Fall war sie oft nur vorgetäuscht – konnte ich meine Fähigkeiten an dir erproben. Ich habe dir eine Art pazifistischer Überzeugung eingeimpft, ohne dich einsatzuntauglich zu machen und all diese dunkle Energie zu schmälern. Bei dem MK-Projekt hatte ich gelernt, wie Gedanken sich verfestigen. Die Gedächtnisforscher sprechen von ›Implantaten‹. Ich habe dir einen solchen Widerwillen gegen Ultragewalt eingepflanzt, dass du dich buchstäblich übergeben musstest, wenn du nur daran dachtest. Dann waren da all diese entsetzlichen Träume, von denen du mir während unserer Sitzungen erzählt hast. Und schließlich hatte ich sogar mit dem Auslöseimpuls selbst Erfolg.«

Ich starrte sie an und spürte, wie sich ein Abgrund vor mir auftat.

»Das MK-Programm zur Gedankenkontrolle war wie viele solcher Projekte während des Kalten Kriegs größtenteils Hokuspokus, pseudowissenschaftlicher Humbug – aber einige Aspekte sind selbst nach heutigen Maßstäben erstaunlich. Uns standen unerschöpfliche Mittel zur Verfügung. Das meiste wurde vernichtet, aus Angst vor dem Urteil späterer Generationen. Schon im Jahr 1973, ich war gerade erst drei Jahre bei dem Projekt dabei, wurde ich vom Leiter der CIA beauftragt, alle Akten zu vernichten. Es handelte sich um Zehntausende von Dokumenten. Viele waren mehr oder weniger spekulative Berichte über ferngesteuerte Gedankenkontrolle und Wahrheitsdrogen, die direkt in den Reißwolf gewandert sind.

Aber ich war schon immer eine Einzelgängerin und habe gern meine eigenen Entscheidungen getroffen. Deshalb hielt ich einiges zurück, das ich für nützlich hielt. Einige Jahre später bekam ich ein Angebot von ganz oben. Ich sollte die Alpha unseres neuen Teams werden. Das konnte ich natürlich nicht ablehnen. Welche Gelegenheiten sich mir und Erasmus dadurch boten!

Ich schaffte es, unsere Regierung davon zu überzeugen, die Zeitlücke nach einem abgesagten Staatsbesuch in Russland mit einem offiziellen Besuch in Stockholm zu füllen. Endlich konnte ich dich kontaktieren, Sixten, und dein Angebot annehmen, uns zu helfen, falls wir auf unserer Flucht ein sicheres Versteck benötigten. Auch wenn ich wusste, dass das alte Wunden aufreißen würde. Oder, um ehrlich zu sein, genau deshalb.«

Alle starrten Ingrid erstaunt und entsetzt an.

Edelweiss fand als Erster die Sprache wieder: »Sie haben Ihren armen Doktoranden einer Gehirnwäsche unterzogen?«

»So würde ich das nicht ausdrücken, Joseph.«

Sie drehte sich zu mir um. Ich versuchte angestrengt, nicht in ihre Richtung zu sehen.

»Aber ich kann verstehen, mein lieber armer Erasmus, wenn du es so siehst. Doch sollte das der Fall sein, nimm es bitte wörtlich – als ein Waschen des Gehirns. Damit du klar sehen und denken konntest. Ein schrecklicher, Jahre andauernder Eingriff in deine Psyche, das ist wahr, aber von entscheidender Bedeutung für unsere Sache. Ein Fluch, gewiss, aber auch ein Segen. Dies ist das einzige Verbrechen, das ich gestehe. Abgesehen davon überlasse ich Urteil und Strafe der Nachwelt.«

Die Vernehmung hätte an dieser Stelle zu Ende sein können. Aber ich suchte verzweifelt nach einem Halt. Ich musste es einfach wissen, ehe wir beide auf Nimmerwiedersehen verschwanden. Also stellte ich die Frage an Ort und Stelle, vor all den Zeugen. Die eine Frage, die an mir nagte, seit Alpha mich kontaktiert, seit alles begonnen hatte. Es war eine Art abschließende Irrealitätsprüfung.

»Hast du auf diese Weise von meinem Schlüsselsatz erfahren, Ingrid, meinem Codesystem? Dem größten Geheimnis meiner Kindheit?«

Sie sah mir in die Augen, holte tief Luft und murmelte etwas. Vielleicht konnte nur ich die Wörter verstehen.

»Ich liebe dich genauso sinnlos wie meinen ziemlich obskuren und echt höllischen Vater, so auch jetzt und alle Zeit und in Ewigkeit, Amen.«

Das Blut pochte mir in den Ohren. Es klang wie Paukenschläge. Ingrids folgende Worte hörte ich wie durch Watte.

»Erasmus, es tut mir leid, aber ich war der Meinung, dass wir etwas Gemeinsames teilen mussten, etwas, das keiner von uns je vergessen würde, nicht einmal dann, wenn er sich unversehens in der entsetzlichen Situation befinden würde, das Schicksal der ganzen Welt in Händen zu halten. Deshalb habe ich auch mein Codesystem in dein Unterbewusstsein eingebrannt. Zuerst habe ich es mit Arachnophobie ausprobiert. Und als die sicher verankert war, waren wir bereit für diese unschöne Kindheitserinnerung. Dieser Moment, wo eine Mutter sich für immer in sich zurückzieht.«

Sie zögerte einen Augenblick lang, dann versetzte sie mir den Gnadenstoß.

»Du musst das verstehen. Nicht du hast den Code erfunden. Du hast auch keine krankhafte Furcht vor Spinnen. Du hast nicht als Dreizehnjähriger mit deiner verstörten Mutter am Küchentisch gesessen und ihr die

Codierung als eine Art Spiel erklärt. Deine Welt als Kind war nicht derart trostlos, dass dir ein solcher Schlüsselsatz eingefallen wäre. Nein, das war ich, Erasmus. Ich und meine arme kleine Mutter waren es.«

7.02

Wenn nichts mehr Bedeutung hat, kann alles zum Zeichen werden.

Deswegen zog ich in der Einsamkeit der Isolationszelle meine Doktorarbeit hervor und blätterte erneut durch die Seiten. Von Anfang bis Ende, wieder und wieder. Ich versuchte mich an die genauen Umstände ihrer Entstehung zu erinnern. Was ich gedacht, was sie gesagt hatte. Wer ich damals gewesen war.

Auch mein Notizbuch hatten sie mir gelassen. Das war kein Akt der Humanität, sondern sie wollten wissen, wie Edelweiss sagte, wie mein Bericht enden würde. Also tat ich, was sie wollten, und schrieb ihn zu Ende, etwas anderes hatte ich ohnehin nicht zu tun. Ich bemühte mich, mich nicht von meinem gegenwärtigen Wissensstand beeinflussen zu lassen in meiner Darstellung oder in der Beurteilung dessen, was real war und was nicht. In gewisser Weise war der Bericht dadurch rührend unschuldig und unwissend, bis hin zu unserer Befragung.

Die Frage lautete natürlich: Was ist in diesem Wust von Interessenkonflikten, falschen Erinnerungen und kosmetischen Operationen glaubhaft? Wobei es gut sein konnte, dass sich die schiere Existenz von Atomwaffen, dieser genialen Erfindung der Menschheit zur Auslöschung ihrer selbst, letztlich als das Unglaubwürdigste überhaupt herausstellen würde.

Sie müssen das verstehen. Aber Sie werden es wohl nicht verstehen.

Das meiste geschah während weniger Monate des Jahres 1949. Robert Oppenheimer, der Vater der Atombombe, kam im Herbst während der anstrengenden Diskussionen innerhalb der aus Wissenschaftlern und Wirtschaftsführern bestehenden Gutachterkommission zu dem Schluss, dass man keinesfalls den nächsten Schritt gehen sollte. Die Wasserstoffbombe – die thermonukleare Waffe, die an ein Wunder grenzende Idee, den Verschmelzungsprozess der Sonne nachzuahmen, den Atomkern nicht zu spalten, sondern zu verschmelzen, das wahrhaft Böse zu erschaffen – sollte niemals entwickelt werden.

Während des letzten Treffens vom 29. bis 30. Oktober 1949 machte der Ingenieur und Geschäftsmann Hartley Rowe seine berühmt gewordene Bemerkung: »Wir haben schon einen Frankenstein erschaffen.« Einige Jahre später erläuterte er diesen Gedanken folgendermaßen: »Vielleicht bin ich ein Idealist, aber ich kann mir einfach nicht vorstellen, dass es Menschen gibt, die eine Zerstörungsmaschine nach der anderen erschaffen, jede tausendfach stärker in ihrem Vernichtungspotenzial als die vorangegangene, und dabei noch eine normale Sicht auf ihre Beziehungen zu anderen Ländern und auch in Bezug auf den Frieden bewahren.«

Das Fazit im Abschlussbericht des Komitees und sein Rat an die politischen Entscheidungsträger war unmissverständlich, die Botschaft glasklar: Die Atombombe, die Spaltungstechnologie, war mit dieser neuen thermonuklearen Waffe nicht vergleichbar. Die Wasserstoffbombe war etwas völlig anderes, sowohl in technologischer als auch – allem voran – in moralischer Hinsicht.

In seinem Bericht beschrieb das Komitee die entscheidenden Unterschiede zwischen einer Wasserstoff- und einer Atombombe. Es hob hervor, dass eine thermonukleare Kettenreaktion auf Grundlage von Deuterium – schwerem Wasserstoff – über ein nahezu grenzenloses Potenzial verfüge, »weil man immer weiter Deuterium hinzufügen kann ... um immer größere Explosionen zu erzeugen«.

Aber es gab auch Fürsprecher. Einer von ihnen war Glenn Seaborg. Während jener Tage im späten Oktober, als das Komitee zu seinem Abschlusstreffen zusammenkam, befand sich Seaborg auf Vortragsreise in Schweden. Manne Siegbahn, Meitners wichtigster Kontakt in Schweden, hatte ihn eingeladen. Wie wir aus der Korrespondenz wissen, trafen sich Meitner und Seaborg während seines Besuchs. Worüber sie sprachen, ist nicht bekannt, und es gibt auch keine Erklärung dafür, warum Meitner genau zu diesem Zeitpunkt die schwedische Staatsbürgerschaft anzunehmen beschloss.

In früheren Gesprächen hatte auch Seaborg Zweifel geäußert, ob die Wasserstoffbombe weiterentwickelt werden sollte. Aber während seines Besuchs in Schweden schrieb er einen Brief an Oppenheimer und empfahl sogar, diesen Brief den anderen Mitgliedern des Komitees zugänglich zu machen. Darin betonte Seaborg ausdrücklich die historische Notwendigkeit des Projekts und die Wichtigkeit eines schnellen und umfassenden Entwicklungsprozesses. »Auch wenn ich die Aussicht bedauere, dass unser Land gewaltige Anstrengungen in diesem Bereich unternimmt, kann ich doch beim besten Willen nicht zu dem Schluss kommen, dass wir dies unterlassen sollten.«

Die meisten Forscher heben hervor, dass dieser Sinneswandel von Seaborg und anderen den unmittelbaren historischen Erfahrungen geschuldet ist, den Erschütterungen durch den Krieg und die Zeit danach. Und so wie die amerikanischen Sicherheitsbehörden einst Beweise vorgelegt hatten, dass Deutschland bei der Entwicklung der Atombombe den USA angeblich einen Schritt voraus sei, geschah dies jetzt mit der Sowjetunion. Der gefürchtete Feind war nicht mehr Adolf Hitler, sondern Josef Stalin. Deshalb befand sich die Menschheit wieder einmal in einem Zustand, den ich als »inverse Logik« bezeichne. Das, was zuvor absolut undenkbar war, wurde denkbar und sollte unser Denken absolut in Anspruch nehmen. Es erforderte die größtmögliche Anstrengung, die gewaltigsten Investitionen, den höchsten Grad an menschlichem Erfindungsreichtum.

Nach einer regen Debatte zum Jahreswechsel entschloss sich die politische und militärische Führung der Vereinigten Staaten zu Beginn des Jahres 1950, den Bericht des Komitees und seinen inständigen Appell zu ignorieren. Die Argumente zugunsten einer neuen Form von Atombombe – damals als die »Superbombe« bezeichnet – zielten zumeist auf die Möglichkeit ab, die Sowjetunion als Erstes zu zerstören. »Ein zweites Mal wird es nicht geben«, lautete das Credo der Befürworter.

In den schriftlichen Antworten an das wissenschaftliche Komitee im Januar 1950 wurde freilich ein anderer Ton angeschlagen. Darin fand sich nichts über wechselseitige Zerstörung. Der Duktus war verhaltener, und selbst das, was an martialischen Anklängen geblieben war, spiegelte den Ernst der Lage wider: die Unumkehrbarkeit eines Weges, der zu einer Katastrophe ungeahnten Ausmaßes führen konnte – das Gefühl, dass selbst die Atombombe nicht mehr Abschreckung genug war.

Die Stabschefs der Streitkräfte betrachteten es als »notwendig, im Arsenal der Vereinigten Staaten über eine Waffe von höchster Leistungsfähigkeit zu verfügen, in diesem Fall die Superbombe. Eine solche Waffe würde die Sicherheit der Vereinigten Staaten im weitesten Sinne signifikant erhöhen: als Angriffswaffe, als Abschreckung, als Vergeltungswaffe ebenso wie als Abwehrwaffe gegen feindliche Kräfte.«

Die Superbombe könne, so argumentierten sie, »bei richtiger Anwendung von entscheidender Bedeutung« sein. Sie zogen es vor, »dass eine solche Möglichkeit sich unter Kontrolle der Vereinigten Staaten statt unter jener des Feindes befindet«.

Man muss es als Ironie des Schicksals bezeichnen, dass ausgerechnet Edward Teller die Entwicklungsarbeiten leitete und schließlich als »Vater der Wasserstoffbombe« bekannt wurde – derselbe Mann, der nach den Bombenabwürfen auf Hiroshima und Nagasaki gesagt hatte, dass ein neuer Internationalismus die einzige Lösung sei. Der Slogan der damals recht weit verbreiteten globalen Bewegung lautete: »Eine Welt oder keine.«

In *Bulletin of the Atomic Scientists*, einer nach dem Krieg gegründeten Zeitschrift, in der kritische Wissenschaftler ein Forum für ihre Bemühungen fanden, das Wachstum der Nuklearwaffentechnologie zu begrenzen, hatte

Teller geschrieben: »Nichts, das wir als Verteidigung für die nächste Generation planen können, ist zufriedenstellend – außer der Weltunion.«

Nur wenige Jahre später übernahm Teller die Verantwortung für den nächsten historischen Schritt im Rüstungswettlauf. Die Wasserstoffbombe wurde von Menschen entwickelt, die wenig über die möglichen Konsequenzen wussten, in diesem Fall über die Eigenschaften der eigentlichen thermonuklearen Reaktion.

Zuerst glaubte man, dass die Reaktion nicht begrenzt sei: Je mehr Deuterium – schwerer Wasserstoff – hinzugefügt werde, desto stärker falle die Reaktion aus. Eine Zerstörungswaffe von unbegrenzter Kraft und Dauer.

Dann änderte Teller auch hier seine Meinung. Tatsächlich gebe es eine Grenze für das rein destruktive Potenzial des thermonuklearen Prozesses. Bei ungefähr einhundert Megatonnen – das Doppelte der stärksten jemals entwickelten Atombombe, der sogenannten »Zarenbombe« – würde die Atmosphäre im Weltraum verschwinden. Wie sehr man die Ladung darüber hinaus auch steigere, es würde sich bloß die Geschwindigkeit erhöhen, mit der die Erdatmosphäre sich im All auflöse.

Es waren solche Rechnungen, die die Weichen für das seinerzeit avancierteste Forschungsprojekt stellten, mit dem weitaus größten Budget und ohne eine klare Arbeitshypothese. Man fühlt sich an die bekannte Anekdote erinnert, wonach der Nobelpreisträger Enrico Fermi vor dem ersten Atombombentest in New Mexico mit seinen Forschungskollegen ernsthaft darauf wetten wollte, ob die Atmosphäre Feuer fangen würde oder nicht.

Niemand der an der Entwicklung der thermonuklearen Waffe Beteiligten hatte eine Vorstellung von den möglichen Folgen: wie lange es dauern würde, bis unsere gesamte Zivilisation ausgelöscht wäre oder ob der größere Teil unserer Atmosphäre im Weltall verschwände. Dennoch betrieb man die Entwicklung dessen, was das Wissenschaftskomitee in seinem Bericht als »ein Ding von Übel« bezeichnet hatte, unter Hochdruck und mit aller Eile. Man sah sich mit unzähligen wissenschaftlichen wie praktischen Problemen konfrontiert, die einer Lösung bedurften, ehe der Prozess in seiner Gesamtheit auch noch annähernd überschaut werden konnte. Wissenschaftliche Neugier hat sich noch nie durch Besonnenheit ausgezeichnet.

Viele Beteiligte bezeugten die fast unerträgliche Stille nach dem Test der ersten Wasserstoffbombe, »Mike« genannt, im November des Jahres 1952. Das Telegramm, das Teller an Marshall Rosenbluth, einen seiner wichtigsten Mitarbeiter, schickte, wurde daher mit großer Erleichterung aufgenommen.

Es bestand aus gerade einmal vier Worten und enthielt die Bestätigung, dass die bislang schrecklichste Massenvernichtungswaffe der Menschheit ohne Missgeschicke zur Welt gekommen war.

Die Nachricht lautete: Es ist ein Junge.

7.03

Letzte Nacht durchlebte ich den Albtraum erneut. Ich träumte, dass ich mich in der unterirdischen Anlage befände und die Prüfung bestehen musste. Die Rakete war wie immer kaum hundert Meter entfernt: eine riesige, schaurige Larve, die sich monitorüberwacht und bei gleichbleibender Temperatur selbst ausbrütet.

Nicht einen einzigen Fehler durfte man machen. Einmal monatlich musste jeder von uns die Prüfung bestehen, um sicherzugehen, dass wir uns noch an die korrekte Vorgehensweise erinnerten – für den Fall, dass es zu einem Zwischenfall kam, wie unwahrscheinlich das auch war.

Ansonsten saßen wir den ganzen Tag lang herum, jahraus, jahrein, Jahrzehnt um Jahrzehnt, tief in der Erde, und drehten Däumchen. Oben auf der Erdoberfläche wäre der Kalte Krieg jetzt bald vorbei, die Mauer würde fallen, die Entspannungspolitik einsetzen, dann käme der 11. September, der Einmarsch in den Irak, der globale Terrorismus als eine Form des Gegenangriffs, bis hin zu der noblen Rede des Präsidenten über eine Welt ohne Atomwaffen. Aber hier unten war die Zeit stehengeblieben.

Mir erschien es oft als die seltsamste Aufgabe der Welt. Die enorme Anspannung, die zu keiner Zeit freigesetzt wurde, hundertprozentige Konzentration auf völlige Untätigkeit, darauf, dass keinesfalls etwas geschah. Wir hatten auf der ganzen Welt ein riesiges System errichtet, das niemals zum Einsatz kommen würde.

Oft fragte ich mich, warum wir Maschinisten nie auch nur einen Bruchteil der Aufmerksamkeit erhielten, die man den Raketen zollte. Niemals unterzog jemand unsere Temperatur, unseren Zustand, unsere Abläufe einer Überprüfung. Solange wir den monatlichen Test bestanden, leuchteten all unsere Lichter grün.

Diesmal lautete die erste Frage, was wir tun würden, wenn nach dem obligatorischen LFF-Test – der regelmäßigen Fehlerüberprüfung der Abschussanlagen – der seismische Alarm von Tor L 04 ausgelöst würde. Ich las mir rasch die Auswahlantworten durch.

a) Sicherheitsalarm auslösen.
b) FSC kontaktieren (Flugsicherheit).
c) Tor L 05 kontaktieren und zwei Bestätigungen vom EMT-Team einholen.
d) MMOC kontaktieren (die Betriebskontrolle der Raketenwartung).

Und dann hatte ich einen Blackout.

Ich versuchte, meine Atmung unter Kontrolle zu bringen. Ich wusste ja, dass Hilfe in Reichweite war: der Spickzettel, der schon seit Jahrzehnten ohne Beanstandung zirkulierte, sogar mit Zustimmung unseres Kommandanten. Ich musste nur hinter meinem Rücken ein kleines Zeichen machen, um das Geheimnis zu erfahren – jenes Geheimnis, das vor niemandem mehr geheim gehalten werden musste, außer bei den Prüfungen. So wie jetzt.

Der Spickzettel war unsere Lebensversicherung. Und nicht nur unsere, sondern auch die unserer Vorgesetzten, überhaupt aller im System.

Weil die strikte und nicht verhandelbare Voraussetzung des Atomwaffenkommandos – mit anderen Worten: unserer politischen Elite – lautete, dass wir in dem langen und anspruchsvollen Test ein hundertprozentig richtiges Ergebnis erzielen mussten, und das jedes Mal. Deswegen mussten wir unsere Show abziehen. Kein Raketenmaschinist konnte das schaffen. Nicht in dieser unterirdischen Einsamkeit, bei dem unmenschlichen psychischen Druck, dem wir jeden Tag ausgesetzt waren, mit nichts als der allmächtigen Rakete als Gesellschafterin.

Also musste ich bloß mit meinen Fingern hinter dem Rücken das besagte Zeichen machen – diskret genug, dass nur die richtigen Leute es sahen: der Kommandant und die Person, die den Spickzettel in Reichweite hielt. Meine Atmung war schon wieder normal, allein die Vorstellung, dass der Kommandant mir den Zettel gleich sanft in die Hand drücken würde, half mir.

Deswegen dauerte es wohl so lange – eine Minute, vielleicht sogar zwei –, bis mein Puls wirklich zu rasen begann. Denn da wurde mir klar, dass diesmal niemand käme, um mich zu retten.

Ich sah mich in dem Seminarraum um, wobei ich mir wenig Mühe gab, meine Verzweiflung selbst vor dem Prüfer zu verbergen, dem mürrischen Mann, der vorne neben der Tafel stand. Schließlich sah ich ihn feixen, den erst kürzlich eingetroffenen Maschinisten – ein junger Rotschopf irgendwo aus dem Mittleren Westen, und er deutete dezent auf sein Knie unter dem Tisch. Dort hatte er den Spickzettel versteckt.

Meine Schläfen pochten. Meine Uniformjacke war schweißnass.

Verzweifelt versuchte ich mich auf die nächste Frage zu konzentrieren. Welche Maßnahmen mussten ergriffen werden, wenn »MOSR X« auf dem Bildschirm im Bedienraum erschien?

Das Akronym stand für »Missile Operational Status Response X«, das war alles, woran ich mich erinnerte. Wieder sah ich zu dem neuen Rekruten hinüber. Er sah immer wieder auf den Spickzettel auf seinem Knie. Er schenkte mir keine Beachtung.

Ich las mir die Auswahlantworten so genau wie möglich durch. Die Großbuchstaben verschwammen vor meinen Augen.

Wenn ich daran dachte, dass ich vielleicht bald nicht mehr hier unten arbeiten durfte, an meinem gesegneten, abgeschotteten Zufluchtsort, kam ein Gefühl der Panik in mir auf. Ich befürchtete, dass man mich auf der Stelle entlassen würde. In der raschelnden Stille des Seminarraums murmelte ich die möglichen Antworten halblaut vor mich hin:

a) Sie beginnen mit einem LFF, um zu überprüfen, ob die Information auf dem Computerbildschirm korrekt ist.
b) Sie kontaktieren die Flugsicherheit.
c) Sie rufen über das separate SIN-Telefonnetz das Team an.

d) Sie ordnen eine sofortige und vollständige Evakuierung der Einrichtung mit dem Ausnahmebefehl »Emergency Launch LFF Evacuation« an.

Als ich nach der Prüfung den jungen Rekruten auf dem Weg zu Tunnel 24, der in die Kantine führte, sah, holte ich ihn ein und streckte ihn mit einem gezielten Kinnhaken zu Boden. Noch bevor sein Kopf hart auf den Metallboden aufschlug, fiel mir die richtige Antwort plötzlich ein.

»Natürlich, Antwort d«, sagte ich, sah in seine schreckgeweiteten Augen und fuhr fort: »Alles ist möglich, wenn der Status ›Response X‹ lautet!«

7.04

Ehe sie nach einigen Tagen – oder Wochen – in meine Isolationszelle kamen und mich holten, nachdem ich ihnen gesagt hatte, dass mein Bericht für Edelweiss fertig sei, bewilligte man mir ein letztes Telefonat. Gewöhnlich riefen die Menschen zu Hause an. Eine so sinnentleerte wie herzzerreißende letzte Unterhaltung – was für eine abstoßende Bestrafung für den bald Verschiedenen, aber vielleicht noch mehr für seine Angehörigen.

Dennoch konnte ich mich nicht überwinden, Amba diese Tortur zu ersparen. Sie war jetzt meine einzige Hoffnung, womöglich so etwas wie die Wahrheit zu hören, ehe es zu spät war. Sie würde sich an das erinnern, was ich ihr über meine Mutter gesagt hatte, vielleicht sogar an die Szene am Küchentisch in meiner Kindheit, oder an meine Spinnenphobie. Hatte ich ihr vielleicht Geheimnisse anvertraut, damals, an unserem ersten gemeinsamen Abend, als wir einander unser Herz ausgeschüttet hatten? Vielleicht hatte ich ihr gesagt, dass ich einmal ein gewalttätiger jungen Mann gewesen sei, wie Ingrid es während unserer Befragung behauptet hatte, und keineswegs der Pazifist, der ich angeblich erst durch ihre Gehirnwäsche geworden war. Vielleicht hatte ich im Schlaf geredet.

Und wenn das Ganze sonst schon keinen Nutzen hatte, wollte ich ihr doch zumindest meine Sicht der Dinge schildern. Wenn sie und die Kinder mich gewiss auch nicht verstehen konnten, so würden sie mir womöglich doch wenigstens verzeihen. Das jedenfalls hoffte ich.

Aber sie ging nicht an den Apparat. Das tat sie nie bei unbekannten Nummern. Doch da war diese Stimme auf dem Anrufbeantworter, immer noch dieselbe neckische Ansage, die ich schon so lange kannte. »Hallo, hier ist Amba. Ich bin wahrscheinlich gerade mit etwas schrecklich Aufregendem beschäftigt. Aber hinterlassen Sie doch Ihren Namen und Ihre Nummer, und ich rufe Sie zurück, sobald ich nichts Besseres zu tun habe.«

Einen Moment lang überlegte ich, eine Nachricht zu hinterlassen. Andererseits – was wäre damit erreicht? Ich drückte die Auflegen-Taste, und sie nahmen mir das Telefon ab.

Dann holte ich die kleine Reproduktion hervor: Bruegels Meisterwerk aus dem Jahr 1562, vier Jahrhunderte vor meinem Geburtsjahr. Fast genug Zeit, um seine Vision Realität werden zu lassen. Ich legte das Bild auf das Bett und benutzte ein paar ziegelsteindicke Atomwaffenthriller, um es zu beschweren. Dann betrachtete ich Bruegels Weltuntergangsvision ein letztes Mal: seine vergilbte, verbrannte Landschaft, die Leichenberge, die ganze, so nuklear anmutende Apokalypse.

Als der Radiowecker 17:00 Uhr anzeigte, schaltete ich den Fernseher ein. Als die Kamera über den Plenarsaal des Weltforums für atomare Sicherheit in Den Haag schwenkte, erkannte ich immer noch fast alle Minister,

Doubles und Agenten. Ebenso die »Träger« mit ihren Koffern und dem berufsmäßig neutralen Gesichtsausdruck: die Bewahrer der Geheimnisse, Codes und Rituale jener sieben Staaten, die offiziell Atomwaffen besaßen.

Der Rotwein war ausgezeichnet, und das Gleiche galt für das Rinderfilet, obwohl ich den Teller eine Stunde lang auf dem Tisch unter dem Fernseher hatte stehen lassen. Ich aß langsam und kaute sorgfältig. Ich versuchte wirklich, meine letzte Stunde auszukosten. Dabei beobachtete ich das reglose Gesicht des neuen Trägers, der sich stets nur wenige Zentimeter hinter dem Präsidenten hielt – die Krönung der »Revitalisierung« des Teams.

Er war der lebende Beweis dafür, dass dem Präsidenten trotz aller Bedenken das Kunststück gelungen war, die wenigen eingeweihten Entscheidungsträger vom Nutzen einer solchen kleinen Einheit zu überzeugen, die asymmetrisch Krieg führen konnte. Dass genau sie es gewesen sei, die die Menschheit diesmal gerettet habe – indem sie zwei Abtrünnigen ins Herz einer seit vielen Jahren geplanten Verschwörung gefolgt war, von der keine der hochgeschätzten Institutionen – CIA, FBI, BSA und Secret Service – auch nur das Geringste geahnt hatte.

Undenkbares – so die Logik – konnte nur durch zuvor nicht Gedachtes unschädlich gemacht werden. Deshalb musste das Atomwaffensystem mit der gleichen konzeptuellen Verrücktheit verteidigt werden, die es hervorgebracht hatte.

Nach der offiziellen Rede des Präsidenten, seinen wiederholten Beteuerungen, dass eine nuklearwaffenfreie Welt der einzig mögliche Weg sei, stand ich auf, um den Fernseher abzuschalten. Ich wusste, dass sie mir genau das hatten zeigen wollen: Wie die Show auf dem Atomwaffengipfel einfach weiterging, als ob überhaupt nichts vorgefallen wäre. Dass Ingrid und ich nichts bewirkt hatten.

Aber als ich direkt vor dem Fernseher stand, hielt ich inne. Plötzlich erkannte ich unseren neuen Träger. Dieselbe Frau, die ich in Ursvik kurz mit Sixten zusammen gesehen hatte, wenn auch nicht lange genug, dass ihr Bild nachgeklungen hätte. Dieselbe Wächterin, die uns am Flughafen Dulles in Edelweiss' Büro gebracht hatte. Ihr abschätzender, eisblauer Blick im Verhörraum, ihre geschmeidige Art, sich einige Meter hinter dem Präsidenten zu halten, als dieser den Plenarsaal verließ. Das musste Lisa sein, Sixtens Tochter. Ingrids Tochter.

Ich leerte mein Glas in einem Zug. Meine Gedanken überstürzten sich. Es gab zu viele Fragen. Wer war ich? Wer Ingrid? Meine Mutter, Lisa … Ich versuchte ein letztes Mal, den Schleier der Täuschung beiseitezuziehen. Ich dachte an die Szene am Frühstückstisch mit meiner Mutter und dem Dreizehnjährigen, der ich gewesen sein mochte, ihre Verzweiflung, meine Versuche, sie auf andere Gedanken zu bringen, der Code als Spiel, der seltsame Schlüsselsatz, der aus meiner inneren Dunkelheit aufgestiegen war. War das wirklich geschehen? Ich versuchte mich an die vielen Gespräche mit Ingrid zu erinnern, in denen es um die Doktorarbeit ging. Ich dachte an die erste Zeit an der Uni – wie die Anwerber mich ausgewählt hatten, während ich gleichzeitig ganz in Ingrids Vorlesungen über Moralphilosophie aufging.

Als sie die Tür öffneten, stand da die erwartete Formation: vier Wächter, angeführt von der Nahkampfausbilderin aus Ruanda, deren Verbrennungen ein schauriges Andenken an ihren Kampf mit Ingrid waren. Ich stand auf und schob das Notizbuch in eine Tasche meiner Cargohose, um es Edelweiss als meine letzte Tat auf Erden auszuhändigen. Dann schritt ich durch meine Zellentür.

Vor der Zelle nebenan stand Ingrid, ebenfalls bewacht von vier Wächtern. Ihre Gruppe wurde von Zafirah angeführt. Einen Moment lang standen wir so dort. Ich betrachtete Ingrid, den dunklen Stern, der mich so lange geleitet hatte. Sie hatte mich getäuscht und verhext, bis ich nicht länger zwischen ihr und mir unterscheiden konnte. Imposant, hochgewachsen, stolz und majestätisch wie Greta Garbo. Wie Mata Hari im Film auf ihrem Weg zum Erschießungskommando – ohne Reue über ihre Taten.

Ich hatte mich gefragt, warum der Regisseur ihre letzten Worte nicht für sein dramatisches Ende verwendet hatte. Falls es überhaupt stimmte, dass die niederländische Tänzerin und Doppelagentin sie ausgesprochen hatte, als man sie aus der Zelle führte.

Aber jetzt benutzte Ingrid sie.

»Ich bin bereit.«

Die Wachen reagierten nicht auf diese scheinbare Unterwerfungsgeste, die letzte Zustimmung. Ihre Gesichter wirkten leer, und sie standen unbewegt da und warteten. Nur Zafirah spannte ihren Körper an, bewegte sich aber nicht, sondern wartete darauf, dass Edelweiss ihr über den Ohrhörer seine Befehle erteilte.

»Leb wohl, Ingrid. Wir gegen die Welt, für immer«, sagte ich.

Sie antwortete nicht direkt. Sie fuhr stattdessen mit dem zweiten Teil der so harmlos klingenden Losung fort.

»Bist du bereit, Erasmus?«

8
END RUN

APRIL 2014
GRÖNLAND

8.01

An die Ultragewalt, die auf diese Parole folgte, habe ich nur unvollständige Erinnerungen.

Dies weiß ich noch: Ingrid griff Zafirah ohne Vorwarnung an, ein Ablenkungsmanöver, durch das meine Waffenschwester aus Afghanistan meinen raschen, scharfen Stich in ihre Augen nicht kommen sah: meine Finger bohrten sich durch die Augenhöhlen in ihr weiches Hirngewebe. Der Schock, dass die gewalttätigste Kämpferin im Team niedergemacht worden war, ehe der Kampf überhaupt begonnen hatte, lähmte die anderen – sogar die Kampfausbilderin aus Ruanda, die sich nach der Niederlage in Niscemi offenbar noch nicht vollständig erholt hatte. Ingrid und ich töteten sie – oder verletzten sie wenigstens lebensgefährlich, schwierig zu beurteilen in der Hitze des Gefechts –, allesamt, ohne Ausnahme. Wir brachen zu den Gängen durch, und als wir an den beiden bewaffneten Wachen vorbeimussten, opferte sich Ingrid – so sehe ich es – als eine Art Abschiedsgeschenk an mich. Ablenkung als hohe Kunst. Ihr Handeln für meine Freiheit. Sie gab mir Deckung, indem sie den Beschuss auf sich zog, sodass ich zum Ausgang und auf die Straße fliehen konnte.

Ab da kehrten die Erinnerungen wieder. Einige kostbare Stunden lang versteckten mich örtliche Geschäftsleute, die erbitterte Gegner der Niscemi-Basis waren. Sie waren gut vernetzt untereinander und verschafften mir einen Platz auf einem Fischkutter, mit dem ich aus Italien floh. Von dort aus ging es nach Kopenhagen. Ich versteckte mich auf einem großen Frachtschiff, dann auf kleineren Booten, zuletzt auf einem Eisbrecher, wo ich in einem primitiven Lagerraum schlief. Was ich brauchte auf meinem Weg nach Norden, das fand oder stahl ich.

Die Kontrollen im Hafen von Thule waren leicht zu umgehen. Die Menschenmengen, die sich versammeln, wenn nach den langen Wintermonaten die ersten Schiffe mit Paketen und Post eintreffen, boten mir perfekten Schutz.

Ich legte die hundertfünfzig Meilen über das Eis in einem zügigen Fußmarsch zurück und erreichte schließlich mein Ziel. Die Temperatur lag bei minus fünfzehn Grad Celsius, was für die Jahreszeit an diesem Ort ungewöhnlich mild war. Der Mond stand an einem klaren Himmel und beleuchtete die sich in Schnee und Eis abzeichnenden Umrisse der Anlage. Ein vielschichtiges Geheimnis – darin Ingrids und Sixtens Arbeit an dem gleichend, was sie die erste, zweite und dritte Stufe genannt hatten. Begonnen etwa zur gleichen Zeit. Anfang der Sechziger. Eine Zeit der Versprechen, der Lügen und Illusionen, der Weltvernichtungsträume.

Eine leichte Vertiefung im Gletscher lieferte den entscheidenden Hinweis – der Anfang des Wegs hinein, hinab. Ich kroch und wand mich durch die Belüftungsschächte, denn der breite offizielle Eingang war nicht mehr begehbar, war längst unter der Last der Eismassen eingebrochen.

Und jetzt sitze ich hier unten, am Ziel einer langen Reise. Rund um mich breitet sich die innere Finsternis der kontinentalen Eisplatte aus. Ich lasse das Licht der Stirnlampe, die ich in einem Lagerraum auf dem Frachtschiff gefunden habe, über die Wände gleiten und starre mit offenem Mund an, was Menschen erschaffen können. Ich habe niemals etwas so Überwältigendes oder Verrücktes gesehen wie diese riesige Eishalle tief im Gletscher. Sie ist mehr als fünf Meter hoch und hat eine Fläche von fast dreihundert mal dreihundert Metern, mit fixierten Tischen, Stühlen, Bänken und Arbeitsflächen – alles aus Eis.

Es ist ein wenig wie im Eishotel in Jukkasjärvi, aber todernst gemeint – buchstäblich. Edelweiss hatte uns gesagt, dass Eis hier unten in der Kommandozentrale das bevorzugte Material gewesen sei, weil es flexible Abläufe ermöglicht habe. Das ganze Innere hätte in wenigen Tagen niedergemacht und neu errichtet werden können.

Ich sitze auf einem breiten Sessel. Er erinnert an einen Thron aus Eis und ist mit dem Pelz eines Polarfuchses bedeckt. Der Pelz ist immer noch in tadellosem Zustand. Polarfüchse sind die am besten gegen extreme Kälte geschützten Säugetiere. Sie gehören zu den wenigen Arten, die sich wirklich an ihre Umgebung angepasst haben. Wir Menschen haben einfach die Ausrüstung der Füchse genommen und als kreideweißes Schutzmaterial auf einige nackte Eisflächen hier unten gelegt.

Aber das Bemerkenswerteste steht direkt vor mir: das große Schaltpult. Es ist als Einziges hier unten nicht aus Eis gemacht. Das Schaltpult ist das Herz der Kommandozentrale. Von hier aus sollten Tausende von Abschussbasen miteinander koordiniert werden, die man unter dem Eis hatte bauen wollen. Hunderte klimamodifizierte Minuteman-Raketen, die sogenannten »Iceman«-Raketen, sollten von hier aus auf Russland gerichtet werden.

Die ganze Anlage sollte sogar größer als der innere Kreis in Ursvik sein und sich unter einer Oberfläche von der dreifachen Größe Dänemarks erstrecken, mit einem komplexen, viertausend Kilometer langen Tunnelnetzwerk für die Raketen.

Der Tarnname »Project Iceworm« war also völlig angemessen. Edelweiss hatte es als einen historischen, seitdem nie mehr übertroffenen Höhepunkt der Täuschung und des Tiefbaus bezeichnet. Oberhalb der Kommandozentrale befand sich der offizielle Teil des Projekts, »Camp Century« genannt. Das war der Abschnitt, den wir den dänischen Behörden vorgeführt hatten: eine Versuchsanstalt für Spitzenforschung, die zeigte, dass der Mensch in einer arktischen Umgebung nicht nur *über*leben, sondern *gut* leben kann – ausgestattet mit Geschäften, einer Bibliothek und einer Kapelle.

Jetzt ist das Schaltpult tot, die Kommandozentrale verlassen wie der Rest dieses Meisterwerks, sowohl die offizielle obere Ebene als auch die untere streng geheime. Das System als Ganzes wurde durch den weltweit ersten mobilen Atomreaktor mit Energie versorgt, den man abbaute, ehe man die Anlage Mitte der Sechzigerjahre sich selbst überließ. Zuvor war sie nur einige Jahre in Betrieb gewesen, denn Geologen wiesen nach, dass das grönländische Packeis keineswegs so stabil war, wie man anfangs angenommen hatte. Seine Elastizität würde zu einem Auseinanderbrechen der Anlage führen, von dem die Raketentunnel und die Kommandozentrale hier unten ebenso betroffen wären wie die Unterkünfte und gekühlten Niedrigtemperaturlabors auf der oberen Ebene.

Deshalb ließ man alles in großer Eile zurück, ähnlich dem inneren Kreis in Ursvik. Doch die Anlage selbst durfte stehen bleiben, denn durch den Schneefall, so glaubte man, würde das Eis nur noch dicker werden und die Geheimnisse unter sich für immer begraben.

Aber dann kam der Treibhauseffekt. Mehrere Forscher gelangten zu dem Schluss, dass es nur wenige Jahrzehnte dauern würde, ehe Teile dieser streng geheimen Einrichtungen zum Vorschein kämen. Strahlung und Atomstaub hatte ohnehin schon zu Missstimmungen zwischen unserer und der dänischen Regierung geführt, und die neuen Enthüllungen würden die Beziehung zwischen den beiden NATO-Partnern nur noch weiter trüben.

Deshalb also sitze ich hier und wechsele zwischen Schreiben und Schauen. Ich komme mir vor wie in einem Kino. Mittels meiner Stirnlampe kann ich die Szenen wechseln, von einer Nahaufnahme des blassbläulichen Schimmers auf dem Schreibtisch vor mir zu einer Weitwinkelaufnahme der ähnlich leuchtenden Wände. Ich kann Licht in die historische Dunkelheit dieses Eispalasts werfen.

Eine Erkundung meiner unmittelbaren Umgebung hat mir gezeigt, dass sich vieles hier unten gut erhalten hat. Selbst eine rudimentäre Lebensmittelversorgung ist weitgehend intakt. Manches ist gefriergetrocknet, aber es finden sich auch Konservendosen und Tütensuppen.

Manche Gaskanister funktionieren noch. Ich könnte mich hier unten monatelang am Leben erhalten, weit länger, als nötig ist.

Und als ich auch noch das Pergament fand, wurde mir klar, was ich mit meinem Notizbuch tun muss, jetzt, da Edelweiss es nicht in die Hände bekommen hatte.

Auf die Welt des Papiers folgte die Welt der digitalen Speichermedien, und noch immer weiß niemand genau, wie lange sich Daten in diesem oder jenem Medium erhalten: all die Kriegsanweisungen, die unverzichtbaren Informationen von Atomwaffen bis zu Verschlüsselungssystemen, die Bürokratie des Krieges. Ob sie zu Staub werden oder sich in Luft auflösen. Pergament hingegen kann auf eine lange Erfolgsgeschichte zurückblicken: Die Qumran-Rollen zum Beispiel sind zweitausend Jahre nach ihrer Niederschrift immer noch lesbar. Sie haben in einer Höhle die Zeiten überdauert.

Edelweiss hatte während einer seiner historischen Präsentationen über »Camp Century« und das »Project Iceworm« darüber gesprochen. Er sagte, dass unter den zahlreichen wissenschaftlichen Experimenten zu den Auswirkungen extremer Kälte, die man an diesem Ort durchgeführt hatte, auch eines gewesen sei, das man in Zusammenarbeit mit der Library of Congress vorgenommen habe und das zeige, dass Pergament bei sehr niedrigen Temperaturen wirkungsvoll konserviert werde – es verbleibe dann in dem gleichen seltsamen Zustand wie im Eis begrabene Frühmenschen und Mammuts. Das sei auch für uns von Interesse, sagte er, da sich die digitale Ära anscheinend bereits wieder ihrem Ende nähere. Vor allem jetzt, da die RSA-Verschlüsselung mehr oder weniger geknackt worden sei und keine Form der digitalen Speicherung mehr als höchstens ein Jahrhundert Datensicherheit gewährleisten könne.

Also nehme ich eine der erhaltenen Rollen aus dem fünfzig Jahre alten Schrank und entrolle sie. Man kann immer noch die Adern des toten Tiers erkennen, des Schafs, aus dessen Haut das Pergament gemacht wurde: schwache blaue Makel auf der Oberfläche. Mit einer gewissen Ehrfurcht ergreife ich einen der Spezialstifte, die ich auf den Schreibtischen finde.

Dann mache ich mich daran, meinen Bericht aus dem Notizbuch auf das Pergament zu übertragen. Trotz der Schäden, die es während meiner monatelangen Flucht genommen hat – Feuchtigkeit und Kälte, Blut und Erschütterungen, die Reise hierher – ist es größtenteils lesbar. Ich führe es immer noch weiter, mit Beschreibungen von Albträumen, meinen Grübeleien, Bruchstücken meiner Doktorarbeit, wenn ich mich an sie erinnere.

Kurzum, das, was Sie hier lesen, ist der vollständige Bericht. Ich habe die letzten Ereignisse ergänzt. Jetzt kommt der Schluss.

Der Radius meiner Stirnlampe reicht nicht bis zur Tür am Ende der Halle. Aber ich kenne den Weg dorthin. Seit Edelweiss seine Vorlesungen gehalten hat, habe ich mir die Skizzen eingeprägt und das, was jetzt geschieht, als mein höchstes Ziel betrachtet. Lange ehe Ingrid begann, die verschlüsselten Nachrichten an das Mobiltelefon auf dem Spielplatz zu senden. Und lange bevor mir klar wurde, dass ich den Koffer und mich selbst nicht im sogenannten »ewigen« Eis versenken würde, wie ich es erträumt und befürchtet hatte, sondern stattdessen Alpha irgendwo in 46,7 Metern Tiefe unter der Oberfläche von Stockholm treffen würde. Um dann mit ihr zusammen weiterzumachen, ohne eine Ahnung davon zu haben, wohin wir gingen.

Ich zittere – vielleicht wegen meiner Erinnerungen oder der Situation, in der ich mich befinde, dieser monumentalen Einsamkeit, aber wohl kaum wegen der Kälte. Die Luft hier unten ist so mild, wie ich es erwartet habe. Edelweiss hat uns von den mysteriösen heißen Quellen erzählt, die man wie Goldadern unter dem kontinentalen Eis fand, als man Ende der Fünfzigerjahre begann, diese zweifelhafte Einrichtung zu erbauen. Er sagte, dass sie der Grund dafür seien, weshalb die Temperatur auf dieser tieferen geheimen Ebene deutlich höher sei als auf der offiziellen höheren Ebene.

Zu ihnen werde ich jetzt gehen, werde mich in die Ewigkeit der größten dieser heißen Quellen einspeisen. Meine Chronik werde ich vorher verstecken, sodass keiner meiner Verfolger sie jemals finden wird. Aber *Sie* werden sie finden, wenn das Pergament einst alles enthüllt. Weil die ganze Anlage früher oder später an die Oberfläche steigen wird.

Dies ist der einzige Weg, auf dem Sie von meiner Geschichte erfahren können. Versuchen Sie sich all diese Undenkbarkeiten vorzustellen. Führen Sie sich vor Augen, dass der Nukleus, der innere Kreis und das »Project Iceworm« einst tatsächlich existiert haben. Dass sie tatsächlich ein Teil unserer Realität waren.

Denn Sie müssen das verstehen.

Und vielleicht werden Sie es schließlich verstehen.

Ich nehme all meine Kräfte zusammen, spanne meinen Körper an und bereite mich auf die kurze, letzte Phase vor. Ich erhebe mich von meinem Thron aus Eis, lasse das Steuerpult hinter mir und gehe durch die nächste, kleinere Halle, die letzte. Und da ist sie: Ein einfaches kleines Kreuz an der Tür ist das einzige Zeichen.

Ich öffne die Tür der Kapelle, die nach so langer Zeit nur noch schwachen Widerstand leistet. Das Gefühl der Ehrfurcht lähmt mich fast. Ich bewege mich im Schneckentempo vorwärts, wie ein Schlafwandler. Auch hier ist alles aus Eis gemacht. Auf Edelweiss' Fotografien erinnerte das Kruzifix an jenes in Jukkasjärvi.

Er hatte uns auch Bilder gezeigt, die nach dem Verlassen der Anlage aufgenommen worden waren. Aus irgendeinem Grund war das Kruzifix neben dem Reaktor das Einzige, was entfernt worden war. Er mutmaßte, dass eine Gruppe abenteuerlustiger Touristen die Anlage besucht und das Kreuz als Souvenir mitgenommen hatte.

Ich suche die Wand mit meiner Lampe ab und finde bald Spuren des oberen Lochs. Ich versuche mein Glück mit einem Schraubenzieher aus dem Maschinenraum. Anfangs habe ich keinen Erfolg – aber mit der Zeit und ausreichender Beharrlichkeit durchdringt die Spitze die Oberfläche. Dann bewege ich den Schraubenzieher im Kreis, um den Spalt zu erweitern. Das umgebende Eis ist sehr fest, wie Beton.

Das Ergebnis ist ein perfektes Versteck. Wenn ich die Pergamentrollen hineinschiebe und dann den Hohlraum wieder mit Eis verschließe, wird niemand sie finden. Nicht, ehe die Wände und die Decke schmelzen und dieser ganze Komplex durch die Auswirkungen des Klimawandels freigelegt wird.

Aber ehe ich meinen Bericht für Sie in einer hoffentlich existierenden Nachwelt abschließe, sinke ich – oder falle sogar – auf meine Knie, hier in der Kapelle. Verschränke meine Hände und spreche zum ersten Mal seit vielen Jahren ein Gebet – für unsere nukleare Zukunft. Für Sie, für uns, für mich selbst, wer immer ich auch sein mag.

Jetzt nehme ich erneut den Stift auf und kratze die letzten Zeilen in das Pergament. Schließe die Augen, lausche der Stille, spüre den linden Hauch des ewigen Eises auf meinen Augenlidern.

In wenigen Minuten ist es vorbei – wenn ich die hundert Meter zu der heißen Quelle gehe und für immer verschwinde.

Danach liegt alles in Ihrer Hand.

EPILOG: VERLÄNGERUNG

Die Frau schaute ihn an. Ihre Augen hatten ein so intensives Grau, wie er es noch nie gesehen hatte.

»Erinnern Sie sich an Tomoya Kawakita?«

Der Arzt schüttelte den Kopf und drehte der Frau den Rücken zu. Er riss die Verpackung der Spritze auf, überprüfte den Flüssigkeitsstand, bereitete alles gewissenshaft vor.

Er blickte kurz durch die Glasscheibe auf den breiten Umriss der Gestalt auf der anderen Seite, im Übergang vom Licht zum Dunkel. Offenbar sollte er nicht sehen, wer dort draußen stand.

Die Stille wurde bedrückend.

»Ein Baseballspieler, Ma'am?«, fragte er schließlich.

»Baseballspieler?«

»Ja, Ma'am. Sie wären überrascht, wie viele Menschen in dieser Situation über Baseball sprechen wollen.«

Es war beiläufiges Geplauder, Small Talk im Schatten des Galgens – die einzige Vorgehensweise, die ihm erträglich schien. Es hieß, das würde dem Verurteilten helfen.

»Ich verstehe«, sagte die Frau. »Nein, er war ein japanischstämmiger Amerikaner, der Letzte, der bei uns wegen Landesverrats verurteilt wurde. Im Jahr 1948 war das, vor etwas mehr als einem halben Jahrhundert. Er misshandelte unsere Gefangenen in den Lagern während des Zweiten Weltkriegs.«

Ihre Stimme war melodiös, hatte fast etwas Hypnotisches. Der Arzt hatte Mühe, sich auf seine Vorbereitungen zu konzentrieren. Er drehte sich wortlos zu der Frau um und krempelte den linken Ärmel ihrer Jacke hoch, während sie fortfuhr: »Aber Eisenhower hat ihn im Jahr 1953 begnadigt.«

Immer noch schweigend klopfte er mit der flachen Hand auf ihre Armbeuge, etwas öfter, als nötig war. Die Vene zeichnete sich unter der Haut deutlich ab.

»Haben Sie eine Ahnung, was ich getan habe?«

Diesen Teil kannte der Arzt.

»Natürlich sind Sie unschuldig, Ma'am. Sie haben in gutem Glauben oder aus Notwehr gehandelt. Vermutlich haben Sie die Welt zu retten versucht.«

Er lächelte sie an. Respektvoll und voller Demut, in Ausübung seiner schweren Pflicht.

»So etwas in der Art«, sagte die Frau.

Sie sah ihm in die Augen und lächelte zurück. Der Arzt spürte, wie ihm die Hitze durch den Körper schoss, als ob er sich selbst das Mittel injiziert hätte.

Schließlich löste er den Blick von ihr und hob die Spritze.

Mattias Berg wurde 1962 in Stockholm geboren und hat als investigativer Journalist für die großen schwedischen Tageszeitungen *Dagens Nyheter* und *Expressen* gearbeitet. Heute leitet er die Kulturredaktion des schwedischen Radios, für die er die sehr erfolgreiche und renommierte Sendung *Konflikt* erfand, in der Themen von großer politischer und gesellschaftlicher Tragweite verhandelt werden. Er lebt mit seiner Frau in Stockholm und hat zwei erwachsene Töchter.

Steffen Jacobs, geboren 1968, lebt in Berlin. Er hat u.a. Romane von Philip Larkin, Kingsley Amis, Helen FitzGerald, Dennis Lehane und Neil Jordan ins Deutsche übertragen. Neben seiner Arbeit als Übersetzer ist Jacobs auch als Kulturjournalist tätig und hat mehrere Gedicht- und Essaybände veröffentlicht.